# Wirtschaftskunde

Helmut Nuding und Josef Haller

Ernst Klett Verlag
Stuttgart · Leipzig

# So arbeiten Sie mit der Wirtschaftskunde

Vor Ihnen liegt die für das Jahr 2021 aktualisierte und auf den Lehrplan von Baden-Württemberg angepasste Wirtschaftskunde. Dieses Buch soll Sie während Ihrer gesamten Ausbildungszeit begleiten und Sie zum selbstständigen Lernen anregen. Eine gut verständliche Sprache und übersichtliche Schaubilder unterstützen Sie dabei.
Ergänzend zu diesem Buch können Sie auf ein Arbeitsheft zurückgreifen, das speziell auf die Wirtschaftskunde abgestimmt wurde. Sie finden im Buch entsprechende Symbole, die auf die passenden Seiten im Arbeitsheft verweisen. So können Sie Ihr Wissen festigen und vertiefen.

Jedes Kapitel wird durch eine **Auftaktseite** eingeleitet.

Auf einigen Seiten im Buch finden Sie **Online-Codes**. Diese führen Sie zu weiteren Informationen, Materialien oder **interaktiven** Übungen im Internet. Geben Sie den Code einfach in das Suchfeld auf www.klett.de ein.

Jeder Abschnitt beginnt mit einem **Einstieg.** Sie finden dort Einstiegsfälle, Problem- und Fragestellungen, die Sie ohne Vorkenntnisse oder mit Hilfe des nachfolgenden Buchtextes bearbeiten können.

Der **Informationstext** enthält Grundwissen, das Sie für den Unterricht und die Prüfung benötigen – ergänzt durch anschauliche **Grafiken**.

Durch **schematische Darstellungen** wird der Lernstoff verdeutlicht und konkretisiert.

Die in der Randspalte genannten **Gesetzestexte** finden Sie unter dem Online-Code **ki6w6a**.

Dieses Symbol zeigt Ihnen, dass Sie die Inhalte der Seite zusätzlich mit dem **Arbeitsheft** bearbeiten können.

Jeder Abschnitt wird durch eine grafische **Zusammenfassung** abgerundet.

Der abschließende **Arbeitsteil** enthält Fragen unterschiedlichster Art, die der Wiederholung und der Vertiefung dienen.

Durch **schematische Darstellungen** wird der Lernstoff verdeutlicht und konkretisiert.

Dieses Symbol verweist auf die **Fallbeispiele** und **Methoden** im Schülerband.

Über den Online-Code können zu den Fallbeispielen passende **Arbeitsblätter** heruntergeladen werden.

Die **Prüfungsaufgaben** am Ende jedes Hauptkapitels berücksichtigen Ihre reale Prüfungssituation.

Über die Online-Codes können Sie weitere Prüfungsaufgaben sowie interaktive Übungen aufrufen.

Anhand der **themenspezifischen Fallbeispiele** werden berufliche und private Problemstellungen in authentischen Lernsituationen aufbereitet.

3

# Inhaltsverzeichnis

## Kompetenzbereich I
## Die Rolle des Mitarbeiters in der Arbeitswelt aktiv ausüben

| 1 | Duale Berufsausbildung | 10 |
|---|---|---|
| 2 | **Berufsausbildungsvertrag** | **14** |
| 2.1 | Inhalt des Berufsausbildungsvertrags | 14 |
| 2.2 | Beendigung des Berufsausbildungsvertrags | 16 |
| 2.3 | Überwachung des Berufsausbildungsvertrags | 17 |

**Fallbeispiel**
Ende der Berufsausbildung .............. 19

| 3 | **Betrieblicher Arbeitsplatz** | **20** |
|---|---|---|
| 3.1 | Analyse des betrieblichen Arbeitsplatzes | 20 |
| 3.2 | Schutzvorschriften in der Arbeitswelt | 25 |
| 3.2.1 | Notwendigkeit des Arbeitsschutzes | 25 |
| 3.2.2 | Technischer Arbeitsschutz | 26 |
| 3.2.3 | Sozialer Arbeitsschutz | 27 |
| 3.3 | Überwachung der Schutzvorschriften | 30 |

| 4 | **Einzelarbeitsvertrag** | **32** |
|---|---|---|
| 4.1 | Anbahnung und Abschluss | 32 |
| 4.2 | Form und Inhalt | 34 |
| 4.3 | Befristete Arbeitsverträge und Teilzeitverträge | 35 |
| 4.4 | Beendigung von Arbeitsverhältnissen | 36 |
| 4.5 | Arbeitszeugnis | 40 |

| 5 | **Betriebliche Mitbestimmung** | **45** |
|---|---|---|
| 5.1 | Möglichkeiten der betrieblichen Mitbestimmung durch Auszubildende und Arbeitnehmer | 46 |
| 5.2 | Interessenvertretung im Betrieb | 46 |
| 5.3 | Mitbestimmung des Betriebsrats bei Betriebsvereinbarungen | 51 |

| 6 | **Tarifverträge** | **53** |
|---|---|---|
| 6.1 | Tarifvertragsparteien | 53 |
| 6.2 | Grundsätze und Tarifvertragsarten | 54 |
| 6.3 | Bedeutung von Tarifverträgen | 56 |
| 6.4 | Tarifverhandlungen und Schlichtung | 56 |
| 6.5 | Arbeitskampf | 57 |

**Fallbeispiel**
Tarifverhandlung .............. 61

| 7 | **Arbeitsgericht** | **62** |

**Fallbeispiel**
Kündigung .............. 64

| 8 | **Sozialversicherungen** | **65** |
| 9 | **Private Zusatzversicherungen (Individualversicherungen)** | **75** |

| 10 | **Lohnabrechnung** | **80** |
|---|---|---|
| 10.1 | Lohnabzüge | 81 |
| 10.2 | Erstellung der Lohnabrechnung | 82 |
| 10.3 | Wirtschaftliche Aspekte der Entlohnung | 84 |
| 10.3.1 | Lohnzusatzkosten | 84 |
| 10.3.2 | Nominal- und Reallohnentwicklung | 86 |

**Fallbeispiel**
Stellenangebotsvergleich .............. 88

| 11 | **Besteuerung des Einkommens** | **89** |
|---|---|---|
| 11.1 | Grundzüge der Einkommensteuererklärung | 91 |

**Fallbeispiel**
Einkommensteuererklärung erstellen ....... 97

**Prüfungsaufgaben** .............. 98

# Kompetenzbereich II
# Als Konsument rechtliche Bestimmungen in Alltagssituationen anwenden

| 1 | Rechts- und Geschäftsfähigkeit | 102 |
|---|---|---|
| 1.1 | Rechtsfähigkeit | 102 |
| 1.2 | Geschäftsfähigkeit | 103 |
| 2 | Rechtsgeschäfte | 107 |
| 2.1 | Willenserklärung | 107 |
| 2.2 | Einseitige und zweiseitige Rechtsgeschäfte | 108 |
| 2.3 | Besondere Formvorschriften | 108 |
| 2.4 | Anfechtbarkeit und Nichtigkeit von Rechtsgeschäften | 109 |
| 3 | Kaufvertrag | 112 |
| 3.1 | Abschluss und Erfüllung des Kaufvertrags | 112 |
| 3.2 | Inhalt des Kaufvertrags | 114 |
| 3.3 | Besitz und Eigentum | 115 |
| 3.4 | Pflichtverletzungen bei der Erfüllung von Kaufverträgen | 118 |
| | **Fallbeispiel** | |
| | **Probleme beim Kaufvertrag** | **124** |
| 3.5 | Folgen von Zahlungsverzug | 125 |
| 3.5.1 | Außergerichtliches Mahnverfahren | 125 |
| 3.5.2 | Gerichtliches Mahn- und Klageverfahren | 126 |
| | **Fallbeispiel** | |
| | **Folgen von Zahlungsverzug** | **131** |

| 4 | Verjährung von Forderungen | 132 |
|---|---|---|
| 4.1 | Fristen der Verjährung | 132 |
| 4.2 | Hemmung der Verjährung | 133 |
| 4.3 | Neubeginn der Verjährung | 134 |
| 5 | Verbraucherschutz | 135 |
| 5.1 | Verbraucherberatung | 135 |
| 5.1.1 | Organisationen der Verbraucherberatung | 135 |
| 5.1.2 | Verbraucherberatung in den Medien | 138 |
| 5.2 | Verbraucherschutzgesetze | 141 |
| 5.2.1 | Wettbewerbsrechtliche Regelungen | 141 |
| 5.2.2 | Fernabsatzverträge und E-Commerce | 143 |
| 5.2.3 | „Haustürgeschäfte" (Außerhalb von Geschäftsräumen geschlossene Verträge) | 145 |
| 5.2.4 | Produkthaftung | 145 |
| 5.2.5 | Allgemeine Geschäftsbedingungen | 145 |
| 5.2.6 | Teilzahlungsgeschäfte/Verbraucherkredite | 146 |
| 5.2.7 | Verbraucherinformationsgesetz | 147 |
| 6 | Zahlungsmöglichkeiten | 149 |
| 6.1 | Barzahlung | 149 |
| 6.2 | Girokonto | 150 |
| 6.3 | Halbbare Zahlung durch Zahlschein und Nachnahme | 152 |
| 6.4 | Unbare (bargeldlose) Zahlung | 153 |
| 6.5 | Zahlungen mit Karten | 155 |
| 6.6 | Moderne Bankdienste | 157 |
| 7 | Sparformen | 161 |
| 7.1 | Entscheidungsmerkmale für die Wahl der Sparform | 161 |
| 7.2 | Sparformen | 162 |
| 7.3 | Abgeltungssteuer | 164 |
| 7.4 | Sparförderung | 165 |
| 7.5 | Individuelle Vermögensbildung | 166 |
| 8 | Kredite | 168 |
| 8.1 | Kreditarten | 168 |
| 8.2 | Beispiel Ratenkredit (Konsumentenkredit) | 169 |
| 8.3 | Gefahren der Kreditaufnahme - Überschuldung | 173 |
| | **Fallbeispiel** | |
| | **Kreditvergleich** | **177** |
| | **Prüfungsaufgaben** | **178** |

Inhaltsverzeichnis

# Kompetenzbereich III
# Wirtschaftliches Handeln in der sozialen Marktwirtschaft beurteilen

| 1 | **Markt als Koordinator von Angebot und Nachfrage** .............................. **182** |
|---|---|
| 1.1 | Marktarten ............................. 183 |
| 1.2 | Marktformen – Verhalten der Marktteilnehmer ........................ 184 |
| 1.3 | Preisbildung unter Wettbewerb........... 186 |

**Fallbeispiel**
**Preisbildung** ............................ **193**

| 2 | **Wettbewerbsstörungen** ................ **194** |
|---|---|
| 2.1 | Kartelle................................. 194 |
| 2.2 | Unternehmenskonzentration ............. 196 |

| 3 | **Soziale Marktwirtschaft** ............... **200** |
|---|---|
| 3.1 | Grundwerte der sozialen Marktwirtschaft . . 202 |
| 3.2 | Instrumente der sozialen Marktwirtschaft . . 203 |
| 3.3 | Probleme der sozialen Sicherung .......... 204 |

| 4 | **Binnenwert des Geldes** ................ **207** |
|---|---|
| 4.1 | Kaufkraft ............................... 207 |
| 4.2 | Verbraucherpreisindex (Preisindex für die Lebenshaltung) ...................... 208 |
| 4.3 | Inflation und Deflation ................... 209 |

| 5 | **Sozialprodukt als gesamtwirtschaftliche Messgröße** ........................... **213** |
|---|---|
| 5.1 | Sozialprodukt ........................... 213 |
| 5.2 | Entstehung, Verwendung und Verteilung des Bruttoinlandsprodukts ............... 215 |

| 6 | **Wirtschaftspolitik und Konjunktur**...... **218** |
|---|---|
| 6.1 | Ziele der Wirtschaftspolitik und Zielkonflikte............................. 218 |
| 6.2 | Konjunkturzyklen........................ 221 |
| 6.3 | Instrumente des Staates zur Beeinflussung der Wirtschaft (Fiskalpolitik) .............222 |

**Prüfungsaufgaben** ..................... **227**

# Kompetenzbereich IV
# Entscheidungen im Rahmen einer beruflichen Selbstständigkeit treffen

| 1 | **Gründung eines Unternehmens** | 230 |
|---|---|---|
| 1.1 | Motive und Businessplan | 230 |
| 1.2 | Wahl des Standorts | 233 |
| 1.3 | Berufsbezogene Voraussetzungen | 233 |
| 1.4 | Gründungshilfen | 234 |
| 1.5 | Finanzielle Förderung und Wirtschaftsförderung | 234 |
| 1.6 | Franchising | 235 |
| 1.7 | Anmeldung der Unternehmensgründung | 236 |

| 2 | **Wahl der Rechtsform eines Unternehmens** | 238 |
|---|---|---|
| 2.1 | Einzelunternehmung | 239 |
| 2.2 | Personengesellschaften am Beispiel der GbR | 240 |
| 2.3 | Kapitalgesellschaften am Beispiel von GmbH und UG | 241 |

| 3 | **Finanzierung und Kapitalbedarf** | 244 |
|---|---|---|
| 3.1 | Kapitalbedarf und Kapitalbedarfsplan | 244 |
| 3.2 | Finanzierungsgrundsätze | 246 |
| 3.3 | Finanzierung durch Eigenkapital | 246 |
| 3.4 | Finanzierung durch Fremdkapital | 247 |
| 3.5 | Kreditsicherung | 247 |
| 3.6 | Leasing | 248 |

| 4 | **Betriebliche Kosten** | 251 |
|---|---|---|
| 4.1 | Fixe und variable Kosten | 252 |
| 4.2 | Einzel- und Gemeinkosten | 253 |
| 4.3 | Kostenarten-, Kostenstellen- und Kostenträgerrechnung | 253 |
| 4.4 | Kalkulation der Selbstkosten | 254 |
| 4.5 | Kalkulation des Verkaufspreises | 255 |

**Fallbeispiel**
Angebotsvergleich ... **257**

**Prüfungsaufgaben** ... **258**

## Methoden

Umgang mit Rechtsfällen . . . . . . . . . . . . . . . . . . . . . . . . . . . 260
Analyse von Karikaturen . . . . . . . . . . . . . . . . . . . . . . . . . . . 267
Durchführung eines Rollenspiels . . . . . . . . . . . . . . . . . . . . 268
Auswertung von Statistiken/Schaubildern . . . . . . . . . . . . 269
Präsentation und Visualisierung von
Arbeitsergebnissen . . . . . . . . . . . . . . . . . . . . . . . . . . . . . . . 270
Internetrecherche . . . . . . . . . . . . . . . . . . . . . . . . . . . . . . . . 272

**Schriftliche Abschlussprüfung
Sommer 2020** . . . . . . . . . . . . . . . . . . . . . . . . . . . . . . . . . . **274**
**Schriftliche Abschlussprüfung
Winter 2020/2021** . . . . . . . . . . . . . . . . . . . . . . . . . . . . . . **279**

**Sachwortregister** . . . . . . . . . . . . . . . . . . . . . . . . . . . . **283**

**Quellennachweis** . . . . . . . . . . . . . . . . . . . . . . . . . . . . . **287**

**Inhalte des Onlinebereichs** . . . . . . . . . . . . . . . . . . . . **289**

# Kompetenzbereich I
## Die Rolle des Mitarbeiters in der Arbeitswelt aktiv ausüben

**Duale Berufsausbildung**
**Berufsausbildungsvertrag**
**Betrieblicher Arbeitsplatz**
**Einzelarbeitsvertrag**
**Betriebliche Mitbestimmung**
**Tarifverträge**
**Arbeitsgericht**
**Sozialversicherungen**
**Private Zusatzversicherungen (Individualversicherungen)**
**Lohnabrechnung**
**Besteuerung des Einkommens**

Linktipps
Kapitel
29gm97

# 1 Duale Berufsausbildung

## Einstieg

a) Beurteilen Sie die Aussagen dieses Gesprächs.

b) Warum wird in den beruflichen Schulen auch Allgemeinbildung vermittelt?

Frank und Petra, beide Auszubildende im ersten Ausbildungsjahr, fahren gerade von der Berufsschule nach Hause:

**Frank:** Ganz schön stressig, so ein Berufsschultag!

**Petra:** Finde ich auch! Ich musste heute Morgen eine Stunde früher aufstehen als sonst, wenn ich zur Arbeit gehe. Meine Chefin meint, die Berufsschule sei sowieso überflüssig. Ich könnte alles, was ich für meinen Beruf brauche, in ihrem Betrieb lernen.

**Frank:** Ich weiß nicht. Und wenn du später mal den Betrieb wechseln möchtest?

**Petra:** Ist doch überall gleich, außerdem habe ich keine Lust auf Deutsch und Wirtschaftskunde. Was soll ich damit? Ich dachte, ich wäre den Schulstress endlich los.

**Frank:** Stell dir vor, mein Kumpel Emil macht seine Berufsausbildung ganz an der Schule.

**Petra:** Kann ich mir nicht vorstellen. Geht das denn?

Heutzutage wollen nur wenige Schulabgänger eine Tätigkeit als Ungelernte ausüben. Denn eine Berufsausbildung zahlt sich in jedem Falle aus. Sie erleichtert es, einen Arbeitsplatz zu finden, und gilt somit als bester Schutz vor Arbeitslosigkeit. Des Weiteren ermöglicht sie ein höheres Einkommen und somit einen höheren Lebensstandard.

Das Berufsausbildungssystem der Bundesrepublik Deutschland gilt im Ausland als vorbildlich. Es sieht zwei Ausbildungsformen vor:
- die Berufsausbildung im dualen System
- die Berufsausbildung im schulischen System

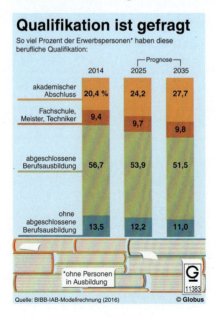

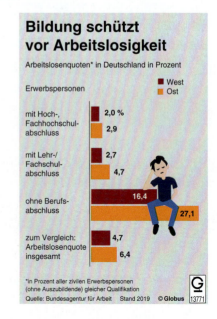

Duale Berufsausbildung  3

## Berufsausbildung im dualen System

In der Bundesrepublik Deutschland sind an der beruflichen Ausbildung zwei Partner beteiligt, nämlich **Berufsschule** und **Ausbildungsbetrieb**.

Diese Art der Berufsausbildung wird als **duales System** bezeichnet, weil sich zwei Partner die Ausbildungsaufgabe teilen.

Die Hauptaufgabe der Betriebe besteht in der Vermittlung fachtheoretischer und fachpraktischer Kenntnisse. Die Schule hingegen vermittelt vowiegend Allgemeinbildung und Fachtheorie. Im Ausbildungsbetrieb erworbene fachpraktische Fertigkeiten werden in der Schule im praktischen Unterricht sinnvoll ergänzt entsprechend den berufsbezogen gestalteten Lehrplänen.

Eine erfolgreiche Ausbildung wird nachgewiesen durch eine bestandene Schulabschlussprüfung und durch das Bestehen der entsprechenden Kammerprüfung. Die erfolgreiche Teilnahme an diesen Prüfungen wird durch das **Abschlusszeugnis der Berufsschule** und von Seiten der Kammern durch den **Gesellen- oder Gehilfenbrief/ Facharbeiterzeugnis** bescheinigt.

### Duales System

| Vorteile | Nachteile |
|---|---|
| • Die Ausbildung erfolgt praxisbezogen, da sie vorwiegend im Betrieb stattfindet.<br>• Die Steuerzahler sparen Geld, da eine rein schulische Ausbildung wesentlich teurer wäre.<br>• Die Ausbildung wird abwechslungsreicher. | • Die von den Betrieben angebotenen Ausbildungsplätze reichen häufig nicht aus.<br>• Die Qualität der Ausbildungsplätze ist unterschiedlich.<br>• Die Abstimmung der Ausbildungsinhalte zwischen Betrieb und Schule ist schwer zu organisieren. |

## Gesetzliche Grundlagen

Die duale Berufsausbildung ist für das Handwerk in der **Handwerksordnung (HwO)** und im **Berufsbildungsgesetz (BBiG)** geregelt, für alle übrigen Wirtschaftszweige im Berufsbildungsgesetz. In der Handwerksordnung wird auch geregelt, wer ein Handwerk ausüben darf und für welchen Beruf ein Meister den Betrieb führen muss. Grundlage für eine geordnete und bundeseinheitliche Berufsausbildung sind die staatlich anerkannten Ausbildungsberufe. Maßgebend für die einzelnen Ausbildungsberufe sind die **Ausbildungsordnungen**. Sie werden vom zuständigen Bundesministerium erlassen und sollen eine einheitliche Ausbildung in dem entsprechenden Ausbildungsberuf sicherstellen.

 **Info**
Gesetzestexte im Internet
ki6w6a

**BBiG § 5, Abs. 1**

**Ausbildungsordnung**

Nach dem Berufsbildungsgesetz hat eine **Ausbildungsordnung** folgende **Mindestinhalte:**

- genaue **Bezeichnung des Ausbildungsberufs**
- **Ausbildungsdauer**
- **Ausbildungsberufsbild**
- **Ausbildungsrahmenplan**
- **Prüfungsanforderungen**

→ Es enthält Kenntnisse und Fertigkeiten, die zu vermitteln sind.

→ Er gliedert sachlich und zeitlich, wie die Kenntnisse vermittelt werden sollen.

Um eine korrekte Berufsausbildung sicherzustellen, überwachen die zuständigen Kammern die Einhaltung dieser Vorschriften.

### Ausbildungsberufe, Berufsfelder

Insgesamt können sich Berufsanfänger derzeit zwischen 325 staatlich anerkannten Ausbildungsberufen entscheiden (Stand: August 2020). Das Bundesinstitut für Berufsbildung (BIBB) in Berlin veröffentlicht jedes Jahr ein **Verzeichnis der anerkannten Ausbildungsberufe**. Die nicht in diesem Verzeichnis genannten Ausbildungsberufe gelten als nicht anerkannte Ausbildungsberufe. Neben den nicht anerkannten Ausbildungsberufen kennt man in der Bundesrepublik Deutschland mehr als 20 000 verschiedene Berufstätigkeiten. Jugendliche unter 18 Jahren dürfen in diesen Berufen nicht ausgebildet werden, sondern nur in den staatlich anerkannten.

Die anerkannten Ausbildungsberufe hat das BBiB insgesamt **50 Berufsfeldern** zugeordnet. Damit soll erreicht werden, dass miteinander verwandte Berufe zumindest im ersten Berufsjahr (Grundstufe) nach gleichen Bildungsplänen unterrichtet werden können. Als Folge der technischen und gesellschaftlichen Entwicklung unterliegt die Arbeitswelt ständigen Veränderungen. Neue Berufe entstehen, alte fallen weg. So wurden unter anderem die industriellen Metallberufe neu geordnet.

| Industrielle Metallberufe (Auszug) | |
|---|---|
| **Beruf** | **Einsatzgebiete in Ausbildungsbetrieben** |
| Anlagenmechaniker/-in | Anlagenbau, Apparate- und Behälterbau, Instandhaltung, Rohrsysteme, Schweißtechnik |
| Industriemechaniker/-in | Maschinen- und Anlagenbau, Produktionstechnik, Feingerätebau, Instandhaltung |
| Konstruktionsmechaniker/-in | Stahl- und Metallbau, Schiffbau, Feinblechbau, Schweißtechnik, Ausrüstungstechnik |
| Werkzeugmechaniker/-in | Formentechnik, Vorrichtungstechnik, Instrumententechnik, Stanztechnik |
| Zerspanungsmechaniker/-in | Drehautomatensysteme, Drehmaschinensysteme, Fräsmaschinensysteme, Schleifmaschinensysteme |

Auch in anderen Bereichen werden Ausbildungsordnungen der heutigen Arbeitswelt angepasst. Bei einem großen Teil der Neuordnungen handelt es sich wie z. B. bei den Bauberufen um eine Stufenausbildung. Zunächst werden gemeinsame Kenntnisse und Fertigkeiten für eng verwandte Berufsgruppen vermittelt. Auf dieser breiten **Grundstufe** bauen die **Fachstufe I** und die **Fachstufe II** auf, in denen im zweiten und dritten Ausbildungsjahr eine Spezialisierung nach Schwerpunkten und nach Einzelberufen erfolgt.

Danach erreicht man einen **Abschluss**. Diese Regelung soll die Berufswahl erleichtern. Gleichzeitig wird eine umfassende Grundbildung vermittelt, die größere Wahlmöglichkeiten im Berufsleben gestattet. Außerdem kann aufgrund der unterschiedlichen Fachrichtungen besser nach betrieblichen Gegebenheiten ausgebildet werden.

| 1. Ausbildungsjahr | 2. Ausbildungsjahr | 3. Ausbildungsjahr |
|---|---|---|
| Berufliche Grundbildung in den Bauberufen | Hochbaufacharbeiter/-in | Maurer/-in, Beton- und Stahlbauer/-in, Feuerungs- und Schornsteinbauer/-in |
| | Ausbaufacharbeiter/-in | Zimmerer/-in, Stuckateur/-in, Fliesen-, Platten- und Mosaikleger/-in, Estrichleger/-in, Wärme-, Kälte- und Schallschutzisolierer/-in, Trockenbaumonteur/-in |
| | Tiefbaufacharbeiter/-in | Straßenbauer/-in, Rohrleitungsbauer/-in, Kanalbauer/-in, Brunnenbauer/-in, Spezialtiefbauer/-in, Gleisbauer/-in |
| **1. Stufe: Abschluss als** | | **2. Stufe: Abschluss als** |

Bauberufe der Bauwirtschafts-Ausbildungsverordnung (Stufenausbildung)

## Wissen kompakt

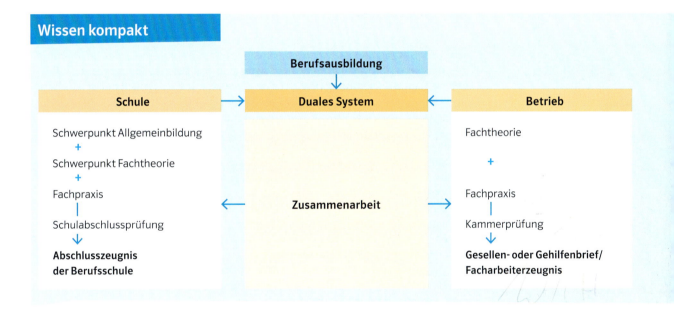

## Arbeitsteil

1 Erläutern Sie, was man unter Ausbildung im dualen System versteht.

2 Welche Aufgaben haben im dualen Berufsausbildungssystem
   a) die Ausbildungsbetriebe,
   b) die Berufsschulen?

3 Welche Vorteile bietet die Ausbildung im dualen System?

4 Nennen Sie drei mögliche Nachteile des dualen Systems.

4–5   Kompetenzbereich I

## 2 Berufsausbildungsvertrag

**Einstieg**

Die 16-jährige Ariane hat am 1. September eine Ausbildung als Friseurin begonnen. Ihre Chefin vereinbart mit ihr mündlich eine Probezeit bis zum 1. Februar. Nach Ablauf der Probezeit soll dann ein schriftlicher Ausbildungsvertrag erstellt werden.

▼ Beurteilen Sie die Rechtslage. War hier alles rechtens?

### 2.1 Inhalt des Berufsausbildungsvertrags

Um eine qualifizierte und einheitliche Berufsausbildung zu ermöglichen, wurde die Vertragsfreiheit beim Abschluss des Berufsausbildungsvertrags stark eingeschränkt. Die Vertragspartner müssen eine große Anzahl gesetzlicher Bestimmungen beachten. Die wichtigsten Grundlagen sind das **Berufsbildungsgesetz (BBiG)** und die **Handwerksordnung (HwO)** für Handwerksberufe. Zusätzlich müssen weitere Gesetze, Verordnungen und Vorschriften eingehalten werden wie das Jugendarbeitsschutzgesetz (JArbSchG). Entsprechend den gesetzlichen Grundlagen muss der **Berufsausbildungsvertrag** von den Beteiligten, dem **Ausbildenden** und dem **Auszubildenden** unverzüglich nach Abschluss, spätestens jedoch vor Beginn der Berufsausbildung, schriftlich abgeschlossen werden. Bei Minderjährigen ist zusätzlich die Unterschrift der gesetzlichen Vertreter notwendig. Der von allen Beteiligten unterschriebene Vertrag muss anschließend bei der zuständigen **Kammer** eingereicht werden. Die Kammer überprüft, ob folgende Voraussetzungen erfüllt werden:

BBiG §§ 10 f.

- die **persönliche Eignung des Ausbildenden**
  Wer z. B. gegen Ausbildungsverordnungen verstoßen hat, ist ungeeignet.
- die **fachliche Eignung des Ausbildenden**
  Der Ausbildende muss die erforderlichen beruflichen Qualifikationen und die Ausbildungsbefähigung besitzen (z. B. Meisterprüfung).
- die **Eignung der Ausbildungsstätte**

| Diese Mindestangaben muss der Berufsausbildungsvertrag enthalten: |
|---|
| 1. Art, sachliche und zeitliche Gliederung sowie Ziel der Berufsausbildung<br>2. Beginn und Dauer der Berufsausbildung – mindestens 2, in der Regel 3 Jahre<br>3. Ausbildungsmaßnahmen außerhalb der Ausbildungsstätte<br>4. Dauer der regelmäßigen täglichen Ausbildungszeit<br>5. Dauer der Probezeit – mindestens 1 Monat, höchstens 4 Monate<br>6. Zahlungstermine und Höhe der Ausbildungsvergütung<br>7. Dauer des Urlaubs<br>8. Kündigungsvoraussetzungen<br>9. Hinweis auf Tarifverträge, Betriebs- oder Dienstvereinbarungen |

BBiG § 11

Wurden sämtliche Voraussetzungen erfüllt, trägt die Kammer den vorliegenden Vertrag in das Verzeichnis der Berufsausbildungsverhältnisse („Lehrlingsrolle") ein. Hiermit ist ein anerkanntes **Berufsausbildungsverhältnis** begründet.

Berufsausbildungsvertrag  5

# Handwerkskammer Region Stuttgart

## Berufsausbildungsvertrag

**Zwischen dem Ausbildenden* (Ausbildungsbetrieb)** und dem Auszubildenden ☐ männlich ☒ weiblich

**Name:** Bäckerei Jung
**Straße:** Farbstraße 125
**PLZ/Ort:** 74321 Bietigheim-Bissingen
**Telefon:** — **Telefax:** —
**E-Mail:** —

**Verantwortlicher Ausbilder:** Stefan Jung

**Name:** Zimmermann **Vorname:** Mia
**Straße:** Am Buchenrain 10
**PLZ/Ort:** 74343 Sachsenheim
**Geburtsdatum:** 01.06.2004 **Staatsangehörigkeit:** deutsch

Abweichende Anschrift des gesetzlichen Vertreters:
**Name:** — **Vorname:** —
**Straße:** —
**PLZ/Ort:** —

wird nachstehender Vertrag zur Ausbildung im Ausbildungsberuf

**Bäckerin**

mit der Fachrichtung/dem Schwerpunkt/der Wahlqualifikation, nach Maßgabe der Ausbildungsordnung, geschlossen:

**A.** Die reguläre Ausbildungszeit beträgt nach der Ausbildungsordnung
☐ 24 Monate ☒ 36 Monate ☐ 42 Monate
Hierauf wird die/das
☐ Berufsfachschule (bitte Abschlusszeugnis beilegen)
☐ Mittlere Reife ☐ Abitur/anderer Schulabschluss (Zeugnis beifügen)
☐ Lebensalter (mindestens 21 Jahre alt)
☐ Sonstige Vor- bzw. Ausbildung als _____
mit ___ Monaten angerechnet, bzw. die entsprechende Verkürzung beantragt.

Das Berufsausbildungsverhältnis
beginnt am: **01.09.2021** endet am: **31.08.2024**
Probezeit: ☐ 1 Monat ☐ 2 Monate ☐ 3 Monate ☒ 4 Monate

**B.** Die Ausbildung findet statt in (bei Filiale mit vollständiger Anschrift):
Bietigheim-Bissingen

**C.** Berufsschule (Name und Ort)
im 1. Ausbildungsjahr
GS Im Hoppenlau, Rosenbergstr. 17, 70176 Stuttgart

im 2., 3. und 4. Ausbildungsjahr
GS Im Hoppenlau, Rosenbergstr. 17, 70176 Stuttgart

**D.** Überbetriebliche Lehrgänge
Der Auszubildende hat an sämtlichen überbetrieblichen Unterweisungsmaßnahmen, die nach den Beschlüssen der Vollversammlung durchgeführt werden, teilzunehmen.

**E.** Die regelmäßige wöchentliche Arbeitszeit beträgt **38,5** Stunden.

**F.** Der Ausbildende zahlt dem Auszubildenden eine angemessene Vergütung. Soweit Vergütungen tariflich geregelt sind oder während der Dauer der Ausbildung tariflich geregelt werden, gelten grundsätzlich die tariflichen Sätze als angemessen. Besteht keine tarifliche Regelung, werden mindestens die Richtsätze des zuständigen Landesfachverbandes bezahlt.
Bei Änderung der tariflichen Vergütungssätze während der Ausbildung ändert sich die Vergütung entsprechend.
Sie beträgt zur Zeit monatlich brutto Euro

| im | 1. Ausbildungsjahr | 2. Ausbildungsjahr | 3. Ausbildungsjahr | 4. Ausbildungsjahr |
|---|---|---|---|---|
| € | 645 | 720 | 850 | |

Vereinbarungen über Sachleistungen sind unter **I.** aufzuführen.

**G.** Der Ausbildende gewährt dem Auszubildenden Urlaub nach den geltenden Bestimmungen. Die Urlaubsdauer richtet sich grundsätzlich nach dem Jugendarbeitsschutzgesetz, dem Bundesurlaubsgesetz bzw. den gültigen Tarifverträgen. Es besteht zur Zeit ein Urlaubsanspruch von:

| Im Jahre | 20 21 | 20 22 | 20 23 | 20 24 | 20 |
|---|---|---|---|---|---|
| Werktage | 9 | 27 | 27 | 23 | |
| Arbeitstage | | | | | |

**H.** Auf anzuwendende Tarifverträge und Betriebs- bzw. Dienstvereinbarungen wurde hingewiesen.

**I.** Sonstige Vereinbarungen:

Die vorstehenden sowie die weiteren Vertragsbestimmungen §§ 1-11 (Rückseite) sind Gegenstand des Vertrages und werden anerkannt.

**Ort:** Bietigheim-Bissingen **Datum:** 30.06.2021

Der Ausbildende: *S. Jung*
Der Auszubildende: *Mia Zimmermann*

Die gesetzlichen Vertreter des Auszubildenden
*[Unterschrift]* Mutter *[Unterschrift]* Vater Vormund

Dieser Vertrag ist anerkannt und in das Verzeichnis der Berufsausbildungsverhältnisse eingetragen.
Nr.:
am:
Vorgesehener Prüfungstermin: Sommer Winter Jahr
Siegel / Handzeichen

*Aus Lesbarkeitsgründen haben wir im Text auf die weibliche Form verzichtet. Hinweis: Die sich aus dem Berufsausbildungsverhältnis ergebenen Daten gemäß § 28 HWO und § 34/35 BBiG werden bei den zuständigen Stellen gespeichert.

Heilbronner Straße 43 · 70191 Stuttgart · Telefon 0711 1657-0 · Telefax 0711 1657-222 · info@hwk-stuttgart.de · www.hwk-stuttgart.de

BBiG §§ 13, 14 ff.

**Rechte und Pflichten der Vertragspartner**
Durch den Berufsausbildungsvertrag entstehen den Vertragspartnern, dem Ausbildenden und dem Auszubildenden, Rechte und Pflichten.

Info
Ausbildung und Beruf
2a53hp

| Pflichten des Ausbildenden | Pflichten des Auszubildenden |
|---|---|
| • **Ausbildungspflicht** – d. h. Vermittlung von Kenntnissen, Fertigkeiten und beruflicher Handlungsfähigkeit<br>• kostenlose **Bereitstellung der Ausbildungsmittel**<br>• Freistellung zum **Berufsschulbesuch**<br>• Zahlung der **Ausbildungsvergütung**, 2021 beträgt die **Mindestvergütung** 550 € (2022: 585 €, 2023: 620 €)<br>• **Fürsorgepflicht** – d. h. Zahlung der Beiträge zur gesetzlichen Sozialversicherung, Einhaltung des Jugendarbeitsschutzgesetzes, Beachtung der Unfallschutzbestimmungen<br>• Ausbilder darf nur **Arbeiten anordnen**, die zum Ausbildungsberuf gehören.<br>• Pflicht zur **Zeugnisausstellung**<br><br>= Rechte des Auszubildenden | • **Lernpflicht** – d. h. der Auszubildende soll bemüht sein, sich die nötigen Kenntnisse und Fähigkeiten anzueignen.<br>• **Sorgfaltspflicht** – d. h. ihm übertragene Arbeiten muss der Auszubildende sorgfältig ausführen.<br>• **Gehorsamspflicht** – d. h. Weisungen des Ausbilders sind zu befolgen.<br>• Pflicht zum **Berufsschulbesuch**<br>• Pflicht, **schriftlichen Ausbildungsnachweis** zu führen<br>• **Schweigepflicht**<br>• Pflicht zur Einhaltung des **Wettbewerbsverbots**, d. h. dem Ausbildenden darf keine Konkurrenz gemacht werden.<br><br>= Rechte des Ausbildenden |

Die Nichteinhaltung kann zur außerordentlichen Kündigung (= fristlos) berechtigen und zur Schadenersatzpflicht führen.

**Fallbeispiel**
„Ende der Berufsausbildung"
S. 19

## 2.2 Beendigung des Berufsausbildungsvertrags

BBiG § 20

Am Anfang der Berufsausbildung steht eine **Probezeit**, die mindestens einen und höchstens vier Monate beträgt. Während der Probezeit sollen der Ausbildende und der Auszubildende feststellen können, ob der Auszubildende für diese Tätigkeit geeignet ist und ob sie ihm gefällt. Daher können beide Vertragspartner während der Probezeit ohne Einhaltung einer Frist (also jederzeit) und ohne Angabe von Gründen kündigen.

Ist die Probezeit abgelaufen, kann der Ausbildende nur aus wichtigem Grund kündigen, zum Beispiel bei Diebstahl oder Beleidigung. Eine solche Kündigung erfolgt fristlos. Der Auszubildende kann bei Berufsaufgabe und bei Berufswechsel mit einer Frist von vier Wochen kündigen. Außerdem kann der Auszubildende aus wichtigen Gründen fristlos kündigen – zum Beispiel wegen Tätlichkeiten oder Beleidigungen.

BBiG § 22, Abs. 3
BBiG § 21

Unabhängig vom Kündigungsgrund schreibt das Berufsbildungsgesetz vor, dass ein Berufsausbildungsvertrag immer schriftlich gekündigt werden muss. Wird der Berufsausbildungsvertrag nicht gekündigt, so endet er automatisch mit dem Ablauf der vereinbarten Ausbildungszeit.

## 2.3 Überwachung des Berufsausbildungsvertrags

Die Überwachung einer korrekten Berufsausbildung obliegt den dafür zuständigen Stellen. Das sind: die Handwerkskammern für die Handwerksbetriebe, die Industrie- und Handelskammern für Industrie-, Dienstleistungs- und Handelsbetriebe, die Landwirtschaftskammern für die landwirtschaftlichen Betriebe, die Ärztekammern, die Apothekerkammern, die Steuerberaterkammern und die Rechtsanwaltskammern für die Auszubildenden, die in diesen Berufen tätig sind.

Nach dem Berufsbildungsgesetz werden den zuständigen Stellen (Kammern) folgende Aufgaben zugewiesen:
- Führung des Verzeichnisses der Berufsausbildungsverhältnisse („Lehrlingsrolle"),
- Kürzung oder Verlängerung der Ausbildungsdauer auf Antrag des Auszubildenden,
- Überwachung der Eignung der Ausbildungsstätten,
- Überwachung der Berufsausbildung,
- Bildung von Prüfungsausschüssen und Durchführung der Prüfung,
- berufliche Fortbildung.

### Wissen kompakt

## Arbeitsteil

**1** Welche Gesetze regeln die Berufsausbildung?

**2** Zählen Sie mithilfe des Formulars auf S. 15 drei Mindestangaben auf, die ein Berufsausbildungsvertrag enthalten muss.

**3** Wie werden die Vertragspartner beim Berufsausbildungsvertrag genannt?

**4** Nennen Sie drei Pflichten, die durch den Abschluss eines Ausbildungsvertrags entstehen
 a) für den Auszubildenden,
 b) für den Ausbildenden.

**5** Die 16-jährige Yasmin erhält einen Ausbildungsvertrag als Kraftfahrzeugmechatronikerin.
 a) Wer muss den Ausbildungsvertrag unterschreiben? Begründen Sie.
 b) Welche Voraussetzungen sind bezogen auf den Ausbildungsbetrieb von der zuständigen Handwerkskammer zu prüfen?
 c) Wodurch wird das Ausbildungsverhältnis letztendlich rechtswirksam begründet?

**6** a) Wie lange dauert die Probezeit?
 b) Weshalb wird in Berufsausbildungsverträgen eine Probezeit vereinbart?

**7** Unter welchen Voraussetzungen kann nach der Probezeit
 a) vom Auszubildenden,
 b) vom Ausbildenden gekündigt werden?

**8** Untersuchen Sie die Wirksamkeit der nachfolgenden Kündigungen. Begründen Sie Ihre Entscheidung.
 a) Simone wird innerhalb der vereinbarten Probezeit fristlos von ihrem Chef mündlich gekündigt.
 b) Paul möchte nach 6 Monaten eine neue Lehre in einem anderen Beruf beginnen und kündigt fristlos. Die Kündigung erfolgt schriftlich.

 c) Ines wird nach einem heftigen Streit mit ihrem Chef von diesem geohrfeigt. Obwohl sie schon 12 Monate Ausbildung hinter sich hat, kündigt sie fristlos.
 d) Hans kommt zum zweiten Mal innerhalb eines Jahres 15 Minuten zu spät an seinen Ausbildungsplatz. Sein Chef kündigt ihm daraufhin fristlos mit den Worten: „Für notorische Zuspätkommer ist kein Platz in meinem Betrieb. Du bist ab sofort gekündigt!"

**9** Ein Friseur lässt seine Auszubildende im ersten Ausbildungsjahr nur die Haare der Kunden waschen. Gegen welche Pflicht des Ausbildungsvertrags verstößt er damit?

**10** Warum gibt es Ihrer Meinung nach strenge Mindestanforderungen an Inhalt und Form des Berufsausbildungsvertrags?

**11** a) Welche Stellen überwachen die Berufsausbildung?
 b) Nennen Sie die für Ihren Ausbildungsberuf zuständige Stelle.
 c) Welche Aufgaben haben diese Stellen im Bereich der Berufsbildung?

**12** Informieren Sie sich über Ihren Ausbildungsbetrieb. Fragen Sie nach, welche Stellung Ihr Ausbildungsbetrieb in der Branche und in der Gesamtwirtschaft einnimmt. Präsentieren Sie Ihren Ausbildungsbetrieb der Klasse. Nutzen Sie dazu Powerpoint, Flipchart oder ein Plakat.

⊘ **Methode**
„Präsentation und Visualisierung von Arbeitsergebnissen"
S. 270 f.

🌐 **Material**
Methode „Betriebserkundung"
c7z497

# Fallbeispiel — Berufsausbildungsvertrag — 7–9 — Material Arbeitsblätter fx6kg5

## Ende der Berufsausbildung

### Problemsituation:
Mia und Paul, beide 18 Jahre alt, absolvieren im Architekturbüro Krüger eine Ausbildung zum Bauzeichner. Als Ausbildungsdauer wurde im Ausbildungsvertrag 01.09.2018–31.08.2021 vereinbart. Ihre schriftliche Abschlussprüfung hat Mia bereits hinter sich gebracht. Am 05.07.2021 steht nur noch die mündliche Prüfung an, die sie erfolgreich besteht. Überglücklich zeigt sie am nächsten Tag ihrem Chef, Herrn Krüger, die Bescheinigung über die bestandene Prüfung. Bestens gelaunt stoßen beide auf das gute Ergebnis an. Danach stürzt sich Mia voller Freude auf ihre Arbeit. Am 31.08.2021 erklärt ihr Herr Krüger plötzlich, dass ihr Ausbildungsvertrag heute ablaufe. Leider könne er sie nach der Ausbildung nicht übernehmen, da er zwei neue Auszubildende eingestellt hätte. Er wünscht ihr für ihren weiteren Lebensweg alles Gute. Mia darf am nächsten Tag nicht mehr in den Betrieb.

Auch Paul, der die Abschlussprüfung nicht bestanden hat, soll die Firma verlassen. Herr Krüger teilt ihm mit, dass auch er am 31.08.2021 gehen müsse, weil da sein Ausbildungsvertrag auslaufe.

### Arbeitsauftrag:
Arbeiten Sie in Gruppen zusammen.
1. Klären Sie anhand des Gesetzestextes, wodurch ein Berufsausbildungsverhältnis beendet wird.
2. Wann endet Mias Berufsausbildungsverhältnis?
3. Prüfen Sie, ob zwischen Mia und Herrn Krüger ein Arbeitsvertrag besteht. Falls ja, wie kann dieser von Herrn Krüger beendet werden?
4. Muss Mias Kollege Paul die Firma am 31.08.2021 verlassen, obwohl er seine Ausbildung beenden will?
5. Mia und Paul können sich mit Herrn Krüger nicht einigen. Wie können sie gegen seine Entscheidung vorgehen?
6. Recherchieren Sie im Internet, ob Auszubildende, die nach der Ausbildung nicht übernommen werden, Arbeitslosengeld erhalten. Falls ja, in welcher Höhe? Wann müssen sich die Auszubildenden bei der Agentur für Arbeit melden, um Sperrfristen zu vermeiden?
7. Wie können Sie gegen einen ablehnenden Bescheid der Agentur für Arbeit vorgehen?
8. Wie viele € wenden Sie monatlich für Ihre Grundversorgung (ohne Heizung und Miete) auf? Verwenden Sie hierzu die nebenstehende Tabelle. Nutzen Sie anschließend den Online-Code und stellen Sie Ihre Werte den für Hartz IV-Empfänger vorgesehenen Ausgaben gegenüber und bewerten Sie das Ergebnis Ihres Vergleichs.

### § 21 BBiG – Beendigung
(1) Das Berufsausbildungsverhältnis endet mit dem Ablauf der Ausbildungszeit. Im Falle der Stufenausbildung endet es mit Ablauf der letzten Stufe.
(2) Bestehen Auszubildende vor Ablauf der Ausbildungszeit die Abschlussprüfung, so endet das Berufsausbildungsverhältnis mit Bekanntgabe des Ergebnisses durch den Prüfungsausschuss.
(3) Bestehen Auszubildende die Abschlussprüfung nicht, so verlängert sich das Berufsausbildungsverhältnis auf ihr Verlangen bis zur nächstmöglichen Wiederholungsprüfung, höchstens um ein Jahr.

### § 24 BBiG – Weiterarbeit
Werden Auszubildende im Anschluss an das Berufsausbildungsverhältnis beschäftigt, ohne dass hierüber ausdrücklich etwas vereinbart worden ist, so gilt ein Arbeitsverhältnis auf unbestimmte Zeit als begründet.

### § BGB – § 622 Kündigungsfristen bei Arbeitsverhältnissen
(1) Das Arbeitsverhältnis eines Arbeiters oder eines Angestellten (Arbeitnehmers) kann mit einer Frist von vier Wochen zum Fünfzehnten oder zum Ende eines Kalendermonats gekündigt werden.

| Monatliche Ausgaben für | Eigene | Hartz IV |
|---|---|---|
| Nahrung, alkoholfreie Getränke | | |
| Freizeit, Unterhaltung, Kultur | | |
| Verkehr | | |
| Nachrichtenübermittlung | | |
| Wohnen (ohne Miete, Heizung) | | |
| Bekleidung und Schuhe | | |
| Andere Waren, Dienstleistungen | | |
| Einrichtung, Haushaltswaren | | |
| Gesundheitspflege | | |
| Hotels und Gaststätten | | |
| Bildung | | |

**Info** Hartz IV v6i8zt

10   Kompetenzbereich I

# 3 Betrieblicher Arbeitsplatz

## Einstieg

a) Welche Betriebsarten sind hier angesprochen?
b) Nennen Sie weitere Betriebsarten.
c) Ordnen Sie Ihren Ausbildungsbetrieb entsprechend ein.
d) Welcher Unterschied besteht zwischen einer Unternehmung und einem Betrieb?

Martina hat eine Ausbildung zur Kfz-Mechatronikerin im Autocenter Talheim begonnen.
An ihrem ersten Arbeitstag geht ihr Ausbilder mit ihr durch das ganze Autohaus und zeigt ihr alle Abteilungen: die Werkstatt, den Verkauf, das Büro usw. Während er sie überall herumführt, erklärt er: „Unser Autohaus ist ein expandierendes Unternehmen, das im Umkreis von 40 km derzeit 5 Betriebe hat. Demnächst eröffnen wir in einer großen Nachbarstadt einen weiteren Betrieb. Als Handelsbetrieb erzielen wir beachtliche Umsätze durch den Verkauf von Neu- und Gebrauchtwagen. Da wir über gut ausgelastete Werkstätten verfügen, sind wir auch ein großer Dienstleistungsbetrieb. Trotz der zahlreichen Mitarbeiter und des beachtlichen Umsatzes fühlen wir uns nicht als Industriebetrieb, sondern als Handwerksbetrieb, obwohl wir mit über 250 Mitarbeitern kein Kleinbetrieb sind."

## 3.1 Analyse des betrieblichen Arbeitsplatzes

Auszubildende, die einen Beruf erlernen, müssen sich in einem völlig neuen Umfeld zurechtfinden. Sie erfahren, wie in einem Betrieb gearbeitet wird und wie man sich am Wirtschaftsleben beteiligt. Unternehmen können den gleichen Beruf ausbilden, dennoch haben sie im Vergleich zu anderen Betrieben ihre Besonderheiten. Dies kann daran liegen, dass sie nicht genau dieselben Produkte herstellen oder andere Arbeitsabläufe haben.

Alle Unternehmen, die ein Produkt herstellen, haben grundsätzlich den gleichen Ablauf bei ihrer Leistungserstellung. Jeder Betrieb ist in ein Netz von Beziehungen eingeordnet. Er besorgt sich auf dem **Beschaffungsmarkt** alles, was er zur Produktion benötigt. Dies können beispielsweise Arbeitskräfte, Maschinen, Grundstücke, Rohstoffe oder Halbfertigteile sein. Im Betrieb kombiniert er diese Produktionsfaktoren, d. h. er produziert. Seine Produkte verkauft er auf dem **Absatzmarkt** gegen Geld. Dieses wiederum verwendet er auf dem Beschaffungsmarkt. Da die Erzeugnisse durch die Produktion eine Wertsteigerung erfahren, erzielen Betriebe durch ihre Tätigkeit einen Gewinn. Grundsätzlich lassen sich bei einem Betrieb drei wesentliche Bereiche unterscheiden:
- Beschaffung
- Produktion
- Absatz

Die technischen Einrichtungen wie Maschinen, Werkzeuge, Rohstoffe allein reichen nicht aus, um einen Betrieb zu bilden, sondern das wohlüberlegte Zusammenwirken dieser Faktoren. Die Leistungserstellung im Betrieb soll reibungslos verlaufen. Deshalb müssen die Arbeitsabläufe sinnvoll geregelt sein, d. h. es muss organisiert werden. Erst die Organisation ermöglicht es einem Betrieb, seine Aufgaben zu erfüllen. Dies sind:
- die Herstellung von Sachgütern (Produktions- oder Konsumgüter)
- das Bereitstellen von Dienstleistungen

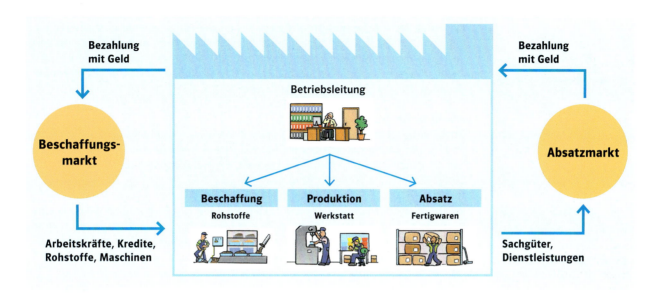

## Betriebsarten

**Einteilung nach der Größe:** In der Regel wird die Betriebsgröße an der Anzahl der Beschäftigten gemessen. Man unterscheidet hierbei:

Außer der Beschäftigtenzahl wird auch der Umsatz als Einteilungsmerkmal herangezogen. Denn beispielsweise kann ein stark automatisierter Betrieb einen weit höheren Umsatz erzielen als ein Betrieb, bei dem Handarbeit überwiegt, obwohl dieser mehr Beschäftigte hat.

| Die größten Industrieunternehmen 2020 ... |||||||
|---|---|---|---|---|---|
| ... der Bundesrepublik ||| ... der Welt |||
|  | Umsatz in $ | Beschäftigte |  | Umsatz in $ | Beschäftigte |
| 1. Volkswagen | 282,8 Mrd. | 671 205 | 1. Walmart (USA) | 524,0 Mrd. | 2 200 000 |
| 2. Daimler | 193,3 Mrd. | 298 655 | 2. Sinopec Group (VR China) | 407,0 Mrd. | 582 648 |
| 3. Allianz | 130,4 Mrd. | 147 268 | 3. State Grid (VR China) | 383,9 Mrd. | 907 677 |
| 4. BMW | 116,6 Mrd. | 133 778 | 4. China National Petroleum (VR China) | 379,1 Mrd. | 1 344 410 |
| 5. Siemens | 97,9 Mrd. | 385 000 | 5. Royal Dutch Shell (Niederlande) | 352,1 Mrd. | 83 000 |
| 6. Deutsche Telekom | 90,1 Mrd. | 210 533 | 6. Saudi Aramco (Saudi Arabien) | 329,8 Mrd. | 79 000 |

Quelle: FortuneGlobal 500

**Einteilung nach der Leistungserstellung:** Die zentrale Aufgabe eines Betriebes ist die Erstellung von Leistungen. Diese Leistungserstellung kann in der Erzeugung von Sachgütern bestehen oder in der Bereitstellung von Dienstleistungen. Dementsprechend unterscheidet man grundsätzlich zwei Arten von Betrieben, nämlich **Produktionsbetriebe** und **Dienstleistungsbetriebe**.

### Produktionsbetriebe

**Urproduktionsbetriebe** gewinnen ihre Produkte direkt aus der Natur, z.B. liefern sie wichtige Rohstoffe für die Herstellung von Gütern. Betriebe der Urproduktion sind z.B. die Landwirtschaft, die Forstwirtschaft, der Bergbau, Steinbrüche, die Öl- und Gasförderung oder Wasserkraftwerke.

**Verarbeitungsbetriebe** verarbeiten Rohstoffe zu fertigen Gütern. So wird z.B. das Getreide aus der Landwirtschaft in Mühlen gemahlen und in Bäckereien zu Brot gebacken. Dabei kann die Weiterverarbeitung von Handwerksbetrieben oder von Industriebetrieben vorgenommen werden. Je nachdem, welche Erzeugnisse ein Betrieb herstellt, unterscheidet man:
- Betriebe der Grundstofferzeugung, wie z.B. die Eisen- und Stahlerzeugung
- Investitionsgüterbetriebe, wie z.B. der Maschinenbau und der Fertigungsanlagenbau
- Konsumgüterbetriebe, wie z.B. Betriebe, die Kleidung oder Haushaltsgeräte herstellen

**Dienstleistungsbetriebe** erbringen eine Leistung, die nicht lagerfähig und transportierbar ist. Sie wird im Zeitpunkt ihrer Erstellung verbraucht.
- Banken gewähren Kredite.
- Versicherungen übernehmen Risiken.
- Verkehrsbetriebe befördern Güter und Personen.
- Weitere Dienstleistende sind: Makler, Ärzte, Rechtsanwälte, Steuerberater, Werbeagenturen, Friseure usw.

**Handelsbetriebe** verteilen die erzeugten Güter an andere Betriebe oder an Endverbraucher.
Großhandelsbetriebe beziehen die Güter in großen Mengen vom Hersteller und verteilen sie in mittleren Mengen an die Einzelhändler. Diese geben sie in kleinen Mengen an die Verbraucher weiter.

**Handwerks- und Industriebetriebe** sind ein wichtiger Teil unserer Wirtschaft. Während die **Handwerksbetriebe** vorwiegend zu den Kleinst- oder Kleinbetrieben zählen, sind die **Industriebetriebe** hauptsächlich Mittel- oder Großbetriebe. Industriebetriebe arbeiten mit hohem Kapitaleinsatz, deshalb trifft man hier die Rechtsform der Kapitalgesellschaft am häufigsten an. Die vorherrschende Fertigungsart der Industrie ist die **Massenfertigung**; in selteneren Fällen werden auch Spezialaufträge in Einzelfertigung ausgeführt. Der höhere Kapitaleinsatz ermöglicht es den Industriebetrieben, moderne Technologien wie die **automatische Fertigung** zu verwenden. Hier werden die einzelnen Arbeitsschritte ohne menschliche Hilfe selbstständig von Maschinen ausgeführt.

Von **Industrie 4.0** spricht man, wenn die Produktionsmaschinen mitdenken und miteinander und mit den Menschen kommunizieren. Maschinen, Transportmittel, Produkte, Software und vieles mehr sind untereinander vernetzt. Sie entwickeln, verarbeiten und erhalten Daten und verständigen sich auf diese Weise untereinander und mit dem Menschen. Die einzelnen Maschinen und das Gesamtsystem sind lernfähig und können sich teilweise selbst organisieren und so den Produktionsprozess optimieren. Individuelle Kundenwünsche stellen kein Problem mehr dar. Produkte und Software denken mit und ermitteln den optimalen Weg durch eine Fertigungsstraße.

**Handwerksbetriebe** sind Produktionsbetriebe, die vorwiegend spezielle Kundenaufträge erledigen, d. h., sie arbeiten in Einzelfertigung. Allerdings ist im Handwerk nicht nur Einzelfertigung anzutreffen. Im Nahrungsmittelhandwerk wird z. B. auch in größeren Stückzahlen produziert. Daneben sind die Handwerksbetriebe auch Dienstleistungsbetriebe, z. B. bei Reparaturarbeiten oder bei der Erstellung besonderer Dienstleistungen wie z. B. Haareschneiden. Während die selbstständigen Handwerker Pflichtmitglieder in der Handwerkskammer sind, besteht für Industriebetriebe eine Pflichtmitgliedschaft in der Industrie- und Handelskammer (IHK).

|  | Handwerksbetriebe | Industriebetriebe |
|---|---|---|
| **Betriebsgröße** | hauptsächlich Kleinst- und Kleinbetriebe | vorwiegend Mittel- und Großbetriebe |
| **Berufsständische Organisation** | Mitglied in der Handwerkskammer | Mitglied in der IHK |
| **Vertrieb** | Vertrieb direkt an die Kunden | Verkauf erfolgt durch Handelsbetriebe |
| **Leistungen** | Produktion, Reparatur und andere Dienstleistungen | Produktion |
| **Fertigungsarten** | Einzelfertigung überwiegt | Serien- und Massenfertigung, seltener Einzelfertigung vollautomatische Fertigung |
| **beschäftigte Arbeitnehmer** | vorwiegend ausgebildete Fachkräfte | Arbeitszerlegung ermöglicht Einsatz von angelernten Arbeitern, Facharbeitern, Technikern und Ingenieuren |

## Betrieb und Unternehmung

Jede Unternehmung ist ein Betrieb, aber nicht jeder Betrieb ist eine Unternehmung.

Der **Betrieb** ist die Produktionsstätte der Unternehmung und somit der Ort ihrer Leistungserstellung. Der Begriff **Unternehmung** schließt neben der Produktionsstätte die Rechtsform (z. B. AG, GmbH, GbR) und das Kapital mit ein. Eine Unternehmung kann mehrere Betriebe umfassen. Beispiel: Die Unternehmung Siemens AG mit Sitz in Berlin und München besitzt allein im Ausland mehr als 100 verschiedene Betriebe.

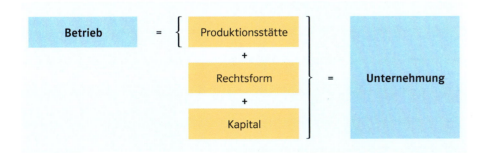

## Kompetenzbereich I

### Wissen kompakt

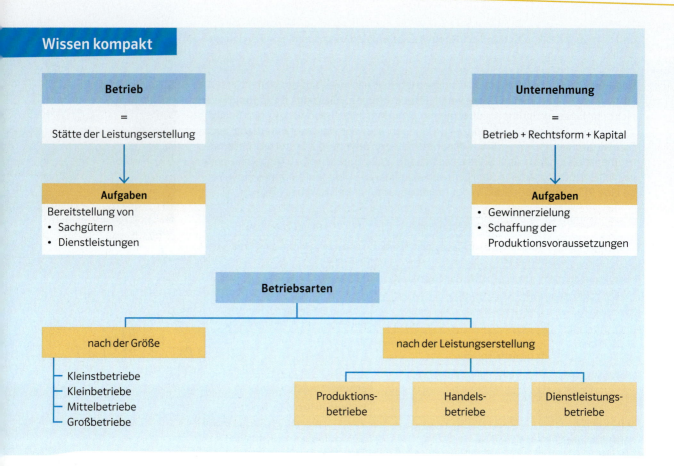

### Arbeitsteil

1. Unterscheiden Sie zwischen Betrieb und Unternehmung.

2. Zeigen Sie anhand eines Beispiels wie Unternehmungen rechtlich handeln können.

3. Welche Aufgaben haben
   a) Betriebe?
   b) Unternehmungen?

4. Teilen Sie die folgenden Betriebe nach ihrer Größe ein:
   a) ein Betrieb mit 350 Beschäftigten
   b) ein Betrieb mit 8 Beschäftigten
   c) ein Betrieb mit 2000 Beschäftigten

5. Ordnen Sie die folgenden Beispiele den entsprechenden Betriebsarten zu:
   a) Kaufhaus
   b) Gärtnerei
   c) Versicherung
   d) Kleiderfabrik
   e) Autofabrik
   f) Friseur

6. In den letzten Jahren verschoben sich die Beschäftigtenzahlen in den einzelnen Betriebsarten erheblich.
   a) Welche Betriebsarten sind geprägt durch eine Abnahme der Beschäftigtenzahl?
   b) Welche Betriebsarten sind geprägt durch eine steigende Beschäftigtenzahl?
   c) Worin sehen Sie die Ursache dieser Entwicklung?

7. Weshalb reicht die Zahl der Beschäftigten allein nicht als Maßstab zur Bestimmung der Betriebsgröße?

8. Wie unterscheiden sich Handwerksbetriebe von Industriebetrieben?

Betrieblicher Arbeitsplatz  13

## 3.2 Schutzvorschriften in der Arbeitswelt

**Einstieg**

▼
a) Welche Einrichtung versucht durch derartige Plakate Arbeitsunfälle zu verhindern?

b) Wie können Arbeitnehmer vor Arbeitsunfällen geschützt werden?

c) Überlegen Sie, welche Folgen Arbeitsunfälle für die Arbeitnehmer, die Betriebe und die Gesellschaft haben.

### 3.2.1 Notwendigkeit des Arbeitsschutzes

Die Schaubilder lassen unschwer erkennen, dass die arbeitende Bevölkerung erheblichen Gefahren für Gesundheit und Leben ausgesetzt ist. Strenge Sicherheitsvorschriften und verstärkte Aufklärung in den Betrieben lassen zwar seit Jahren die Unfallzahlen in den Betrieben zurückgehen, dennoch sind sie immer noch erschreckend hoch.

Setzt man die ca. 1,1 Millionen meldepflichtigen Versicherungsfälle des Jahres 2019 ins Verhältnis zu den rund 45 Millionen Erwerbstätigen, so erlitt ca. jeder 41. Arbeitende einen mehr oder minder schweren Schaden (**Arbeitsunfälle** rund 82 % und **Wegeunfälle** rund 16 %). Die Zahl der bestätigten **Berufskrankheiten** erscheint verhältnismäßig gering (2019: 37 627 bestätigte Berufskrankheiten). Allerdings darf

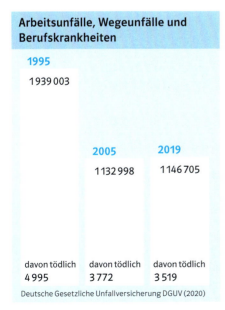

25

nicht vergessen werden, dass die Folgen einer Berufskrankheit ganz erheblich sein können. Besonders tragisch sind die immer noch sehr vielen tödlich verlaufenden Arbeitsunfälle und Todesfälle infolge von Berufskrankheiten. Außer dem persönlichen Leid für die Betroffenen und deren Angehörige werden riesige Kosten für die Versichertengemeinschaft und die Betriebe verursacht. Selbst Arbeitsunfälle ohne tödlichen Ausgang können enorme Folgekosten erforderlich machen (z. B. bei Erwerbsunfähigkeit), ganz abgesehen von den Unfallfolgen für den Betroffenen. Wenn auch in den einzelnen Wirtschaftszweigen und Berufen die Unfallgefahr unterschiedlich groß ist, so haben die meisten Arbeitsunfälle folgende Ursachen:

- menschliches Versagen in ca. 80 % der Fälle. Dieses menschliche Versagen kann verschiedene Ursachen haben wie fehlende Information, Leichtsinn, Selbstüberschätzung, Alkohol oder auch nur Bequemlichkeit;
- technische Fehler und ungenügende Sicherheitseinrichtungen in ca. 20 % der Fälle.

### 3.2.2 Technischer Arbeitsschutz

**Info**
Arbeitsschutz
bu4j9i

Der technische Arbeitsschutz soll durch zahlreiche Vorschriften die Gefahren am Arbeitsplatz und im Betrieb bekämpfen. Wichtige Vorschriften des technischen Arbeitsschutzes sind z. B. die Gewerbeordnung, die Arbeitsstättenverordnung, das Arbeitssicherheitsgesetz, die Bildschirmarbeitsverordnung, die Gefahrstoffverordnung, das Produktsicherheitsgesetz, die Betriebssicherheitsverordnung oder das Arbeitsschutzgesetz.

#### Gewerbeordnung
Bereits 1869 wurde vom Staat die Notwendigkeit von Unfallverhütungsmaßnahmen erkannt. Die in diesem Jahr erlassene Gewerbeordnung enthielt neben arbeitsrechtlichen Regelungen auch die grundlegenden Bestimmungen unserer Unfallverhütung. Heute enthält die Gewerbeordnung keine Unfallschutzvorschriften mehr. Solche sind mittlerweile z. B. in der Arbeitsstättenverordnung, im Produktsicherheitsgesetz, in der Gefahrstoffverordnung, in den Unfallverhütungsvorschriften oder im Arbeitsschutzgesetz zu finden. Mittlerweile soll die Gewerbeordnung hauptsächlich sicherstellen, dass von Gewerbebetrieben keine Gefahr ausgeht.

#### Arbeitsstättenverordnung
Die Arbeitsstättenverordnung hat den Arbeitsschutz der Gewerbeordnung erheblich erweitert. Sie enthält die notwendigen Anforderungen für eine menschenfreundliche Gestaltung der Arbeitsräume, d. h. Vorschriften über Temperaturen, Lärmschutz, Beleuchtung, Schutz vor schädlichen Dämpfen und Staub, den Nichtraucherschutz, Mindestanforderungen an Toiletten, Waschräume und Umkleideräume, das Vorhandensein gekennzeichneter Notausgänge usw.

#### Arbeitssicherheitsgesetz
Durch dieses Gesetz, das eigentlich **„Gesetz über Betriebsärzte, Sicherheitsingenieure und andere Fachkräfte der Arbeitssicherheit"** heißt, werden die Arbeitgeber verpflichtet, Betriebsärzte und Sicherheitsfachkräfte einzustellen. Wenn die Größe des Betriebes keinen eigenen Betriebsarzt sinnvoll erscheinen lässt, kann der Arbeitgeber auf einen der arbeitsmedizinischen Dienste zurückgreifen. Die Arbeitssicherheitsexperten überprüfen bestehende Betriebsanlagen, Maschinen, Werkzeuge und Arbeitsverfahren darauf, ob sie die Gesundheit der Benutzer gefährden. Hauptaufgabe der Betriebsärzte ist es, im Betrieb für gesunde Arbeitsbedingungen zu sorgen. Derzeit sind mehr als 82 000 Fachkräfte für Arbeitssicherheit und 610 000 Sicherheitsbeauftragte in den Betrieben tätig.

## Produktsicherheitsgesetz

Das **Produktsicherheitsgesetz (ProdSG)** setzt eine EU-Richtlinie über die allgemeine Produktsicherheit in nationales Recht um. Es verpflichtet alle Hersteller, nur solche Geräte und Produkte in den Verkehr zu bringen, die diesem Gesetz und den darin umgesetzten EU-Richtlinien entsprechen (gekennzeichnet durch CE- oder GS-Zeichen). Auf Produkten für Verbraucher muss der Hersteller angegeben werden. Für etwaige Rückrufaktionen ist eine eindeutige Kennzeichnung vorgeschrieben. Des Weiteren ist umfassend über eine sichere Anwendung und die Gefahren einer Falschanwendung zu informieren. Neben staatlichen Stellen haben sich auch privatrechtliche Vereine die Einhaltung der Gerätesicherheit zur Aufgabe gemacht. Dazu gehören der Verband der Elektrotechnik Elektronik Informationstechnik e. V. (VDE) oder der Technische Überwachungs-Verein (TÜV), deren Zeichen heute allgemein bekannt sind. Schwere und wiederholte Verstöße gegen das Produktsicherheitsgesetz können Geldstrafen bis zu 100 000 € zur Folge haben. Selbst einfache Verstöße „kosten" bis zu 10 000 €. Händlern oder Herstellern, die vorsätzlich oder fahrlässig Verbraucher schädigen, weil sie ihre Pflichten aus dem ProdSG vernachlässigen, drohen sogar Freiheitsstrafen bis zu einem Jahr.

## Unfallverhütungsvorschriften

Zuständig sind die **Berufsgenossenschaften** der einzelnen Wirtschaftszweige. Sie erlassen die entsprechenden Unfallverhütungsvorschriften und überwachen in den Betrieben deren Einhaltung durch eigene Aufsichtsbeamte. Unternehmer, welche die Unfallverhütungsvorschriften nicht beachten, können sie mit Ordnungsstrafen (bis 10 000 €) belegen und gegebenenfalls für die finanziellen Unfallfolgen aufkommen lassen. Auch die staatlichen **Gewerbeaufsichtsämter** kontrollieren die Beachtung der Unfallverhütungsvorschriften. Bei Missachtung von Schutzvorschriften können auch sie Geldbußen verhängen. Geschehen dennoch Arbeitsunfälle, müssen Berufsgenossenschaften und Gewerbeaufsichtsämter über den Unfallhergang informiert werden.

## 3.2.3 Sozialer Arbeitsschutz

Der soziale Arbeitsschutz soll die Belastung der Arbeitnehmer begrenzen, indem sie durch zahlreiche Gesetze vor körperlicher und seelischer Überforderung geschützt werden.

 **Info**
Deutsche Gesetzliche
Unfallversicherung
2ss5bc

### Arbeitszeitregelungen für Erwachsene

**Das Arbeitszeitgesetz** bestimmt für alle Arbeitnehmer, die älter als 18 Jahre sind:
- Die tägliche Arbeitszeit ist auf 8 Stunden begrenzt.
- Die tägliche Arbeitszeit kann auf 10 Stunden ausgedehnt werden, wenn innerhalb von 6 Monaten der Durchschnitt von 8 Stunden pro Werktag nicht überschritten wird.
- Sonntags- und Feiertagsarbeit sind verboten.
- In bestimmten Bereichen ist die Sonntags- und Feiertagsarbeit erlaubt, z. B. in Bäckereien und Konditoreien, im Gastgewerbe, in Verkehrsbetrieben, in Krankenhäusern.
- In Bereichen, in denen Sonntagsarbeit gestattet ist, muss diese innerhalb von 2 Wochen durch Freizeit ausgeglichen werden, erlaubte Feiertagsarbeit innerhalb einer Woche.
- Mindestens 15 Sonntage im Jahr sind beschäftigungsfrei.
- Die Ruhezeit zwischen 2 Arbeitstagen muss mindestens 11 Stunden betragen.
- Bei einer Arbeitszeit von 6 bis 9 Stunden betragen die Ruhepausen mindestens 30 Minuten, 45 Minuten bei einer Arbeitszeit von mehr als 9 Stunden.
- Im Tarifvertrag können auch Überstunden (Mehrarbeit) vereinbart werden.

ArbZG §§ 3–13

Die meisten Tarifverträge verbessern diese Bestimmungen: So liegt z. B. die gesetzliche Höchstarbeitszeit von 48 Stunden pro Woche über dem heutigen Stand der Tarifverträge.

Zahlreiche Studien beweisen, wie wichtig es ist, die Regelungen des Arbeitszeitgesetzes einzuhalten. So steigt das Risiko, einen Arbeitsunfall zu erleiden, ab der achten Arbeitsstunde. Ab der zwölften Stunde ist es bereits doppelt so hoch. Angestellte, die häufig Überstunden leisten, nehmen das Risiko einer Herz-Kreislauf-Erkrankung und eines Infarkts auf sich. Sie leiden auch überdurchschnittlich oft an Schlafstörungen, um nur drei mögliche Folgen zu nennen. Auch die Fehlerquote steigt bei überlanger Arbeitszeit. Man ist nicht mehr so konzentriert, das Reaktionsvermögen sinkt. Viel bewirkt also nicht unbedingt viel.

*BUrlG § 3*

**Das Bundesurlaubsgesetz** sichert jedem Arbeitnehmer einen jährlichen **Mindesturlaub** von 24 Werktagen zu. Den Zeitpunkt bestimmt der Arbeitgeber. Allerdings muss er die Wünsche des Arbeitnehmers berücksichtigen, sofern nicht dringende betriebliche Belange dem entgegenstehen. Der Urlaub ist zusammenhängend zu gewähren. Einen Anspruch auf vollen Urlaub hat der Arbeitnehmer allerdings erst nach einer Beschäftigungsdauer von 6 Monaten. Der gesetzliche Mindesturlaub darf nicht ausbezahlt werden, er muss als Freizeit genommen werden. Eine Ausnahme ist nur gestattet, wenn das Arbeitsverhältnis beendet wird und kein Urlaub mehr gewährt werden kann.

- **Werktage** sind die Tage von Montag bis Samstag, außer Feiertage.
- **Arbeitstage** sind die Tage von Montag bis Freitag, außer Feiertage, die auf einen Wochentag von Montag bis Freitag fallen.
- Wird Urlaub in Werktagen gewährt, hat die Woche 6 Tage, bei Arbeitstagen 5 Tage.

*MuSchG §§ 3 f.*

### Mutterschutzgesetz

Eine besonders geringe Belastbarkeit haben schwangere Frauen. Durch das Mutterschutzgesetz versucht der Staat, diesen besonderen Schutzanspruch zu berücksichtigen. Wichtige Bestimmungen dieses Gesetzes sind:

- **6 Wochen** vor und **8 Wochen** nach der Entbindung besteht ein **Beschäftigungsverbot**. In dieser Zeit wird von der Krankenkasse **Mutterschaftsgeld** gezahlt.
- Schwere und gefährliche Arbeiten, Nachtarbeit, Akkord- und Fließbandarbeit **sind verboten**.
- Sonntagsarbeit und Feiertagsarbeit sind nur auf freiwilliger Basis möglich und können von der Schwangeren jederzeit widerrufen werden.
- Während der Schwangerschaft und bis vier Monate nach der Entbindung besteht ein **besonderer Kündigungsschutz**.

*BEEG §§ 1 ff.*

### Bundeselterngeld- und Elternzeitgesetz

Nach diesem Gesetz kann nach der Entbindung eine 36-monatige **Elternzeit** genommen werden. Eltern können diese Elternzeit bis zum 3. Lebensjahr des Kindes ganz oder zeitweise gemeinsam in Anspruch nehmen. Auch ohne Zustimmung des Arbeitgebers ist eine Übertragung von 24 Monaten Elternzeit auf die Zeit zwischen dem 3. und 8. Geburtstag des Kindes möglich. Während der Elternzeit genießen die Eltern Kündigungsschutz.

Für die Kinder erhalten die Eltern ein **einkommensabhängiges Elterngeld**, wenn ein zuvor berufstätiger Elternteil zu Hause bleibt. Das Elterngeld beträgt 65–100 % des bisherigen Nettoeinkommens des erziehenden Elternteils, höchstens jedoch 1 800 € monatlich. Es kann maximal 12 Monate lang bezogen werden. Zwei weitere Monate werden gewährt, wenn auch der zweite Elternteil mindestens zwei Monate Elternzeit nimmt. Alleinerziehende erhalten Elterngeld 14 Monate lang. Ein Mindestelterngeld von 300 € erhalten alle erziehenden Elternteile, auch wenn sie vor der Geburt nicht gearbeitet haben oder weniger verdient haben. Durch **ElterngeldPlus** kann die Bezugszeit verlängert werden.

**Info**
Neuregelungen des Bundesfamilienministeriums
a6e5hz

## Schwerbehindertenschutz im Sozialgesetzbuch

Personen, deren Erwerbsfähigkeit auf Dauer um mindestens 50 % eingeschränkt ist (2019 mehr als 7,9 Millionen), stehen unter dem besonderen **Schwerbehindertenschutz** des Sozialgesetzbuchs (SGB, IX. Buch) und des Bundes-Teilhabe-Gesetzes. Sie erhalten beispielsweise zusätzlich 5 Tage Jahresurlaub, sind nicht verpflichtet, Mehrarbeit zu leisten, und genießen einen besonderen Kündigungsschutz. Um sicherzustellen, dass Schwerbehinderte trotzdem einen Arbeitsplatz erhalten, fördert der Staat deren Beschäftigung durch besondere Zuschüsse. Betriebe, die weniger als 5 % der Arbeitsplätze für Schwerbehinderte zur Verfügung stellen, müssen für jeden nicht besetzten Platz monatlich bis zu 320 € Ausgleichsabgabe zahlen.

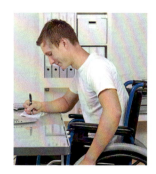

## Jugendarbeitsschutzgesetz

Durch das **„Gesetz zum Schutz der arbeitenden Jugend" (JArbSchG)** wird die besondere Situation der Jugendlichen berücksichtigt. Sie stehen noch in ihrer geistigen und körperlichen Entwicklung und bedürfen deshalb eines besonderen Schutzes. Jugendliche im Sinne des Gesetzes sind alle Arbeitnehmer, die 15, aber noch keine 18 Jahre alt sind. Wer noch keine 15 Jahre alt ist, gilt als Kind. Kinderarbeit ist grundsätzlich verboten.

Die folgende Zusammenfassung enthält die wichtigsten Bestimmungen:

| Die wichtigsten Bestimmungen des Jugendarbeitsschutzgesetzes | | JArbSchG |
|---|---|---|
| **Arbeitszeit** | Höchstens 8 Std. am Tag (Ausnahme: 8 ½ Std. bei Verkürzung an einzelnen Werktagen), 40 Std. in der Woche. Nur an 5 Tagen pro Woche soll gearbeitet werden. | § 8 |
| **Ruhepausen** | Bei einer Arbeitszeit von 4 ½ bis 6 Std.: 30 Min., bei mehr als 6 Std. Arbeitszeit 60 Min. | § 11 |
| **Schichtzeit** | Arbeitszeit + Pausen: höchstens 10 Std. | § 12 |
| **Freizeit** | Mindestens 12 Std. zwischen 2 Arbeitstagen | § 13 |
| **Arbeitsbeginn** | Keine Beschäftigung vor 6 Uhr morgens. Ausnahmen: In Bäckereien, Konditoreien und in der Landwirtschaft dürfen 16-Jährige bereits ab 5 Uhr arbeiten, 17-Jährige in Bäckereien ab 4 Uhr. | § 14 |
| **Arbeitsende** | Keine Beschäftigung nach 20 Uhr. Ausnahmen: 16-Jährige dürfen in Gaststätten bis 22 Uhr und in mehrschichtigen Betrieben bis 23 Uhr arbeiten. | § 14 |
| **Urlaub** | Jugendliche, die zu Beginn des Kalenderjahres noch nicht 16 Jahre alt sind: 30 Werktage; noch nicht 17 Jahre alt sind: 27 Werktage; noch nicht 18 Jahre alt sind: 25 Werktage. | § 19 |
| **Berufsschulzeit** | Der Jugendliche muss hierzu freigestellt werden. Mehr als 5 Unterrichtsstunden entsprechen 1 Arbeitstag. | § 9 |
| **Verbotene Arbeiten** | Arbeiten, welche die Leistungsfähigkeit übersteigen, z. B. Akkordarbeit, Fließbandarbeit, gefährliche Arbeiten | §§ 22–23 |
| **Ärztliche Untersuchungen** | Ohne Erstuntersuchung vor Beschäftigungsaufnahme dürfen Jugendliche nicht beschäftigt werden. In den letzten 3 Monaten des 1. Arbeitsjahres muss eine Nachuntersuchung durchgeführt werden, wenn das 18. Lebensjahr noch nicht vollendet ist. | §§ 32–33 |

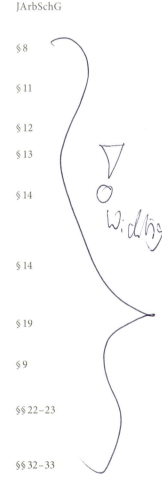

15, 17   Kompetenzbereich I

### 3.3 Überwachung der Schutzvorschriften

Damit die Bestimmungen des Arbeitsschutzes Arbeitnehmer auch wirklich schützen, muss ihre Einhaltung kontrolliert werden. Nach dem Betriebsverfassungsgesetz kommt dem **Betriebsrat** eine besondere Bedeutung bei der Kontrolle des Arbeitsschutzes zu. Regelungen zur Verhütung von Arbeitsunfällen bedürfen seiner Zustimmung. Des Weiteren ist es seine Aufgabe zu kontrollieren, ob die bestehenden Arbeitsschutzvorschriften im Betrieb eingehalten werden. In Betrieben, die mehr als 20 Beschäftigte haben, müssen sogenannte **Sicherheitsbeauftragte** vorhanden sein. Sie sollen die Arbeitgeber bei der Durchführung des Arbeitsschutzes unterstützen. In großen Betrieben ist der Arbeitgeber außerdem gesetzlich verpflichtet, weitere Fachkräfte für die Arbeitssicherheit einzustellen. Dies sind z. B. Sicherheitsingenieure und Betriebsärzte. Auch durch außerbetriebliche Einrichtungen wird die Einhaltung des Arbeitsschutzes überwacht.

Die wichtigsten Organe des Arbeitsschutzes sind:
- die **Berufsgenossenschaften**,
- die **staatlichen Gewerbeaufsichtsämter**\*.

**Gewerbeaufsichtsämter**\* sind staatliche Behörden. Ihre Beamten, die Betriebskontrollen durchführen, dürfen die Arbeitsräume jederzeit betreten. Werden ihre Anordnungen nicht befolgt, so können sie durch polizeiliche Maßnahmen erzwungen werden. Für die Unfallverhütung sind besonders die **Berufsgenossenschaften** zuständig. Auch sie kontrollieren durch eigene Aufsichtsbeamte die Einhaltung ihrer Unfallverhütungsvorschriften. Unabhängig davon muss jeder Arbeitgeber im Rahmen seiner Fürsorgepflicht alle entsprechenden Schutzvorschriften einhalten. Kommt er dieser Verpflichtung nicht nach, so kann der Arbeitnehmer die Arbeit verweigern oder Schadenersatz verlangen.

\* In NRW beispielsweise „Arbeitsschutzdezernate der Bezirksregierungen"

## Wissen kompakt

## Arbeitsteil

**1** Welchen Gefahren sind arbeitende Menschen ausgesetzt?

**2** a) Unterscheiden Sie zwischen Berufskrankheiten und allgemeinen Krankheiten.
b) Welches sind die häufigsten Berufskrankheiten?

**3** a) Welches sind die häufigsten Ursachen von Arbeitsunfällen?
b) Wie wirkt sich ein Arbeitsunfall aus für den Verletzten und für die Gesellschaft?

**4** a) Unterscheiden Sie zwischen technischem und sozialem Arbeitsschutz.
b) Geben Sie zu jedem Bereich zwei Gesetze oder Vorschriften an.
c) Welche Personengruppen werden durch den sozialen Arbeitsschutz besonders geschützt?

**5** Nennen Sie je drei
a) Schutzbestimmungen für (werdende) Mütter,
b) Bestimmungen des Jugendarbeitsschutzgesetzes,
c) Bestimmungen des Arbeitszeitgesetzes.

**6** Wie soll sich ein Jugendlicher verhalten, wenn in seinem Betrieb fortwährend gegen das Jugendarbeitsschutzgesetz verstoßen wird?

**7**

a) Teilen Sie die gezeigten Sicherheitszeichen nach folgendem Schema ein: Warnzeichen/Verbotszeichen/Gebotszeichen
b) Geben Sie die Bedeutung dieser Zeichen an.
c) Der 16-jährige Tim wird in einem Lackierbetrieb zum Fahrzeuglackierer ausgebildet. Welche Warn-, Verbots- und Gebotszeichen sind in seinem Ausbildungsbetrieb besonders wichtig?

**8** Die folgenden Warnzeichen sollen auf Gefahren bei der Verwendung von verpackten Stoffen hinweisen. Wovor warnen diese Zeichen auf einer Verpackung?

**9** Die Zahntechnikerin Michaela Hartwig ist im 9. Monat schwanger. Aus Angst, ihren Arbeitsplatz zu verlieren, arbeitet sie noch im 9. Monat.
a) Beurteilen Sie den Fall mithilfe des Gesetzestextes.
b) Wie ist die Rechtslage, wenn der Frauenarzt wegen Komplikationen strikte Bettruhe verordnet?

> **Auszüge aus dem Mutterschutzgesetz**
>
> **§ 3 Schutzfristen vor und nach der Entbindung**
> (1) Der Arbeitgeber darf eine schwangere Frau in den letzten sechs Wochen vor der Entbindung nicht beschäftigen (Schutzfrist vor der Entbindung), soweit sie sich nicht zur Arbeitsleistung ausdrücklich bereit erklärt. Sie kann die Erklärung nach Satz 1 jederzeit mit Wirkung für die Zukunft widerrufen.
> (2) Der Arbeitgeber darf eine Frau bis zum Ablauf von acht Wochen nach der Entbindung nicht beschäftigen (Schutzfrist nach der Entbindung). […]
>
> **§ 15 Ärztliches Beschäftigungsverbot**
> (1) Der Arbeitgeber darf eine schwangere Frau nicht beschäftigen, soweit nach einem ärztlichen Zeugnis ihre Gesundheit oder die ihres Kindes bei Fortdauer der Beschäftigung gefährdet ist. […]

**10** a) Erläutern Sie die Aussage auf dem beschrifteten Spiegel.
b) Wer überwacht die Einhaltung des Arbeitsschutzes?
c) Womit muss ein Unternehmer rechnen, wenn er die Bestimmungen des Arbeitsschutzes missachtet?

# 4 Einzelarbeitsvertrag

**Einstieg**

▼ Dieses Bewerbungsgespräch scheint nicht optimal verlaufen zu sein.

Schildern Sie kurz, wie ein Arbeitsvertrag zustande kommt, von der Anbahnung bis zum Abschluss.

## 4.1 Anbahnung und Abschluss

**Auszug aus dem Bürgerlichen Gesetzbuch (BGB)**

**§ 611 a Arbeitsvertrag**
(1) Durch den Arbeitsvertrag wird der Arbeitnehmer im Dienste eines anderen zur Leistung weisungsgebundener, fremdbestimmter Arbeit in persönlicher Abhängigkeit verpflichtet. Das Weisungsrecht kann Inhalt, Durchführung, Zeit und Ort der Tätigkeit betreffen. […]
(2) Der Arbeitgeber ist zur Zahlung der vereinbarten Vergütung verpflichtet.

Die Voraussetzung für jedes **Arbeitsverhältnis** ist der **Arbeitsvertrag**. Er ist die wichtigste Form des Dienstvertrags. Abgeschlossen wird ein Arbeitsvertrag zwischen **Arbeitnehmer** und **Arbeitgeber**. Genauer gesagt: Er entsteht durch zwei übereinstimmende Willenserklärungen, nämlich den Antrag einer Seite und die Annahme der anderen Seite. Durch den Vertragsabschluss verpflichtet sich der Arbeitnehmer zur **Arbeitsleistung** unter der Leitung des Arbeitgebers. Von diesem erhält er dafür eine **Vergütung**, den Lohn bzw. das Gehalt.

Die Anbahnung des Arbeitsvertrags kann sehr unterschiedlich sein. So melden viele Arbeitgeber der Agentur für Arbeit eine frei gewordene Stelle. Diese versucht dann, einen geeigneten Bewerber zu vermitteln. Andere Betriebe werden von sich aus tätig und suchen durch Stellenanzeigen in Tageszeitungen oder Fachzeitschriften nach geeigneten Mitarbeitern. Auch das Auswerten von Stellengesuchen ist eine Möglichkeit. Normalerweise bewerben sich viele Arbeitnehmer um einen Arbeitsplatz. Wie viele das sind, hängt von verschiedenen Faktoren ab, unter anderem vom angebotenen Arbeitsplatz, von der Vergütung, der Aufmachung der Stellenanzeige, vom Ansehen der Firma, der Lage auf dem Arbeitsmarkt usw.
Anhand der **Bewerbungsunterlagen** treffen die Betriebe unter den Bewerbern eine **Vorauswahl**. Zu den Bewerbungsunterlagen gehören: das Bewerbungsschreiben, der Lebenslauf mit Bewerbungsfoto, Kopien der letzten Schulzeugnisse, der Nachweis der Berufsausbildung (z. B. der Gesellenbrief), Arbeitszeugnisse.
Eine besondere Bedeutung kommt dabei dem **Bewerbungsschreiben** zu. Ihm entnimmt ein Arbeitgeber, wie wichtig dem Arbeitnehmer die ausgeschriebene Stelle ist. Er sieht dies an der Sorgfalt und der Mühe, die sich ein Arbeitnehmer mit der Formulierung des Schreibens und mit der Zusammenstellung der Unterlagen gemacht hat.
Dem **Lebenslauf** kann der Arbeitgeber entnehmen, ob ein Bewerber zielstrebig seine Berufsziele verfolgt hat, ob er es lange in anderen Firmen ausgehalten hat oder ob er bei nächster Gelegenheit auch den neuen Betrieb wieder verlassen wird.
In einem persönlichen Gespräch, dem **Vorstellungsgespräch**, stellen Arbeitgeber und Arbeitnehmer letztlich fest, ob sie miteinander einen Arbeitsvertrag abschließen wollen.

Meist verhandeln Arbeitgeber und Arbeitnehmer bei dieser Gelegenheit über die wichtigsten Vertragsinhalte wie Arbeitszeit, Lohnhöhe, Urlaubsanspruch und Art der zu leistenden Arbeit. Erfolgt eine Einigung, ist ein Arbeitsvertrag entstanden und der Arbeitnehmer gibt seine **Arbeitspapiere** ab. Dazu gehören die Urlaubsbescheinigung des vorherigen Arbeitgebers, die Mitgliedsbescheinigung der gewählten Krankenkasse sowie sein Sozialversicherungsausweis. Die Besteuerungsmerkmale erhält der Arbeitgeber online vom Bundeszentralamt für Steuern, nachdem er die Steueridentifikationsnummer und das Geburtsdatum des Arbeitnehmers eingegeben hat.

Staatsangehörige von **Mitgliedsländern** der **Europäischen Union** können nach **EU-Recht** in jedem EU-Land einen Arbeitsvertrag unterschreiben. Eine Arbeitserlaubnis ist nicht mehr erforderlich.

### Pflichten vor Abschluss eines Arbeitsvertrags

Schon vor Abschluss des Arbeitsvertrags haben die Vertragspartner bestimmte Pflichten, sogenannte **Schutzpflichten**. So muss der **Arbeitgeber** mit den vertraulich überlassenen **Bewerbungsunterlagen** auch **diskret** umgehen. Hat er den Bewerber zu einem Vorstellungsgespräch eingeladen, muss er die entstandenen **Kosten ersetzen**, es sei denn, das Unternehmen hat dies ausgeschlossen. Im Vorstellungsgespräch darf er bestimmte Fragen nicht stellen.
**Nicht gestattet** sind z. B. Fragen nach den Vermögensverhältnissen, zur Gesundheit, nach Vorstrafen, nach einer Religions-, Partei- oder Gewerkschaftszugehörigkeit sowie nach einer Schwangerschaft (**unzulässige Fragen**). Eine Schwangerschaft darf auch kein Ablehnungsgrund sein. Fragen nach einer Schwerbehinderung, nach beruflichen Kenntnissen, Erfahrungen und Prüfungsergebnissen oder nach der Höhe des bisherigen Gehalts sind dagegen zulässig.
Der Bewerber hat das Recht, entweder gar nicht oder falsch zu antworten, wenn eine unzulässige Frage gestellt wird. Zulässige Fragen dagegen müssen auch wahrheitsgemäß beantwortet werden.
Wenn eine Seite gegen diese Schutzpflichten verstößt, dann kann die andere Seite rechtlich dagegen vorgehen und z.B. Schadensersatz geltend machen. Diesen Grundsatz des Haftens für Verschulden beim Vertragsschluss nennt man auch **Culpa in Contrahendo**.

Der **Arbeitnehmer** muss wahrheitsgemäß über seine Qualifikationen Auskunft geben. In diesem Zusammenhang muss er mitteilen, welche Bedingungen des Arbeitsvertrags er nicht erfüllen kann. Beispielsweise darf eine Friseurin nicht verschweigen, dass sie bestimmte Chemikalien nicht verträgt. Auch eine Lohnpfändung muss mitgeteilt werden.

### Soziale Rechte in Europa

Zwischen den einzelnen EU-Staaten gibt es große Unterschiede. Die seit 2009 gültige Charta der Grundrechte der Europäischen Union soll verhindern, dass das Arbeiten im Ausland zur bösen Überraschung wird. Mit Ausnahme von Polen ist sie in allen EU-Staaten verbindlich. In Kapitel IV enthält sie soziale Rechte und Rechte am Arbeitsplatz, wie ein Informations- und Anhörungsrecht am Arbeitsplatz, den Schutz vor ungerechtfertigter Entlassung, das Verbot von Kinderarbeit und den Jugendarbeitsschutz, den Mutterschutz oder das Recht auf Sozialleistungen bei Mutterschaft, Arbeitslosigkeit, Krankheit, Pflegebedürftigkeit und im Alter.
Über die EU hinaus gilt die Europäische Sozialcharta, die vom Europarat beschlossen wurde, in dem fast alle Staaten Europas Mitglied sind. Sie enthält nahezu die gleichen Rechte. Allerdings ist sie in manchen Ländern noch nicht in Kraft getreten. Die Aussagen der Charta der Grundrechte der EU bzw. der Europäischen Sozialcharta sind oft sehr allgemein gehalten oder legen Mindeststandards fest. Wer anderswo in Europa leben oder arbeiten will, tut gut daran, sich mit den jeweiligen Regelungen vor Ort vertraut zu machen.

| Das erwarten Betriebe von Ausbildungsbewerbern | |
|---|---|
| Zuverlässigkeit | 98 % |
| Lernbereitschaft | 98 % |
| Verantwortungsbewußtsein | 94 % |
| Konzentrationsfähigkeit | 92 % |
| Durchhaltevermögen | 91 % |
| Beherrschung der Grundrechenarten | 91 % |
| Höflichkeit | 87 % |
| Fähigkeit zur Selbstkritik | 85 % |
| Konfliktfähigkeit | 83 % |

Die wichtigsten, für alle Ausbildungsberufe zwingend erforderlichen Merkmale, Expertenbefragung
Quelle: BIBB

## 4.2 Form und Inhalt

Der Abschluss eines Arbeitsvertrags ist **formfrei**, d. h. er kann schriftlich, mündlich oder durch schlüssiges Handeln zustande kommen. Viele Arbeitsverträge werden daher noch immer durch „Handschlag" besiegelt, d. h. der Vertragsabschluss erfolgt nur mündlich. Das bringt häufig Schwierigkeiten mit sich, vor allem dann, wenn ein Vertragspartner vereinbarte Ansprüche aus Beweismangel nicht durchsetzen kann. Schriftliche Arbeitsverträge sind deshalb für beide Seiten von Vorteil, da sie mehr Sicherheit bieten und dazu beitragen, unnötige Streitigkeiten zu vermeiden. Um EU-Vorschriften umzusetzen, hat der Bundestag 1995 das sogenannte **„Nachweisgesetz"** erlassen. Es verpflichtet jeden Arbeitgeber, entweder schriftliche Arbeitsverträge abzuschließen oder zumindest den Inhalt des Vertrags schriftlich niederzulegen. Spätestens einen Monat nach Beginn des Arbeitsverhältnisses muss er die wesentlichen Vertragsinhalte schriftlich festhalten, die Niederschrift unterschreiben und dem Arbeitnehmer aushändigen. Diese Niederschrift muss die nebenstehenden Vertragsinhalte enthalten.

Auch wenn kein schriftlicher Nachweis vorliegt, wird der Vertrag trotzdem nicht ungültig, der Arbeitnehmer kann sogar vor dem Arbeitsgericht auf die Erfüllung der Nachweispflicht klagen.

**Mindestinhalte eines schriftlichen Arbeitsvertrages nach EU-Recht und „Nachweisgesetz"**

- Name und Anschrift der Vertragspartner
- Beginn des Arbeitsverhältnisses und, sofern befristet, dessen Ende
- Arbeitsort
- Beschreibung der Arbeit
- Höhe und Zusammensetzung des Arbeitsentgeltes einschließlich aller Zusatzleistungen wie Prämien, Zulagen, Zuschläge
- vereinbarte Arbeitszeit
- Dauer des Jahresurlaubs
- Kündigungsfristen
- Hinweise auf anwendbare Tarifverträge und Betriebsvereinbarungen

TzBfG § 14

Wird ein **befristeter Arbeitsvertrag** nicht schriftlich abgeschlossen, hat dies zur Folge, dass die Befristung unwirksam ist und der Arbeitsvertrag als unbefristet gilt. Um Benachteiligungen von Arbeitnehmern auszuschließen, hat der Staat durch Gesetze und Verordnungen die Vertragsfreiheit beim Arbeitsvertrag stark eingeschränkt. So müssen unter anderem folgende gesetzliche Regelungen beim Vertragsabschluss und bei der Festlegung der Inhalte berücksichtigt werden:

- Bürgerliches Gesetzbuch
- Gewerbeordnung
- Handelsgesetzbuch
- Arbeitszeitgesetz
- Bundesurlaubsgesetz
- Kündigungsschutzgesetz

- Jugendarbeitsschutzgesetz
- Nachweisgesetz
- Entgeltfortzahlungsgesetz
- Mutterschutzgesetz
- Handwerksordnung
- Mindestlohngesetz

- Schwerbehindertenschutz im SGB
- Tarifvertragsgesetz
- Betriebsverfassungsgesetz
- Allg. Gleichbehandlungsgesetz
- Teilzeit- und Befristungsgesetz
- Sozialgesetzbuch (SGB)

Die Bestimmungen der einzelnen Gesetze und Verordnungen dürfen immer nur zugunsten der Arbeitnehmer geändert werden. So kann der Arbeitgeber die im Arbeitszeitgesetz auf 8 Stunden täglich festgelegte Arbeitszeit jederzeit auf 7 Stunden verkürzen, nicht aber dauerhaft auf 9 Stunden verlängern. Dasselbe gilt beispielsweise für den gesetzlichen Mindestlohn. Meist wird zu Beginn des Arbeitsverhältnisses eine **Probezeit** vereinbart. In der Regel dauert sie ein bis drei Monate, höchstens jedoch 6 Monate. Während der Probezeit können beide Seiten das Arbeitsverhältnis mit einer Kündigungsfrist von 14 Tagen beenden.

Einzelarbeitsvertrag 19–20

Durch den Arbeitsvertrag entstehen dem Arbeitgeber und dem Arbeitnehmer folgende Rechte und Pflichten:

| Pflichten des Arbeitgebers | Pflichten des Arbeitnehmers |
|---|---|
| • **Beschäftigung:** Der Arbeitnehmer muss mit der vertraglich vereinbarten Arbeit beschäftigt werden. Er kann z. B. nicht gegen seinen Willen in einen zweimonatigen unbezahlten Urlaub geschickt werden.<br><br>• **Vergütung:** Der Arbeitgeber muss für die geleistete Arbeit den vereinbarten Lohn bzw. das Gehalt zahlen.<br><br>• **Fürsorge:** Der Arbeitgeber ist verpflichtet, alles zu tun, um die Gesundheit und das Leben seines Arbeitnehmers zu schützen. Beispiele: Abführung der Sozialversicherungsbeiträge, Beachtung der Unfallverhütungsvorschriften, Einhaltung des Jugendarbeitsschutzgesetzes oder des Arbeitszeitgesetzes.<br><br>• **Zeugnis:** Bei Beendigung des Arbeitsverhältnisses kann der Arbeitnehmer ein Arbeitszeugnis verlangen. | • **Arbeitsleistung:** Der Arbeitnehmer ist verpflichtet, die vereinbarte Arbeitsleistung zu erbringen.<br><br>• **Gehorsamspflicht:** Die Arbeitsanweisungen des Arbeitgebers müssen befolgt werden.<br><br>• **Sorgfaltspflicht:** Der Arbeitnehmer muss die übertragenen Arbeiten gewissenhaft, d. h. nach bestem Wissen und Können erledigen.<br><br>• **Treuepflicht:**<br><br>– **Schweigepflicht:** Der Arbeitnehmer muss Betriebsgeheimnisse wahren.<br><br>– **Wettbewerbsverbot:** Der Arbeitnehmer darf dem Arbeitgeber keine Konkurrenz machen. |
| ↓ | ↓ |
| = Rechte des Arbeitnehmers | = Rechte des Arbeitgebers |

Die Nichteinhaltung der Pflichten kann zu Kündigung und Schadenersatzpflicht führen.

## 4.3 Befristete Arbeitsverträge und Teilzeitverträge

Die meisten Arbeitsverträge werden unbefristet abgeschlossen. Nach dem sogenannten **Teilzeit- und Befristungsgesetz (TzBfG)** sind **befristete Arbeitsverträge** nur zulässig, wenn ein besonderer **sachlicher Grund** vorliegt. Dies ist z. B. die Vertretung von erkrankten Arbeitnehmern, die Vertretung während der Elternzeit, Saisonarbeit, Aushilfsarbeit oder die Einstellung zur Probe. Werden Auszubildende unmittelbar nach der Berufsausbildung weiterbeschäftigt, so gilt dies ebenfalls als besonderer sachlicher Grund.

Um die Arbeitslosenzahl zu senken, sieht das Teilzeit- und Befristungsgesetz **drei Ausnahmen** vor, in denen auch ohne sachlichen Grund befristete Arbeitsverträge abgeschlossen werden können. Solche Zeitverträge sind demnach möglich, wenn Arbeitnehmer **neu eingestellt** werden, **wenn Beschäftig-**

Suche Verkäufer/-in für
*Stuttgarter Weihnachtsmarkt*
vom 28. November bis 23. Dezember
täglich 10–21 Uhr

**Junge/r Siebdrucker/in**

**Wir bieten** guten Verdienst und befristete Anstellung für 24 Monate. Bei guter Auftragsentwicklung unserer neuen Firma erwarten Sie gute Aufstiegsmöglichkeiten und Festanstellung. Wir erwarten Arbeiten im Team und Einarbeitung in neue Aufgabenbereiche. Schriftliche Bewerbungen bitte an:

35

te das **58. Lebensjahr vollendet haben** oder wenn **Existenzgründer** in den ersten 4 Jahren Arbeitsverträge abschließen. Die befristeten Arbeitsverträge dürfen in diesem Fall höchstens dreimal verlängert werden. Allerdings darf ihre Gesamtlaufzeit maximal 2 Jahre betragen, bei Existenzgründern 4 Jahre. Eine Besonderheit gilt für Arbeitnehmer, die das **52. Lebensjahr** vollendet haben. Wenn sie bereits 4 Monate arbeitslos sind, können sie ohne sachlichen Grund bis zu 5 Jahre befristet eingestellt werden. So lange ist auch eine mehrfache Verlängerung möglich.

Mit Zeitverträgen können Unternehmen besser auf Veränderungen der Auftragslage reagieren und für manchen befristet eingestellten Arbeitnehmer bilden sie den Einstieg in ein unbefristetes Arbeitsverhältnis. Auch Auszubildende sind froh, wenn sie nach Abschluss der Berufsausbildung nicht sofort arbeitslos sind, selbst wenn sie zunächst nur befristet übernommen werden.

Wenn Arbeitnehmer regelmäßig eine kürzere Wochenarbeitszeit haben als vergleichbare vollzeitbeschäftigte Arbeitnehmer, gelten sie als Teilzeitbeschäftigte. Die **Teilzeitbeschäftigung** wird im Teilzeit- und Befristungsgesetz geregelt. Es soll die Teilzeitarbeit fördern und verhindern, dass teilzeitbeschäftigte Arbeitnehmer diskriminiert (benachteiligt) werden. So haben Arbeitnehmer einen **Anspruch** auf Teilzeitbeschäftigung, wenn ihr Arbeitsverhältnis mehr als 6 Monate besteht, das Unternehmen mehr als 15 Arbeitnehmer beschäftigt und keine betrieblichen Gründe gegen Teilzeitarbeit sprechen.

## 4.4 Beendigung von Arbeitsverhältnissen

Ein Arbeitsverhältnis wird normalerweise beendet durch:
- **Zeitablauf**, wenn der Vertrag nur für eine bestimmte Zeit geschlossen wurde,
- **Aufhebungsvertrag**, d.h. Arbeitnehmer und Arbeitgeber beenden in gegenseitigem Einvernehmen das Arbeitsverhältnis,
- **Kündigung** eines Vertragspartners,
- Tod des Arbeitnehmers oder Renteneintritt (wenn der Arbeits- oder Tarifvertrag dies vorsieht).

### Zeitablauf
Wurde beim Abschluss des Arbeitsvertrags ein bestimmter Zeitraum vereinbart, dann endet das Arbeitsverhältnis mit dem Ablauf dieser Frist. Eine Kündigung ist bei befristeten Arbeitsverhältnissen nicht erforderlich.

### Aufhebungsvertrag
Im Unterschied zu einer einseitigen Kündigung erklären sich bei einem **Aufhebungsvertrag** beide Seiten bereit, das Arbeitsverhältnis zu beenden. Der Arbeitnehmer stimmt also dem Verlust seines **Arbeitsplatzes** zu. Dafür erhält er meistens eine Abfindung. Trotzdem sollte jeder Arbeitnehmer gut überlegen, bevor er einen Aufhebungsvertrag unterschreibt. Nach dem Sozialgesetzbuch ruht nämlich der Anspruch auf Arbeitslosengeld für eine bestimmte Zeit, wenn der Arbeitnehmer ohne Wahrung der für ihn geltenden Kündigungsfristen ausgeschieden ist. Außerdem gehen die Arbeitsämter bei einem Aufhebungsvertrag davon aus, dass der Arbeitnehmer seine Arbeitslosigkeit selbst verursacht hat. Sie verhängen deshalb bis zu drei Monate **Sperrzeit** beim Bezug von Arbeitslosengeld. Um eine Sperrzeit abzuwenden, muss der Arbeitnehmer einen wichtigen Grund für seine Unterschrift darlegen, beispielsweise wenn dem Aufhebungsvertrag entnommen werden kann, dass das Arbeitsverhältnis aus betriebsbedingten Gründen beendet wurde.

Des Weiteren bedeutet ein Aufhebungsvertrag den **Verzicht auf den allgemeinen Kündigungsschutz**. Für werdende Mütter oder Schwerbehinderte z.B. bewirkt er sogar den **Verlust des besonderen Kündigungsschutzes**.

## Kündigung

Arbeitsverträge werden normalerweise durch die Kündigung beendet. Sie ist eine einseitige, empfangsbedürftige Willenserklärung und wird erst wirksam, wenn sie dem anderen Vertragspartner zugegangen ist. Kündigen kann sowohl der Arbeitnehmer als auch der Arbeitgeber. Seit dem 1. Mai 2000 sind nur schriftliche Kündigungen wirksam. Obwohl ein einfaches Schreiben genügt, empfiehlt sich aus Gründen der Beweisbarkeit, das Kündigungsschreiben per Einschreiben zustellen zu lassen. Man unterscheidet:

- **die ordentliche (gesetzliche) Kündigung**,
- **die außerordentliche Kündigung**.

BGB § 623

**Ordentliche (gesetzliche) Kündigung:** Bei der **ordentlichen Kündigung** endet das Arbeitsverhältnis nach Ablauf der entsprechenden **Kündigungsfrist**. Diese beträgt nach dem Gesetz **4 Wochen zum 15. eines Monats oder zum Monatsende**. Bei mehrjähriger Betriebszugehörigkeit gelten verlängerte Kündigungsfristen.

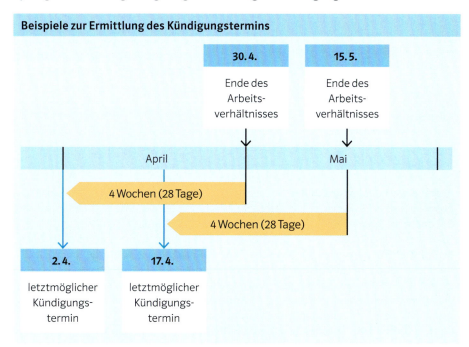

**Beispiele zur Ermittlung des Kündigungstermins**

⌀ **Fallbeispiel**
„Kündigung"
S. 64

⌀ **Methode**
„Durchführung eines Rollenspiels"
S. 268 f.

Bei **langjährigen Mitarbeitern** muss **der Arbeitgeber** verlängerte Kündigungsfristen beachten.

**Verlängerte Kündigungsfrist für langjährige Mitarbeiter**

BGB § 622

| Betriebszuhörigkeit | gesetzliche Kündigungsfrist |
|---|---|
| ab 2 Jahren | → **1 Monat** zum Monatsende |
| ab 5 Jahren | → **2 Monate** zum Monatsende |
| ab 8 Jahren | → **3 Monate** zum Monatsende |
| ab 10 Jahren | → **4 Monate** zum Monatsende |
| ab 12 Jahren | → **5 Monate** zum Monatsende |
| ab 15 Jahren | → **6 Monate** zum Monatsende |
| ab 20 Jahren | → **7 Monate** zum Monatsende |

Kündigt der Arbeitnehmer, dann gilt die **einfache Kündigungsfrist**, 4 Wochen auf den 15. eines Monats oder auf das Monatsende, sofern im Tarifvertrag nichts anderes steht. In den meisten Arbeitsverträgen wird eine **Probezeit** vereinbart, die höchstens sechs Monate betragen darf. Während der Probezeit kann das Arbeitsverhältnis mit einer **Frist von 2 Wochen** gekündigt werden.

BGB §§ 626 ff.

**Außerordentliche Kündigung:** Die **außerordentliche (fristlose) Kündigung** ist nur möglich, wenn ein wichtiger Grund vorliegt. Wichtige Gründe können sein: Diebstahl, Arbeitsverweigerung, Vorenthaltung des Lohnes, Beleidigungen, Tätlichkeiten usw. Die fristlose Kündigung kann also, je nach Grund, durch den Arbeitgeber oder den Arbeitnehmer erfolgen. Vorbedingung ist immer, dass es der kündigenden Partei nicht mehr zugemutet werden kann, das Arbeitsverhältnis aufrechtzuerhalten. Eine fristlose Kündigung ist nur dann möglich, wenn der Kündigungsgrund nicht mehr als zwei Wochen zurückliegt.

> **Kleine Diebstähle rechtfertigen Kündigung**
>
> Bereits 1984 sah das Bundesarbeitsgericht in einer Grundsatzentscheidung die Kündigung einer Verkäuferin als rechtens an, nur, weil diese ein Stück Bienenstich vertilgte. In vielen ähnlichen Fällen, wurde die Kündigung ebenfalls bestätigt, weil das Vertrauen zerstört worden sei. Allerdings prüfen die Gerichte genau, ob auch im Einzelfall ein wichtiger Grund für eine fristlose Kündigung vorliegt. So hielt das Arbeitsgericht Dortmund 2009 die Entlassung eines Bäckereiverkäufers, der Brotaufstrich im Wert von 50 Cent gekostet hatte, für unverhältnismäßig. Gnade zeigten sie auch bei 3 mitgenommenen Briefumschlägen oder bei einem Joghurt mit abgelaufenem Haltbarkeitsdatum.

### Kündigungsschutz

Fast alle Arbeitnehmer beziehen ihr gesamtes Einkommen aus dem Arbeitsverhältnis. Damit sie nicht ihre Existenzgrundlage verlieren, gibt es Vorschriften, die eine Kündigung erschweren.

**Allgemeiner Kündigungsschutz:** Im Dezember 2003 wurde das Kündigungsschutzgesetz geändert. Es schützt nunmehr alle Arbeitnehmer, die dem Betrieb länger als 6 Monate angehören, gegen sozial ungerechtfertigte Kündigungen, sofern der Betrieb mehr als 5 Arbeitnehmer beschäftigt. Bei Neueinstellungen beträgt ab 2004 die Schwelle für den vollen Kündigungsschutz 10 Arbeitnehmer. Mitarbeiter, die nach der alten Regelung (5 Arbeitnehmer) schon Kündigungsschutz genossen, verlieren diesen aber nicht. Ein Arbeitgeber darf nach diesem Gesetz nur dann kündigen, wenn der Arbeitnehmer durch seine **Person** oder sein **Verhalten** einen Kündigungsgrund gibt oder wenn **betriebliche Erfordernisse** vorliegen.

Wird aufgrund betrieblicher Gründe gekündigt, so müssen vier soziale Gesichtspunkte berücksichtigt werden, nämlich die Dauer der Betriebszugehörigkeit, das Lebensalter, Unterhaltspflichten sowie der Grad einer Schwerbehinderung. Von dieser **Sozialauswahl** können Arbeitnehmer ausgenommen werden, wenn deren Weiterbeschäftigung aufgrund ihrer Kenntnisse und Fähigkeiten im berechtigten betrieblichen Interesse liegt. Ein dringend benötigter Spezialist darf also weiterbeschäftigt werden, auch wenn er keines der vier sozialen Kriterien erfüllt. Vor jeder Kündigung ist der **Betriebsrat** anzuhören. Unterbleibt diese Anhörung, ist die Kündigung unwirksam. Widerspricht der Betriebsrat einer Kündigung und der Arbeitnehmer reicht innerhalb von 3 Wochen Klage ein, dann muss er so lange weiterbeschäftigt werden, bis das Arbeitsgericht entschieden hat. Bei einer betriebsbedingten Kündigung kann der Arbeitnehmer wählen, ob er Kündigungsschutzklage erhebt oder ob er die gesetzliche **Abfindung** von einem halben Monatsgehalt pro Beschäftigungsjahr annimmt, sofern der Arbeitgeber eine Abfindung anbietet.

Bei **Massenentlassungen** muss der Arbeitgeber so früh wie möglich mit dem Betriebsrat beraten, wie soziale Härten vermieden werden können. Außerdem müssen die Entlassungen der Agentur für Arbeit mindestens 90 Tage zuvor angezeigt werden. Die Regionaldirektion der Bundesagentur für Arbeit kann eine zeitlich begrenzte Entlassungssperre festsetzen.

### Kündigungsgründe nach dem Kündigungsschutzgesetz

**in der Person des Arbeitnehmers**
- mangelnde Leistung (wenn Leistung längere Zeit deutlich unter dem Durchschnitt liegt)
- mangelnde körperliche und geistige Eignung
- lange Krankheit (wenn nichts anderes hilft, ist Kündigung die letzte Möglichkeit)
- wiederholte Krankheit (wenn wirtschaftliche Belastung für Arbeitgeber zu groß wird)

**im Verhalten des Arbeitnehmers**
- Störung des Betriebsfriedens
- Beleidigungen
- Arbeitsverweigerung
- häufige Unpünktlichkeit
- fehlende Krankmeldungen
- Verweigerung von Überstunden
- Alkoholgenuss (wenn dieser bei der Arbeit verboten ist)

Voraussetzung für eine Kündigung: **vorherige schriftliche Abmahnung**

**aufgrund betrieblicher Erfordernisse**
- Auftragsmangel
- Betriebseinschränkungen
- Rationalisierungsmaßnahmen
- neue Produktionsmethoden

Voraussetzung für eine Kündigung: **Berücksichtigung sozialer Gesichtspunkte**

---

Ist der Kündigungsgrund auf das Verhalten des Arbeitnehmers zurückzuführen, dann muss der Arbeitgeber vor einer Kündigung **abmahnen**, d.h. er muss den Arbeitnehmer auf sein Fehlverhalten hinweisen. Dadurch bekommt der Arbeitnehmer die Chance, sein Verhalten zu ändern. Üblicherweise erfolgen Abmahnungen schriftlich. Ändert er trotz Abmahnung sein Verhalten nicht, dann kann der Arbeitgeber die Kündigung aussprechen. Beispiel: Auch nach der Abmahnung kommt ein Arbeiter weiterhin unpünktlich zur Arbeit.

**Besonderer Kündigungsschutz:** Neben dem allgemeinen Kündigungsschutz, der allen Arbeitnehmern zusteht, gibt es für bestimmte Arbeitnehmergruppen einen besonderen Kündigungsschutz. Sie sind unkündbar, außer es liegt ein wichtiger Grund für eine fristlose Kündigung vor. Einen besonderen Kündigungsschutz genießen die folgenden Personengruppen.

## Besonderer Kündigungsschutz

**Schwerbehinderten** darf nur mit Zustimmung des Integrationsamtes gekündigt werden.

**(Werdende) Mütter** sind unkündbar während der Schwangerschaft und bis vier Monate nach der Entbindung. Wird die Elternzeit in Anspruch genommen, kann erst nach deren Ablauf gekündigt werden.

**Betriebsratsmitgliedern** sowie **Jugend- und Auszubildendenvertretern** darf während ihrer Amtszeit und ein Jahr danach nicht gekündigt werden.

**Auszubildenden** kann nach der Probezeit nur aus wichtigem Grund gekündigt werden.

BGB § 629

**Rechte des Arbeitnehmers nach der Kündigung**
Nach der Kündigung hat der Arbeitnehmer folgende Rechte:
- Der Arbeitnehmer hat Anspruch auf angemessene Freistellung, um einen anderen Arbeitsplatz zu suchen (z. B. für Vorstellungsgespräche).
- Der Arbeitgeber muss die Arbeitspapiere wie Urlaubsbescheinigung, Lohnsteuerbescheinigung oder Sozialversicherungsnachweis aushändigen.
- Der Arbeitgeber hat dem Arbeitnehmer auf Wunsch ein Arbeitszeugnis auszustellen.
- Der Arbeitgeber muss den Arbeitnehmer darüber informieren, dass er sich spätestens 3 Arbeitstage nach der Kündigung persönlich bei der Agentur für Arbeit melden muss, denn bei verspäteter Meldung vermindert sich das Arbeitslosengeld um eine einwöchige Sperrzeit.
- Der Arbeitgeber muss den Arbeitnehmer zur Meldung bei der Agentur für Arbeit freistellen. Des Weiteren muss er erforderliche Qualifizierungsmaßnahmen ermöglichen.

### 4.5 Arbeitszeugnis

BGB § 630

Schon mancher Arbeitnehmer bekam bei seiner Kündigung ein Arbeitszeugnis, von dem er auf den ersten Blick recht angetan war. Es wurde ihm z. B. bescheinigt, dass er sich „stets bemüht hat, zur Zufriedenheit der Firma zu arbeiten". Ein Arbeitnehmer, der diese verschlüsselte Ausdrucksweise nicht kennt, wird von einem „guten Zeugnis" sprechen. Personalchefs und Personalsachbearbeiter dagegen werden es sofort als „mangelhaft" oder „ungenügend" einstufen.

Jedes Arbeitszeugnis muss nämlich zwei Seiten gerecht werden. Einerseits soll es dem ausscheidenden Arbeitnehmer eine wichtige Hilfe und Bewerbungsunterlage sein, wenn er einen neuen Arbeitsplatz sucht. Die Rechtsprechung verlangt deshalb, dass es **wohlwollend** formuliert werden muss. Einmalige Vorfälle dürfen sich nicht negativ auf das Gesamturteil auswirken. Andererseits muss sich ein möglicher Arbeitgeber mithilfe des Zeugnisses ein Bild von den Fähigkeiten des Arbeitnehmers

Einzelarbeitsvertrag  23–24

machen können. Um beide Seiten zu berücksichtigen, ist es üblich, „verschlüsselte Arbeitszeugnisse" zu verfassen. Im Laufe der Zeit haben sich folgende Bewertungsstufen eingebürgert:

### Formulierungsbeispiele

| | Note |
|---|---|
| … hat die übertragenen Arbeiten *stets* zu unserer *vollsten* Zufriedenheit erledigt | 1 |
| … hat die übertragenen Arbeiten *stets* zu unserer *vollen* Zufriedenheit erledigt | 2 |
| … hat die übertragenen Arbeiten zu unserer *vollen* Zufriedenheit erledigt | 3 |
| … hat die übertragenen Arbeiten zu unserer Zufriedenheit erledigt | 4 |
| … hat die übertragenen Arbeiten *im Großen und Ganzen* zu unserer Zufriedenheit erledigt | 5 |
| … hat sich *bemüht*, die übertragenen Arbeiten zu unserer Zufriedenheit zu erledigen | 6 |

Nicht immer werden genau diese Formulierungen verwendet. Jeder Arbeitnehmer sollte deshalb „zwischen den Zeilen" lesen. Wenn er beispielsweise in einem Arbeitszeugnis liest: „Er bemühte sich immer, seine Aufgaben zur Zufriedenheit der Firma zu erledigen. Dadurch hatte er Gelegenheit, sich in verschiedenen Abteilungen auf unterschiedlichen Gebieten Kenntnisse anzueignen", dann ist dies eine sehr schlechte Beurteilung. (Vereinfacht ausgedrückt: Man schob ihn von einer Abteilung in die andere, da ihn keiner wollte.)

Zeugnisse werden auch auf „Lücke" gelesen. Fehlt eine wichtige Angabe, dann schließt der potenzielle Arbeitgeber messerscharf: Das Zeugnis ist unvollständig, weil es sonst schlecht wäre. Für die Ausstellung des Arbeitszeugnisses ist es gleichgültig, von wem gekündigt wurde, ob vom Arbeitgeber oder vom Arbeitnehmer. In jedem Fall darf der ausscheidende Mitarbeiter während der Kündigungsfrist ein Zeugnis verlangen, damit er leichter einen neuen Arbeitsplatz finden kann.

Ein Arbeitszeugnis muss schriftlich erstellt werden und durch die Überschrift (Zeugnis) auch als solches erkennbar sein. Üblicherweise enthält ein **einfaches Arbeitszeugnis** Angaben über die Art und Dauer der Beschäftigung. Auf Wunsch des Arbeitnehmers kann erwähnt werden, dass er selbst gekündigt hat. Eine außerordentliche Kündigung darf im Arbeitszeugnis nicht erwähnt werden.

Wird auf Wunsch des Arbeitnehmers die **Führung** (Verhalten) und **Leistung** in das Zeugnis mit einbezogen, dann spricht man von einem **qualifizierten Arbeitszeugnis**.

### Zeugnis

Herr Alfred Vogel, geb. am 12.11.1987, war vom 01.06.2016 bis 30.04.2021 in unserem Betrieb als Kfz-Mechaniker tätig. In dieser Zeit hatte er in unserer Reparaturwerkstatt alle vorkommenden Reparatur- und Wartungsarbeiten an Pkws verschiedener Typen durchzuführen.

Herr Vogel verfügt über eine große Berufserfahrung und handwerkliches Geschick. Er hat die ihm übertragenen Arbeiten zügig und zu unserer vollen Zufriedenheit erledigt.

Zu Vorgesetzten und Mitarbeitern bemühte er sich stets um ein gutes Verhältnis.

Im gegenseitigen Einvernehmen endet das Arbeitsverhältnis von Herrn Vogel mit dem heutigen Tage. Wir wünschen ihm für seinen weiteren Lebensweg alles Gute.

Heilbronn, den 30.04.2021
Autohaus Neubert

*Hermann Neubert*

(Hermann Neubert)

Beispiel eines qualifizierten Arbeitszeugnisses

## Wissen kompakt

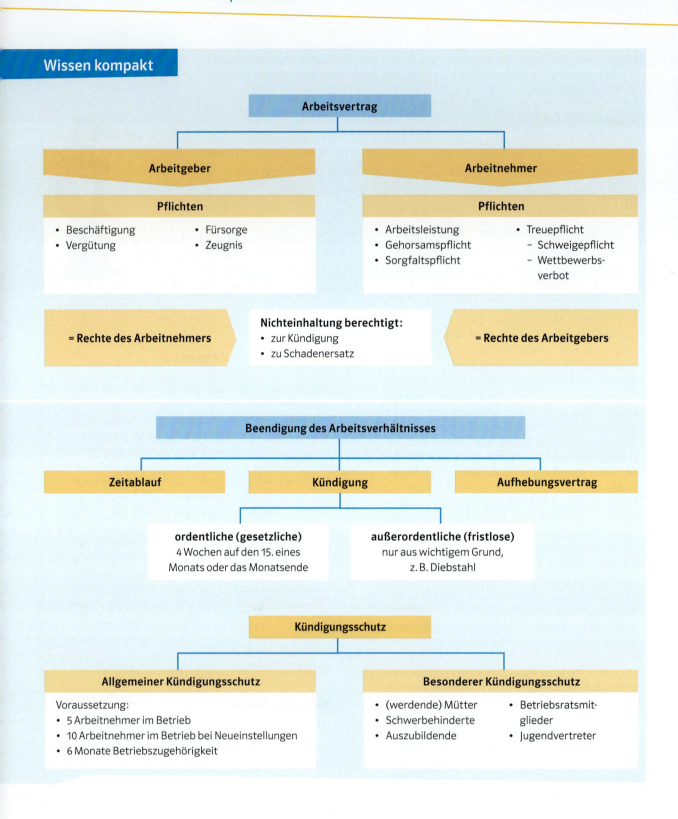

# Einzelarbeitsvertrag

## Arbeitsteil

**1** Welche Unterlagen gehören zu den Arbeitspapieren, die ein Arbeitnehmer dem Arbeitgeber aushändigen muss?

**2** Benötigen Bürger aus einem Mitgliedstaat der Europäischen Union eine Arbeitserlaubnis, wenn sie in einem anderen EU-Land einen Arbeitsvertrag abschließen möchten? Erläutern Sie die derzeitige Situation.

**3** a) Arbeitgeber und Arbeitnehmer gehen mit dem Arbeitsvertrag bestimmte Pflichten ein. Geben Sie jeweils vier Pflichten an.
b) Ein Arbeiter verletzt sich an einer Maschine, an der die vorgeschriebene Schutzeinrichtung fehlt. Welche Vertragspflicht wurde verletzt? Welche rechtlichen Folgen ergeben sich?
c) Eine Friseurin bedient heimlich Stammkunden ihres Chefs zum halben Preis in ihrer Wohnung. Welche Vertragspflicht wurde verletzt? Welche rechtlichen Folgen ergeben sich?

**4** Nennen Sie wichtige Vertragsinhalte, die ein schriftlicher Arbeitsvertrag nach dem „Nachweisgesetz" enthalten muss.

**5** Welche gesetzlichen Regelungen müssen beim Abschluss eines Arbeitsvertrags beachtet werden? Nennen Sie fünf Beispiele.

**6** Wodurch kann ein Arbeitsverhältnis beendet werden?

**7** a) Unterscheiden Sie zwischen einer ordentlichen und einer außerordentlichen Kündigung.
b) Nennen Sie jeweils zwei wichtige Gründe für den Arbeitgeber und den Arbeitnehmer, die zur außerordentlichen Kündigung berechtigen.
c) Welche gesetzlichen Kündigungsfristen gelten grundsätzlich für alle Arbeitnehmer?
d) Ein Arbeitnehmer erhält am 20. Januar die Kündigung. Wann läuft der Arbeitsvertrag aus? (Betriebszugehörigkeit 1 Jahr und 2 Monate)

e) Ein Arbeitnehmer kündigt am 1. März. Wann kann er den Betrieb verlassen?
f) Nennen Sie bestimmte Personengruppen, die einen besonderen Kündigungsschutz genießen, und geben Sie den Zweck dieses Kündigungsschutzes an.
g) Ein Betriebsrat kündigt termin- und fristgerecht. Ist diese Kündigung wirksam?

**8** Stellen Sie fest, welche Kündigungsfristen in den nachfolgenden Fällen jeweils gelten.
a) Eine 53-jährige Facharbeiterin ist seit 7 Jahren in einer Fabrik beschäftigt.
b) Ein 38-jähriger Fleischergeselle arbeitet seit 12 Jahren in der gleichen Fleischerei.
c) Ein 24-jähriger ungelernter Arbeiter gehört seit 7 Jahren der gleichen Firma an.
d) Eine 28-jährige Verkäuferin, die seit 10 Jahren in einem Kaufhaus beschäftigt ist, wird beim Diebstahl ertappt.

**9** Alfred Sorg, 53 Jahre alt, arbeitet seit 18 Jahren bei der Massivmöbel GmbH. Die Firma beschäftigt 18 Mitarbeiter, davon vier seit 5 Monaten. Alfred Sorg wird fristgemäß gekündigt. In dem Kündigungsschreiben wird ihm mitgeteilt, dass er zum 31. März entlassen wird. Als Kündigungsgrund führt der Geschäftsführer den starken Auftragsmangel an. Alfred Sorg hält die Kündigung für nicht ausgewogen. Er meint, dass etliche jüngere Kollegen viel leichter einen neuen Arbeitsplatz finden würden, vor allem die neu eingestellten Arbeitnehmer.
a) Überprüfen Sie mithilfe des Kündigungsschutzgesetzes auf S. 44, ob die Kündigung zulässig ist.
b) Wie beurteilen Sie eine Kündigung der neu eingestellten Mitarbeiter?
c) Angenommen, in der Massivmöbel GmbH würden nur 9 Mitarbeiter beschäftigt. Würde sich dieser Umstand auf die Kündigung von Alfred Sorg auswirken?
d) Welche Schritte könnte Alfred Sorg gegen die Kündigung unternehmen?

**Weitere Fragen auf S. 44.**

**10** a) Unterscheiden Sie zwischen einem einfachen und einem qualifizierten Arbeitszeugnis.
b) Warum handelt es sich bei dem auf S. 41 abgebildeten Zeugnis um ein qualifiziertes Arbeitszeugnis?
c) Beurteilen Sie gemeinsam mit einem Mitschüler das abgebildete Zeugnis und entscheiden Sie, ob Sie anhand dieses Zeugnisses eine Einstellung vornehmen würden.

## Auszüge aus dem Kündigungsschutzgesetz (KSchG)

### § 1 Sozial ungerechtfertigte Kündigungen

(1) Die Kündigung des Arbeitsverhältnisses gegenüber einem Arbeitnehmer, dessen Arbeitsverhältnis in demselben Betrieb oder Unternehmen ohne Unterbrechung länger als sechs Monate bestanden hat, ist rechtsunwirksam, wenn sie sozial ungerechtfertigt ist.

(2) Sozial ungerechtfertigt ist die Kündigung, wenn sie nicht durch Gründe, die in der Person oder in dem Verhalten des Arbeitnehmers liegen, oder durch dringende betriebliche Erfordernisse, die einer Weiterbeschäftigung des Arbeitnehmers in diesem Betrieb entgegenstehen, bedingt ist. [...]

(3) Ist einem Arbeitnehmer aus dringenden betrieblichen Erfordernissen im Sinne des Absatzes 2 gekündigt worden, so ist die Kündigung trotzdem sozial ungerechtfertigt, wenn der Arbeitgeber bei der Auswahl des Arbeitnehmers die Dauer der Betriebszugehörigkeit, das Lebensalter, die Unterhaltpflichten und die Schwerbehinderung des Arbeitnehmers nicht oder nicht ausreichend berücksichtigt hat; [...]

### § 3 Kündigungseinspruch

Hält der Arbeitnehmer eine Kündigung für sozial ungerechtfertigt, so kann er binnen einer Woche nach der Kündigung Einspruch beim Betriebsrat einlegen.

Erachtet der Betriebsrat den Einspruch für begründet, so hat er zu versuchen, eine Verständigung mit dem Arbeitgeber herbeizuführen. [...]

### § 4 Anrufung des Arbeitsgerichtes

Will ein Arbeitnehmer geltend machen, dass eine Kündigung sozial ungerechtfertigt ist oder aus anderen Gründen rechtsunwirksam ist, so muss er innerhalb von drei Wochen nach Zugang der Kündigung Klage beim Arbeitsgericht auf Feststellung erheben, dass das Arbeitsverhältnis durch die Kündigung nicht aufgelöst ist. [...]

### § 23 Geltungsbereich

(1) Die Vorschriften des Ersten [...] Abschnitts gelten [...] nicht für Betriebe und Verwaltungen, in denen in der Regel fünf oder weniger Arbeitnehmer [...] beschäftigt werden, [...]. In Betrieben und Verwaltungen, in denen in der Regel zehn oder weniger Arbeitnehmer [...] beschäftigt werden, gelten die Vorschriften des Ersten Abschnitts [...] nicht für Arbeitnehmer, deren Arbeitsverhältnis nach dem 31. Dezember 2003 begonnen hat, diese Arbeitnehmer sind bei der Feststellung der Zahl der beschäftigten Arbeitnehmer [...] bis zur Beschäftigung von in der Regel 10 Arbeitnehmern nicht zu berücksichtigen, [...].

⊘ **Fallbeispiel**
„Kündigung"
S. 64

⊘ **Methoden**
„Umgang mit Rechtsfällen"
S. 260 ff.
„Durchführung eines Rollenspiels"
S. 268 f.

# 5 Betriebliche Mitbestimmung

## Einstieg

### Betriebsrat darf bei Überstunden mitbestimmen

Der Betriebsrat hat nach einer Entscheidung des Bundesarbeitsgerichts ein Mitspracherecht darüber, ob Überstunden bezahlt oder durch Freizeit abgegolten werden. In der jetzt veröffentlichten Entscheidung heißt es, die Höhe der Abgeltung müsse sich nach dem Tarifvertrag richten. Das Gericht gab damit dem Betriebsrat einer Speditionsfirma Recht, die sich geweigert hatte, die Arbeitnehmervertretung bei der Abgeltung der Nachtarbeit von Fernfahrern mitbestimmen zu lassen.

Quelle: dapd

a) Beurteilen Sie anhand des Artikels die Mitbestimmungsrechte des Betriebsrats.

b) Wer wählt den Betriebsrat?

c) Gibt es noch andere Interessenvertretungen der Arbeitnehmer?

Mehrere Gesetze regeln die Interessenvertretung der Arbeitnehmer im Betrieb:

- Das **Betriebsverfassungsgesetz** regelt die Interessenvertretung der Arbeitnehmer durch den Betriebsrat. Außerdem sind darin die Rechte des einzelnen Arbeitnehmers festgelegt sowie die Aufgaben und die Bildung von weiteren Vertretungsorganen.

- Im **Personalvertretungsgesetz** ist die Mitbestimmung der Beschäftigten des öffentlichen Dienstes festgelegt.

- Das **Mitbestimmungsgesetz** regelt die Mitbestimmung der Arbeitnehmer im Aufsichtsrat und Vorstand von Kapitalgesellschaften, sofern die Unternehmen mehr als 2000 Beschäftigte haben.

- Das **Montanmitbestimmungsgesetz** regelt die Mitbestimmung der Arbeitnehmer im Aufsichtsrat und Vorstand von Unternehmen der Montanindustrie (Bergbau, Eisen- und Stahlerzeugung).

- Das **Arbeitsgerichtsgesetz** bestimmt, dass für gerichtliche Streitigkeiten aus dem Arbeitsleben die Arbeitsgerichte zuständig sind. Des Weiteren ist hier der Verfahrensablauf festgelegt.

Sofern bestimmte Voraussetzungen vorliegen (z. B. Zahl der Beschäftigten, Unternehmensform), dann gestatten diese Gesetze, dass folgende Interessenvertretungen bestellt werden:

## 5.1 Möglichkeiten der betrieblichen Mitbestimmung durch Auszubildende und Arbeitnehmer

Jeder einzelne Arbeitnehmer ist berechtigt, sich mit Beschwerden persönlich an den Arbeitgeber zu wenden, und zwar unabhängig davon, ob ein Betriebsrat vorhanden ist oder nicht. Darüber hinaus muss der Arbeitgeber ihn über wichtige Vorgänge informieren, wenn sie ihn persönlich betreffen. So muss der Arbeitgeber nach dem Betriebsverfassungsgesetz u. a.

- Beschwerden des Arbeitnehmers entgegennehmen, wenn dieser sich ungerecht behandelt fühlt; sie prüfen und ihn über das Ergebnis informieren,
- den Arbeitnehmer in seine **Personalakten** einsehen lassen,
- ihn zu Angelegenheiten, die ihn betreffen, während der Arbeitszeit **anhören**,
- ihn über seine **Aufgaben** und über Änderungen seines **Aufgabenbereichs** informieren,
- über **Unfall- und Gesundheitsgefahren** am Arbeitsplatz informieren,
- die Zusammensetzung und Berechnung des **Verdienstes** erläutern,
- auf Verlangen Auskunft geben über die **Beurteilung** der Leistung des Arbeitnehmers und über dessen Aufstiegschancen.

Um seine Rechte durchzusetzen oder um Beschwerden vorzubringen, kann sich der Arbeitnehmer aber auch an seine Interessenvertretung wenden, vor allem an den Betriebsrat. Der hat hierzu **Sprechstunden** einzurichten und den Arbeitnehmer zu **beraten**. Beschwerden des Arbeitnehmers muss er beim Arbeitgeber vorbringen.

Des Weiteren hat jeder einzelne Arbeitnehmer auch die Möglichkeit, seine Beschwerden, Anregungen, Anträge usw. auf Betriebsversammlungen vorzubringen. Zuletzt besteht die Möglichkeit, sich in den **Gewerkschaften** zu organisieren und so bei der Gestaltung der Tarifverträge und bei den Tarifverhandlungen aktiv mitzuwirken.

## 5.2 Interessenvertretung im Betrieb

### Betriebsrat

Der **Betriebsrat** ist die wichtigste Interessenvertretung der Arbeitnehmer im einzelnen Betrieb. Er wird auf **vier Jahre** gewählt. Betriebsratswahlen finden deshalb alle vier Jahre zwischen dem 1. März und dem 31. Mai statt.

Wahlberechtigt sind alle Arbeitnehmer, die das 16. Lebensjahr vollendet haben. Wählbar sind alle Arbeitnehmer, die dem Betrieb mindestens 6 Monate angehören und das 16. Lebensjahr vollendet haben.

BetrVG § 9

**Zahl der Betriebsratsmitglieder**

*Betriebsobmann

| Zahl der Betriebsratsmitglieder | Zahl der wahlberechtigten Arbeitnehmer |
|---|---|
| 35 | 7001 – 9000 |
| 33 | 6001 – 7000 |
| 31 | 5001 – 6000 |
| 29 | 4501 – 5000 |
| 27 | 4001 – 4500 |
| 25 | 3501 – 4000 |
| 23 | 3001 – 3500 |
| 21 | 2501 – 3000 |
| 19 | 2001 – 2500 |
| 17 | 1501 – 2000 |
| 15 | 1001 – 1500 |
| 13 | 701 – 1000 |
| 11 | 401 – 700 |
| 9 | 201 – 400 |
| 7 | 101 – 200 |
| 5 | 51 – 100 |
| 3 | 21 – 50 |
| 1* | 5 – 20 |

Betriebsräte können in Betrieben, die mindestens fünf wahlberechtigte Arbeitnehmer haben, gewählt werden. Die Zahl der zu wählenden Betriebsratsmitglieder richtet sich nach der Anzahl der wahlberechtigten Arbeitnehmer.

Der Arbeitgeber muss die Betriebsratsmitglieder für die Durchführung ihrer Betriebsratsaufgaben von der Arbeit freistellen, wobei das Arbeitsentgelt weitergezahlt werden muss. In Betrieben, die mehr als 200 Arbeitnehmer beschäftigen, ist ein Betriebsratsmitglied ganz von der Arbeit freizustellen, in größeren Betrieben gilt dies für mehrere Betriebsratsmitglieder (in Betrieben mit mehr als 9 000 Arbeitnehmern z. B. 12).

BetrVG § 38

Der Betriebsrat wählt aus seiner Mitte einen Vorsitzenden und dessen Stellvertreter. Sie vertreten den Betriebsrat nach außen. Die Sitzungen des Betriebsrats finden normalerweise während der Arbeitszeit statt. Der Arbeitgeber muss die erforderlichen Räume und Mittel unentgeltlich zur Verfügung stellen, die der Betriebsrat für die laufende Arbeit, für Sprechstunden oder Sitzungen benötigt. Er übernimmt auch die Kosten der Betriebsratswahlen.

Der Betriebsrat hat folgende **allgemeine Aufgaben:**

BetrVG § 80

- Er achtet darauf, dass die **Bestimmungen**, die zugunsten der Arbeitnehmer gelten, auch eingehalten werden.
- Er nimmt **Beschwerden** von Arbeitnehmern entgegen und verhandelt mit dem Arbeitgeber darüber, sofern die Beschwerden berechtigt sind.
- Er beantragt beim Arbeitgeber **Maßnahmen**, die dem Betrieb und der Belegschaft dienen.
- **Schutzbedürftigen** Arbeitnehmern wie Schwerbehinderten, ausländischen Arbeitnehmern oder Jugendlichen hilft er besonders bei der Eingliederung in den Betrieb.
- Er schließt mit dem Arbeitgeber **Betriebsvereinbarungen** ab (siehe S. 51f.).

Der Betriebsrat muss einmal in jedem Kalendervierteljahr eine **Betriebsversammlung** abhalten und einen Bericht über seine Tätigkeit ablegen. Arbeitgeber und Arbeitnehmer, die hierzu eingeladen sind, haben das Recht, auf der Versammlung zu sprechen. Gleiches gilt für Vertreter der Tarifvertragsparteien, also der Gewerkschaften und Arbeitgeberverbände.

BetrVG § 43

In Unternehmen mit mehr als 100 Beschäftigten muss ein **Wirtschaftsausschuss** gebildet werden, der aus mindestens drei und höchstens sieben sachverständigen Betriebsangehörigen besteht, die vom Betriebsrat bestellt werden. Der Wirtschaftsausschuss muss über wirtschaftliche und finanzielle Angelegenheiten informiert werden. Er soll die Unternehmensleitung in wirtschaftlichen Angelegenheiten beraten und den Betriebsrat unterrichten.

BetrVG §§ 106 ff.

### Mitbestimmungsrechte des Betriebsrats

Über den Betriebsrat sind die Arbeitnehmer an zahlreichen betrieblichen Entscheidungen beteiligt. Diese Beteiligung erstreckt sich auf den sozialen, den personellen und den wirtschaftlichen Bereich. Das Betriebsverfassungsgesetz gibt dem Betriebsrat in den einzelnen Bereichen unterschiedliche Beteiligungsrechte. Diese sind in ihrer Wirkung unterschiedlich:

- **Mitbestimmungsrechte:** Hier ist der Betriebsrat der gleichberechtigte Verhandlungspartner der Unternehmensleitung. Ohne seine Zustimmung kommt keine betriebliche Einigung zustande. Mitbestimmungsrechte bestehen in **sozialen Angelegenheiten**. Beispiele: Betriebsordnung, Urlaubsplanung, Arbeitszeit, Sozialeinrichtungen, Berufsausbildung, Entlohnungsgrundsätze, Unfallverhütung.

BetrVG § 87

BetrVG §§ 92 ff.
- **Ein eingeschränktes Mitbestimmungsrecht** hat der Betriebsrat bei **personellen Angelegenheiten**. Beispiele: Einstellungen, Versetzungen, Umgruppierungen oder Entlassungen. Der Betriebsrat kann hier seine Zustimmung nur verweigern, wenn er schwerwiegende Gründe anführen kann.

BetrVG §§ 106 ff.
- **Mitwirkungsrechte:** Die Unternehmensleitung muss den Betriebsrat über anstehende Maßnahmen unterrichten und sich mit ihm darüber beraten. Verweigert dieser seine Zustimmung oder legt er Widerspruch ein, bleibt dies ohne Auswirkung auf die Entscheidung des Arbeitgebers. Mitwirkungsrechte haben die Arbeitnehmervertreter vorwiegend in **wirtschaftlichen Angelegenheiten**. Beispiele: Stilllegung des Betriebs, Rationalisierung, Produktion, Absatz, Betriebsverlegungen, Investitionen.

Zur Vermeidung von wirtschaftlichen Härten hat der Betriebsrat ein Mitbestimmungsrecht bei der Aufstellung eines Sozialplans.

### Jugend- und Auszubildendenvertretung

BetrVG §§ 60 ff.
Jugendliche Arbeitnehmer stehen noch in ihrer körperlichen Entwicklung. Sie haben – ebenso wie die Auszubildenden – beim Eintritt in den Betrieb und in das Arbeitsleben andere Probleme als ihre erwachsenen Kollegen. Das Betriebsverfassungsgesetz sieht deshalb alle **zwei Jahre** die Wahl einer **Jugend- und Auszubildendenvertretung (JAV)** vor.

Gewählt wird in Betrieben mit mindestens fünf Arbeitnehmern unter 18 Jahren und Auszubildenden. Wahlberechtigt sind alle Jugendlichen und Auszubildenden.

Wählbar sind alle Jugendlichen und Auszubildenden des Betriebs. Betriebsratsmitglieder können nicht gewählt werden. Die regelmäßigen Wahlen finden im Herbst statt.

Hauptaufgabe der JAV ist es, die besonderen Belange der Jugendlichen und Auszubildenden gegenüber dem Arbeitgeber zu vertreten. Da die JAV nicht in direkte Verhandlungen mit dem Arbeitgeber eintreten kann, muss sie ihre Interessen über den Betriebsrat durchsetzen. Aus diesem Grund kann an jeder Betriebsratssitzung ein JAV-Mitglied teilnehmen. Behandelt der Betriebsrat Fragen, die überwiegend jugendliche Arbeitnehmer oder Auszubildende betreffen, sind alle JAV-Mitglieder zur Teilnahme und zur Abstimmung berechtigt.

Vor jeder Betriebsversammlung führt die JAV eine Jugend- und Auszubildendenversammlung durch. Ohne den zeitlichen Bezug zur Betriebsversammlung dürfen die Jugendlichen und Auszubildenden nur tagen, wenn im Einvernehmen mit Betriebsrat und Arbeitgeber ein anderer Zeitpunkt vereinbart wird.

Betriebliche Mitbestimmung

## Wissen kompakt

**Vertretungsorgane der Arbeitnehmer**

**Betriebsrat**
- wahlberechtigt: alle Arbeitnehmer über 18 Jahre, die mindestens 6 Monate im Betrieb sind
- Amtszeit: 4 Jahre

handelt durch

**Jugend- und Auszubildendenvertretung**
- wahlberechtigt: Arbeitnehmer unter 18 Jahren und Auszubildende
- Amtszeit: 2 Jahre

**Mitbestimmungsrechte des Betriebsrats**

| soziale Angelegenheiten | personelle Angelegenheiten | wirtschaftliche Angelegenheiten |
|---|---|---|
| **Mitbestimmungsrecht**, ohne Zustimmung des Betriebsrats sind keine Beschlüsse möglich. | **Eingeschränktes Mitbestimmungsrecht**, der Betriebsrat kann nur aus wichtigen Gründen die Zustimmung verweigern. | **Mitwirkungsrecht** (Unterrichtung), die Maßnahmen müssen vorher dem Betriebsrat mitgeteilt und mit ihm beraten werden. |

## Arbeitsteil

Lösen Sie die Aufgaben, sofern erforderlich, mithilfe der Auszüge aus dem Betriebsverfassungsgesetz auf S. 50.

**1** a) Wovon hängt die Zahl der Betriebsratsmitglieder eines Betriebs ab?
b) Welche Voraussetzungen muss ein Arbeitnehmer erfüllen, damit er bei Betriebsratswahlen kandidieren kann?
c) Unter welcher Voraussetzung ist ein Arbeitnehmer wahlberechtigt bei Betriebsratswahlen?
d) Nennen Sie drei allgemeine Aufgaben des Betriebsrats.

**2** Erläutern Sie die Aufgabe einer Betriebsversammlung und des Wirtschaftsausschusses.

**3** In welchen betrieblichen Bereichen hat der Betriebsrat ein Mitbestimmungsrecht, in welchen hat er ein eingeschränktes Mitbestimmungsrecht und in welchen hat er ein Mitwirkungsrecht?

**4** a) Welche Gründe sprechen für eine gesonderte Jugend- und Auszubildendenvertretung (JAV)?
b) Welche Hauptaufgabe hat die JAV?
c) Ein Betrieb hat 250 jugendliche Arbeitnehmer und Auszubildende. Wie viele JAV-Mitglieder dürfen gewählt werden?
d) Erklären Sie anhand der Abbildung, wie die JAV ihre Aufgaben wahrnimmt.

*seit Mai 2021 entfällt die Alterseinschränkung

49

**5** Erklären Sie die folgende betriebliche Situation in Hinsicht auf die Mitbestimmungsrechte.

a) Einige Mitarbeiter sollen in ein Zweigwerk versetzt werden.

b) Die Geschäftsleitung verlegt den täglichen Arbeitsbeginn eine Stunde vor.

c) Die monatliche Lohnzahlung soll auf Anweisung der Geschäftsleitung jeweils 10 Tage später erfolgen.

d) Eine neu zu besetzende Arbeitsstelle wird nicht im Betrieb ausgeschrieben.

e) Betriebsrat und Geschäftsleitung einigen sich nicht über die Verwaltung der Betriebskantine.

f) Der Arbeitgeber hat bei der Auswahl des zu kündigenden Arbeitnehmers soziale Gesichtspunkte nicht ausreichend berücksichtigt.

**6** Die Gewerkschaften fordern eine Ausweitung der Mitbestimmung. Tragen Sie mögliche Argumente für und gegen eine Ausweitung der Mitbestimmung zusammen.

---

## Auszüge aus dem Betriebsverfassungsgesetz (BetrVG)

**§ 1 Errichtung von Betriebsräten**
In Betrieben mit in der Regel mindestens fünf ständigen wahlberechtigten Arbeitnehmern, von denen drei wählbar sind, werden Betriebsräte gewählt. [...]

**§ 7 Wahlberechtigung**
Wahlberechtigt sind alle Arbeitnehmer des Betriebs, die das 18. Lebensjahr vollendet haben. [...]

**§ 8 Wählbarkeit**
Wählbar sind alle Wahlberechtigten, die sechs Monate dem Betrieb angehören [...].

**§ 87 Mitbestimmungsrechte**
(1) Der Betriebsrat hat [...] in folgenden Angelegenheiten mitzubestimmen:
1. Fragen der Ordnung des Betriebs und des Verhaltens der Arbeitnehmer im Betrieb;
2. Beginn und Ende der täglichen Arbeitszeit einschließlich der Pausen sowie Verteilung der Arbeitszeit auf die einzelnen Wochentage;
3. vorübergehende Verkürzung oder Verlängerung der betriebsüblichen Arbeitszeit;
4. Zeit, Ort und Art der Auszahlung der Arbeitsentgelte;

5. Aufstellung allgemeiner Urlaubsgrundsätze und des Urlaubsplans [...];
6. Einführung und Anwendung von technischen Einrichtungen, die dazu bestimmt sind, das Verhalten oder die Leistung der Arbeitnehmer zu überwachen;
7. Regelungen über die Verhütung von Arbeitsunfällen und Berufskrankheiten [...];
8. Form, Ausgestaltung und Verwaltung von Sozialeinrichtungen [...];
10. Fragen der betrieblichen Lohngestaltung, insbesondere die Aufstellung von Entlohnungsgrundsätzen [...];
11. Festsetzung der Akkord- und Prämiensätze [...].

**§ 95 Auswahlrichtlinien**
(1) Richtlinien über die personelle Auswahl bei Einstellungen, Versetzungen, Umgruppierungen und Kündigungen bedürfen der Zustimmung des Betriebsrats. [...]

**§ 102 Mitbestimmung bei Kündigungen**
(1) Der Betriebsrat ist vor jeder Kündigung zu hören. Der Arbeitgeber hat ihm die Gründe für die Kündigung mitzuteilen. Eine ohne Anhörung des Betriebsrats ausgesprochene Kündigung ist unwirksam.

Betriebliche Mitbestimmung  27

## 5.3 Mitbestimmung des Betriebsrats bei Betriebsvereinbarungen

### Einstieg

Auf dem Gang zum Pausenraum entdeckt Helga Müller am schwarzen Brett eine Mitteilung der Geschäftsleitung. Entrüstet stellt sie fest, dass die Vereinbarung über die gleitende Arbeitszeit gekündigt wurde. Aufmerksam geworden, lesen auch Ralf Schmidt und Martina Neubert die Mitteilung:

**Helga:** Das ist doch der Gipfel, jetzt haben die einfach die Betriebsvereinbarung über die gleitende Arbeitszeit abgeschafft. Dafür sollen wir ab sofort im Wechsel bis 20 Uhr arbeiten.

**Martina:** Ich kann doch nicht jede zweite Woche abends bis 20 Uhr arbeiten. Wer soll nach den Kindern sehen, wenn mein Mann Spätschicht hat? Nur vormittags, während die Kinder in der Schule sind, war vereinbart. Das geht doch nicht.

**Ralf:** „Kein Problem für Sie, Sie sind doch ledig und ungebunden", wird es bei mir wieder heißen. Was mache ich dann mit dem Training im Verein oder mit dem Computerkurs? Soll ich vielleicht meine Freunde erst abends um neun oder um zehn Uhr treffen? Was glauben die eigentlich? Wofür haben wir eigentlich einen Betriebsrat gewählt?

**Helga:** Ich glaube nicht, dass da was zu machen ist. Die da oben sitzen am längeren Hebel, die bestimmen, was gemacht wird, da kann auch der Betriebsrat nichts erreichen.

> **DIE GESCHÄFTSLEITUNG INFORMIERT**
>
> **Kündigung der Betriebsvereinbarung über gleitende Arbeitszeit**
>
> Da sich die geltende Regelung zur gleitenden Arbeitszeit als unzweckmäßig erwiesen hat, haben wir diese Betriebsvereinbarung im Sinne einer besseren Kundenorientierung fristgemäß zum Ende des Jahres gekündigt.

▼ **Wie beurteilen Sie die Rechtslage?**

Wann die Arbeitnehmer eines Betriebs zu arbeiten hatten und welche Pausenregelung galt, das bestimmte vor gar nicht allzu langer Zeit ausschließlich der Arbeitgeber. In vielen Betrieben, die keinen Betriebsrat haben, ist dies noch heute so. 1972 trat das Betriebsverfassungsgesetz in Kraft. Seitdem haben Arbeitnehmer durch den Betriebsrat beachtliche Mitbestimmungsrechte. Unter anderem handelt er mit der Unternehmensleitung sogenannte Betriebsvereinbarungen aus.

| **Betriebsvereinbarung über gleitende Arbeitszeit** |
|---|
| Zwischen der Geschäftsleitung und dem Betriebsrat wird folgende Betriebsvereinbarung geschlossen: |
| Die gleitende Arbeitszeit bietet die Möglichkeit, innerhalb festgelegter Grenzen (Gleitzeitspannen) Beginn und Ende der täglichen Arbeitszeit zu wählen. |
| Der **Arbeitsbeginn** kann zwischen 6.45 Uhr und 8.45 Uhr erfolgen. |
| Das **Arbeitsende** kann zwischen 15.15 Uhr und 18.00 Uhr erfolgen. |
| Gleitzeitspanne: Der Zeitraum, in dem Arbeitsbeginn bzw. Arbeitsende liegen können, also von 6.45 Uhr bis 8.45 Uhr (Arbeitsbeginn) und 15.15 Uhr bis 18.00 Uhr (Arbeitsende). |

Beispiel einer Betriebsvereinbarung

Während Tarifverträge Bestimmungen für ganze Wirtschaftszweige enthalten können, betrifft die **Betriebsvereinbarung** den einzelnen Betrieb. Sie wird zwischen **Betriebsrat** und **Arbeitgeber** eines Betriebs abgeschlossen. Arbeitgeber, Betriebsrat und alle Betriebsangehörigen müssen sich dann daran halten. Betriebsvereinbarungen sind vom Arbeitgeber und vom Betriebsrat zu unterzeichnen und für jeden sichtbar im Betrieb zu veröffentlichen. Wichtige Inhaltspunkte sind Beginn und Ende der täglichen Arbeitszeit und der Pausen, Unfallverhütungsvorschriften, betriebliche Sozialeinrichtungen oder Urlaubspläne.

BetrVG § 77

**Wichtige arbeitsrechtliche Bestimmungen**

Die bekannteste Betriebsvereinbarung ist die **Betriebsordnung**. Sie regelt die im Betrieb geltenden Ordnungsvorschriften wie z. B. Rauchverbot, Alkoholgenuss, Arbeitskleidung, Arbeitszeiten, Ruhepausen.

Betriebsvereinbarungen sollen also den Bestimmungen des Tarifvertrags nicht entgegenstehen, sondern sie ergänzen und den Besonderheiten des einzelnen Betriebes anpassen. Dies bedeutet, dass sie die tariflichen Bestimmungen nur verbessern, nicht jedoch verschlechtern dürfen, sofern dies der Tarifvertrag nicht durch sogenannte Öffnungsklauseln gestattet. Ebenso darf der Einzelarbeitsvertrag niemals schlechtere Bedingungen enthalten als die Betriebsvereinbarung.

## Wissen kompakt

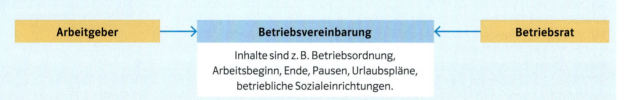

## Arbeitsteil

**Auszug aus dem Betriebsverfassungsgesetz (BetrVG)**

§ 77 [...] Betriebsvereinbarungen
[...]
(2) Betriebsvereinbarungen sind von Betriebsrat und Arbeitgeber gemeinsam zu beschließen und schriftlich niederzulegen. [...]
(4) Betriebsvereinbarungen gelten unmittelbar und zwingend. Werden Arbeitnehmern durch die Betriebsvereinbarung Rechte eingeräumt, so ist ein Verzicht auf sie nur mit Zustimmung des Betriebsrats zulässig. [...]
(5) Betriebsvereinbarungen können, soweit nichts anderes vereinbart ist, mit einer Frist von 3 Monaten gekündigt werden.

Bearbeiten Sie die folgenden Aufgaben, sofern erforderlich, mithilfe des Gesetzestextes.

1. a) Wer sind die Vertragspartner bei einer Betriebsvereinbarung?
   b) In welchem Gesetz ist der Abschluss von Betriebsvereinbarungen geregelt?
   c) Nennen Sie drei Beispiele für Regelungen, die eine Betriebsvereinbarung enthalten kann.
   d) Erkundigen Sie sich bei Kollegen, welche Betriebsvereinbarungen in Ihrem Betrieb bestehen. Geben Sie außerdem an, welche Regelungen darin getroffen worden sind.

2. Ein Arbeitnehmer erhält laut Arbeitsvertrag 26 Werktage Jahresurlaub. Das Bundesurlaubsgesetz jedoch sieht lediglich 24 Werktage vor. Im entsprechenden Tarifvertrag ist von 25 Tagen die Rede. Außerdem liegt eine Betriebsvereinbarung vor, die 27 Tage Jahresurlaub vorsieht. Wie viele Urlaubstage kann der Arbeitnehmer wirklich beanspruchen?

3. Die Massivmöbel GmbH ist in ernsthafte Absatzschwierigkeiten geraten. Der Geschäftsführer verlangt deshalb von den Beschäftigten, dass sie auf das laut Betriebsvereinbarung zusätzlich gewährte Urlaubsgeld verzichten. Um Probleme von vornherein auszuschließen, verzichtet er bei dieser Entscheidung auf die Zustimmung des Betriebsrats. Wie beurteilen Sie die Rechtslage?

# 6 Tarifverträge

**Einstieg**

a) Welche Forderungen vertreten die Arbeitnehmer auf diesen Bildern?

b) Welche Einstellung scheinen die Arbeitgeber zu haben?

c) Wo werden die Ergebnisse einer Einigung vertraglich festgehalten?

## 6.1 Tarifvertragsparteien

Ein **Tarifvertrag** ist ein Vertrag, in dem einheitliche Arbeitsbedingungen für die Arbeitnehmer ganzer Wirtschaftszweige einer Region festgelegt werden.
Beispiele: Fleischerhandwerk, Bauindustrie, Metallindustrie.
Tarifverträge werden von den **Tarifpartnern** abgeschlossen. Dies sind auf der Arbeitnehmerseite die **Gewerkschaften** und auf der Unternehmerseite die **Arbeitgeberverbände**. Die Vertragsparteien werden auch **Sozialpartner** genannt.

### Gewerkschaften

Die Entstehung der Gewerkschaften geht zurück auf die Notsituation der Arbeitnehmer im 19. Jahrhundert. Durch die industrielle Revolution herrschte ein großes Überangebot an Arbeitskräften. Dies hatte schlechte Arbeitsbedingungen (z. B. Kinderarbeit, niedrige Löhne, lange Arbeitszeiten pro Tag) zur Folge. Da der Staat sich nicht einmischen wollte, waren die Arbeitnehmer gezwungen, sich zu Interessengruppen zusammenzuschließen, um ihre Situation zu verbessern.
Während derartige Zusammenschlüsse damals verboten waren, werden sie heute durch unser **Grundgesetz** (Art. 9 Vereinigungsfreiheit) ausdrücklich garantiert.

Auch haben sich inzwischen die Aufgaben der Gewerkschaften gewandelt. So handeln sie heute nicht nur Tarifverträge aus, sondern vertreten ihre Mitglieder bei arbeitsgerichtlichen und sozialgerichtlichen Streitigkeiten, leisten finanzielle Unterstützung in Notfällen oder stellen gewerkschaftliche Bildungseinrichtungen zur Verfügung. Mehr als ein Drittel der Arbeitnehmer sind heute Gewerkschaftsmitglieder. Wie das Schaubild zeigt, können sich die Arbeitnehmer in verschiedenen Gewerkschaften organisieren.

Die größte Vereinigung ist der DGB, der allein acht Einzelgewerkschaften mit rund 5,85 Millionen Mitgliedern hat.

### Arbeitgeberverbände

In Fachverbänden organisieren sich Arbeitgeber gleicher Wirtschaftszweige. So gibt es für jede Branche den entsprechenden Arbeitgeberverband wie zum Beispiel den Verband der Metallindustrie in Baden-Württemberg e.V. Insgesamt sind es 49 Bundesfachspitzenverbände, die in Deutschland bei Tarifverhandlungen auftreten. Eine Interessenvertretung der Arbeitgeber ist auf allen Ebenen notwendig. Deshalb schließen sie sich zu Orts- und Bezirksverbänden zusammen, diese vereinigen sich in den einzelnen Bundesländern zu insgesamt 14 Landesvereinigungen.

Die Dachorganisation ist die **Bundesvereinigung der Deutschen Arbeitgeberverbände (BDA)**.

Im Handwerk werden die Aufgaben der Arbeitgeberverbände von den **Landesinnungsverbänden** wahrgenommen.

### 6.2 Grundsätze und Tarifvertragsarten

GG Art 9 (3)

Für Tarifverhandlungen gilt der Grundsatz der **Tarifautonomie:** Die Tarifpartner sind unabhängig vom Staat und haben das Recht, selbstständig Tarifverträge auszuhandeln und abzuschließen.

Grundsätzlich gelten die ausgehandelten Tarifverträge nur für Arbeitnehmer und Arbeitgeber, die den Tarifvertragsparteien angehören. Folglich muss der Arbeitnehmer Mitglied der Gewerkschaft sein und der Arbeitgeber dem Arbeitgeberverband angehören. Andernfalls hat der Arbeitnehmer keinen Anspruch auf die Regelungen des Tarifvertrags.

Durch das Bundesministerium für Arbeit und Soziales können jedoch Tarifverträge auf Antrag der Tarifparteien für **allgemein verbindlich** erklärt werden. Diese binden dann auch diejenigen Arbeitgeber und Arbeitnehmer, die nicht den vertragschließenden Parteien angehören, die also nicht im Arbeitgeberverband oder in der Gewerkschaft sind.

Die Arbeitsbedingungen des Einzelarbeitsvertrags können gegenüber dem Tarifvertrag nur verbessert, niemals jedoch verschlechtert werden. So kann z.B. übertariflicher Jahresurlaub gewährt werden, untertariflicher allerdings nicht. Von dieser Regelung des Tarifvertrags darf nicht abgewichen werden **(Unabdingbarkeit)**.

Während der Laufzeit eines Tarifvertrags gilt die **Friedenspflicht**, d.h. es dürfen keine Arbeitskampfmaßnahmen wie Streik oder Aussperrung durchgeführt werden.

Man unterscheidet generell drei Arten von Tarifverträgen:

### Lohn- und Gehaltstarifvertrag
Er enthält die Lohn- bzw. Gehaltshöhe oder – genauer gesagt – die Höhe der einzelnen Lohn- oder Gehaltsgruppen. Deren Einteilung erfolgt nach Arbeitsschwierigkeit und Vorbildung. Die Laufzeit von Lohn- und Gehaltstarifverträgen beträgt normalerweise ein Jahr.
Ausgangslohn bei Tarifverhandlungen ist der **Ecklohn**, der Normalstundenlohn eines Facharbeiters in einer bestimmten Lohngruppe (z.B. Gruppe 7).
Die Lohnsätze der anderen Lohngruppen ergeben sich je nach Anforderung des Arbeitsplatzes aus prozentualen Zu- oder Abschlägen.

**Info**
Allgemeinverbindliche Tarifverträge
r46jj8

**Gehaltstarifvertrag Holz und Kunststoff verarbeitende Industrie**
Baden-Nord ab 01.01.2020 (in Euro)

| Tarifgruppe | | Kaufmännische Angestellte | Technische Angestellte |
|---|---|---|---|
| K1, T1 | Anfangsgehalt | 2 089,– | 2 321,– |
| | nach 2 Jahren | 2 272,– | 2 493,– |
| | nach 4 Jahren | 2 455,– | 2 677,– |
| | nach 5 Jahren | 2 622,– | 2 854,– |
| K2, T2 | Anfangsgehalt | 2 318,– | 2 547,– |
| | nach 2 Jahren | 2 571,– | 2 818,– |
| | nach 4 Jahren | 2 822,– | 3 087,– |
| | nach 5 Jahren | 3 053,– | 3 346,– |
| | | **Werkmeister** | |
| M 1 | | 3 133,– | |
| M 2 | | 3 764,– | |
| M 3 | | 4 505,– | |
| M 4 | | 5 145,– | |

nach IG Metall: https://www.igmetall.de/tarif/tariftabellen/wie-viel-gibt-es3

**Einheitlicher Manteltarifvertrag für die Beschäftigten und Auszubildenden**
gültig ab 23.04.2009

- §1 Geltungsbereich
- §2 Einstellung
- §3 Probezeit und Aushilfstätigkeit
- §4 Kündigung, Änderungskündigung, Zeugnisse
- §5 Arbeitszeit
- §6 Mehr-, Spät-, Nacht-, Sonn- und Feiertagsarbeitszeit
- §7 Vergütung für Mehr-, Schicht-, Spät-, Nacht-, Sonn- und Feiertagsarbeit
- §8 Kurzarbeit […]

### Mantel- oder Rahmentarifvertrag
Er enthält Regelungen, die für längere Zeit (ca. 3 bis 5 Jahre) gelten. Inhalte sind Arbeitszeit, Urlaub, Kündigung, Arbeitsbedingungen, Mehrarbeit usw.

### Lohn- und Gehaltsrahmentarifverträge
In manchen Wirtschaftszweigen werden Lohn- und Gehaltstarifverträge durch Lohnrahmentarifverträge bzw. Gehaltsrahmentarifverträge ergänzt. Sie regeln Bereiche der Entlohnung, die länger unverändert bleiben. Dazu gehören z.B. die Bezeichnung der Tarifgruppen, die Zuordnung bestimmter Tätigkeiten zu bestimmten Tarifgruppen oder die Grundsätze der Arbeitsbewertung. Die Laufzeit von Lohn- bzw. Gehaltsrahmentarifverträgen beträgt normalerweise mehrere Jahre.

Durch diese „Aufspaltung" in zwei bzw. drei Tarifvertragsarten wird erreicht, dass bei der jährlichen Lohnerhöhung die für längere Zeit geltenden Bestimmungen im Manteltarifvertrag nicht jedes Mal neu beschlossen werden müssen. Dies wäre der Fall, wenn alle Regelungen in nur einem Tarifvertrag enthalten wären.

## 6.3 Bedeutung von Tarifverträgen

Könnten Arbeitgeber nicht auf Tarifverträge zurückgreifen, dann müssten sie bei jeder Einstellung alle Arbeitsbedingungen vom Verdienst über den Urlaub bis zur Arbeitszeit usw. einzeln aushandeln und danach schriftlich festhalten. Dafür müsste sehr viel kostbare Zeit aufgebracht werden. Es ist fraglich, ob dies bei großen Unternehmen überhaupt möglich wäre.

Außerdem würde es dazu führen, dass jeder Arbeitsvertrag andere Verhandlungsergebnisse enthalten würde. Beispielsweise könnten gute Verhandlungspartner mehr Jahresurlaub durchsetzen, ungeschickte Verhandlungspartner müssten einen niedrigeren Verdienst akzeptieren. Während einer Hochkonjunktur müssten Unternehmen Spitzenlöhne bezahlen, wohingegen Arbeitnehmer, die in wirtschaftlich schlechten Zeiten eingestellt wurden, Niedriglöhne bekämen. In den Betrieben wären die Arbeitsbedingungen nicht gleich und der Verdienst verschieden. Die Arbeitnehmer hätten das Gefühl, ungerecht behandelt zu werden. Unzufriedenheit und schlechtes Betriebsklima wären die Folge.

Hinzu kommt, dass beim Aushandeln eines Einzelarbeitsvertrags meist der Arbeitgeber in der stärkeren Verhandlungsposition ist. Anders ist es, wenn Gewerkschaften Tarifverträge aushandeln. Da Gewerkschaften notfalls sogar Arbeitskämpfe führen können, werden sie in ihren Tarifverträgen bessere Verhandlungsergebnisse erzielen. Es wird deutlich:

**Tarifverträge**
- vereinfachen den Abschluss von Arbeitsverträgen,
- schaffen mehr Gerechtigkeit durch die Gleichstellung mit anderen Arbeitnehmern,
- tragen dazu bei, den Arbeitsfrieden in den Betrieben zu sichern,
- sorgen für mehr Chancengleichheit zwischen Arbeitgebern und Arbeitnehmern,
- begrenzen die Macht der Arbeitgeber.

## 6.4 Tarifverhandlungen und Schlichtung

Tarifverträge sind zeitlich begrenzt, d.h. sie haben eine vereinbarte Laufzeit. Ist ein Tarifvertrag abgelaufen, so sind neue **Tarifverhandlungen** nötig. Da naturgemäß große Interessengegensätze zwischen den Gewerkschaften und den Arbeitgeberverbänden bestehen, stellen die Ergebnisse von Tarifverhandlungen immer einen Kompromiss dar. Selten wird also eine Seite ihre Vorstellungen ganz verwirklichen können. Allerdings kann die Verhandlungsposition der Partner unterschiedlich stark

| Arbeitgeberverbände wollen z. B. | Tarifvertrag = Kompromiss | Gewerkschaften wollen z. B. |
|---|---|---|
| • niedrigere Löhne | | • höhere Löhne |
| • weniger Urlaub | | • mehr Urlaub |
| • längere Arbeitszeit | | • kürzere Arbeitszeit |
| • weniger Sozialleistungen | | • mehr Sozialleistungen |
| • weniger Mitbestimmung | | • mehr Mitbestimmung |

Tarifverträge 30–32

sein. Beispielsweise sind Gewerkschaften mit wenigen Mitgliedern keine starken Verhandlungspartner und in Zeiten der Vollbeschäftigung haben die Arbeitgeber eine schwächere Verhandlungsposition.

Gewerkschaften und Arbeitgeberverbände bilden jeweils eine Kommission, die **Tarifkommission**, deren Aufgabe die Durchführung von Tarifverhandlungen ist. Verlaufen die Verhandlungen ergebnislos, wird zunächst ein **Schlichtungsverfahren** eingeleitet. Der Schlichtungsausschuss, der wiederum aus Vertretern beider Sozialpartner zusammengesetzt ist, wird von einem unabhängigen Vorsitzenden geleitet. Dieser unabhängige **Schlichter** muss von beiden Seiten akzeptiert werden. Führt auch das Schlichtungsverfahren zu keiner Einigung, kann es zum Arbeitskampf kommen.

## 6.5 Arbeitskampf

### Streik

Der **Streik** ist das Kampfmittel der Arbeitnehmer. Sie legen die Arbeit nieder und hoffen, dass durch die Verluste, die dadurch den Arbeitgebern entstehen können, ihre Forderungen durchzusetzen sind. Wenn in einem Betrieb die Produktion ruht, haben die Arbeitgeber weiterhin Kosten wie Mieten, Abschreibungen, Kreditzinsen, aber keine Erträge. Voraussetzung für den Streik ist eine **Urabstimmung**, bei der in der Regel 75 % der Gewerkschaftsmitglieder, die ihre Stimme abgeben, einem Streik zustimmen müssen. Die Genehmigung zur Urabstimmung erfolgt durch den Gewerkschaftsvorstand. Soll der Streik abgebrochen werden, müssen in der Regel 25 % der Gewerkschaftsmitglieder zustimmen. Erfolgt ein Streik ohne Genehmigung der Gewerkschaft und ohne Urabstimmung, so spricht man von einem **„wilden Streik"**. Die Arbeitgeber sind in diesem Fall berechtigt, die streikenden Arbeitnehmer fristlos zu entlassen.

### Weitere Streikarten
- Der **Generalstreik** legt die gesamte Wirtschaft lahm, weil sich alle Arbeitnehmer daran beteiligen. Er ist im Allgemeinen politisch begründet.
- Der **„totale Streik" (Flächenstreik)** schaltet einen ganzen Wirtschaftszweig aus, z. B. die Druckindustrie.

Fallbeispiel
„Tarifverhandlung"
S. 61

Methode
„Durchführung eines Rollenspiels"
S. 268 f.

- Der **Schwerpunktstreik** betrifft normalerweise die wichtigsten Betriebe eines Wirtschaftszweigs. Beispiel: Die Gewerkschaft ver.di (Vereinigte Dienstleistungsgewerkschaft) lässt „nur" die Beschäftigten der Müllabfuhr streiken, um Streikgeld zu sparen und kann dennoch eine große Wirkung erzielen.

- Beim **Warnstreik** wird die Arbeit nur für kurze Zeit (Minuten oder Stunden) unterbrochen, um die Streikbereitschaft zu zeigen.

- Beim **Sympathiestreik** sollen streikende Arbeitnehmer aus anderen Wirtschaftszweigen indirekt unterstützt werden. Man erklärt sich solidarisch.

### Aussperrung

Die **Aussperrung** ist das Kampfmittel der Arbeitgeber. Sie schließen die Arbeitnehmer von der Arbeit aus und zahlen während dieser Zeit keinen Lohn. Besonders hart betroffen von der Aussperrung sind die nichtorganisierten Arbeitnehmer, da für Ausgesperrte kein Arbeitslosengeld gezahlt wird. Die Gewerkschaftsmitglieder hingegen erhalten von ihrer Gewerkschaft Streikgelder. Durch die Aussperrung hoffen die Arbeitgeber, die Gewerkschaften, die Streikunterstützung zahlen müssen, zum Einlenken zu bewegen.

### Bedeutung von Streik und Aussperrung

Ein Arbeitskampf schwächt nicht nur die betroffenen Parteien, sondern die gesamte **Volkswirtschaft**. Wird beispielsweise ein großer Betrieb bestreikt, wirkt sich dies auch auf **Zulieferer** aus. Für die **Verbraucher** kann sich die Güterversorgung verschlechtern. Produktionsausfall und verlorene Arbeitstage verschlechtern die **Konjunktur**, das Wirtschaftswachstum und das **Bruttoinlandsprodukt** werden beeinträchtigt. Der **Staat** wird geschädigt durch Steuerausfälle, die **Sozialversicherungen** durch die geringen Einnahmen. Die bestreikten **Unternehmen** erleiden Verluste durch Produktionsausfälle, gleichzeitig fallen weiterhin Kosten an. Bei manchen Unternehmen kann sogar die internationale Wettbewerbsfähigkeit leiden, z. B. wenn Kunden durch einen Streik verloren gehen. Auch für die **Gewerkschaften** ist ein Streik kostspielig, da sie Streikgeld zahlen müssen. Selbst der einzelne **Arbeitnehmer** hat dabei Nachteile. Sein Streikgeld ist niedriger als sein Lohn. Nicht organisierte Arbeitnehmer müssen von ihren Ersparnissen leben, falls sie keine haben, sind sie auf Arbeitslosengeld II angewiesen.

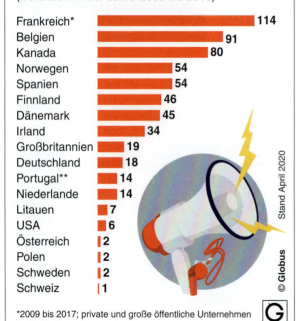

# Tarifverträge

## Wissen kompakt

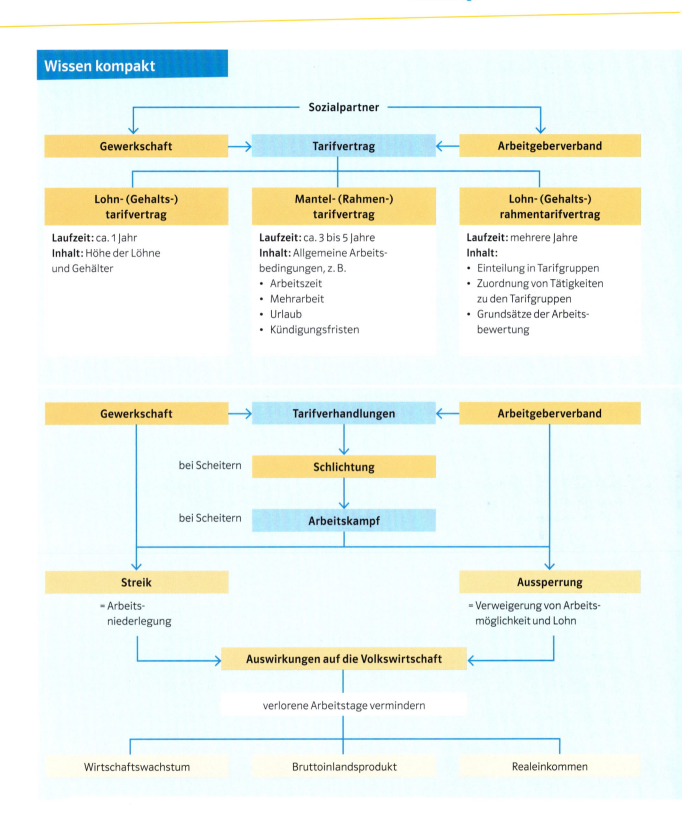

## Arbeitsteil

### Auszüge aus dem Tarifvertragsgesetz (TVG)

**§ 2 Tarifvertragsparteien**
(1) Tarifvertragsparteien sind Gewerkschaften, einzelne Arbeitgeber sowie Vereinigungen von Arbeitgebern.
(2) Zusammenschlüsse von Gewerkschaften und von Vereinigungen von Arbeitgebern (Spitzenorganisationen) können im Namen der ihnen angeschlossenen Verbände Tarifverträge abschließen, wenn sie eine entsprechende Vollmacht haben. [...]

**§ 5 Allgemeinverbindlichkeit**
(1) Das Bundesministerium für Arbeit und Soziales kann einen Tarifvertrag [...] auf gemeinsamen Antrag der Tarifvertragsparteien für allgemeinverbindlich erklären, wenn die Allgemeinverbindlicherklärung im öffentlichen Interesse geboten erscheint. Die Allgemeinverbindlicherklärung erscheint in der Regel im öffentlichen Interesse geboten, wenn
1. der Tarifvertrag in seinem Geltungsbereich für die Gestaltung der Arbeitsbedingungen überwiegende Bedeutung erlangt hat oder
2. die Absicherung der Wirksamkeit der tarifvertraglichen Normsetzung gegen die Folgen wirtschaftlicher Fehlentwicklung eine Allgemeinverbindlicherklärung verlangt. [...]

**1**
  a) Wer sind die Vertragsparteien beim Tarifvertrag?
  b) Erläutern Sie, was man unter Allgemeinverbindlichkeit versteht und geben Sie an, unter welchen Voraussetzungen ein Tarifvertrag für allgemein verbindlich erklärt werden kann.

**2** Erläutern Sie folgende Begriffe aus dem Tarifvertragsrecht:
  a) Friedenspflicht,
  b) Tarifautonomie,
  c) Unabdingbarkeit des Tarifvertrags.

**3**
  a) Welche Tarifvertragsarten werden unterschieden?
  b) Geben Sie die wesentlichen Inhaltspunkte jeder Art an.
  c) Überlegen Sie, weshalb diese Einteilung vorgenommen wurde.
  d) Worin sehen Sie die Bedeutung von Tarifverträgen?

**4** Sind beim Abschluss eines Arbeitsvertrags die Tarifbestimmungen verbindlich, wenn der Arbeitgeber im Arbeitgeberverband, der Arbeitnehmer jedoch nicht in der Gewerkschaft ist?

**5**
  a) Nennen Sie drei Streitpunkte bei Tarifverhandlungen.
  b) Welches Hauptziel haben Schlichtungsverfahren?
  c) Wie ist ein Schlichtungsausschuss zusammengesetzt?

**6** Nach gescheiterten Tarifverhandlungen sind häufig Arbeitskämpfe die Folge.
  a) Welches sind die äußersten Mittel von Gewerkschaften und Arbeitgebern?
  b) Das Arbeitskampfmittel der Arbeitgeber ist in Deutschland sehr umstritten. Überlegen Sie, welche Argumente aus Sicht der Gewerkschaften gegen dieses Mittel sprechen und welche aus Sicht der Arbeitgeber dafür.

**7**
  a) Wann spricht man von einem „wilden Streik"? Welche Folgen können sich daraus ergeben?
  b) Unterscheiden Sie zwischen einem Schwerpunktstreik und einem Flächenstreik.
  c) Um politische Forderungen durchzusetzen, haben in den vergangenen Jahren alle Arbeitnehmer in Griechenland die Arbeit niedergelegt. Welche Streikart liegt vor?

**8** Überlegen Sie, weshalb ausgesperrte Arbeitnehmer kein Arbeitslosengeld I beziehen.

**Fallbeispiel** — Tarifverträge — 33–34 —  Material Beurteilungsbogen si7f77

# Tarifverhandlung

**Problemsituation:**
Die Tarifverhandlungen zwischen der Industriegewerkschaft Metall (IG Metall) und dem Arbeitgeberverband Metall sind gescheitert. Nun soll in einem Schlichtungsverfahren versucht werden, doch noch zu einem Vertragsabschluss zu kommen, mit dem beide Seiten leben können. Um den Druck auf die anderen Verhandlungspartner zu erhöhen, haben die Parteien unterschiedliche Arbeitskampfmittel, nämlich den Streik und die Aussperrung. Während des Schlichtungsverfahrens sind diese jedoch verboten.

**Arbeitsauftrag:**
Führen Sie zu dieser Konfliktsituation ein Rollenspiel durch, bilden Sie für jede Rollenkarte eine Gruppe und legen Sie Ihr Verhandlungsziel fest.

**Methode**
„Durchführung eines Rollenspiels"
S. 268 f.

### Rollenkarte für Vertreter/in der Industriegewerkschaft Metall (IG Metall)

**Die Arbeitnehmer haben folgende Interessen:** Eine deutliche Erhöhung der Tariflöhne, weil die tarifliche Arbeitszeit verlängert und der Jahresurlaub gekürzt wurde. Seit der letzten Tariflohnerhöhung sind die Lebenshaltungskosten um mehr als 4 % gestiegen. Vor allem gestiegene Sozialversicherungsbeiträge, Strompreise, Mietnebenkosten und Benzinkosten machen das Leben teurer.
**Verhandlungsziel:** deutliche Lohnerhöhung
**Mindestziel:** … % mehr Lohn pro Monat sowie … € Einmalzahlung.

### Rollenkarte für Vertreter/in des Arbeitgeberverbandes Metall

**Die Arbeitgeber haben folgende Interessen:**
Die Lohnkosten sollen niedrig gehalten werden, um die gestiegenen Preise der Zulieferer, z. B. Eisen und Stahl, Kunststoffe usw. auszugleichen. Außerdem sind die Transportkosten und Energiekosten rasant gestiegen. Auch der Mindestlohn verteuert die Produktion erheblich. Man sieht die Wettbewerbsfähigkeit gefährdet durch günstige Anbieter aus dem Ausland.
**Verhandlungsziel:** minimale Lohnerhöhung
**Äußerste Kompromissgrenze:** … % Lohn pro Monat sowie eine Einmalzahlung von … €

### Rollenkarte für unabhängige/n Schlichter/-in

**Der Schlichter hat folgende Interessen:** Er wurde als Unparteiischer gebeten, ein Schlichtungsverfahren durchzuführen, um einen drohenden Arbeitskampf zu vermeiden, sowie einen Kompromiss zu finden, mit dem beide Seiten leben können.

61

# 7 Arbeitsgericht

## Einstieg

a) Vor welchem Gericht fand die Verhandlung statt?
b) Welche Streitigkeiten werden vor diesem Gericht verhandelt?

### „Ab zum Arzt und dann Kofferpacken" …

… lautete der Eintrag, den eine Auszubildende auf Facebook gepostet hatte. Sie ließ sich von ihrem Arzt krankschreiben und meldete sich bei ihrem Arbeitgeber krank. Dann düste sie nach Mallorca, verbrachte dort ihren Urlaub und veröffentlichte ihre Urlaubsfotos auf Facebook. Diese zeigten sie fröhlich feiernd in einer Diskothek. Während ihrer Arbeitsunfähigkeit ließ sie sich auch noch ein Tattoo verpassen. Allerdings hatte sie nicht damit gerechnet, dass nicht nur ihr Freundeskreis, sondern eben auch ihr Arbeitgeber mitliest. Dieser kündigte daraufhin seiner Auszubildenden fristlos mit der Begründung, sie habe ihre Arbeitsunfähigkeit nur vorgetäuscht. Im anschließenden Kündigungsschutzprozess trafen sich die Parteien vor dem Arbeitsgericht Düsseldorf. Dieses gab dem Arbeitgeber Recht, schlug jedoch im Gütetermin vom 28.08.2011 (Az.: 7 Ca 2591/11) einen Vergleich vor, in dem die Beteiligten sich auf die Beendigung des Arbeitsverhältnisses einigten.

**Arbeitsgerichte** sind zuständig für alle Streitigkeiten im Arbeitsleben. Im Einzelnen sind dies Streitigkeiten zwischen
- Arbeitgebern und Arbeitnehmern aus dem Arbeitsvertrag,
- Auszubildenden und Ausbildenden aus dem Berufsausbildungsvertrag,
- den Tarifvertragsparteien aus dem Tarifvertrag,
- Betriebsrat und Arbeitgebern aus dem Betriebsverfassungsrecht.

**Info**
Bundesarbeitsgericht
dv47pb

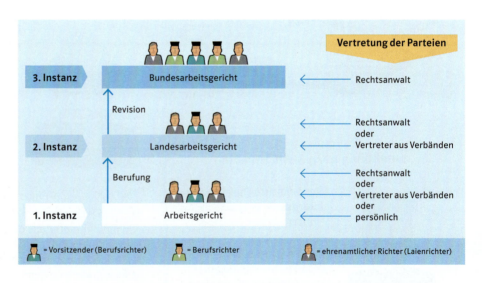

Gerichte in erster Instanz sind die Arbeitsgerichte. Gegen deren Urteil kann bei den **Landesarbeitsgerichten Berufung** eingelegt werden. In der Berufung wird das ganze Verfahren noch einmal durchgeführt, neue Beweise können vorgebracht werden. Die Revisionsinstanz ist das **Bundesarbeitsgericht** in Erfurt. Bei der **Revision** jedoch wird nur geprüft, ob in der vorigen Instanz die Gesetze richtig angewendet wurden.

In allen Instanzen sind Berufsrichter und ehrenamtliche Richter (Laienrichter) tätig. Um die Praxis des Arbeitslebens ausgewogen zu berücksichtigen, werden die Laienrichter jeweils von Arbeitnehmer- und Arbeitgebervertretern gestellt. Die Parteien können an den Arbeitsgerichten ihren Rechtsstreit selbst führen oder sich durch Gewerkschaften oder Arbeitgeberverbände vertreten lassen. Ebenso ist die Vertretung durch einen Rechtsanwalt möglich. Vor dem Landesarbeitsgericht und dem Bundesarbeitsgericht herrscht Anwaltszwang.

Die Voraussetzung für eine Verhandlung ist die Klage, die beim zuständigen Arbeitsgericht eingereicht oder mündlich zu Protokoll gegeben werden muss.

In einer **Güteverhandlung** wird zunächst versucht, die Streitigkeiten durch einen Vergleich zu schlichten, um Gerichtskosten und unnötige Arbeit zu sparen.

Die Gerichtskosten sind etwas niedriger als bei normalen Gerichtsverfahren. Sie richten sich nach dem Streitwert und betragen in der 1. Instanz mindestens 70 € und sind je nach Streitwert nach oben offen. Wenn in der Güteverhandlung eine Einigung erzielt wurde, die Klage zurückgezogen wird oder ein Vergleich zustande kommt, fallen überhaupt keine Kosten an.

In der ersten Instanz vor dem Arbeitsgericht trägt jede Partei ihre Kosten selbst, auch wenn sie in dem Verfahren gewinnt. Es gilt also nicht das sonst herrschende Prinzip, dass der Verlierer eines Rechtsstreits die Kosten tragen muss.

Die Fristen für die Bearbeitung eines Rechtsstreits beim Arbeitsgericht sind wesentlich kürzer als bei anderen Zivilprozessen.

**Fallbeispiel**
„Kündigung"
S. 64

**Methode**
„Durchführung eines Rollenspiels"
S. 268 f.

## Wissen kompakt

## Arbeitsteil

1 Welche Streitigkeiten fallen in den Zuständigkeitsbereich der Arbeitsgerichte?

2 Nennen Sie die Instanzen der Arbeitsgerichtsbarkeit.

3 a) Wie ist ein Arbeitsgericht in der 1. Instanz zusammengesetzt?
   b) Begründen Sie diese Zusammensetzung.

4 Überlegen Sie, weshalb die folgenden Regelungen für das Arbeitsgericht getroffen wurden:
   – Die Gerichtskosten sind niedriger als bei anderen Gerichtsverfahren.
   – Die Fristen für die Bearbeitung eines Rechtsstreits sind relativ kurz.

5 Wie unterscheiden sich Berufung und Revision?

# Fallbeispiel — Arbeitsgericht

📄 36–37   🌐 **Material** Beurteilungsbogen w76q44

## Kündigung

**Problemsituation:**
Emma ist Auszubildende in Freddys Frisurenstudio. Obwohl sie im 2. Lehrjahr ist, wird sie in den letzten Wochen hauptsächlich mit Hilfsarbeiten beschäftigt. Kaum ist sie von der Post zurück, wo sie Pakete abliefern musste, wird sie erneut fortgeschickt. Jetzt soll sie für den Chef und die Kollegen in der nahegelegenen Pizzeria das Mittagessen holen. Emma, die immer ihr eigenes Vesper dabei hat, lehnt ab. Als ihr Chef sie nochmals auffordert, weigert sie sich erneut und schreit ihn an. Dieser kündigt ihr daraufhin fristlos.

**Arbeitsauftrag:**
Führen Sie zu dieser Konfliktsituation ein Rollenspiel durch, bilden Sie für jede Rollenkarte eine Gruppe und legen Sie Ihr Verhandlungsziel fest.

✏️ **Methode** „Durchführung eines Rollenspiels" S. 268 f.

### Rollenkarte für Arbeitsrichter/in

**Der Richter/die Richterin hat folgende Interessen:**
- Durchführen der Verhandlung nach den Etappen des Arbeitsgerichtsverfahrens,
- eine gütliche Einigung zu erzielen,
- notfalls auch ein Urteil zu verkünden.

### Rollenkarte für Emma

**Situation aus der Sicht der Auszubildenden:**
Meine Eltern haben sich bereits beschwert über ausbildungsfremde Arbeiten wie z. B. Essen holen, Schaufenster putzen, Schnee schippen usw. Ich bin jetzt im 2. Lehrjahr und habe noch nie Haare geschnitten, immer nur welche gewaschen. Die meisten Lehrlinge von meinem Chef sind durch die Gesellenprüfung gefallen, weil nicht richtig ausgebildet wird. An diesem Tag sollte ich wieder alles Mögliche machen, nur nichts, was mit meinem Beruf zu tun hat. Da ist mir einfach der Kragen geplatzt.

**Verhandlungsziel:** Formulieren Sie eine Klageschrift und tragen Sie diese vor Gericht vor. Stützen Sie sich hierbei auf gesetzliche Grundlagen. Entwerfen Sie eine Strategie, die Sie vor Gericht verfolgen können. Stellen Sie fest, welche Forderungen Sie erheben sollten.

### Rollenkarte für Emmas Chef

**Situation aus der Sicht der Ausbildenden:**
Eigentlich war ich mit Emma immer zufrieden. Nur ganz selten wurde sie zu ausbildungsfernen Arbeiten herangezogen. Das Holen des Mittagessens sollte sie nur deshalb übernehmen, weil unsere Hilfsarbeiterin krank war. Alle anderen Fachkräfte bedienten gerade Kunden und waren unabkömmlich. Als Chef kann ich es nicht zulassen, dass eine Angestellte mich vor Mitarbeitern anschreit und sich weigert, meine Anweisungen zu befolgen. Auf Kunden wirkt dieses Verhalten abschreckend, bei Mitarbeitern untergräbt es die Disziplin. Da ich ein derartiges Verhalten nicht durchgehen lassen kann, muss ich auf der Kündigung bestehen.

**Verhandlungsziel:** Formulieren Sie Argumente, wie Sie mit Ihrem Rechtsanwalt die Kündigung begründen können. Stützen Sie sich hierbei auf die rechtlichen Vorschriften.

# 8 Sozialversicherungen

## Einstieg

Tobias hat soeben die erste Abrechnung seiner Ausbildungsvergütung erhalten. Aufgebracht stürmt er in das Büro seines Chefs.

**Tobias:** Herr Uhl, gerade habe ich meine erste Lohnabrechnung angesehen. Da stimmt was nicht. Im Ausbildungsvertrag hatten wir 850 € vereinbart. Auf der Abrechnung steht aber, dass Sie mir nur 680,21 € ausbezahlen wollen. So war das aber nicht ausgemacht!

**Herr Uhl:** Im Ausbildungsvertrag steht die Bruttovergütung, ausgezahlt wird selbstverständlich die Nettovergütung.

**Tobias:** Was heißt hier Nettovergütung?

**Herr Uhl:** Ist doch logisch, vom Bruttolohn gehen noch die Sozialversicherungsbeiträge ab.

**Tobias:** Da wüsste ich doch was davon, wenn ich eine Versicherung abgeschlossen hätte, und außerdem bin ich schließlich Auszubildender.

**Herr Uhl:** Die Sozialversicherung ist eine Pflichtversicherung, die alle Arbeitnehmer zahlen müssen; aus gutem Grund.

**Tobias:** Aus gutem Grund? Na, da bin ich aber mal gespannt, wie Sie das begründen wollen.

▼
a) Kennen Sie die einzelnen Zweige unseres Sozialversicherungssystems?

b) Begründen Sie anhand von drei selbst gewählten Beispielen die Notwendigkeit unserer Sozialversicherungen.

### Entstehung und Bedeutung der Sozialversicherungen

Das 19. Jahrhundert war gekennzeichnet durch die Verelendung der Arbeiterschaft. Niedrige Löhne, überlange Arbeitszeiten, Arbeitsunfälle, Krankheit, schlechte Wohnverhältnisse und Arbeitslosigkeit gehörten zum Alltag der Arbeitnehmer. Auf Druck der Arbeiterbewegung wurde deshalb von Reichskanzler Bismarck die Sozialgesetzgebung angeregt. Bereits 1881 wurde sie durch eine „Kaiserliche Botschaft" eingeleitet und ständig – selbst heute noch – verbessert. Unser heutiges Sozialversicherungssystem umfasst:

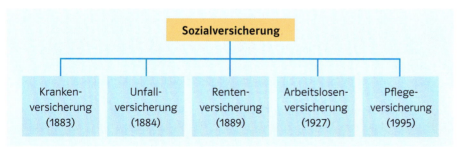

Auch wenn sich die Situation der Arbeiter inzwischen erheblich verbessert hat, ist die Bedeutung der Sozialversicherung keineswegs zurückgegangen. Während früher die drückendste Not gelindert werden sollte, ist ihre derzeitige Aufgabe, den Versicherten bei Krankheit, Alter, Unfall oder Arbeitslosigkeit eine angemessene Lebensführung zu ermöglichen. Da auch heutzutage nur wenige Arbeitnehmer genügend Geld zurücklegen können, um sich gegen alle Risiken selbst abzusichern, sind die

Sozialversicherungen **Pflichtversicherungen** für alle Arbeitnehmer. Für einzelne Personengruppen, z. B. Beamte und Selbstständige, gelten Sonderregelungen. Weitere Merkmale sind:
- Die Versicherten bringen einen Teil der Versicherungsbeiträge selbst auf.
- Den anderen Teil tragen die Arbeitgeber, für die Unfallversicherung bezahlen sie die Beiträge ganz.
- Die Versicherten haben einen Rechtsanspruch auf die Versicherungsleistungen.
- Die Sozialversicherungen sind nach dem Selbstverwaltungsgrundsatz aufgebaut. Ihre Organe werden gewählt und bestehen zur Hälfte aus Arbeitnehmern und Arbeitgebern.
- Sozialversicherungen arbeiten nach dem Solidaritätsprinzip. Dies bedeutet, dass die Beitragshöhe des Versicherten von dessen Einkommen abhängt. Die Versicherungsleistungen dagegen richten sich danach, was der Versicherte benötigt.
- Die Sozialversicherungen erhalten erhebliche Staatszuschüsse.

### Krankenversicherung

Die gesetzliche **Krankenversicherung** ist eine Versicherung zum Schutz des Arbeitnehmers und seiner Familie in allen Krankheitsfällen. Sie tritt in erster Linie dann ein, wenn es gilt, die Gesundheit zu erhalten oder wiederherzustellen.

**Versicherungsträger** sind die Allgemeinen Ortskrankenkassen, Ersatzkassen, Innungskrankenkassen, Betriebskrankenkassen, Landwirtschaftlichen Krankenkassen, die Bundesknappschaft und die Seekrankenkasse.

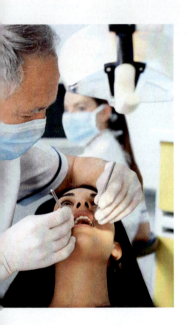

**Leistungen:**
- Maßnahmen zur **Früherkennung** von Krankheiten (Vorsorgeuntersuchungen) können ab bestimmten Altersgrenzen beansprucht werden.
- **Krankenhilfe**:
  - *Krankenpflege* beinhaltet ärztliche/zahnärztliche Behandlung, Arzneimittel, Verbandsmittel usw.
  - *Krankenhauspflege* erhält ohne zeitliche Begrenzung jeder, der in ein Krankenhaus aufgenommen werden muss.
  - *Krankengeld* beträgt 70 % des Bruttoverdienstes, jedoch nicht mehr als 90 % des letzten Nettoverdienstes. Von dem ermittelten Krankengeld sind im Normalfall noch Beiträge zur Renten-, Pflege- und Arbeitslosenversicherung zu entrichten. Während der ersten sechs Krankheitswochen müssen die Arbeitgeber den vollen Arbeitslohn weiterzahlen (Entgeltfortzahlung).
- **Mutterschaftshilfe** wird geleistet bei Schwangerschaft und Entbindung. Sie besteht aus ärztlicher Behandlung, Hebammenhilfe, Arzneien, Heilmitteln, stationärer Pflege und Mutterschaftsgeld. Das Mutterschaftsgeld wird sechs Wochen vor und acht Wochen nach der Entbindung gezahlt.
- **Familienhilfe** erhalten Ehegatten und Kinder, sofern sie nicht selbst versichert sind.
- **Rehabilitation** dient der Wiedererlangung der körperlichen Leistungsfähigkeit oder der Abwendung von Beeinträchtigungen und Einschränkungen.

73,4 Millionen Versicherte sind mit der Gesundheitskarte ausgestattet.

Bei Krankheit kann jeder der rund 73,4 Millionen Versicherten einen Arzt seiner Wahl aufsuchen. Als Versicherungsnachweis dient die **elektronische Gesundheitskarte**. Ärzte und Krankenhäuser rechnen mit deren Hilfe direkt mit der Krankenversicherung ab. Alle wichtigen Daten des Versicherten sind auf der Karte enthalten und zusätzlich in einem Mikrochip gespeichert. Um Missbrauch zu verhindern, ist außerdem ein Foto des Versicherten abgebildet. Bei einem Arztbesuch muss der Patient lediglich seine Karte überreichen. Die Praxishelferin führt die Chip-Karte in ein Lesegerät ein. Durch einen angeschlossenen Drucker können Bescheinigungen, Abrechnungsscheine usw. erstellt werden.

Auf der Gesundheitskarte sollen zukünftig Untersuchungsdaten, Arzneimittelverordnungen, Impfungen sowie Notfalldaten gespeichert werden. Dies soll die medizinische Versorgung verbessern. Des Weiteren soll die Karte helfen, Arzneimittelunverträglichkeiten und Doppeluntersuchungen zu vermeiden. Nach der vollständigen Umstellung auf die Gesundheitskarte soll das Papierrezept durch ein elektronisches Rezept ersetzt werden. Die Kartenrückseite ist als **Europäische Krankenversicherungskarte** gestaltet, um den Auslandskrankenschein zu ersetzen.

**Beiträge** übernehmen Arbeitgeber und Arbeitnehmer jeweils zur Hälfte. Arbeitnehmer in **Niedriglohnjobs** (450–1300 €) zahlen einen ermäßigten Beitragssatz, der nach dem Einkommen gestaffelt ist. Der Beitragssatz beträgt bei allen gesetzlichen Krankenkassen einheitlich 14,6 % vom Bruttolohn (2021). Somit ergeben sich ein Arbeitnehmeranteil von 7,3 % und ein Arbeitgeberanteil von 7,3 % (siehe Niedriglohnjobs S. 82/83, Minijobs S. 69).

Alle Beiträge von Arbeitgebern und Arbeitnehmern sowie erhebliche Steuermittel fließen in den **Gesundheitsfonds**. Aus dem Fonds erhalten alle Kassen für jeden Versicherten eine Grundpauschale (plus alters-, geschlechts- und risikoabhängige Zu- und Abschläge). Gleichgültig, in welcher Krankenkasse jemand versichert ist, die Höhe des Beitragssatzes ist überall gleich. Beitragsunterschiede gibt es nur durch einen **prozentualen Zusatzbeitrag**. Den darf eine Kasse einfordern, wenn sie mit dem Geld aus dem Gesundheitsfonds nicht auskommt. Je nach Krankenkasse betragen die Zusatzbeiträge zwischen 0,2 und 2,7 %. Auch die Zusatzbeiträge zahlen Arbeitnehmer und Arbeitgeber jeweils zur Hälfte. Die Wahl einer günstigeren Krankenkasse kann sich also lohnen.

Für Empfänger von Arbeitslosengeld zahlt die Bundesagentur für Arbeit die Beiträge. Das Gesetz gibt den Krankenkassen die Möglichkeit, unterschiedliche Tarife anzubieten, z. B. für chronisch Kranke oder Kostenerstattungs- und Selbstbehalttarife sowie Vorsorgetarife.

Rund 95 % der Krankenkassenleistungen schreibt der sogenannte **Pflichtleistungskatalog** vor. Neben anerkannten Behandlungsmethoden, Arznei- und Verbandsmitteln oder medizinischen Rehabilitationsmaßnahmen enthält der Pflichtleistungskatalog auch finanzielle Pflichtleistungen wie Krankengeld oder Mutterschaftsgeld. Die gesetzlichen Krankenkassen unterscheiden sich deshalb vor allem durch die **Zusatzleistungen** und den Service. Hierzu gehören z. B. Behandlungsmethoden, Operationstechniken und Therapien, die noch nicht im Pflichtkatalog enthalten sind. Welche Kasse die beste ist, kommt neben dem Beitrag auf die speziellen Bedürfnisse im Einzelfall an.

**Versicherungspflichtig** sind alle Einwohner Deutschlands. Arbeitnehmer sind nur dann bei einer gesetzlichen Krankenkasse pflichtversichert, wenn ihr Einkommen eine bestimmte Grenze, die **Versicherungspflichtgrenze**, nicht übersteigt (2021: monatlich 5362,50 €). Liegt ihr Einkommen ein Jahr über dieser Versicherungspflichtgrenze, dann können sie in eine private Krankenversicherung wechseln. Selbstständige, Freiberufler (z. B. Ärzte, Rechtsanwälte) und Beamte sind in der gesetzlichen Krankenversicherung ebenfalls nicht pflichtversichert; sie müssen eine private Krankenversicherung abschließen. Obergrenze für die Beitragsberechnung ist die **Beitragsbemessungsgrenze**, ihre Höhe 2021: 4837,50 € monatlich (siehe auch: Minijobs S. 69).

### Rentenversicherung

Die gesetzliche **Rentenversicherung** schützt die Versicherten und ihre Familien vorwiegend, indem sie bei Erwerbsunfähigkeit, Alter und Tod Renten zahlt.

**Versicherungsträger** ist die „Deutsche Rentenversicherung". Unter diesem Dach haben sich alle Träger der gesetzlichen Rentenversicherung zusammengeschlossen. Im Einzelnen sind dies die **„Deutsche Rentenversicherung Bund"**, die **„Deutsche Rentenversicherung Regional"** und die **„Deutsche Rentenversicherung Knappschaft, Bahn, See"**.

---

> **Wechseln der Krankenkasse:**
> Erst nach 18 Monaten Mitgliedschaft kann man die Krankenkasse wechseln. Eine *normale* Kündigung ist dann jederzeit mit einer Kündigungsfrist von 2 Monaten möglich, also ab dem Ende des übernächsten Monats. Nach einem Wechsel ist man erneut 18 Monate gebunden.
> Ein *Sonderkündigungsrecht* besteht, wenn die Krankenkasse einen Zusatzbeitrag verlangt, auch wenn man noch keine 18 Monate versichert war. Die Kündigungsfrist beträgt 2 Monate ab Inkrafttreten der Erhöhung.

**Info**
Deutsche Rentenversicherung
y77978

**Leistungen:**
- **Rehabilitation** sind alle Maßnahmen, welche die Erwerbstätigkeit sichern oder wiederherstellen. Die gesundheitliche Förderung soll die Arbeitskraft erhalten und so eine frühzeitige Rentenzahlung verhindern. Beispiele: Kuren, berufliche Umschulung.
- **Rentenleistungen:**
  - *Erwerbsminderungsrente* wird gezahlt bei teilweiser oder voller Erwerbsminderung. Versicherte, die täglich weniger als drei Stunden arbeiten können, erhalten eine volle Erwerbsminderungsrente. Wer noch mindestens 3, aber nicht mehr als 6 Stunden täglich arbeiten kann, erhält eine halbe Erwerbsminderungsrente.
  - *Altersrente* wird gewährt, wenn der Versicherte ein bestimmtes Lebensalter erreicht hat, wobei unterschiedliche Altersgrenzen gelten, z. B. derzeit 67 Jahre für die Regelaltersrente. Ältere Versicherte können früher in Rente gehen. Für sie gelten Übergangsregelungen. Je nach Geburtsjahr erreichen sie die Regelaltersgrenze von 67 Jahren spätestens 2029. Wer 45 Versicherungsjahre hat, kann mit 65 Jahren ohne Abzüge in Rente gehen.
  - *Witwen- und Witwerrente* erhalten die Ehegatten nach dem Tod des Versicherten. Heiratet der überlebende Ehegatte erneut, dann entfällt die Rente.
  - *Waisenrente* erhalten die Kinder der verstorbenen Versicherten bis zum Ende der ersten Berufsausbildung.

> **flexible Altersgrenze:**
> Mit 63 Jahren können alle Versicherten die flexible Altersgrenze in Anspruch nehmen, sofern sie mindestens 35 Jahre Wartezeit nachweisen können. Allerdings müssen sie dafür Abschläge in Kauf nehmen, und zwar 0,3% für jeden Monat, den sie vor der gesetzlichen Regelaltersgrenze in Ruhestand gehen.

Wie alle Leistungen der Rentenversicherung werden die Renten nur gezahlt, wenn der Versicherte sie beantragt. Dies kann er beim Versicherungsamt der Gemeinde oder direkt beim zuständigen Versicherungsträger. Anträge können nur gestellt werden, wenn die **Anwartschaftszeiten** (Wartezeiten) erfüllt wurden. Für die normale Regelaltersrente nach dem 67. Lebensjahr werden 5 Versicherungssjahre verlangt, die Altersrente von Schwerbehinderten nach dem 65. Lebensjahr erfordert derzeit 35 Jahre. Bei einer Erwerbsminderungsrente werden derzeit 5 Jahre vorausgesetzt. Zu den **Beitragszeiten** werden noch Ersatzzeiten (z. B. Wehrdienst) und Ausfallzeiten (z. B. Berufsausbildung, Studium) hinzugerechnet. Jeder Rentenberechtigte kann entscheiden, ob er seine Rente als **Vollrente** oder als **Teilrente** erhalten will. Die Versicherten können so einerseits einen Teil der ihnen zustehenden Altersrente in Anspruch nehmen und andererseits hinzuverdienen. Auf diese Weise ist es möglich, langsam in den Ruhestand hineinzugleiten.

**Info**
Bevölkerungsvorausberechnung, Statistisches Bundesamt
yt54ah

**Generationenvertrag – Probleme der Rentenversicherung:** Die Leistungen der Rentenversicherung werden im Wesentlichen aus den laufenden Beiträgen der jetzigen Arbeitnehmer finanziert. Die heutige Generation der Beitragszahler kommt also für die Altersversorgung der heutigen Rentner auf in der Erwartung, dass die folgende Generation die gleiche Verpflichtung übernimmt. In der derzeitigen Bevölkerungsentwicklung sehen viele eine Gefährdung dieses **Generationenvertrags**. Statistische Voraussagen haben ergeben, dass sich die Bevölkerung Deutschlands im Jahr 2040 um Millionen vermindert. Innerhalb dieser Bevölkerung wird eine erhebliche Strukturveränderung eingetreten sein. So wird die Zahl der Rentner erheblich zunehmen, während die Zahl der Erwerbstätigen stark sinken wird, d. h. immer weniger Arbeitnehmer werden immer mehr Rentner versorgen müssen (siehe auch Probleme der sozialen Sicherung, S. 204 f.).

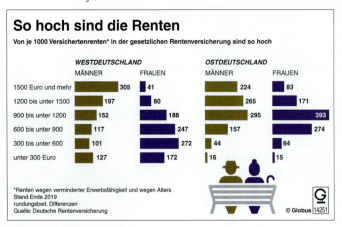

**So hoch sind die Renten**
Von je 1000 Versichertenrenten* in der gesetzlichen Rentenversicherung sind so hoch

| | WESTDEUTSCHLAND | | OSTDEUTSCHLAND | |
|---|---|---|---|---|
| | MÄNNER | FRAUEN | MÄNNER | FRAUEN |
| 1500 Euro und mehr | 305 | 41 | 224 | 83 |
| 1200 bis unter 1500 | 197 | 80 | 265 | 171 |
| 900 bis unter 1200 | 152 | 188 | 295 | 393 |
| 600 bis unter 900 | 117 | 247 | 157 | 274 |
| 300 bis unter 600 | 101 | 272 | 44 | 64 |
| unter 300 Euro | 127 | 172 | 16 | 15 |

*Renten wegen verminderter Erwerbsfähigkeit und wegen Alters
Stand Ende 2019
rundungsbed. Differenzen
Quelle: Deutsche Rentenversicherung
© Globus 14251

**Rentenhöhen:** Die Höhe der Rente hängt von verschiedenen Faktoren ab, z. B. von der Zahl der Versicherungsjahre eines Rentners und von der Höhe der Beitragszahlungen. Diese Werte werden noch ins Verhältnis gesetzt zu den durchschnittlichen Verdiensten aller Rentenversicherten. Des Weiteren soll auch die Bevölkerungsentwicklung die Rentenhöhe beeinflussen. Seit 2021 soll eine **Grundrente** sicherstellen, dass Versicherte, die gearbeitet haben, im Alter mehr erhalten als die Grundsicherung (Sozialhilfe). Die Grundrente ist ein Zuschlag auf Rentenansprüche von Geringverdienern. Für die volle Grundrente sind die mindestens 35 Beitragsjahre durch Arbeit, Kindererziehung oder Pflege nötig. Eine Einkommensprüfung soll vermeiden, dass Menschen die Grundrente erhalten, obwohl sie andere Einkommen beziehen.

**Beiträge** übernehmen **Arbeitgeber und Arbeitnehmer jeweils zur Hälfte** (2021: insgesamt 18,6 % des Bruttolohns). Arbeitnehmer in **Niedriglohnjobs** (450–1300 €) zahlen einen ermäßigten Beitragssatz, der nach dem Einkommen gestaffelt ist.

**Beitragsbemessungsgrenze:** Die Sozialversicherungsbeiträge werden nur bis zu den Beitragsbemessungsgrenzen errechnet. Sie betragen monatlich (Stand 2021):
- 7 100 € in der Renten- und Arbeitslosenversicherung (neue Bundesländer 6 700 €),
- 4 837,50 € in der Kranken- und Pflegeversicherung (bundesweit).

So zahlt z. B. ein Arbeitnehmer, der 8 000 € im Monat verdient, nur Beiträge aus 7 100 € (bzw. 6 700 €) für die Rentenversicherung.

**Versicherungspflichtig** sind Arbeitnehmer, Handwerker, Landwirte und Auszubildende. Wer nicht versicherungspflichtig ist, kann sich freiwillig versichern.
Nicht sozialversicherungspflichtig sind z. B. **geringfügige Beschäftigungen (Minijobs)**. Diese liegen vor, wenn pro Monat weniger als 450 € (Stand 2021) verdient werden. Die Folge: Die fälligen Beiträge muss der Arbeitgeber zahlen. Er zahlt einen Pauschalbetrag von 15 % als Beitrag zur Rentenversicherung und 13 % an die Krankenversicherung sowie 2 % Pauschalsteuer. Der Arbeitnehmer zahlt keine Steuer. In der Rentenversicherung muss er nur 3,6 % übernehmen, nämlich die Differenz zwischen den 15 % Pauschalbeitrag des Arbeitgebers und dem gültigen Beitragssatz (18,6 %). Er erhält dafür auch keine Leistungen aus der Krankenversicherung, sofern er nicht aus einem anderen Arbeitsverhältnis sozialversichert ist. Jeder, der einen 450-€-Job hat, kann seinem Arbeitgeber schriftlich mitteilen, dass er von der Rentenversicherungspflicht befreit werden will. Dann zahlt nur noch der Arbeitgeber den Pauschalbeitrag von 15 %. Wird der Minijob im Privathaushalt ausgeübt, dann betragen die gesamten Abzüge lediglich 12 %.

**Info**
Deutsche Gesetzliche Unfallversicherung
2ss5bc

## Unfallversicherung

Die wichtigste Aufgabe der gesetzlichen **Unfallversicherung** ist die Verhütung von Arbeitsunfällen. Sollte dennoch ein Arbeitsunfall geschehen, so hat sie die Betroffenen finanziell zu sichern und ihre Erwerbstätigkeit wiederherzustellen.

**Versicherungsträger** sind die nach verschiedenen Gewerbezweigen aufgegliederten Berufsgenossenschaften z.B. BG Bau, BG Nahrungsmittel und Gastgewerbe sowie die Unfallkassen der öffentlichen Hand.

**Leistungsanspruch:** Nicht durch jeden Unfall wird ein Anspruch begründet. Drei Ereignisse sind es, die einen Versicherungsanspruch auslösen können:
- **Arbeitsunfall** wird ein Unfall genannt, den ein Versicherter während der Arbeit und auf Dienstwegen erleidet. Auch Betriebsveranstaltungen und Ähnliches zählen dazu.
- **Wegeunfall** nennt man einen Unfall, der sich ereignet auf dem Weg von der Wohnung zur Arbeitsstätte und umgekehrt. Versichert ist jeweils der kürzeste Weg.
- **Berufskrankheiten** sind die Folge von gesundheitsschädigenden Tätigkeiten, z. B. Staublungen, Bleivergiftungen, Hauterkrankungen durch Chemikalien.

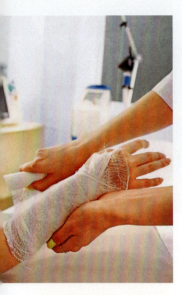

**Leistungen:**
- **Unfallverhütung (Prävention)** ist die wichtigste Aufgabe der Unfallversicherung. Hierzu erlassen die Berufsgenossenschaften Unfallverhütungsvorschriften und überwachen deren Einhaltung. Bei Verstößen können sie Geldbußen bis zu 10 000 € festsetzen.
- **Heilbehandlung** umfasst ärztliche Behandlung, Arzneimittel, Krankenhausaufenthalt und andere Leistungen.
- **Verletztengeld** ersetzt den Verdienstausfall bei Arbeitsunfähigkeit. Es wird wie das Krankengeld der Krankenversicherung berechnet.
- **Berufshilfe** wird mit dem Ziel gezahlt, den Verletzten wieder ins Arbeitsleben einzugliedern. Kann der Verletzte seinen alten Beruf nicht mehr ausüben, werden die Ausbildungskosten für einen anderen Beruf übernommen (Umschulung).
- **Pflegegeld** bis zu 1 542 € monatlich, wenn Pflege und Unterstützung benötigt wird.
- **Verletztenrente** wird gewährt, wenn die Erwerbsfähigkeit nicht wiederhergestellt werden kann. Ihre Höhe ist abhängig vom Grad der Erwerbsminderung.
- **Hinterbliebenenrente** (Witwen-, Witwer-, Waisenrente) in unterschiedlicher Höhe
- **Sterbegeld** als Zuschuss zu den Bestattungskosten.

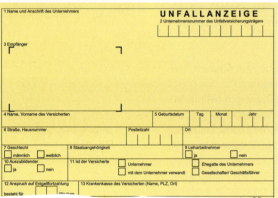

**Unfallanzeige:** Wird ein Versicherter durch einen Arbeitsunfall getötet oder mehr als drei Tage arbeitsunfähig, dann ist der Arbeitgeber verpflichtet, den Arbeitsunfall durch eine Unfallanzeige zu melden. Er muss dabei den Vordruck der Berufsgenossenschaft verwenden (2 Exemplare an die Berufsgenossenschaft, 1 Exemplar an das Gewerbeaufsichtsamt).

**Beiträge** bringen die Arbeitgeber alleine auf. Die Höhe hängt ab vom Verdienst der Versicherten in den jeweiligen Unternehmen sowie vom Grad der Unfallgefahr. Gewerbezweige, in denen die Unfallgefahr größer ist, zahlen auch entsprechend höhere Beiträge.

**Versichert** sind alle Arbeitnehmer, Schüler und Studenten, Hilfeleistende bei Unglücksfällen sowie freiwillig versicherte Unternehmer.

**Info**
Bundesagentur für Arbeit
zw8p3v

### Arbeitslosenversicherung
Die eigentliche Aufgabe der **Arbeitslosenversicherung**, die finanzielle Absicherung bei Arbeitslosigkeit und die Sicherung von Arbeitsplätzen, wurde durch das Arbeitsförderungsrecht des Sozialgesetzbuches erheblich erweitert.

**Leistungen:**
- **Arbeitsförderung** nennt man Maßnahmen, welche die Bundesagentur für Arbeit ergreift, um die Beschäftigung zu sichern. Diese Maßnahmen umfassen:
  - *Arbeitsmarkt- und Berufsforschung,*
  - *Arbeitsvermittlung und Berufsberatung,*
  - Förderung der beruflichen Bildung, also der Berufsausbildung, der Fortbildung und der Umschulung.
- **Kurzarbeitergeld** wird zur Sicherung von Arbeitsplätzen gezahlt.
- **Saison-Kurzarbeitergeld** soll dafür sorgen, dass Arbeitnehmer in Baubetrieben ganzjährig beschäftigt werden können. Für Arbeitsausfälle während der sogenannten Schlechtwetterzeit (1. Dezember bis 31. März) erhalten sie 60 % ihres letzten Nettolohns.
- **berufliche Rehabilitation** fördert die Teilhabe Behinderter am Arbeitsleben.

Sozialversicherungen 38–41

- **Arbeitslosengeld I** erhalten Arbeitslose, die sich arbeitslos gemeldet haben und die der Arbeitsvermittlung zur Verfügung stehen. Einen **Rechtsanspruch** darauf hat jeder, der die erforderliche **Anwartschaftszeit** (= erforderliche Beitragszeit) erfüllt hat. Um Arbeitslosengeld zu erhalten, muss ein Arbeitnehmer in den letzten 2 Jahren für mindestens 12 Monate Beiträge gezahlt haben. Gewährt wird Arbeitslosengeld höchstens 12 Monate. Ältere Arbeitnehmer, die über 50 Jahre alt sind, erhalten es bis zu 15 Monate. Ab 55 Jahren wird es dann bis zu 18 Monate gezahlt, ab 58 Jahren sogar bis zu 24 Monate. Die Dauer der Zahlung hängt davon ab, wie lange Beiträge entrichtet wurden. Versicherte mit Kind erhalten derzeit (2021) 67 % ihres pauschalierten Nettoverdienstes, Versicherte ohne Kind bekommen 60 %.
- **Arbeitslosengeld II** erhalten alle erwerbsfähigen Sozialgeld- bzw. Sozialhilfeempfänger sowie alle Arbeitslosen, die noch keinen Anspruch auf Arbeitslosengeld haben oder deren Anspruch abgelaufen ist (Langzeitarbeitslose). Für den Erhalt von Arbeitslosengeld II muss der Antragsteller **Bedürftigkeit** nachweisen. Im Gegensatz zum Arbeitslosengeld I wird Arbeitslosengeld II zeitlich unbegrenzt gewährt. Es ist identisch mit dem Sozialgeld bzw. der Sozialhilfe und beträgt monatlich 446 € (Stand 2021). Hinzu kommen noch andere Leistungen wie Wohngeld.
*Anmerkung:* Arbeitslosengeld II ist keine Leistung der Arbeitslosenversicherung, da es aus Steuern finanziert wird. Durch die Bundesagentur für Arbeit erfolgt lediglich die Auszahlung.

| Bezugsdauer von Arbeitslosengeld I (ALG I) Stand 2021 ||
|---|---|
| Beschäftigungszeit | Bezugsdauer ALG I |
| 12 Monate | 6 Monate |
| 16 Monate | 8 Monate |
| 20 Monate | 10 Monate |
| 24 Monate | 12 Monate |

Arbeitslosengeld I und Arbeitslosengeld II werden ab dem Tag der Arbeitslos-Meldung gezahlt. Wer die Arbeitslosigkeit jedoch selbst verschuldet hat, erhält erst nach einer **Sperrfrist** von 12 Wochen Arbeitslosenunterstützung. Beispiele: eigene Kündigung, absichtliches Herbeiführen der Kündigung, Weigerung, an Fortbildungs- und Umschulungsmaßnahmen teilzunehmen, Ablehnung von zumutbarer Arbeit. Grundsätzlich muss ein Arbeitsloser der Arbeitsvermittlung zur Verfügung stehen, wenn er Arbeitslosenunterstützung erhalten will.

**Auszubildende** werden nach bestandener Abschlussprüfung häufig von ihren Ausbildungsbetrieben nicht übernommen – sie werden arbeitslos. Die Grundlage der Berechnung ihres Arbeitslosengeldes ist die Ausbildungsvergütung oder, wenn sich dadurch ein höherer Betrag ergibt, 50 % des erzielbaren Tariflohns. Haben Auszubildende die Prüfung nicht bestanden, wird die Ausbildungsvergütung für die Berechnung zugrunde gelegt.

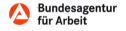

**Versicherungsträger** ist die Bundesagentur für Arbeit (BA). Sie gliedert sich in die Hauptstelle mit Sitz in Nürnberg, 10 Regionaldirektionen (frühere Landesarbeitsämter) und die Agenturen für Arbeit vor Ort (frühere Arbeitsämter).

**Versicherungspflichtig** sind alle Arbeitnehmer und Auszubildenden. Versicherungsfrei sind geringfügig Beschäftigte (siehe auch Minijobs S. 69).

**Beiträge** übernehmen Arbeitgeber und Arbeitnehmer jeweils zur Hälfte (Beitragssatz 2021: insgesamt 2,4 % des Bruttolohns). Arbeitnehmer in **Niedriglohnjobs** (450–1300 €) zahlen einen ermäßigten Beitragssatz, der nach dem Einkommen gestaffelt ist (siehe auch Beitragsbemessungsgrenze, S. 44).

## Pflegeversicherung
Die Aufgabe der gesetzlichen **Pflegeversicherung** ist die finanzielle Absicherung bei Pflegebedürftigkeit. Bereits heute sind rund 4,2 Millionen Menschen auf Leistungen der gesetzlichen Pflegeversicherung angewiesen. Wegen Überalterung der Gesellschaft werden im Jahr 2050 bis zu 6 Millionen Pflege benötigen. Ohne Pflegeversicherung würden die meisten Pflegeheiminsassen zum „Sozialfall" – sie wären auf

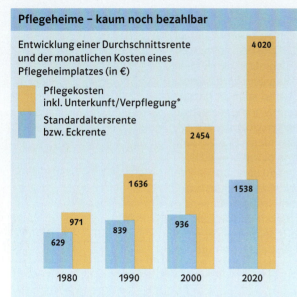

**Pflegeheime – kaum noch bezahlbar**

Entwicklung einer Durchschnittsrente und der monatlichen Kosten eines Pflegeheimplatzes (in €)

- Pflegekosten inkl. Unterkunft/Verpflegung*
- Standardaltersrente bzw. Eckrente

| Jahr | Rente | Pflegekosten |
|---|---|---|
| 1980 | 629 | 971 |
| 1990 | 839 | 1636 |
| 2000 | 936 | 2454 |
| 2020 | 1538 | 4020 |

Jeder Bundesbürger kann zum Pflegefall werden. Von den heute 25-jährigen Männern wird statistisch gesehen jeder Vierte im Laufe seines Lebens pflegebedürftig.
Für die gleichaltrigen Frauen ist das Risiko noch größer. Jede Dritte wird irgendwann nicht mehr ohne fremde Hilfe leben können.

\* Pflegestufe III, entspricht seit 2017 Pflegegrad 4 und 5

Sozialhilfe angewiesen, da nur wenige die hohen Pflegekosten selbst bezahlen könnten.

**Versicherungsträger** sind die **Pflegekassen**, die bei den Krankenkassen eingerichtet wurden.

**Versicherungspflichtig** sind alle Personen, die auch krankenversicherungspflichtig sind. Wer eine private Krankenversicherung hat, muss eine private Pflegeversicherung abschließen (siehe auch geringfügige Beschäftigungen [Minijobs] S. 69).

**Beiträge** leisten Arbeitgeber und Arbeitnehmer jeweils zur Hälfte (Beitragssatz 2021: insgesamt 3,05 % des Bruttolohns). Kinderlose, die zwischen 23 und 65 Jahre alt sind, zahlen 0,25 Prozentpunkte mehr. Hierfür gibt es keinen Arbeitgeberzuschuss. Um die Kosten der Arbeitgeber auszugleichen, wurde auf einen Feiertag verzichtet. Arbeitnehmer in **Niedriglohnjobs** (450–1300 €) zahlen einen ermäßigten Beitragssatz, der nach dem Einkommen gestaffelt ist (siehe auch Beitragsbemessungsgrenze S. 69).

**Leistungen:**
Die Leistungen der Pflegeversicherung richten sich nach der Pflegebedürftigkeit, die in fünf **Pflegegrade** eingeteilt ist (Stand 01.01.2021).

- **Häusliche Pflege**
  Für die Betreuung zu Hause wird der Einsatz einer Pflegekraft erstattet:
  – 0 € monatlich in **Pflegegrad 1** für Pflegebedürftige mit geringer Beeinträchtigung der Selbstständigkeit, allerdings erhalten sie eine Kostenerstattung von 125 € für Betreuungs- und Entlastungsleistungen.
  – 689 € monatlich in **Pflegegrad 2** bei erheblich beeinträchtigter Selbstständigkeit,
  – 1298 € monatlich in **Pflegegrad 3** bei schwer beeinträchtigter Selbstständigkeit,
  – 1612 € monatlich in **Pflegegrad 4** bei schwerster Beeinträchtigung der Selbstständigkeit,
  – 1995 € monatlich in **Pflegegrad 5** bei schwerster Beeinträchtigung der Selbstständigkeit und besonderen pflegerischen Anforderungen.
  – Anstelle dieser **Sachleistungen** sind auch **Geldleistungen** möglich. Wer Angehörige oder Bekannte pflegt, kann für seine Dienste je nach Pflegegrad ein Pflegegeld von 125 €, 316 €, 545 €, 728 € oder 901 € pro Monat erhalten.

- **Stationäre Pflege**
  Bei stationärer Pflege werden höhere Kosten übernommen, z. B. bis 2 005 € monatlich bei Pflegegrad 5. Die Kosten für Unterkunft und Verpflegung muss der Pflegebedürftige jedoch selbst tragen.

**Info**
Sozialgerichtsbarkeit Bundesrepublik Deutschland
z6f2ab

### Sozialgericht

Gegen Entscheidungen der einzelnen Sozialversicherungsträger, z. B. die Ablehnung eines Antrags auf Erwerbsminderungsrente, kann ein Betroffener **Widerspruch** einlegen. Gibt die zuständige Sozialversicherung dem Widerspruch statt und ändert sie ihren Bescheid, dann ist der Fall erledigt. Hält sie jedoch die Entscheidung aufrecht, so kann der Betroffene Klage beim **Sozialgericht** einreichen.

Sozialgerichte sind zuständig für Streitigkeiten aus dem Sozialrecht, also für Kindergeld, Sozialgeld usw. Beim **Landessozialgericht** kann **Berufung** gegen Urteile des Sozialgerichtes eingelegt werden. Die **Revisionsinstanz** für Urteile der Landessozialgerichte ist das **Bundessozialgericht** in Kassel.

Alle Gerichtsinstanzen setzen sich aus Berufs- und Laienrichtern (Vertreter der Arbeitgeber und Arbeitnehmer) zusammen. Für die Gerichtskosten gilt der bedeutende Grundsatz, dass alle Instanzen der Sozialgerichtsbarkeit **kostenfrei** sind.

Bei außergerichtlichen Aufwendungen wie den Kosten für den Rechtsanwalt entscheidet das Gericht, wer diese zu tragen hat.

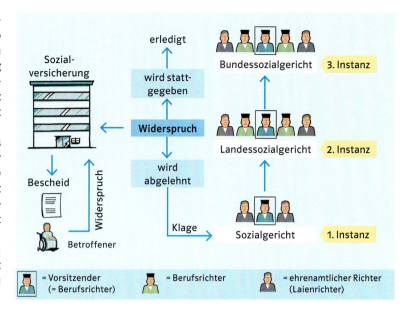

## Wissen kompakt

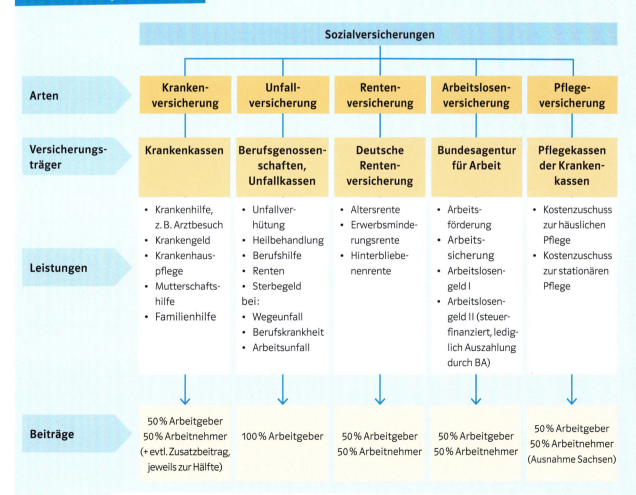

## Arbeitsteil

**1** a) Nennen Sie die fünf Zweige der Sozialversicherung und deren Träger.

b) Wer bezahlt die Beiträge zu den einzelnen Versicherungen?

c) Welche Personengruppen sind nicht sozialversicherungspflichtig?

d) Nennen Sie drei Merkmale unseres Sozialversicherungssystems.

e) Begründen Sie, weshalb unsere Sozialversicherung eine Pflichtversicherung ist.

**2** Mit einem schweren Herzinfarkt wird ein Arbeitnehmer in ein Krankenhaus eingeliefert.

a) Wie wird der Unterhalt des Arbeitnehmers während der 14 Krankheitswochen geregelt?

b) Nennen Sie vier Leistungen der Krankenversicherung.

c) Erläutern Sie die Bedeutung der Beitragsbemessungsgrenze und der Versicherungspflichtgrenze der Krankenversicherung.

**3** a) Wie finanziert die Rentenversicherung die Rentenzahlungen? Erklären Sie in diesem Zusammenhang den Begriff „Generationenvertrag".

b) Wie wirkt sich die künftige Bevölkerungsentwicklung auf den Generationenvertrag aus? Welche Lösungsvorschläge werden hierzu diskutiert?

⊘ **Methode** „Internetrecherche" S. 272 f.

c) Geben Sie je zwei Beispiele an für Versichertenrenten und für Hinterbliebenenrenten.

d) Welche Faktoren bestimmen die Höhe der Altersrente?

**4** a) Worin besteht die wichtigste Aufgabe der Unfallversicherung und wie wird sie erfüllt?

b) Welche Ereignisse können einen Unfallversicherungsanspruch auslösen?

c) Nennen Sie drei Leistungen der gesetzlichen Unfallversicherung.

d) Wem und wie muss ein Arbeitsunfall gemeldet werden?

**5** Welcher Zweig der gesetzlichen Sozialversicherung ist in den folgenden Fällen zuständig?

a) In ihrem Skiurlaub erleidet eine 17-jährige Auszubildende einen komplizierten Beinbruch.

b) Eine Friseurin, die auf Haarfärbemittel mit heftigen allergischen Hautausschlägen reagiert, muss ihren Beruf aufgeben und umschulen.

c) Nach einem schweren Schlaganfall muss ein 76-jähriger Rentner in ein Pflegeheim.

d) Nach bestandener Gesellenprüfung wird Martin L. nicht von seinem Ausbildungsbetrieb übernommen. Eine neue Stelle hat er noch nicht gefunden.

e) Nach einer schweren Krankheit wird eine 48-jährige Arbeitnehmerin erwerbsunfähig.

**6** a) Nennen Sie drei Arbeitsförderungsmaßnahmen der Arbeitslosenversicherung.

b) Unterscheiden Sie Arbeitslosengeld I und Arbeitslosengeld II.

**7** a) Geben Sie an, wer in der Pflegeversicherung pflichtversichert ist.

b) Welche Leistungen erbringt die Pflegeversicherung?

c) Begründen Sie die Notwendigkeit einer Pflegeversicherung.

**8** Auf der Fahrt zur Arbeit tankt ein Arbeiter. An der Tankstelle läuft er aus Unachtsamkeit in ein heranfahrendes Auto und wird erheblich verletzt. Die Berufsgenossenschaft lehnt die Kostenübernahme ab, da der Unfall nicht auf dem direkten Weg zur Arbeit passiert sei.

a) Wie kann der Betroffene zunächst gegen den ablehnenden Bescheid vorgehen?

b) Welches Gericht wäre bei einer gerichtlichen Auseinandersetzung zuständig und wie ist es zusammengesetzt?

c) Welche Besonderheit unterscheidet diese Gerichtsbarkeit von anderen Gerichten?

⊘ **Fallbeispiel**
„Ende der Berufsausbildung"
S. 19

# 9 Private Zusatzversicherungen (Individualversicherungen)

## Einstieg

Bei einem Sturz in seiner Freizeit verletzt sich ein 17-jähriger Auszubildender schwer.

a) Welcher Zweig der Sozialversicherung hilft?

b) Weshalb könnte in diesem Fall eine private Zusatzversicherung von Nutzen sein?

c) Welche privaten Zusatzversicherungen kennen Sie?

d) Welche private Zusatzversicherung benötigen Auszubildende?

Im Gegensatz zu den Sozialversicherungen, deren Mitgliedschaft gesetzlich vorgeschrieben ist, werden **Individualversicherungen (Privatversicherungen) freiwillig** abgeschlossen. Für bestimmte Bereiche gelten Ausnahmeregelungen, z. B. müssen Kraftfahrzeugbesitzer eine Kfz-Haftpflichtversicherung abschließen.
Der Versicherungsnehmer stellt auf einem Vordruck einen Versicherungsantrag und erhält bei Annahme durch den Versicherer die Police (Versicherungsschein).

Träger der Privatversicherungen sind Unternehmungen, die einen Gewinn erzielen wollen. Die **Beitragshöhe** richtet sich deshalb, anders als bei der Sozialversicherung, nicht nach dem Einkommen des Versicherten, sondern nach **Risiko** und **gewünschtem Versicherungsumfang**. Beispielsweise zahlt ein Neuling eine höhere Prämie in der Kfz-Versicherung als ein Versicherter, der lange unfallfrei gefahren ist. Die **Beiträge** muss der Versicherte allein aufbringen. Die große Bedeutung der Individualversicherungen liegt vor allem darin, dass sie auch Bereiche abdecken, die von den Sozialversicherungen nicht erfasst werden, z. B. kommt die gesetzliche Unfallversicherung nicht für Privatunfälle auf.

Seit 2012 zahlen Männer und Frauen in neuen Versicherungsverträgen gleiche Beiträge. **Unisex** heißt die Gleichheit. Die Benachteiligung der Frauen in der Personenversicherung ist hiermit beendet.

Die gesetzliche Grundlage für die Privatversicherungen ist das **Versicherungsvertragsgesetz**, das durch die Allgemeinen Geschäftsbedingungen der einzelnen Versicherungen ergänzt wird. Am 1. Januar 2008 wurde das aus dem Jahr 1908 stammende Versicherungsvertragsgesetz an einen modernen Verbraucherschutz angepasst. Die Versicherer müssen seitdem vor Abschluss eines Vertrages umfassend beraten und informieren. Die Beratung muss dokumentiert werden und die Ratschläge müssen klar und verständlich sein. Verletzen Versicherer oder Versicherungsvermittler ihre Beratungspflicht, sind sie schadenersatzpflichtig. Neben zahlreichen weiteren Verbesserungen für die Kunden gibt es nun auch ein **allgemeines Widerrufsrecht**. Innerhalb von **2 Wochen** kann jeder Versicherungsnehmer seine Vertragserklärung widerrufen, bei einer **Lebensversicherung** beträgt die Frist sogar **30 Tage**. Erst mit Zugang der gesamten Unterlagen beginnt die Frist zu laufen.

### Personenversicherung

Die Personenversicherung versichert **Personen** gegen Krankheit, Unfall und auf ihr Leben. Sie ist ein wichtiger Schutz für Personen, die nicht der Sozialversicherungspflicht unterliegen wie Beamte oder Selbstständige.
Leistungskürzungen bei den Sozialversicherungen haben in den letzten Jahren dazu geführt, dass Arbeitnehmer vielfach nicht genügend abgesichert sind. Die Personenversicherung wird hier zur wichtigen **Zusatzversicherung**.

**Private Krankenversicherung:** Sie übernimmt Krankheitskosten von Personen, die in der gesetzlichen Krankenversicherung nicht pflichtversichert sind, z. B. von Beamten, Selbstständigen und besser verdienenden Arbeitnehmern. Seit 2009 gilt eine generelle Krankenversicherungspflicht. Die Folge: Jeder Einwohner von Deutschland muss krankenversichert sein, entweder gesetzlich oder privat.
Teilweise übernehmen Privatversicherungen Kosten, die von der gesetzlichen Krankenversicherung nicht gedeckt sind. Beispiele: volle Erstattung bei Zahnersatz, Zweibettzimmer im Krankenhaus. Viele Krankenversicherungspflichtige schließen deshalb **private Zusatzversicherungen** ab. Neben den **Krankheitskosten** kann auch **Tagegeld** versichert werden. Arbeitnehmer erhalten im Krankheitsfall Lohnfortzahlung, deshalb empfiehlt sich eine Tagegeldversicherung vor allem für Selbstständige, deren Verdienst ausfallen würde.

**Private Unfallversicherung:** Sie soll den Versicherten bei privaten Unfällen absichern, da hier die gesetzliche Unfallversicherung nicht hilft. Jedes Jahr verletzen sich rund 10 Millionen Menschen bei Unfällen, mehr als die Häfte davon in der Freizeit. Zwar springt bei einer Invalidität die gesetzliche Rentenversicherung ein. Bei Berufsanfängern allerdings sind die Ansprüche sehr gering, sofern überhaupt welche vorhanden sind. Auch selbstverschuldete Freizeitunfälle von Kindern können teure und langwierige Behandlungen verursachen, insbesondere, wenn eine Behinderung bleibt. Deshalb ist eine private Unfallversicherung sinnvoll. Hier wird eine bestimmte Versicherungssumme vereinbart, z. B. 100 000 €. Sie wird ausbezahlt, wenn durch Unfall eine Invalidität entsteht. Die Höhe der Zahlung hängt ab vom Grad der Invalidität. Wer z. B. ein Auge oder ein Bein verliert, erhält 50 % der Versicherungssumme. Invalidität infolge einer Krankheit wie etwa Krebs oder Diabetes ist in einer Unfallversicherung meist nicht abgedeckt. Eltern sollten deshalb darauf achten, dass diese Risiken ebenfalls durch eine Police abgesichert sind.

**Lebensversicherung:** Sie versorgt die Hinterbliebenen des Versicherten oder ihn selbst im Alter. Da die gesetzlichen Renten weit unter den Nettobezügen der Arbeitnehmer liegen, ist sie eine wichtige Altersvorsorge.
- Bei der **Risiko-Lebensversicherung** erhalten die **Hinterbliebenen** die Versicherungssumme. Dadurch soll das finanzielle Risiko eines **vorzeitigen Todes** abgesichert werden.

Private Zusatzversicherungen (Individualversicherungen) 43–44

- Die **Kapital-Lebensversicherung** wird für den Todesfall und den Erlebensfall abgeschlossen. Einerseits erhalten bei vorzeitigem Tod die **Hinterbliebenen** die Versicherungssumme, auch wenn der Vertrag nur kurze Zeit bestanden hat. Andererseits bekommt der **Versicherte** selbst diese Summe ausbezahlt, wenn er das vereinbarte Alter erreicht hat.

**Private Rentenversicherung:** Zunehmend ergänzen Bundesbürger ihre Altersvorsorge durch eine private Rentenversicherung. Besonders sinnvoll ist sie für Alleinstehende, die keine Familie absichern müssen, da es keine Versicherungssumme beim Tod des Versicherten gibt. In der Regel zahlt die Versicherung nach Vertragsablauf eine lebenslange Rente. Gegen Zahlung höherer Beiträge kann bei vielen Versicherungen auch eine Rente für Hinterbliebene vereinbart werden. Durch den Rückgang des Auszahlungsbetrages der gesetzlichen Rentenversicherungen in den nächsten Jahren auf ca. 40% des letzten Nettoverdienstes ist die Notwendigkeit einer privaten Rentenversicherung so hoch wie nie. Die **Riester-Rente** bietet die Möglichkeit des Sparens für das Alter mit staatlichen Zuschüssen. Dabei fördert der Staat mit Zulagen und Steuervorteilen die **freiwillige private Altersvorsorge**. Die Förderung ist abhängig von Kinderzahl, Familienstand und Einkommenshöhe. Betriebsrenten und fondsgebundene Anlagen für die Zweitrente berücksichtigen auch immer stärker wirtschaftliche und ökologische Anlagestrategien, um dem Prinzip der Nachhaltigkeit zu entsprechen. Beiträge für eine Basisversorgung im Alter wie die Rürup-Rente können in der Einkommensteuererklärung bis zu bestimmten Höchstbeträgen geltend gemacht werden. So mindern sie die Steuerschuld, dafür werden später die ausbezahlten Renten besteuert.

| Förderung privater Altersvorsorge ("Riester-Rente") Stand 2021 | |
|---|---|
| Grundzulage pro Person/Ehegatte | 175 € |
| Zulage je Kind | 185 €[1] |
| Zulage je Kind | 300 €[1] |
| Beitragssatz | 4 %[2] |
| Maximalbeitrag | 2100 € |

[1] ab 2008 geborene Kinder
[2] des sozialversicherungspflichtigen Vorjahreseinkommens

**Berufsunfähigkeitsversicherung:** Sind Arbeitnehmer in ihrer Erwerbsfähigkeit eingeschränkt, dann erhalten sie zwar eine Erwerbsminderungsrente der gesetzlichen Rentenversicherung; diese ist allerdings viel niedriger als die normale Altersrente. Besonders in den ersten Berufsjahren sollte darum eine Berufsunfähigkeit abgesichert werden. Denn Ansprüche aus der gesetzlichen Rentenversicherung sind entweder gering oder noch gar nicht vorhanden. Wer dagegen eine Berufsunfähigkeitsversicherung hat, erhält eine monatliche Rente.
Rund jeder vierte Arbeitnehmer muss seinen Beruf wegen Berufsunfähigkeit vorzeitig aufgeben. Mit mehr als 90 % sind schwere Krankheiten – nicht Unfälle – die Hauptursache. Die Absicherung gegen Berufsunfähigkeit zählt deshalb zu den wichtigsten Privatversicherungen überhaupt.

*Seit 2014 kann der Schutz von Riesterverträgen erweitert werden um Berufsunfähigkeit, verminderte Erwerbsfähigkeit und die Absicherung von Hinterbliebenen.*

### Vermögensversicherung
Diese Art der privaten Versicherung schützt das **Vermögen** des Versicherten vor einer Verminderung durch eingetretene Haftpflichtansprüche (Schadenersatz).

Die **Haftpflichtversicherung** deckt Schäden, die der Versicherte einem Dritten zugefügt hat. Wer keine Haftpflichtversicherung besitzt, muss mit seinem gesamten Vermögen geradestehen, das kann ihn ruinieren. Man unterscheidet folgende Arten:

- **Privathaftpflichtversicherung:** z. B. wirft ein Kunde in einem Kaufhaus versehentlich eine Vase um.
- **Berufshaftpflichtversicherung:** z. B. entstehen durch die falsche Installation des Elektrikers schwere Verletzungen.
- **Kfz-Haftpflichtversicherung:** z. B. verschuldeter Verkehrsunfall.
- **Gebäudehaftpflichtversicherung:** z. B. wird durch eine schadhafte Treppe ein gefährlicher Sturz verursacht.
- **Tierhaftpflichtversicherung:** z. B. beißt ein Hund einen Passanten.

**Rechtsschutzversicherung:** Sie hilft, eigene Ansprüche durchzusetzen und fremde Ansprüche abzuwehren, indem sie Anwalts- und Gerichtskosten übernimmt. Diese können sehr teuer werden. So verursacht z. B. ein verlorener Prozess bei einem Streitwert von 750 € allein in der ersten Instanz – dem Amtsgericht – Kosten in gleicher Höhe.

### Sachversicherung

Sie versichert **Sachen** gegen Feuer, Einbruch, Naturkatastrophen oder Ähnliches.

**Wohngebäudeversicherung:** Sie schützt ein Gebäude und alle Gegenstände, die **fest mit seinen Mauern verbunden** sind. Die heutige Wohngebäudeversicherung enthält drei Versicherungen, nämlich die Feuerversicherung, die Leitungswasserversicherung und die Sturmversicherung. Sie sichern das Gebäude gegen diese Gefahren ab. **Elementarschäden** wie Starkregen, Überschwemmungen, Erdbeben, Schneedruck und Lawinen können zusätzlich abgesichert werden. Die Gebäudeversicherung richtet sich an den **Eigentümer** eines Hauses oder einer Wohnung. Mieter müssen also keine Wohngebäudeversicherung abschließen.

**Hausratversicherung:** Im Gegensatz zur Gebäudeversicherung werden durch die Hausratversicherung **alle losen** Besitztümer abgesichert, die sich in einer Wohnung befinden. Eine Hausratversicherung ist deshalb für jeden **Bewohner** sinnvoll, der Vermögensgegenstände in seiner Wohnung oder seinem Haus hat. Bewohner können die Eigentümer eines Gebäudes sein oder dessen Mieter.

- Die **Feuerversicherung** ersetzt Schäden, die durch Ereignisse wie Brand, Explosion und Blitzschlag sowie durch Löschen eingetreten sind.
- Die **Leitungswasserversicherung** übernimmt Leitungswasserschäden an der Einrichtung.
- Die **Einbruch-Diebstahlversicherung** kommt für Gegenstände auf, die bei einem Einbruch gestohlen oder beschädigt wurden.
- Die **Glasversicherung** trägt Schäden an den im Versicherungsvertrag angegebenen Glasflächen.

Die verbundene **Hausratversicherung** sichert diese Risiken (Schäden) in einem Vertrag ab.

Jeder Versicherungsnehmer sollte darauf achten, dass bei seiner Sachversicherung der Versicherungswert der Versicherungssumme entspricht. Denn wenn eine **Unterversicherung** vorliegt, werden alle entstandenen Schäden nur anteilig ersetzt. In unserem Beispiel beträgt die Versicherungssumme nur 50 % des Versicherungswertes. Die Folge: Alle Schäden werden lediglich zu 50 % erstattet. Ebenso ist eine **Überversicherung** ungünstig, da alle Schäden höchstens mit 100 % des Versicherungswertes bezahlt werden. Die Folge: Der Versicherungsnehmer bezahlt eine überhöhte Prämie.

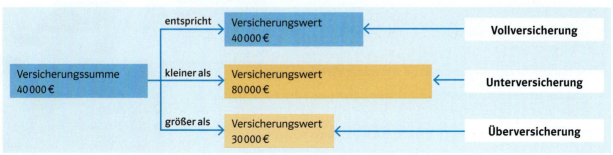

## Private Zusatzversicherungen (Individualversicherungen)

### Wissen kompakt

### Arbeitsteil

**1** a) Wie kann man Privatversicherungen einteilen? Geben Sie zusätzlich je zwei Beispiele an.
b) Unterscheiden Sie Privat- und Sozialversicherungen.
c) Weshalb muss einer Privatversicherung eine Gefahrenerhöhung mitgeteilt werden?

**2** a) Für welche Personen ist der Abschluss einer privaten Krankenversicherung Pflicht?
b) Unterscheiden Sie zwischen Risiko- und Kapital-Lebensversicherungen.
c) Bei Freizeitunfällen übernimmt die Krankenkasse die Krankheitskosten. Dennoch kann eine private Unfallversicherung sinnvoll sein. Erklären Sie diese Aussage.

**3** a) Welche Schäden werden von einer verbundenen Hausratversicherung übernommen?
b) Erläutern Sie, was man unter einer Unterversicherung versteht.
c) Welche Folgen ergeben sich für den Versicherten, wenn er unterversichert ist?

**4** a) Nennen Sie zwei Haftpflichtversicherungsarten.
b) Welche Aufgabe hat eine Haftpflichtversicherung?

**5** a) Werten Sie das Schaubild aus und begründen Sie die Rangfolge.

⊘ **Methode** „Auswertung von Statistiken/Schaubildern" S. 269

b) Empfehlen Sie sinnvolle Privatversicherungen: Sabine K. (19): Die ledige Konditorgesellin wohnt in einer Einzimmerwohnung, die sie sich nach und nach einrichtet. Ihr Hobby ist Drachenfliegen. Anton B. (25): Anton ist verheiratet, hat zwei kleine Kinder und wohnt in einer großen Wohnung, die teuer eingerichtet ist.

c) Überlegen Sie, weshalb der Staat ein Interesse daran hat, dass sich seine Bürger privat versichern, und erläutern Sie, wie er dies unterstützt.

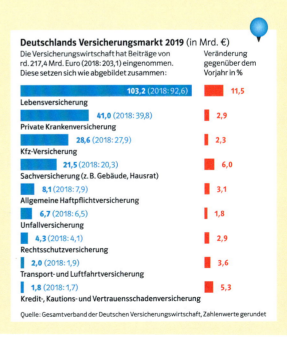

## 10 Lohnabrechnung

### Einstieg

Anton Vogel erhält seine erste Lohnabrechnung als Geselle. Anton ist ledig, hat keine Kinder und hat einen vermögenswirksamen Sparvertrag über 35 € abgeschlossen. Sehr enttäuscht entdeckt Anton nach längerem Suchen, wie viel Euro er netto ausgezahlt bekommt. Am Abend trifft er seine Freundin Karin:

**Anton:** Eigentlich wollte ich dich groß einladen von meinem ersten richtigen Lohn nach der bestandenen Prüfung. Aber von dem tollen Lohn sind nach den Abzügen nur noch 943,20 € übrig geblieben. Da habe ich als Lehrling fast genauso viel verdient. Wenn ich dann noch die Kreditrate für das neue Auto bezahlt habe, bleibt ja fast nichts mehr übrig.

**Karin:** Stimmt, das erscheint mir etwas wenig. Du bist doch jetzt als Geselle eingestellt, sogar noch über Tarif. Hast du eigentlich schon mal überprüft, ob dein neuer Chef den Lohn auch richtig berechnet hat?

**Anton:** Nein, ich war so fertig, dass ich daran noch gar nicht gedacht habe. Aber du hast recht, so ganz geheuer kommt mir die Abrechnung nicht vor.

| | | | Betrag | Lohnarten-Bezeichnung |
|---|---|---|---|---|
| 2 255,00 | 2 255,00 | | 2 255,00 | Gehalt Monatslohn |
| 15,00 | 15,00 | | 15,00 | Sonst. Bezüge |
| 2 270,00 | 2 270,00 | | 2 270,00 | Bruttolohn |
| | | | 223,83 | Lohnsteuer |
| | | | 17,91 | Kirchensteuer |
| | | | 900,06 | SV-Beiträge AN |
| | | | 1 128,20 | Nettolohn |
| | | | 35,00 | Abf. vermögenswirksames Sparen |
| | | | 150,00 | Vorschuss |
| | | | 943,20 | Auszahlung |

**Arbeitgeberanteile monatlich**

| Rentenversicherung | Krankenversicherung | Arbeitslosenvers. | Pflegeversicherung | Vers.-Werk Presse |
|---|---|---|---|---|
| 422,22 | 354,12 | 54,48 | 69,24 | |

▼
a) Welche Abzüge haben den Lohn von Anton so vermindert?

b) Überprüfen Sie überschlägig, ob die Abrechnung fehlerhaft sein könnte.

**Info**
Abgabenrechner
f9w3hv

## 10.1 Lohnabzüge

Es ist die Pflicht des Arbeitgebers, seinen Beschäftigten schriftliche Lohnabrechnungen auszuhändigen, aus denen Arbeitsentgelt und **Lohnabzüge** ersichtlich sind. Der in Tarif- oder Arbeitsverträgen festgelegte **Bruttolohn** wird folgendermaßen ermittelt:

| **Grundlohn** | z. B. Zeitlohn, Akkordlohn |
|---|---|
| + Zulagen | z. B. Schmutzzulage (**in Euro**, z. B. 40 €) |
| + Zuschläge | z. B. Sonntagsarbeit, Überstunden (**in %**, z. B. 25 %) |
| + sonstige finanzielle Leistungen | z. B. Weihnachtsgeld, Urlaubsgeld, vermögenswirksame Leistungen |

↓

**= Bruttolohn**

Die Arbeitnehmer erhalten nicht den **Bruttolohn** ausgezahlt, sondern den **Nettolohn**. Er ergibt sich, wenn man den Bruttolohn um die **gesetzlichen Abzüge** vermindert.

**Bruttolohn – gesetzliche Abzüge = Nettolohn**

Häufig ist der **ausgezahlte Lohn** geringer als der Nettolohn, weil von diesem noch **sonstige Abzüge** einbehalten werden.

### Gesetzliche Lohnabzüge

**Lohnsteuer**, **Solidaritätszuschlag** und **Kirchensteuer** werden anhand der Lohnsteuertabelle ermittelt. Der Solidaritätszuschlag soll helfen, die Vereinigung Deutschlands zu finanzieren. Seit 2021 sind rund 90 % der Steuerzahler von seiner Zahlung freigestellt. Er fällt nur noch für Bezieher von höheren Einkommen an. Abhängig von der Einkommenshöhe zahlen sie einen Solidaritätszuschlag von bis zu 5,5 % der Lohn- und Einkommensteuer (Stand 01.01.2021). Der Kirchensteuer unterliegen die Mitglieder der einzelnen Religionsgemeinschaften. Der Steuersatz beträgt in Bayern und Baden-Württemberg 8 % der Lohn- bzw. Einkommensteuerschuld, in allen anderen Bundesländern 9 %.

Die **Sozialversicherungsbeiträge** werden zur Hälfte vom Arbeitnehmer aufgebracht. Dies sind 2021 in der Rentenversicherung 9,30 % Arbeitnehmeranteil, in der Krankenversicherung 7,3 % (je nach Krankenkasse kann noch ein Zusatzbeitrag anfallen, z. B. 0,6 % Arbeitnehmeranteil), in der Arbeitslosenversicherung 1,2 % und 1,525 %* in der Pflegeversicherung. Kinderlose Arbeitnehmer, die älter als 23 Jahre sind, zahlen 1,775 %* Beitragssatz für die Pflegeversicherung. Der Arbeitgeber führt die Beiträge an die Krankenkasse ab, die sie an die einzelnen Versicherungsträger weiterleitet (siehe auch S. 82 f. Erstellung der Lohnabrechnung).

### Sonstige Abzüge

Sonstige Abzüge werden in der Regel vertraglich vereinbart. Sie reduzieren den Auszahlungsbetrag. Beispiele: Mietzahlungen für Betriebswohnungen, Sparbeiträge im Rahmen eines Vertrags über vermögenswirksame Leistungen oder die Einbehaltung von ausgezahlten Vorschüssen.

Darüber hinaus können Abzüge auch gerichtlich angeordnet werden infolge einer Lohnpfändung oder eines Vollstreckungsbefehls.

*Ausnahme: Sachsen

## Wissen kompakt

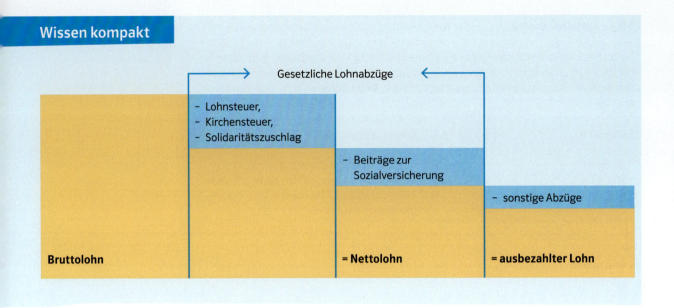

## 10.2 Erstellung der Lohnabrechnung

Um die Lohnabrechnung durchzuführen, benötigen die Arbeitgeber Abrechnungsformulare, die Lohnsteuertabelle und die Sozialversicherungssätze. Die meisten Unternehmen setzen spezielle Computerprogramme ein, mit deren Hilfe die Abrechnung erheblich erleichtert wird.

**Monat (Euro)**

| Lohn/Gehalt bis Euro | Steuerklasse | Lohnsteuer | ohne Kinderfreibetrag SolZ 5,5% | ohne Kinderfreibetrag Kirchensteuer 8% | ohne Kinderfreibetrag Kirchensteuer 9% | 0,5 Kinderfreibetrag SolZ 5,5% | 0,5 Kinderfreibetrag Kirchensteuer 8% | 0,5 Kinderfreibetrag Kirchensteuer 9% | 1,0 Kinderfreibetrag SolZ 5,5% | 1,0 Kinderfreibetrag Kirchensteuer 8% | 1,0 Kinderfreibetrag Kirchensteuer 9% | 1,5 Kinderfreibetrag SolZ 5,5% | 1,5 Kinderfreibetrag Kirchensteuer 8% | 1,5 Kinderfreibetrag Kirchensteuer 9% | 2,0 Kinderfreibetrag SolZ 5,5% | 2,0 Kinderfreibetrag Kirchensteuer 8% | 2,0 Kinderfreibetrag Kirchensteuer 9% | 2,5 Kinderfreibetrag SolZ 5,5% | 2,5 Kinderfreibetrag Kirchensteuer 8% | 2,5 Kinderfreibetrag Kirchensteuer 9% | 3,0 Kinderfreibetrag SolZ 5,5% | 3,0 Kinderfreibetrag Kirchensteuer 8% | 3,0 Kinderfreibetrag Kirchensteuer 9% |
|---|---|---|---|---|---|---|---|---|---|---|---|---|---|---|---|---|---|---|---|---|---|---|---|
| 2381,99 | I | 248,75 | 0,00 | 19,90 | 22,38 | 0,00 | 12,51 | 14,07 | 0,00 | 5,63 | 6,33 | 0,00 | 0,34 | 0,38 | 0,00 | 0,00 | 0,00 | 0,00 | 0,00 | 0,00 | 0,00 | 0,00 | 0,00 |
| 2381,99 | II | 206,00 | 0,00 | 16,48 | 18,54 | 0,00 | 9,32 | 10,48 | 0,00 | 2,94 | 3,30 | 0,00 | 0,00 | 0,00 | 0,00 | 0,00 | 0,00 | 0,00 | 0,00 | 0,00 | 0,00 | 0,00 | 0,00 |
| 2381,99 | III | 36,16 | 0,00 | 2,89 | 3,25 | 0,00 | 0,00 | 0,00 | 0,00 | 0,00 | 0,00 | 0,00 | 0,00 | 0,00 | 0,00 | 0,00 | 0,00 | 0,00 | 0,00 | 0,00 | 0,00 | 0,00 | 0,00 |
| 2381,99 | IV | 248,75 | 0,00 | 19,90 | 22,38 | 0,00 | 16,14 | 18,16 | 0,00 | 12,51 | 14,07 | 0,00 | 9,00 | 10,13 | 0,00 | 5,63 | 6,33 | 0,00 | 2,70 | 3,03 | 0,00 | 0,34 | 0,38 |
| 2381,99 | V | 516,00 | 0,00 | 41,28 | 46,44 | | | | | | | | | | | | | | | | | | |
| 2381,99 | VI | 548,00 | 0,00 | 43,84 | 49,32 | | | | | | | | | | | | | | | | | | |
| 2384,99 | I | 249,41 | 0,00 | 19,95 | 22,44 | 0,00 | 12,56 | 14,13 | 0,00 | 5,68 | 6,39 | 0,00 | 0,37 | 0,41 | 0,00 | 0,00 | 0,00 | 0,00 | 0,00 | 0,00 | 0,00 | 0,00 | 0,00 |
| 2384,99 | II | 206,66 | 0,00 | 16,53 | 18,59 | 0,00 | 9,36 | 10,53 | 0,00 | 2,97 | 3,34 | 0,00 | 0,00 | 0,00 | 0,00 | 0,00 | 0,00 | 0,00 | 0,00 | 0,00 | 0,00 | 0,00 | 0,00 |
| 2384,99 | III | 36,66 | 0,00 | 2,93 | 3,29 | 0,00 | 0,00 | 0,00 | 0,00 | 0,00 | 0,00 | 0,00 | 0,00 | 0,00 | 0,00 | 0,00 | 0,00 | 0,00 | 0,00 | 0,00 | 0,00 | 0,00 | 0,00 |
| 2384,99 | IV | 249,41 | 0,00 | 19,95 | 22,44 | 0,00 | 16,20 | 18,22 | 0,00 | 12,56 | 14,13 | 0,00 | 9,05 | 10,18 | 0,00 | 5,68 | 6,39 | 0,00 | 2,73 | 3,07 | 0,00 | 0,37 | 0,41 |
| 2384,99 | V | 516,83 | 0,00 | 41,34 | 46,51 | | | | | | | | | | | | | | | | | | |
| 2384,99 | VI | 549,00 | 0,00 | 43,92 | 49,41 | | | | | | | | | | | | | | | | | | |

**Fallbeispiel**
„Stellenangebotsvergleich"
S. 88

**Sozialversicherungsbeitragssätze**
(Stand 2021)

| | |
|---|---|
| Krankenversicherung | 14,6 % * |
| Rentenversicherung | 18,6 % |
| Arbeitslosenversicherung | 2,4 % |
| Pflegeversicherung | 3,05 % ** |

* Krankenkasse kann Zusatzbeiträge verlangen (derzeit 0,2–2,7 %).
** Kinderlose Arbeitnehmer über 23 Jahre zahlen zusätzlich zu ihrem Anteil 0,25 %.

Alle Sozialversicherungsbeiträge sind gesetzlich festgelegt.
Die Krankenversicherungsbeiträge betragen bei allen Krankenkassen einheitlich 14,6 %. Kommt eine Krankenkasse mit dem Beitragssatz nicht aus, dann kann sie einen Zusatzbeitrag verlangen, z. B. 1,2 %. Die nebenstehende Tabelle enthält die derzeit geltenden Sozialversicherungsbeitragssätze. Davon trägt die Hälfte der Arbeitnehmer. Der Arbeitgeber übernimmt die andere Hälfte und führt die gesamten Beiträge an die Krankenkasse ab, die sie weiterleitet. Abgaben auf sogenannte **Minijobs** (siehe S. 44) erhält die Bundesknappschaft.

Eine besondere Regelung gilt für **Niedriglohnjobs**, d.h. für Einkommen zwischen 450,01 und 1300 €. Hier entrichtet der Arbeitgeber weiterhin die Hälfte des regulären Sozialversicherungsbeitragssatzes. Der Arbeitnehmer dagegen zahlt einkommensabhängig einen ermäßigten Beitragssatz, der langsam ansteigt und zwischen 10 und 21% liegt. Berechnet wird dieser Beitragssatz anhand einer komplizierten Formel. Jeder Arbeitgeber kann diese Beiträge entweder seinem Computerprogramm entnehmen oder sogenannte Übergangszonenrechner (früher: Gleitzonenrechner) nutzen, die von jeder Krankenkasse entweder online oder zum Download zur Verfügung gestellt werden.

### Beispiel einer monatlichen Lohn-/Gehaltsabrechnung

Martina Gruber hat Steuerklasse I, sie ist alleinstehend ohne Kind und hat ein Alter von 20 Jahren. Ihr Monatsgehalt beträgt 2275,00 €. Frau Gruber hat einen vermögenswirksamen Vertrag in Höhe von 35 € pro Monat abgeschlossen. Hier gibt ihr der Arbeitgeber 27 € monatlich dazu. Ihre Krankenkasse verlangt einen Zusatzbeitrag von 1,2%, der Kirchensteuersatz beträgt 8%.

|   | | |
|---|---|---|
|   | Grundgehalt | 2355,00 € |
| + | vermögenswirksame Leistungen des Arbeitgebers | 27,00 € |
| = | **Bruttogehalt** | **2382,00 €** |
| − | Lohnsteuer (siehe Tabelle S. 82) | 249,41 € |
| − | Kirchensteuer (siehe Tabelle S. 82) | 19,95 € |
| − | Sozialversicherungsbeiträge (siehe Tabelle S. 82) | |
|   | Krankenversicherung (Arbeitnehmeranteil 7,3% + 0,6%) | 188,18 € |
|   | Rentenversicherung (Arbeitnehmeranteil 9,3%) | 221,53 € |
|   | Arbeitslosenversicherung (Arbeitnehmeranteil 1,2%) | 28,58 € |
|   | Pflegeversicherung (Arbeitnehmeranteil 1,525%*) | 36,33 €     743,98 € |
| = | **Nettogehalt** | **1638,02 €** |
| − | vermögenswirksames Sparen | 35,00 € |
| = | **Auszahlungsbetrag** | **1603,02 €** |

\* (Ausnahme: Sachsen 2,025%)

**Fallbeispiel**
„Stellenangebotsvergleich"
S. 88

## Wissen kompakt

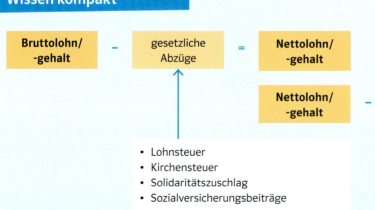

## Arbeitsteil

**1**
a) Unterscheiden Sie zwischen Bruttolohn und Nettolohn.
b) Unterscheiden Sie zwischen Nettolohn und ausbezahltem Lohn.
c) Welche Lohnabzüge sind gesetzlich vorgeschrieben?
d) Neben den gesetzlichen Abzügen können auch sonstige Abzüge anfallen. Geben Sie hierzu drei Beispiele an.

**Fallbeispiel**
„Stellenangebotsvergleich"
S. 88

**2** Eine 24-jährige Verkäuferin erzielt ein Grundgehalt von 2 075,00 €. Außerdem bekommt sie eine monatliche Kassenzulage von 30,00 €.
a) Berechnen Sie das Bruttogehalt.
b) Berechnen Sie das Nettogehalt und berücksichtigen Sie dabei folgende Abzüge: Arbeitnehmeranteile zur Sozialversicherung 20,125 %, Lohnsteuer 181,08 €, Kirchensteuer 8 % der Lohnsteuer
c) Wie hoch ist der auszuzahlende Betrag, wenn zusätzlich vermögenswirksames Sparen in Höhe von 35,00 € zu berücksichtigen ist?

## 10.3 Wirtschaftliche Aspekte der Entlohnung

### 10.3.1 Lohnzusatzkosten

**Einstieg**

**Methode**
„Auswertung von Statistiken/Schaubildern"
S. 331

a) Welches Land hat die höchsten Lohnkosten?

b) Wie können sich diese unterschiedlichen Lohnkosten auf den Wirtschaftsstandort Deutschland auswirken?

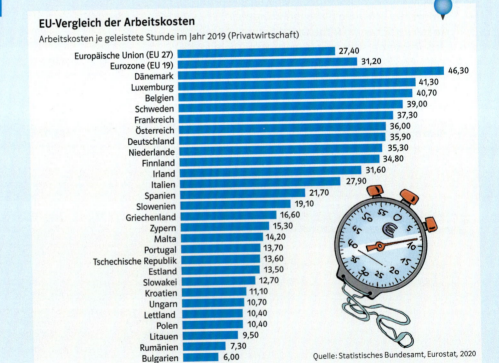

**EU-Vergleich der Arbeitskosten**
Arbeitskosten je geleistete Stunde im Jahr 2019 (Privatwirtschaft)

| Land | € |
|---|---|
| Europäische Union (EU 27) | 27,40 |
| Eurozone (EU 19) | 31,20 |
| Dänemark | 46,30 |
| Luxemburg | 41,30 |
| Belgien | 40,70 |
| Schweden | 39,00 |
| Frankreich | 37,30 |
| Österreich | 36,00 |
| Deutschland | 35,90 |
| Niederlande | 35,30 |
| Finnland | 34,80 |
| Irland | 31,60 |
| Italien | 27,90 |
| Spanien | 21,70 |
| Slowenien | 19,10 |
| Griechenland | 16,60 |
| Zypern | 15,30 |
| Malta | 14,20 |
| Portugal | 13,70 |
| Tschechische Republik | 13,60 |
| Estland | 13,50 |
| Slowakei | 12,70 |
| Kroatien | 11,10 |
| Ungarn | 10,70 |
| Lettland | 10,40 |
| Polen | 10,40 |
| Litauen | 9,50 |
| Rumänien | 7,30 |
| Bulgarien | 6,00 |

Quelle: Statistisches Bundesamt, Eurostat, 2020

Eine besondere Stärke im internationalen Wettbewerb waren bisher die Motivation und die Qualifikation der deutschen Arbeitnehmer. Allerdings machen die hohen Lohnkosten zusammen mit den Lohnzusatzkosten die deutschen Arbeitnehmer beinahe zu den teuersten Beschäftigten der Welt. Die hohen Lohnkosten beeinträchtigen die Wettbewerbsfähigkeit der Unternehmen, vor allem auf den Weltmärkten.

Deutsche Produkte werden teurer, vielfach zu teuer. Sofern dem nicht andere Gründe wie beispielsweise eine besondere Wertschätzung entgegenstehen, kann die Nachfrage abnehmen. Wegen des hohen Exportanteils der deutschen Wirtschaft hätte eine derartige Entwicklung schlimme Folgen, unter anderem eine Zunahme der Arbeitslosigkeit. Glücklicherweise werden deutsche Erzeugnisse nach wie vor als Qualitätsprodukte angesehen, die auch bei relativ hohen Preisen ihre Käufer finden. Aber die Unternehmer und ihre Verbände sind sehr besorgt, denn auch die anderen Kosten wie z. B. die Grundstückspreise sind in Deutschland besonders hoch. Wegen des starken Kostendrucks werden deutsche Produkte vielfach gar nicht mehr in Deutschland hergestellt. Dies könnte auf längere Sicht dazu führen, dass der Absatz unserer Waren zurückgeht, weil sie nicht mehr dieselbe Wertschätzung erfahren. Man erachtet es deshalb als sehr wichtig, die Lohnzusatzkosten in Deutschland zu senken, damit die Unternehmen im internationalen Wettbewerb ihre Produkte zu konkurrenzfähigen Preisen anbieten können.

Zwar hat Deutschland im internationalen Vergleich sehr hohe Lohnkosten, die deutschen Arbeitnehmer jedoch bekommen keineswegs die höchsten Löhne in der Welt. Nicht die Lohnkosten, sondern die **Lohnzusatzkosten** machen unsere Produkte so teuer. Zu diesen **Lohnzusatzkosten** gehören im Einzelnen:
- **Entgeltfortzahlung** für Urlaub, Feiertage und Krankheit
- **Arbeitgeberanteile zur Sozialversicherung**, d. h. der Arbeitgeber trägt die Hälfte der Beiträge zur Kranken-, Renten-, Arbeitslosen- und Pflegeversicherung (die Unfallversicherung bezahlt er zu 100 %)
- **Sonderzahlungen** wie 13. Monatslohn, Urlaubs- und Weihnachtsgeld
- **vermögenswirksame Leistungen**, die von vielen Arbeitgebern ganz oder teilweise übernommen werden.

**Methode**
„Auswertung von Statistiken/ Schaubildern"
S. 269

Oftmals werden die Lohnzusatzkosten auch als **Lohnnebenkosten** oder als **Personalzusatzkosten** bezeichnet.

Der Anteil der Lohnzusatzkosten ist in Deutschland höher als in den meisten anderen Ländern. Die Folge: Aufgrund der höheren Lohnzusatzkosten wird in Deutschland ein geringerer Nettolohn als im Ausland ausbezahlt, gleichzeitig müssen die Unternehmen mit deutlich höheren Lohnkosten kalkulieren.

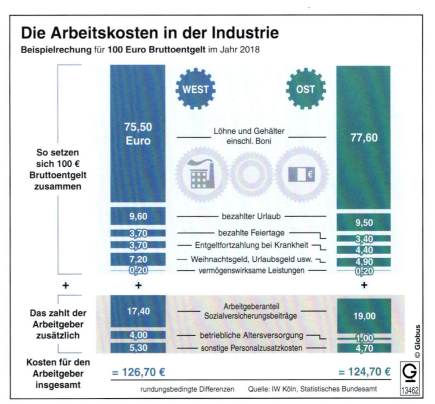

## 10.3.2 Nominal- und Reallohnentwicklung

Erhöht sich der Nettolohn eines Arbeitnehmers in einem Jahr um 3%, so bedeutet das nicht automatisch, dass er sich nun gegenüber dem Vorjahr 3% mehr Waren leisten kann. Hat sich im gleichen Zeitraum das Preisniveau z. B. um 2% erhöht, bleibt dem Arbeitnehmer ein Anstieg seiner Kaufkraft um 1%. Man unterscheidet daher den

- **Nominallohn** als den Betrag, den jemand netto verdient hat, und den
- **Reallohn** als die Größe, mit der die tatsächliche Kaufkraft des Nominallohns ausgedrückt wird.

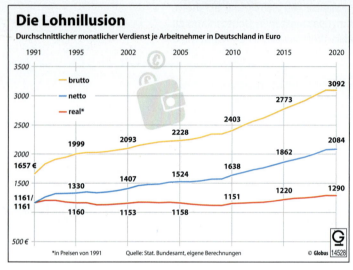

Nominallohnsteigerung
− Preissteigerungsrate

= Reallohnsteigerung

Diese Unterscheidung ist wichtig bei der Gegenüberstellung von Lohnsteigerungen und Preissteigerungen. Nur dann, wenn die Nettolohnsteigerungen größer ausfallen als die Preissteigerungen, können die Arbeitnehmer einen Kaufkraftzuwachs und damit eine Steigerung ihres Wohlstands feststellen.

### Lohn-Preis-Spirale

Jedes Jahr verhandeln die Gewerkschaften und die Arbeitgeberverbände darüber, wie durch Lohnerhöhungen die Preissteigerungen ausgeglichen werden sollen. Hierbei beurteilen beide Seiten den Zusammenhang zwischen Preiserhöhung und Lohnerhöhung vollkommen gegensätzlich.

*Methode „Auswertung von Statistiken/Schaubildern" S. 269*

Die **Arbeitgeber** vertreten die Auffassung, dass die steigenden Lohnkosten in den Unternehmen zu höheren Preisen führen. Sie sprechen deshalb von der **Lohn-Preis-Spirale**.

Die **Gewerkschaften** sind dagegen der Ansicht, dass die steigenden Preise den Anstoß geben für Lohnerhöhungen. Sie sprechen daher von einer **Preis-Lohn-Spirale**.

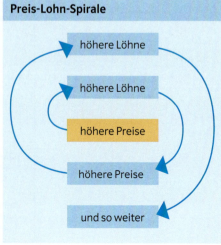

## Wissen kompakt

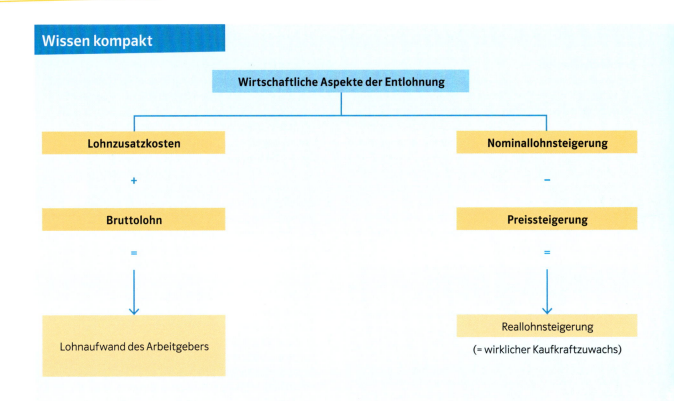

## Arbeitsteil

1 Erläutern Sie, was man unter Lohnzusatzkosten versteht.

2  a) Welche Länder innerhalb der Europäischen Union kommen als „Billiglohnländer" für Investoren infrage?
   b) Überlegen Sie, ob selbst diese „Billiglohnländer" innerhalb von Europa ihre Konkurrenten haben.
   c) Informieren Sie sich darüber, welche bekannten deutschen Hersteller bereits im Ausland produzieren.
   d) Welche Problematik sehen Sie bei einer Senkung der Lohnzusatzkosten?

   ⊘ **Methode**
   „Internetrecherche"
   S. 272 f.

3  a) Erklären Sie den Unterschied zwischen Nominallohn und Reallohn.
   b) Erläutern Sie, was eine Reallohnsteigerung bedeutet.
   c) Der Nominallohnzuwachs eines Arbeitnehmers beträgt 5 %, die Preissteigerungsrate der Volkswirtschaft 6 %. Wie wirkt sich dies auf den Reallohn des Arbeitnehmers aus?

# Fallbeispiel — Lohnabrechnung

49–50 Material Arbeitsblätter j7v8w7

## Stellenangebotsvergleich

### Problemsituation:
Florian Matthes hat seine Berufsausbildung zum Konditor erfolgreich beendet. Obwohl ihn sein Ausbildungsbetrieb nach seiner guten Gesellenprüfung gerne übernehmen würde, will er zunächst Neues kennen lernen. In einer Fachzeitschrift sieht er zwei Stellenanzeigen von Hotels in Bayern. Da er im Winter gerne Ski fährt und es liebt, im Sommer die Berge zu Fuß und mit dem Bike zu erforschen, ist er begeistert. Er will dort arbeiten, wo andere Urlaub machen.

Erste Anfragen über die angebotenen Stellen haben folgende Konditionen ergeben:

**Hotel Alte Mühle, Garmisch-Partenkirchen**
- Der Bruttoverdienst beträgt 2 180,00 € pro Monat.
- Verpflegung und Unterbringung berechnet das Hotel mit 350,00 € pro Monat.
- Von den vermögenswirksamen Leistungen übernimmt das Hotel 30,00 € pro Monat.
- Florian will vermögenswirksam sparen.

**Hotel Post, Oberammergau**
- Der Bruttoverdienst beträgt 11,75 € pro Stunde bei ca. 168 Stunden im Monat.
- Verpflegung und Unterbringung im Hotel wird nicht berechnet.*
- Von den vermögenswirksamen Leistungen übernimmt das Hotel 20,00 € pro Monat.
- Florian will vermögenswirksam sparen.

\* Die Verpflegung und Unterbringung im Hotel ist ein so genannter Sachbezug und als solcher steuer- und sozialversicherungspflichtig. Die Folge: Der hier unterstellte Wert von 350,00 € erhöht entsprechend den Bruttolohn. Anschließend wird der Betrag vom Nettolohn abgezogen.

### Arbeitsauftrag:
1. Wer zahlt insgesamt den höchsten Bruttoverdienst?
2. Ermitteln Sie mit einem Gehaltsrechner aus dem Internet den Nettoverdienst für die Stelle mit dem höchsten Bruttoverdienst. Florian ist 20 Jahre alt und evangelisch, seine Krankenkasse verlangt 1,3 % Zusatzbeitrag. Alternativer Lösungsweg: Ermitteln Sie den Nettoverdienst anhand der abgebildeten Tabellenauszüge.
3. Welchen Bruttoverdienst muss Florian verlangen, wenn er mindestens 1 650,00 € netto erhalten möchte? Verwenden Sie einen Gehaltsrechner im Internet.
4. In der gleichen Fachzeitschrift hat Florian auch die Anzeige eines Hotels aus Tirol in Österreich gesehen. Das Hotel bietet monatlich 2 365,00 € brutto und verlangt 320,00 € für Unterbringung und Verpflegung. Suchen Sie im Internet einen Gehaltsrechner für Österreich und ermitteln Sie den Nettoverdienst.
5. Florian hat gehört, das Leben in Österreich sei teuer. Um zu erfahren, wo man von seinem Nettoeinkommen besser lebt, hat er sich im Internet einen Kaufkraftvergleich heruntergeladen. Stellen Sie fest, wo er mehr von seinem Nettoverdienst hat: in Deutschland oder in Österreich.

### Suchhilfen:
Geben Sie in einer Suchmaschine Stichworte ein wie **Gehaltsrechner, Nettolohnrechner, brutto-netto, Netto-Bruttorechner, Deutschland, Österreich**.

### Monat (Euro)

| Lohn/Gehalt bis € | Steuerklasse | Lohnsteuer | ohne Kinderfreibetrag SolZ 5,5% | Kirchensteuer 8% | Kirchensteuer 9% | 0,5 Kinderfreibetrag SolZ 5,5% | Kirchensteuer 8% | Kirchensteuer 9% | 1,0 Kinderfreibetrag SolZ 5,5% | Kirchensteuer 8% | Kirchensteuer 9% |
|---|---|---|---|---|---|---|---|---|---|---|---|
| 2342,99 | I | 239,91 | 0,00 | 19,19 | 21,59 | 0,00 | 11,85 | 13,33 | 0,00 | 5,04 | 5,67 |
|  | II | 197,41 | 0,00 | 15,79 | 17,76 | 0,00 | 8,68 | 9,76 | 0,00 | 2,44 | 2,75 |
|  | III | 30,16 | 0,00 | 2,41 | 2,71 | 0,00 | 0,00 | 0,00 | 0,00 | 0,00 | 0,00 |
|  | IV | 239,91 | 0,00 | 19,19 | 21,59 | 0,00 | 15,46 | 17,39 | 0,00 | 11,85 | 13,33 |
|  | V | 504,00 | 0,00 | 40,32 | 45,36 |  |  |  |  |  |  |
|  | VI | 535,83 | 0,00 | 42,86 | 48,22 |  |  |  |  |  |  |
| 2345,99 | I | 240,58 | 0,00 | 19,24 | 21,65 | 0,00 | 11,90 | 13,39 | 0,00 | 5,08 | 5,72 |
|  | II | 198,08 | 0,00 | 15,84 | 17,82 | 0,00 | 8,72 | 9,81 | 0,00 | 2,48 | 2,79 |
|  | III | 30,66 | 0,00 | 2,45 | 2,75 | 0,00 | 0,00 | 0,00 | 0,00 | 0,00 | 0,00 |
|  | IV | 240,58 | 0,00 | 19,24 | 21,65 | 0,00 | 15,51 | 17,45 | 0,00 | 11,90 | 13,39 |
|  | V | 505,00 | 0,00 | 40,40 | 45,45 |  |  |  |  |  |  |
|  | VI | 536,83 | 0,00 | 42,94 | 48,31 |  |  |  |  |  |  |

| Sozialversicherungsbeitragssätze | 2021 |
|---|---|
| Krankenversicherung | 14,6 %* |
| Rentenversicherung | 18,6 % |
| Arbeitslosenversicherung | 2,4 % |
| Pflegeversicherung | 3,05 %** |

\* Krankenkassen können Zusatzbeiträge verlangen (derzeit 0,2–2,7 %).
\*\* Kinderlose Arbeitnehmer über 23 Jahre zahlen zusätzlich zu ihrem Anteil 0,25 %.

### Wie viel ist der Euro wert?

| Polen | 1,82 |
| Spanien | 1,12 |
| Deutschland | 1,00 |
| Österreich | 0,94 |
| Schweden | 0,83 |

Quelle: OECD – Monthly comparative price levels, Stand Januar 2021

# 11 Besteuerung des Einkommens

## Einstieg

Michaela hat vor wenigen Tagen Ihre Ausbildung als Kosmetikerin beendet. In einer Buchhandlung entdeckt sie das nebenstehende Schild.
Schnell entschlossen nimmt sie das Buch und geht damit zur Kasse.

**Verkäuferin:** „Guten Tag, Sie haben sich für unser Einführungsangebot entschieden? Da sparen Sie mindestens 10 €."

**Michaela:** „Das hört man gerne. Kann ich mit meiner Girocard bezahlen?"

**Verkäuferin:** „Selbstverständlich. Reicht der Kassenbon oder benötigen Sie einen Beleg fürs Finanzamt?"

**Michaela:** „Einen Beleg fürs Finanzamt? Wozu?"

**Fachbuch der Kosmetikerin**

Der ständige Begleiter für alle Kosmetikerinnen, die mehr in ihrem Beruf erreichen wollen.

**Einführungspreis 34,80 €**

▼ Erläutern Sie, weshalb sich Michaela unbedingt einen Beleg ausstellen lassen sollte.

Wer Einkünfte erzielt, muss **Einkommensteuer** bezahlen. Die meisten Berufstätigen zahlen die Einkommensteuer als **Lohnsteuer**. Obwohl die Lohnsteuer die wichtigste Einnahmequelle des Staates bildet, ist sie keine selbstständige Steuerart, sondern eine besondere Erhebungsform der Einkommensteuer bei Arbeitnehmern. Der Arbeitgeber ist verpflichtet, die Lohnsteuer vom Arbeitslohn einzubehalten und an das Finanzamt abzuführen. Die Einkommensteuer dagegen muss vom Steuerpflichtigen selbst an das Finanzamt abgeführt werden. Außerdem müssen Einkommensteuerpflichtige spätestens am 31. Juli für das abgelaufene Kalenderjahr eine **Einkommensteuererklärung** abgeben. Das Einkommensteuergesetz kennt sieben Einkunftsarten, die besteuert werden:

Einkünfte, die nicht unter diese sieben Einkunftsarten fallen wie z. B. Arbeitslosengeld I, Arbeitslosengeld II, Sozialgeld oder Lotteriegewinne sind einkommensteuerfrei. Dasselbe gilt für Einkünfte, die den Grundfreibetrag nicht übersteigen, wie z. B. niedrige Ausbildungsvergütungen. Werden Einkünfte aus mehreren Einkunftsarten bezogen, so werden diese addiert.

| Einkünfte aus | Beispiele |
|---|---|
| 1. Land- und Forstwirtschaft | Weinbauern, Gärtnereien, Forstbetriebe |
| 2. Gewerbebetrieb | Handwerks-, Handels- und Industriebetriebe |
| 3. selbstständiger Arbeit | Ärzte, Rechtsanwälte, Steuerberater, Architekten |
| 4. nichtselbstständiger Arbeit | Löhne, Gehälter, Ausbildungsvergütungen |
| 5. Kapitalvermögen | Zinsen, Dividenden |
| 6. Vermietung und Verpachtung | Mieteinnahmen, Pachteinnahmen |
| 7. sonstigen Einkünften | Rentenbezüge, Spekulationsgewinne |

### Steuerklassen

Grundlage für die Berechnung der Lohnsteuer sind die **Steuerklassen**, in die alle Arbeitnehmer eingeteilt werden. Dadurch sollen persönliche Verhältnisse wie Familienstand und Kinderzahl berücksichtigt werden. In den einzelnen Lohnsteuerklassen ist die Besteuerung deshalb unterschiedlich hoch, obwohl die Höhe des Einkommens gleich ist.

| | |
|---|---|
| **Steuerklasse I** | für ledige, geschiedene, verwitwete Arbeitnehmer, sowie für verheiratete Arbeitnehmer, die dauernd getrennt leben. |
| **Steuerklasse II** | für die in Steuerklasse I genannten Arbeitnehmer, wenn bei Ihnen der Entlastungsbetrag für Alleinerziehende zu berücksichtigen ist. |
| **Steuerklasse III** | für verheiratete Arbeitnehmer, deren Ehegatte keinen Arbeitslohn bezieht oder der nach Steuerklasse V besteuert wird. |
| **Steuerklasse IV** | für verheiratete Arbeitnehmer, wenn beide Ehegatten Arbeitslohn beziehen. |
| **Steuerklasse V** | für Verheiratete, die beide Arbeitslohn beziehen. Wenn ein Ehegatte die Steuerklasse III gewählt hat, erhält der andere die Klasse V. |
| **Steuerklasse VI** | für Arbeitnehmer, die nebeneinander von mehreren Arbeitgebern Arbeitslohn beziehen, wird für das zweite oder weitere Arbeitsverhältnis Steuerklasse VI angesetzt. Wenn Arbeitnehmer die elektronischen Lohnsteuerabzugsmerkmale nicht bereitstellen, werden sie ebenfalls nach Klasse VI besteuert. |

Damit die Lohnsteuer richtig einbehalten wird, benötigt der Arbeitgeber von seinen Arbeitnehmern sogenannte **elektronische Lohnsteuerabzugsmerkmale (ElStAM)**, z. B. Steuerklasse, Zahl der Kinderfreibeträge, Konfession (siehe nächste Seite).
**Ehegatten** können ihre **Steuerklassen wählen**, entweder die Steuerklassen III/V oder IV/IV. Die Kombination IV/IV ist sinnvoll, wenn beide etwa gleich viel verdienen. III/V empfiehlt sich, wenn ein Ehepartner deutlich mehr Einkommen bezieht. Allerdings kann es bei dieser Kombination am Jahresende zu einer Steuernachzahlung kommen. Um Nachzahlungen zu vermeiden, können Ehegatten das **Faktorverfahren** beantragen. Durch die Steuerklassenkombination IV-Faktor zu IV-Faktor soll der monatliche Lohnsteuerabzug gerechter werden. Beispiel: Wer nur 20 % zum gemeinsamen Einkommen beiträgt, soll auch nur 20 % der gemeinsamen Lohnsteuer zahlen.

Info
Elster-Online-Portal,
elektronische
Lohnsteuerkarte
cd927n

**pro Monat in Euro**

| Lohn/Gehalt bis € | Steuerklasse | Lohnsteuer | ohne Kinderfreibetrag SolZ 5,5% | Kirchensteuer 8% | 9% | 0,5 Kinderfreibetrag SolZ 5,5% | Kirchensteuer 8% | 9% | 1,0 Kinderfreibetrag SolZ 5,5% | Kirchensteuer 8% | 9% | 1,5 Kinderfreibetrag SolZ 5,5% | Kirchensteuer 8% | 9% |
|---|---|---|---|---|---|---|---|---|---|---|---|---|---|---|
| 2198,99 | I | 207,83 | 0,00 | 16,62 | 18,70 | 0,00 | 9,46 | 10,64 | 0,00 | 3,04 | 3,42 | 0,00 | 0,00 | 0,00 |
|  | II | 166,33 | 0,00 | 13,30 | 14,96 | 0,00 | 6,36 | 7,15 | 0,00 | 0,81 | 0,91 | 0,00 | 0,00 | 0,00 |
|  | III | 9,50 | 0,00 | 0,76 | 0,85 | 0,00 | 0,00 | 0,00 | 0,00 | 0,00 | 0,00 | 0,00 | 0,00 | 0,00 |
|  | IV | 207,83 | 0,00 | 16,62 | 18,70 | 0,00 | 12,98 | 14,60 | 0,00 | 9,46 | 10,64 | 0,00 | 6,06 | 6,81 |
|  | V | 461,33 | 0,00 | 36,90 | 41,51 |  |  |  |  |  |  |  |  |  |
|  | VI | 492,00 | 0,00 | 39,36 | 44,28 |  |  |  |  |  |  |  |  |  |
| 2201,99 | I | 208,50 | 0,00 | 16,68 | 18,76 | 0,00 | 9,50 | 10,69 | 0,00 | 3,08 | 3,47 | 0,00 | 0,00 | 0,00 |
|  | II | 167,00 | 0,00 | 13,36 | 15,03 | 0,00 | 6,40 | 7,20 | 0,00 | 0,84 | 0,95 | 0,00 | 0,00 | 0,00 |
|  | III | 10,00 | 0,00 | 0,80 | 0,90 | 0,00 | 0,00 | 0,00 | 0,00 | 0,00 | 0,00 | 0,00 | 0,00 | 0,00 |
|  | IV | 208,50 | 0,00 | 16,68 | 18,76 | 0,00 | 13,03 | 14,66 | 0,00 | 9,50 | 10,69 | 0,00 | 6,10 | 6,86 |
|  | V | 462,16 | 0,00 | 36,97 | 41,59 |  |  |  |  |  |  |  |  |  |
|  | VI | 493,00 | 0,00 | 39,44 | 44,37 |  |  |  |  |  |  |  |  |  |

**2013** wurde die papiergebundene Lohnsteuerkarte durch eine **„elektronische Lohnsteuerkarte"** ersetzt.
Arbeitnehmer müssen bei Beginn des Arbeitsverhältnisses lediglich ihre **Steuer-Identifikationsnummer** angeben und das Geburtsdatum mitteilen. Damit kann der Arbeitgeber vom Bundeszentralamt für Steuern die Lohnsteuerabzugsmerkmale (Steuerklasse, Freibeträge, Kinderfreibeträge, Konfession) auf seinen PC übertragen und die Lohnsteuer richtig abrechnen.

Wie viel Lohnsteuer einbehalten werden muss, kann aus der **Lohnsteuertabelle** abgelesen werden.

### Steuertarif
Durch den **Steuertarif** wird die Steuerschuld ermittelt, die sich aus dem zu versteuernden Einkommen ergibt. Die Steuersätze sind unterschiedlich hoch.
Grundsätzlich gilt:

**Je höher das Einkommen, desto höher die Steuerschuld.**

Besteuerung des Einkommens  53

Der Steuertarif unterscheidet 3 Zonen:
- Am Anfang steht der Grundfreibetrag, auch **Nullzone (= steuerfreies Existenzminimum)** genannt. Ledige müssen bis zu einem jährlichen Einkommen von 9 744 € (Verheiratete: 19 488 €) keine Steuern zahlen.
- Danach beginnt die **Progressionszone**. Einkommen, die über der Nullzone liegen, werden mit einem ansteigenden Steuersatz belastet. Der Steuersatz dieser Tarifzone beginnt bei 14 % und erhöht sich ständig, bis er bei einem zu versteuernden Einkommen von 57 919 € (Verheiratete: 115 838 €) den Spitzensteuersatz von 42 % erreicht.
- Der Steuertarif endet mit der **Proportionalzone**. Jeder Euro, der über einem zu versteuernden Einkommen von 57 919 € liegt (Verheiratete: 115 838 €), wird mit 42 % bis 45 % besteuert.

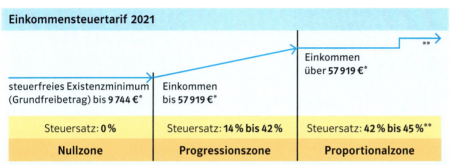

**Einkommensteuertarif 2021**

| steuerfreies Existenzminimum (Grundfreibetrag) bis 9 744 €* | Einkommen bis 57 919 €* | Einkommen über 57 919 €* |
|---|---|---|
| Steuersatz: 0 % | Steuersatz: 14 % bis 42 % | Steuersatz: 42 % bis 45 %** |
| **Nullzone** | **Progressionszone** | **Proportionalzone** |

\* Die genannten Beträge gelten für Ledige; für zusammenveranlagte Ehepaare gelten die doppelten Summen.
\*\* Für private Einkommen über 274 613 € bei Ledigen, 549 226 € bei Verheirateten wird ein Zuschlag von 3 Prozentpunkten auf den Spitzensteuersatz von 42 % erhoben. Für diese Einkommen gilt ein Spitzensteuersatz von 45 %.

## 11.1 Grundzüge der Einkommensteuererklärung

Wer als Unternehmer Einkünfte erzielt, muss für das abgelaufene Kalenderjahr beim Finanzamt eine **Einkommensteuererklärung** abgeben. Dasselbe gilt für Arbeitnehmer, die neben ihrem Verdienst weitere Einkünfte (z. B. Mieteinkünfte) von mehr als 410 € bezogen haben. Auch zusammenveranlagte Ehegatten, die sich für die Steuerklassenkombination III/V entschieden haben, müssen eine Steuererklärung einreichen. Wer einen Freibetrag bei ELStAM (Elektronische Lohnsteuerkarte) eintragen lässt, muss ebenfalls eine Steuererklärung abgeben.
Termin für die Abgabe der Einkommensteuererklärung ist der 31. Juli des folgenden Kalenderjahres; auf Antrag kann die Frist verlängert werden. Arbeitnehmer, die nur ihren Arbeitsverdienst beziehen, brauchen keine Steuererklärung abzugeben. Sie erhalten dann aber auch keine zu viel bezahlten Steuern vom Finanzamt zurück.
Das Formular für die Einkommensteuererklärung besteht aus einem **Hauptvordruck** und mehreren **Anlagebögen**, z. B. Anlage N für Einkünfte aus nichtselbstständiger Arbeit oder Anlage V für Einkünfte aus Vermietung und Verpachtung. Wichtige Daten wie Arbeitslohn, einbehaltene Lohn- und Kirchensteuer können der **Lohnsteuerbescheinigung** entnommen werden. Sie wird am Jahresende sowie beim Ausscheiden aus dem Betrieb vom Arbeitgeber ausgestellt. Da die Lohnsteuerbescheinigung vom Arbeitgeber bereits elektronisch an das Finanzamt übermittelt wurde, muss der Arbeitnehmer nur noch die ausgefüllten Formulare beim Finanzamt einreichen.

Grundlage für die Berechnung der Steuerschuld ist das zu **versteuernde Einkommen**. Bei Arbeitnehmern (= Einkünfte aus nichtselbstständiger Arbeit) wird es ermittelt, indem man folgende Beträge vom Jahresbruttoverdienst abzieht:

**Info**
Elster, elektronische Steuererklärung
mf8v4w

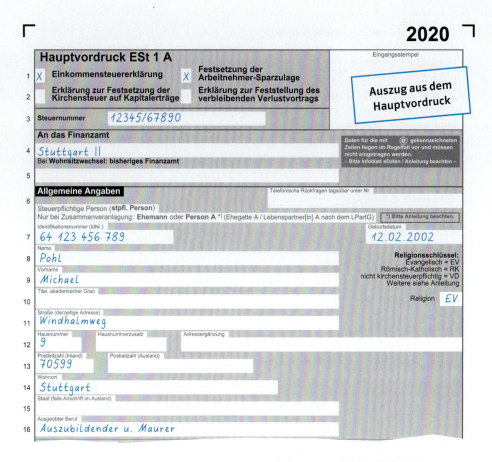

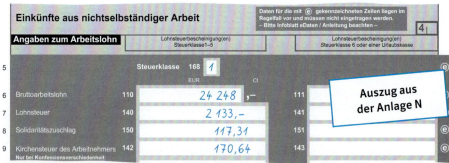

**Jahresbruttoverdienst**

− Werbungskosten

− Sonderausgaben

− Außergewöhnliche Belastungen

− Freibeträge

= **zu versteuerndes Einkommen**

**Werbungskosten** sind Ausgaben, die entstehen, um die Einnahmen zu erhalten oder zu sichern. Bei Einkünften aus nichtselbstständiger Arbeit sind dies die Kosten der Berufskleidung, Fahrtkosten zum Arbeitsplatz (2021: 0,30 € je Entfernungskilometer, ab dem 21. Kilometer 0,35 €), Beiträge zu Berufsverbänden, Fachliteratur und sonstige Arbeitsmittel. Seit 2021 erhalten Geringverdiener, die gar keine Steuern zahlen, ab dem 21. Kilometer eine **Mobilitätsprämie** von 4,9 Cent, wenn ihre Aufwendungen den Arbeitnehmer-Pauschbetrag übersteigen. Wer in der Corona-Krise zu Hause arbeitet, kann pro Tag eine **Homeoffice-Pauschale** von 5 € beanspruchen, sofern kein Arbeitszimmer geltend gemacht wird. Die Pauschale beträgt höchstens 600 € im Jahr und ist zunächst auf die Jahre 2020 und 2021 begrenzt.

Für Werbungskosten gibt es derzeit (2021) einen **Arbeitnehmer-Pauschbetrag** von 1000 €. Dieser Pauschbetrag ist in die Steuertabellen eingearbeitet, d. h. er wird bereits

Besteuerung des Einkommens  53

bei der monatlichen Lohnsteuerberechnung berücksichtigt. Sind höhere Werbungskosten entstanden, können diese in der Steuererklärung geltend gemacht werden.

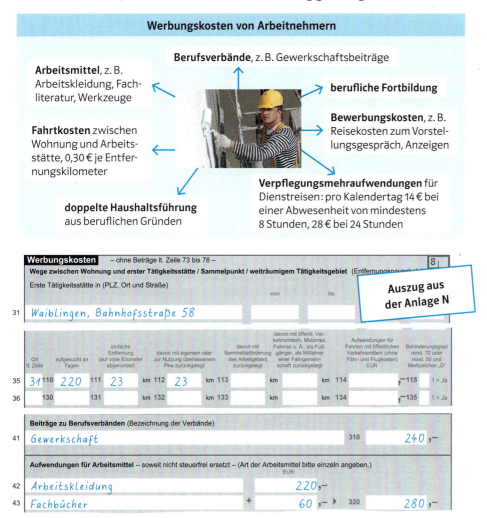

**Sonderausgaben** sind private Ausgaben, an denen der Staat ein Interesse hat und die er deshalb steuerlich begünstigt. Man unterscheidet:
- **Vorsorgeaufwendungen:** Sie gliedern sich in **Altersvorsorgeaufwendungen**, z. B. Beiträge zur gesetzlichen Rentenversicherung sowie in **sonstige Vorsorgeaufwendungen**, z. B. Beiträge zu Kranken-, Pflege-, Arbeitslosen-, Unfall- und Haftpflichtversicherungen. Da die Kranken- und Pflegeversicherungsbeiträge nahezu voll abgesetzt werden können, wirken sich die anderen Versicherungen nur noch bei niedrigen Kranken- und Pflegeversicherungsbeiträgen aus. Vorsorgeaufwendungen werden je nach Art nur bis zu bestimmten Höchstbeträgen anerkannt. Eine Vorsorgepauschale, die von der Einkommenshöhe abhängig ist, wird automatisch berücksichtigt, da sie in die Steuertabellen eingearbeitet ist. Da die Berechnung der Höchstbeträge für die Vorsorgeaufwendungen sehr kompliziert ist, empfiehlt es sich, bei der Einkommensteuererklärung immer die gesamten Vorsorgeaufwendungen anzugeben.
- **übrige Sonderausgaben** wie beispielsweise Spenden, Kosten für die eigene Berufsausbildung oder gezahlte Kirchensteuer. Für die übrigen Sonderausgaben gilt ein Sonderausgabenpauschbetrag von 36 €, bei Ehepaaren 72 €. Höhere Ausgaben können teils voll, teils beschränkt abgezogen werden. So ist z. B. die gezahl-

te Kirchensteuer unbeschränkt abzugsfähig, Spenden für kirchliche, mildtätige und gemeinnützige Zwecke werden bis zu 20 % der Einkünfte anerkannt.

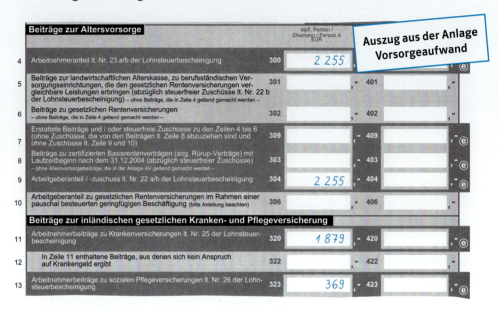

**Außergewöhnliche Belastungen** sind z. B. Aufwendungen wegen Körperbehinderung, Unterstützung bedürftiger Personen, Eigenbeteiligung bei Zahnersatz. Es handelt sich hierbei um Aufwendungen, die nicht jeder Steuerpflichtige hat.

**Freibeträge** werden nach unterschiedlichen Voraussetzungen gewährt.
Beispiele: Sparer-Pauschbetrag, Kinderfreibetrag, Altersentlastungsbetrag.

### Gründe für eine „freiwillige Einkommensteuererklärung" (Antragsveranlagung)

Fast 90 % aller Arbeitnehmer holen mit der Steuererklärung Geld zurück. Das Statistische Bundesamt hat zuletzt für 2016 festgestellt, dass jeder veranlagte Arbeitnehmer durchschnittlich 1027 € zu viel bezahlte Steuern zurückerhalten hat.
Die Lohnsteuer ist eine Jahressteuer, die monatlich erhoben wird, der Arbeitgeber behält die auf den monatlichen Arbeitslohn entfallende Steuer ein und führt sie an das Finanzamt ab.
Eine schwankende Höhe des Arbeitslohns während des Jahres, z. B. durch Gehaltserhöhung, Überstunden oder Arbeitslosigkeit, führt zu unterschiedlichen monatlichen Lohnsteuerbeträgen. Ein Arbeitnehmer wird beispielsweise nach einer Gehaltserhöhung so besteuert, als ob er dieses Gehalt das ganze Jahr bezogen hätte. Diese Benachteiligung wird durch eine „freiwillige Einkommensteuererklärung" (genauer: **Antrag auf Einkommensteuerveranlagung**) nach Ablauf des Kalenderjahres beseitigt. Hier wird die wirkliche Jahreslohnsteuer mit den bereits gezahlten und auf der Lohnsteuerbescheinigung ausgewiesenen Steuerbeträgen verglichen. Zu viel gezahlte Steuer wird zurückerstattet.

Weitere Gründe für eine „Antragsveranlagung" können sein:
- Werbungskosten und Sonderausgaben übersteigen die Pauschalbeträge.
- Außergewöhnliche Belastungen sind entstanden.
- Die Heirat des Steuerpflichtigen und eine dadurch erfolgte Änderung der Steuerklasse können die Steuerbelastung mindern.
- Vorsorgeaufwendungen übersteigen die in die Tabellen eingearbeiteten Pauschalen.
- Eine Arbeitnehmersparzulage wird beantragt.

Besteuerung des Einkommens  53

Der Antrag auf Durchführung einer Einkommensteuerveranlagung ist spätestens am 31. Dezember des vierten Jahres beim Finanzamt einzureichen. Dort liegen auch die benötigten Formulare aus.

## Wissen kompakt

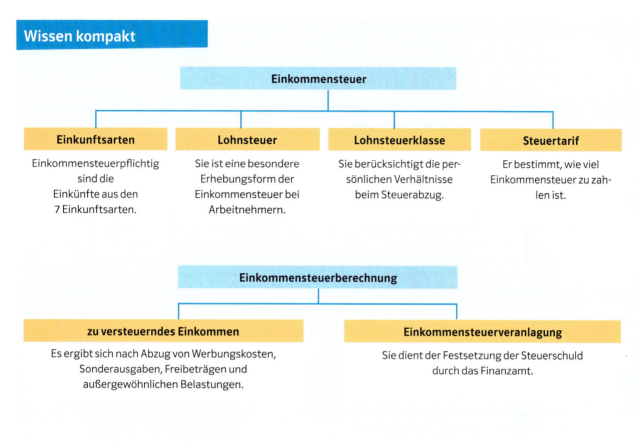

95

## Arbeitsteil

**1** Welche Einkünfte unterliegen der Einkommensteuer?

**2** Unterscheiden Sie Einkommensteuer und Lohnsteuer.

**3** Weshalb werden bei der Lohnsteuererhebung einzelne Steuerklassen gebildet?

**4** Teilen Sie die folgenden Arbeitnehmer den entsprechenden Steuerklassen zu:
  a) ein verheirateter Arbeitnehmer, dessen Frau nicht arbeitet,
  b) ein lediger Arbeitnehmer.

**5** Sofort nach der bestandenen Gesellenprüfung haben Ingo und Anja geheiratet. Sie arbeiten in derselben Firma und beziehen jeweils einen Bruttolohn von rund 2 200 €.
  a) Welche Steuerklassen können beide wählen?
  b) Ermitteln Sie mithilfe des Auszugs aus der Steuertabelle von S. 90 die sinnvollste Wahlmöglichkeit.
  c) Wie viel Euro „spart" die richtige Wahl der Steuerklasse jeden Monat? Gehen Sie bei der Berechnung von 8 %* Kirchensteuer aus.

**6** a) Der Steuertarif setzt sich aus verschiedenen Zonen zusammen. Nennen Sie diese und geben Sie die entsprechenden Steuersätze dieser Zonen an.
  b) Begründen Sie, weshalb es im Steuertarif eine Nullzone gibt.
  c) Preissteigerungen werden durch Lohnsteigerungen aufgefangen. Der Arbeitnehmer erleidet also keinen Einkommensverlust. Stimmt diese Aussage auch unter Berücksichtigung des Steuertarifs?

**7** Erläutern Sie den Begriff „zu versteuerndes Einkommen".

**8** a) Erläutern Sie, was man unter Werbungskosten versteht und geben Sie zusätzlich zwei Beispiele dafür an.
  b) Einem Arbeitnehmer sind im vergangenen Jahr 800 € Werbungskosten entstanden. Wie wirkt sich dieser Betrag in seiner Einkommensteuererklärung aus?
  c) Einem Arbeitnehmer sind im vergangenen Jahr 1 500 € Werbungskosten entstanden. Welchen Betrag erhält er hierfür bei seiner Einkommensteuererklärung zurückerstattet, wenn sein durchschnittlicher Steuersatz 28 % beträgt?

**9** Überlegen Sie, weshalb der Staat entstandene Sonderausgaben steuerlich begünstigt, und nennen Sie vier Beispiele für Sonderausgaben.

**10** Nennen Sie Beispiele für außergewöhnliche Belastungen.

**11** a) Weshalb wird von vielen Arbeitnehmern eine „freiwillige" Einkommensteuererklärung (= Antragsveranlagung) durchgeführt?
  b) Nennen Sie drei Fälle, in denen eine „freiwillige" Einkommensteuererklärung sinnvoll ist.
  c) Das deutsche Steuersystem wird von vielen Seiten kritisiert. Analysieren Sie in diesem Zusammenhang die unten stehende Karikatur.

„Mal sehen … das sind die 18 Bände ‚Einkommenssteuer leicht gemacht' …"

**Methode**
„Analyse von Karikaturen"
S. 267

---

*Anmerkung: Kirchensteuer in Bayern und Baden-Württemberg 8 %, in allen anderen Bundesländern 9 %

# Fallbeispiel — Soziale Marktwirtschaft

Material
Arbeitsblätter
6u569q

## Einkommensteuererklärung erstellen

### Problemsituation:
Timo Pfeiffer, wohnhaft in Baden-Württemberg, 78713 Schramberg, Tannenweg 85, hat von seinem Freund Sven erfahren, dass es viel einfacher sei, wenn man seine Steuererklärung am PC erstellt. Deshalb will er seine Steuererklärung ebenfalls mit dem PC erledigen. Timo Pfeiffer, geboren am 01.01.1999, ist ledig, kinderlos und evangelisch. Er hat Steuerklasse I und arbeitet als Kfz-Mechatroniker in 12345 Musterstadt, Musterstr. 1. Sein Finanzamt befindet sich in Rottweil.

### Unterlagen für die Steuererklärung 2020:

| | |
|---|---:|
| Bruttojahresverdienst | 35 000,00 € |
| Spende für Aktion Deutschland hilft | 100,00 € |
| Fachbücher (Kfz-Mechatronik Bd. 1–3) | 88,00 € |
| Fahrtkosten je 22 km an 220 Tagen | ? |
| Eigenanteil Fortbildung | 580,00 € |
| Berufsunfähigkeitsversicherung | 540,00 € |
| Unfallkosten (auf dem Weg zur Arbeitsstelle, nicht durch Versicherung abgedeckt) | 890,00 € |
| Bewerbungskosten | 170,00 € |
| Berufskleidung | 108,00 € |
| Reinigung der Berufskleidung (4kg/100 Tage/0,76 € pro kg Buntwäsche) | ? |
| Gewerkschaftsbeitrag | 350,00 € |

Weitere Angaben können der nebenstehenden Lohnsteuerbescheinigung entnommen werden.

### Arbeitsauftrag:
1. Nutzen Sie für das Fallbeispiel ein Programm zur digitalen Bearbeitung von Steuererklärungen. Informationen hierzu finden Sie über die Eingabe des **Online-Codes 6u569q auf www.klett.de**.
2. Geben Sie nach dem Programmstart die oben genannten Daten wie das Bundesland und das zuständige Finanzamt ein.
   → **Verwenden Sie zu Ihrer eigenen Sicherheit im Unterricht keinesfalls Ihre eigenen Daten!**
3. Entscheiden Sie, welche Ausgaben Werbungskosten und welche Sonderausgaben sind. Geben Sie anschließend die Beträge in das Programm ein, um zu berechnen, welche Steuerrückerstattung Timo voraussichtlich erhält. Sind ganze Beträge einzutragen, darf aufgerundet werden.
4. Timo möchte die Erklärung nicht online versenden. Er will die Angaben in die amtlichen Formulare eintragen und seine Steuererklärung persönlich abgeben. Besorgen Sie sich beim örtlichen Finanzamt oder bei der Gemeindeverwaltung die entsprechenden Formulare. Unter www.formulare-bfinv.de finden Sie diese auch zum Ausfüllen. Folgende Formulare werden für 2020 benötigt:
   - Hauptvordruck
   - Anlage N
   - Anlage Vorsorgeaufwand
   - Anlage Sonderausgaben

### Auszug aus Timo Pfeiffers Lohnsteuerbescheinigung 2020

| | | | EUR | Ct |
|---|---|---|---:|---:|
| 1. | Bescheinigungszeitraum | vom-bis | 01.01.–31.12. | |
| 2. | Zeiträume ohne Anspruch auf Arbeitslohn Großbuchstaben (S, M, F) | Anzahl „U" | | |
| 3. | Bruttoarbeitslohn einschl. Sachbezüge ohne 9. und 10. | | 35.000 | 00 |
| 4. | Einbehaltene Lohnsteuer von 3. | | 4.645 | 00 |
| 5. | Einbehaltener Solidaritätszuschlag von 3. | | 255 | 47 |
| 6. | Einbehaltene Kirchensteuer des Arbeitnehmers von 3. | | 371 | 60 |
| 7. | Einbehaltene Kirchensteuer des Ehegatten/Lebenspartners von 3. (nur bei Konfessionsverschiedenheit) | | | |
| 8. | In 3. enthaltene Versorgungsbezüge | | | |
| 9. | Ermäßigt besteuerte Versorgungsbezüge für mehrere Kalenderjahre | | | |
| 10. | Ermäßigt besteuerter Arbeitslohn für mehrere Kalenderjahre (ohne 9.) und ermäßigt besteuerte Entschädigungen | | | |
| 11. | Einbehaltene Lohnsteuer von 9. und 10. | | | |
| 12. | Einbehaltener Solidaritätszuschlag von 9. und 10. | | | |
| 13. | Einbehaltene Kirchensteuer des Arbeitnehmers von 9. und 10. | | | |
| 14. | Einbehaltene Kirchensteuer des Ehegatten/Lebenspartners von 9. und 10. (nur bei Konfessionsverschiedenheit) | | | |
| 15. | (Saison-)Kurzarbeitergeld, Zuschuss zum Mutterschaftsgeld, Verdienstausfallentschädigung (Infektionsschutzgesetz), Aufstockungsbetrag und Altersteilzeitzuschlag | | | |
| 16. | Steuerfreier Arbeitslohn nach | a) Doppelbesteuerungsabkommen (DBA) | | |
| | | b) Auslandstätigkeitserlass | | |
| 17. | Steuerfreie Arbeitgeberleistungen für Fahrten zwischen Wohnung und erster Tätigkeitsstätte | | | |
| 18. | Pauschal besteuerte Arbeitgeberleistungen für Fahrten zwischen Wohnung und erster Tätigkeitsstätte | | | |
| 19. | Steuerpflichtige Entschädigungen und Arbeitslohn für mehrere Kalenderjahre, die nicht ermäßigt besteuert wurden – in 3. enthalten | | | |
| 20. | Steuerfreie Verpflegungszuschüsse bei Auswärtstätigkeit | | | |
| 21. | Steuerfreie Arbeitgeberleistungen bei doppelter Haushaltsführung | | | |
| 22. | Arbeitgeberanteil/-zuschuss | a) zur gesetzlichen Rentenversicherung | 3.255 | 00 |
| | | b) an berufsständische Versorgungseinrichtungen | | |
| 23. | Arbeitnehmeranteil | a) zur gesetzlichen Rentenversicherung | 3.255 | 00 |
| | | b) an berufsständische Versorgungseinrichtungen | | |
| 24. | Steuerfreie Arbeitgeberzuschüsse | a) zur gesetzlichen Krankenversicherung | | |
| | | b) zur privaten Krankenversicherung | | |
| | | c) zur gesetzlichen Pflegeversicherung | | |
| 25. | Arbeitnehmerbeiträge zur gesetzlichen Krankenversicherung | | 2.730 | 00 |
| 26. | Arbeitnehmerbeiträge zur sozialen Pflegeversicherung | | 533 | 75 |
| 27. | Arbeitnehmerbeiträge zur Arbeitslosenversicherung | | 420 | 00 |
| 28. | Beiträge zur privaten Kranken- und Pflege-Pflichtversicherung oder Mindestvorsorgepauschale | | | |
| 29. | Bemessungsgrundlage für den Versorgungsfreibetrag zu 8. | | | |

### Bearbeitungshinweis:
Sie können die Steuererklärung auch mit zahlreichen anderen gekauften Programmen erstellen.

# Arbeitsrecht/Betriebliche Mitbestimmung

Martin Schneider (21) hat vor einem Jahr seine Ausbildung zum Automobilmechaniker abgeschlossen. Seit einem Jahr arbeitet er im Autohaus Rapp. Eines Morgens kommt er wieder mal zu spät in den Betrieb. Verärgert stellt ihn der Chef zur Rede.

**Chef:** „Wieso kommen Sie schon wieder zu spät? Haben Sie vergessen, dass wir Ihnen erst vor drei Wochen deswegen eine Abmahnung geschickt haben?"

**Martin:** „Sorry, aber meinem Wecker ging das Benzin aus. Habe ich inzwischen was verpasst?"

**Chef:** „Jetzt reicht's! Sie sind fristlos entlassen."

Schimpfend packt Martin seine Sachen zusammen und geht. Abends trifft er seine Freundin Sabine und erzählt ihr den Vorfall.

**Martin:** „So was Blödes, heute hat mich mein Chef entlassen. Jetzt können wir unseren Urlaub auf Mallorca wohl streichen."

**Sabine:** „Das musst du dir nicht gefallen lassen. Diese Kündigung ist ungültig. Was sagt denn der Betriebsrat?"

**Martin:** „Keine Ahnung, ich musste ja gleich gehen."

a) Erläutern Sie, welche Bedeutung die Abmahnung für Martin hatte.

b) Weshalb wird Martins Chef dessen häufiges Zuspätkommen nicht zulassen und ein derartiges Verhalten nicht dulden?

c) Prüfen Sie anhand des Betriebsverfassungsgesetzes (BetrVG), ob Sabine recht hat.

d) Welche Rechte räumt das Betriebsverfassungsgesetz in diesem Fall dem Betriebsrat ein?

e) Sabine bedauert, dass Martin nicht zu den Personengruppen gehört, denen fast nicht gekündigt werden kann. Gibt es solche Personengruppen? Wenn ja, nennen Sie diese.

f) Angenommen, Martin würde nicht fristlos gekündigt werden, sondern er einigt sich mit seinem Chef auf eine ordentliche Kündigung. Welche gesetzlichen Kündigungsfristen müssten in diesem Fall eingehalten werden?

g) Martin bewirbt sich inzwischen bei verschiedenen Firmen. Bei jeder Bewerbung wird ein Arbeitszeugnis verlangt. Unterscheiden Sie in diesem Zusammenhang zwischen einem einfachen und einem qualifizierten Zeugnis.

h) Nur auf besonderen Wunsch des Arbeitnehmers muss ein qualifiziertes Zeugnis ausgestellt werden. Aus gutem Grund möchte Martin darauf verzichten; wegen seines Verhaltens rechnet er nämlich mit unklaren und nachteiligen Formulierungen. Halten Sie diesen Entschluss für eine gute Idee (Begründung)?

### Auszug aus dem Betriebsverfassungsgesetz (BetrVG)

**§ 102 Mitbestimmung bei Kündigungen**

(1) Der Betriebsrat ist vor jeder Kündigung zu hören. Der Arbeitgeber hat ihm die Gründe für die Kündigung mitzuteilen. Eine ohne Anhörung des Betriebsrats ausgesprochene Kündigung ist unwirksam.

(2) Hat der Betriebsrat gegen eine ordentliche Kündigung Bedenken, so hat er diese unter Angabe der Gründe dem Arbeitgeber spätestens innerhalb einer Woche schriftlich mitzuteilen. Äußert er sich innerhalb dieser Frist nicht, gilt seine Zustimmung zur Kündigung als erteilt. Hat der Betriebsrat gegen eine außerordentliche Kündigung Bedenken, so hat er diese unter Angabe der Gründe dem Arbeitgeber unverzüglich, spätestens jedoch innerhalb von drei Tagen, schriftlich mitzuteilen. [...]

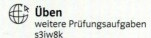
**Üben**
weitere Prüfungsaufgaben
s3iw8k

**Üben interaktiv**
Prüfungsaufgaben
9zg7ec

# Lohnabrechnung/Nominallohn/Reallohn

**Martin Bauer:** Hast du schon die Schlagzeile der Zeitung gesehen? Wir bekommen ab April 3 % mehr Lohn.

**Christian Guber (Geselle):** Du hast die zweite Schlagzeile nicht beachtet.

*Tarifabschluss im Konditorenhandwerk*
*3% Lohnerhöhung ab April*

*Statistisches Bundesamt meldet 2,1 % Inflationsrate*

a) Erläutern Sie anhand der beiden Schlagzeilen was man unter Nominallohn und Reallohn versteht.

b) Ermitteln Sie wie sich der Reallohn im vorliegenden Fall verändert hat.

c) Christian, der seine Wohnung renovieren lassen möchte, berichtet entrüstet vom Kostenvoranschlag eines Malers: „Stell dir vor, der verlangt für einen Gesellen 56,00 € Stundenlohn und für einen Auszubildenden 41,00 €. Bei dem kostet ein Auszubildender mehr als ich verdiene"
Erklären Sie Christian, weshalb ein Handwerker so hohe Stundensätze verlangt.

d) Christian arhält einen monatlichen Bruttolohn von 2 180,00 €.
Berechnen Sie Christians Bruttostundenlohn. Gehen Sie davon aus, dass Christian durchschnittlich 167 Stunden im Monat arbeitet.

e) Worauf müssen Sie achten, wenn Sie anhand der nebenstehenden Sozialversicherungsbeitragssätze Christians Sozialversicherungsbeiträge ermitteln wollen?

f) Berechnen Sie mit Hilfe des nebenstehenden Auszugs aus der Lohnsteuertabelle den Nettostundenlohn, den Christian bekommt. Er ist ledig und hat keine Kinder. Die Kirchensteuer beträgt 8 %.

## Monat (Euro)

| Lohn/Gehalt bis Euro | Steuerklasse | Lohnsteuer | ohne Kinderfreibetrag SolZ 5,5% | Kirchensteuer 8% | Kirchensteuer 9% |
|---|---|---|---|---|---|
| 2 177,99 | I | 203,25 | 0,00 | 16,26 | 18,29 |
| | II | 161,83 | 0,00 | 12,94 | 14,56 |
| | III | 6,66 | 0,00 | 0,53 | 0,59 |
| | IV | 203,25 | 0,00 | 16,26 | 18,29 |
| | V | 455,16 | 0,00 | 36,41 | 40,96 |
| | VI | 485,83 | 0,00 | 38,86 | 43,72 |
| 2 180,99 | I | 203,91 | 0,00 | 16,31 | 18,35 |
| | II | 162,50 | 0,00 | 13,00 | 14,62 |
| | III | 7,16 | 0,00 | 0,57 | 0,64 |
| | IV | 203,91 | 0,00 | 16,31 | 18,35 |
| | V | 456,00 | 0,00 | 36,48 | 41,04 |
| | VI | 486,66 | 0,00 | 38,93 | 43,79 |
| 2 183,99 | I | 204,58 | 0,00 | 16,36 | 18,41 |
| | II | 163,16 | 0,00 | 13,05 | 14,68 |
| | III | 7,50 | 0,00 | 0,60 | 0,67 |
| | IV | 204,58 | 0,00 | 16,36 | 18,41 |
| | V | 457,00 | 0,00 | 36,56 | 41,13 |
| | VI | 487,66 | 0,00 | 39,01 | 43,88 |
| 2 186,99 | I | 205,25 | 0,00 | 16,42 | 18,47 |
| | II | 163,75 | 0,00 | 13,10 | 14,73 |
| | III | 7,83 | 0,00 | 0,62 | 0,70 |
| | IV | 205,25 | 0,00 | 16,42 | 18,47 |
| | V | 457,66 | 0,00 | 36,61 | 41,18 |
| | VI | 488,33 | 0,00 | 39,06 | 43,94 |

## Sozialversicherungsbeitragssätze (Stand 2021)

| | |
|---|---|
| Krankenversicherung | 14,6 % * |
| Rentenversicherung | 18,6 % |
| Arbeitslosenversicherung | 2,4 % |
| Pflegeversicherung | 3,05 % ** |

\* Christians Krankenkasse verlangt einen Zusatzbeitrag von 1,3 %. Sein Arbeitnehmeranteil beträgt also 7,95 %.
\*\* Kinderlose Arbeitnehmer über 23 Jahre zahlen zusätzlich zu ihrem Anteil 0,25 %.

**Üben**
weitere Prüfungsaufgaben
s3iw8k

**Üben interaktiv**
Prüfungsaufgaben
9zg7ec

# Einkommensteuer

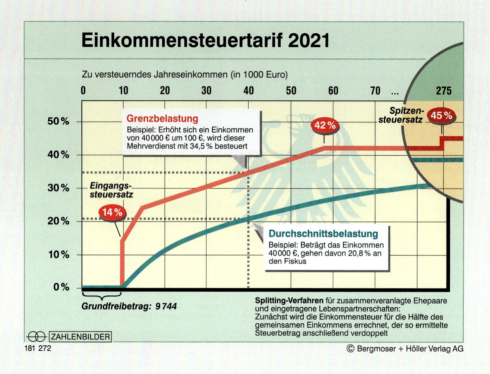

a) In der Grafik beträgt der Grundfreibetrag 9 744 €. Erklären Sie die Bedeutung des Grundfreibetrages am Beispiel eines Auszubildenden, der 8 400 € im Jahr verdient.

b) In einer Talkshow behauptet ein Millionär: „Ich zahle 45 % von meinem Einkommen an das Finanzamt." Ist dies möglich?

c) Berechnen Sie mit Hilfe des abgebildeten Schaubildes, wie viel Steuern die ledige Tina Brendle zu zahlen hat, wenn sie ein zu versteuerndes Jahreseinkommen von 30 000 € hat.

d) Tina behauptet: „Überstunden lohnen sich nicht bei meiner steuerlichen Belastung."
Ermitteln Sie aus der Grafik, wie viel Steuern sie für diese 1 000 € jährlich (Überstunden) ungefähr zahlen muss.

e) Welchen Familienstand und wie viele Kinder hat Tinas Kollege Martin Zöllner, wenn er Lohnsteuerklasse III/1 hat?

f) Tina Brendle will bei ihrer Einkommensteuererklärung folgende Ausgaben geltend machen:
1. Spende an die Welthungerhilfe
2. Beiträge für private Rentenversicherung
3. Fahrtkosten zwischen Wohnung und Arbeitsstelle
4. Kosten der Arbeitskleidung
5. Gewerkschaftsbeitrag
Ordnen Sie die Ausgaben den Begriffen „Werbungskosten" bzw. „Sonderausgaben" zu.

g) Weshalb gewährt der Staat z. B. für die Beiträge zu einer privaten Unfallversicherung Steuervorteile?

**Üben**
weitere Prüfungsaufgaben
s3iw8k

**Üben interaktiv**
Prüfungsaufgaben
9zg7ec

# Kompetenzbereich II
## Als Konsument rechtliche Bestimmungen in Alltagssituationen anwenden

**Rechts- und Geschäftsfähigkeit**
**Rechtsgeschäfte**
**Kaufvertrag**
**Verjährung von Forderungen**
**Verbraucherschutz**
**Zahlungsmöglichkeiten**
**Sparformen**
**Kredite**

Linktipps
Kapitel
ah586y

# 1 Rechts- und Geschäftsfähigkeit

## Einstieg

Verkaufsraum des Hi-Fi-Studios Watt. Der 17-jährige Martin möchte eine Musikanlage kaufen.

**Verkäufer:** Sie haben sich für eine Spitzenanlage entschieden.

**Martin:** 1789 € sind auch eine Menge Geld. Hat lange gedauert, bis ich das zusammen hatte. Kann ich sie gleich mitnehmen?

**Verkäufer:** Entschuldigen Sie die Frage, aber sind Sie schon 18?

**Martin:** Nein, erst in drei Monaten, ist das von Bedeutung?

**Verkäufer:** Tut mir leid, ohne die Einwilligung Ihrer Eltern kann ich Ihnen die Anlage nicht verkaufen.

**Martin:** Meiner Eltern? Da kann ich Sie beruhigen. In der Berufsschule habe ich gelernt, dass ich rechtsfähig bin.

**Verkäufer:** Natürlich sind Sie rechtsfähig, aber leider nicht voll geschäftsfähig.

**Martin:** Das ist doch Haarspalterei. Außerdem ist das mein Geld, schließlich bekomme ich jeden Monat 520 € Ausbildungsvergütung. Und mit meinem Taschengeld darf ich doch wohl kaufen, was ich will.

**Verkäufer:** 1789 € gehen über ein Taschengeld hinaus. Erst neulich habe ich einer 17-Jährigen eine Musikanlage verkauft. Am nächsten Tag stand der Vater da und hat sich beschwert, weil ich an eine Minderjährige so etwas Teures verkauft habe. Dann hat mich mein Chef noch zur Schnecke gemacht. Nein danke, das hat gereicht. Ihre Eltern müssen den Kaufvertrag schon unterschreiben.

**Martin:** Also gut, wenn 1789 € auf einmal zu hoch sind, vereinbaren wir eben Ratenzahlung. Hier steht, dass die Anlage auch mit 24 Monatsraten zu jeweils 94,50 € bezahlt werden kann, ist mir sowieso lieber, dafür reicht sogar mein Taschengeld.

▼
a) Besteht ein Unterschied zwischen Rechtsfähigkeit und Geschäftsfähigkeit?

b) Kann Martin für die Musikanlage einen rechtsgültigen Kaufvertrag eingehen?

c) Wie beurteilen Sie Martins Vorschlag, die Anlage auf Raten mit seinem Taschengeld zu kaufen?

## 1.1 Rechtsfähigkeit

**Wer rechtsfähig ist, hat Rechte und Pflichten.**

BGB § 1

**Auszug aus dem Bürgerlichen Gesetzbuch (BGB)**

**§ 1 Beginn der Rechtsfähigkeit**
Die Rechtsfähigkeit des Menschen beginnt mit der Vollendung der Geburt.

Jeder Mensch ist rechtsfähig, d.h. er kann Träger von Rechten und Pflichten sein. Die **Rechtsfähigkeit** des Menschen beginnt mit der Geburt und endet mit dem Tod. Beispiel: Durch einen Verkehrsunfall verliert ein 3-jähriges Kind seine Eltern. Da jeder Mensch rechtsfähig ist, hat das Kind das Recht, das Vermögen der Eltern zu erben. Gleichzeitig erwachsen ihm auch Pflichten. Es muss z. B. die Erbschaftsteuer bezahlen. Allerdings ist ein Kind nicht in der Lage, seine Rechte selbst wahrzunehmen sowie seine Pflichten zu erfüllen. Für Kinder handeln deshalb ihre gesetzlichen Vertreter. Dies sind die Eltern oder ein Betreuer.

Nicht rechtsfähig sind Tiere. Deshalb ist es beispielsweise in Deutschland nicht möglich, eine Katze als Erben einzusetzen.

Lebende Menschen bezeichnet man als **natürliche Personen**.
Außer den natürlichen Personen können auch **juristische Personen** rechtsfähig sein. Juristische Personen sind Vermögensmassen oder Personenvereinigungen, denen eine eigene Rechtsfähigkeit zuerkannt wird. Dadurch haben sie vergleichbare Rechte und Pflichten. Man unterscheidet hierbei:

- **juristische Personen des Privatrechts**
  Beispiele: eine Aktiengesellschaft (AG), eine Gesellschaft mit beschränkter Haftung (GmbH) oder ein eingetragener Verein (e.V.). Juristische Personen des Privatrechts erlangen die Rechtsfähigkeit durch die Eintragung in einem öffentlichen Register (Handelsregister, Vereinsregister usw.). Sie verlieren die Rechtsfähigkeit, wenn sie in diesen Registern gelöscht werden.

- **juristische Personen des öffentlichen Rechts**
  Beispiele: die Bundesrepublik Deutschland, die Bundesländer, Gemeinden, Handwerkskammern oder IHKs. Juristische Personen des öffentlichen Rechts werden rechtsfähig durch staatliche Verleihung. Sie verlieren ihre Rechtsfähigkeit durch staatlichen Entzug.

Obwohl juristische Personen rechtsfähig sind, können sie nicht selbstständig im Wirtschaftsleben tätig werden. Hierzu benötigen sie die Hilfe von natürlichen Personen. Für die juristischen Personen handeln deshalb ihre **Organe**. Dies sind z. B. der Vorstand eines Vereins oder einer Aktiengesellschaft. Beispiel: Ein Vorstandsmitglied eines Sportvereins bestellt neue Sportgeräte. Käufer ist der Sportverein. Wird die Lieferung nicht bezahlt, haftet der Verein und nicht das Vorstandsmitglied.

## 1.2 Geschäftsfähigkeit

> Wer geschäftsfähig ist, darf selbstständig voll gültige Geschäfte abschließen.

Die Rechtsfähigkeit des Menschen ist zu unterscheiden von der Geschäftsfähigkeit. Darunter versteht man die Fähigkeit, Rechtsgeschäfte selbstständig und voll gültig abzuschließen. Ein Rechtsfähiger ist dazu nicht in jedem Fall in der Lage. Unsere Rechtsordnung setzt hierfür ein bestimmtes Maß an Urteilsvermögen voraus. Beispiel: Ein 3-jähriges Kind kann zwar einen größeren Geldbetrag erben, da es rechtsfähig ist. Um mit dem Geld etwas kaufen zu können, müsste es jedoch geschäftsfähig sein.

**Methode**
„Umgang mit Rechtsfällen"
S. 260 ff.

Im Gesetz werden drei Stufen der Geschäftsfähigkeit unterschieden:

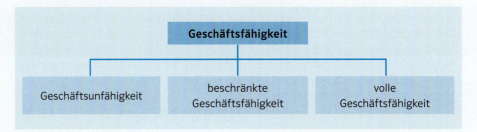

BGB § 104

### Geschäftsunfähigkeit

Geschäftsunfähig sind Kinder unter 7 Jahren sowie Personen, die dauerhaft geistesgestört sind. Rechtsgeschäfte, die ein Geschäftsunfähiger abschließt, sind nichtig (ungültig).
Beispiel: Ein 6-Jähriger kauft in einem Supermarkt ein. Dieser Kaufvertrag ist nichtig. Für Geschäftsunfähige handeln die gesetzlichen Vertreter, also die Eltern, ein Vormund oder ein Betreuer. Wenn jedoch ein geschäftsunfähiges Kind von der Mutter zum Einkaufen geschickt wird, handelt es als Bote, d. h. es überbringt eine Willenserklärung der Mutter und nicht seine eigene. Der abgeschlossene Kaufvertrag ist folglich gültig.

Unter 7 Jahren:
**geschäftsunfähig**

BGB § 106

### Beschränkte Geschäftsfähigkeit

Beschränkt geschäftsfähig sind Minderjährige ab dem vollendeten 7. und bis zum vollendeten 18. Lebensjahr. Beschränkt Geschäftsfähige können Rechtsgeschäfte abschließen, gültig sind sie allerdings nur mit Zustimmung der gesetzlichen Vertreter. Ohne deren Zustimmung ist ein Rechtsgeschäft eines beschränkt Geschäftsfähigen schwebend unwirksam.
Beispiel: Ein 16-Jähriger kauft ohne Wissen der Eltern ein Mountainbike. Der Kaufvertrag ist schwebend unwirksam. Er wird erst gültig, wenn die Eltern nachträglich zustimmen, nichtig, wenn sie ihre Genehmigung verweigern.

Zwischen 7 und 18 Jahren:
**beschränkt geschäftsfähig**

Bei folgenden Ausnahmen benötigt ein beschränkt Geschäftsfähiger keine Zustimmung der gesetzlichen Vertreter:

BGB § 110

- Geschäfte, die er mit eigenen Mitteln (Taschengeld) begleicht. Allerdings gilt diese Regelung nur für Bargeschäfte, nicht für Ratenkäufe. Über zukünftiges Taschengeld kann nicht verfügt werden.

BGB § 107

- Geschäfte, die nur rechtliche Vorteile bringen. Beispiel: Ein 12-Jähriger erhält von einem Onkel, den die Eltern nicht mögen, 100 € geschenkt. Da dieses Geschäft nur rechtliche Vorteile bringt, ist es auch ohne Zustimmung der Eltern gültig.

BGB § 113

- Geschäfte, die ein von den Eltern erlaubtes Arbeitsverhältnis betreffen.
  Beispiele: Kauf von Essensmarken der Betriebskantine, Kauf von Berufskleidung, Auflösung des Arbeitsverhältnisses.

### Volle Geschäftsfähigkeit

Voll geschäftsfähig sind alle Personen ab dem vollendeten 18. Lebensjahr. Sie können selbstständig voll gültige Rechtsgeschäfte abschließen und müssen auch selbst die volle Verantwortung dafür übernehmen.

Solange sie existieren, sind juristische Personen ebenfalls voll geschäftsfähig.
Beispiel: Bis zu ihrer Löschung im Handelsregister ist eine GmbH ohne Einschränkungen voll geschäftsfähig.

Ab 18 Jahren:
**voll geschäftsfähig**

Rechts- und Geschäftsfähigkeit

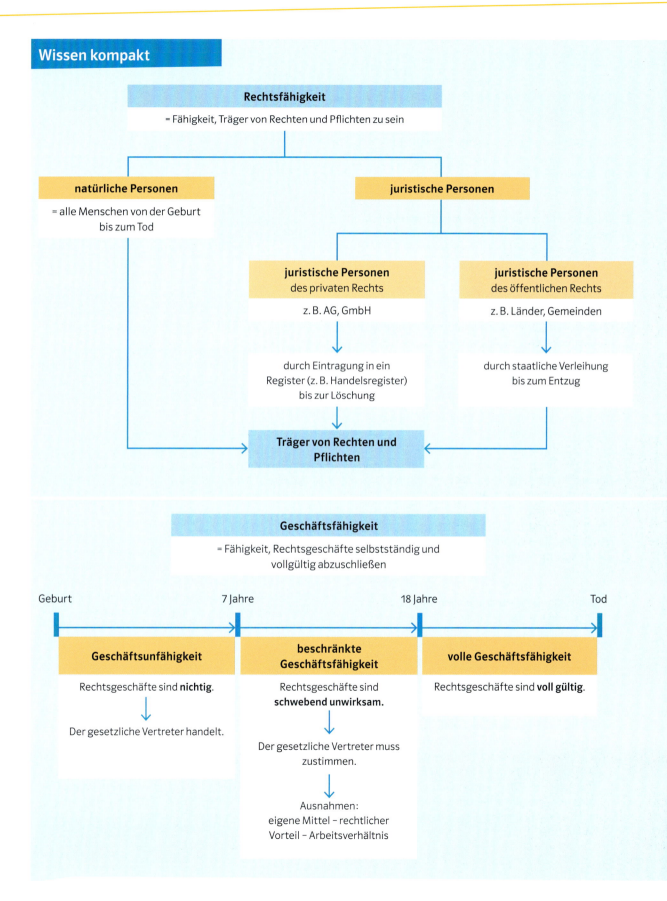

## Arbeitsteil

1. Unterscheiden Sie zwischen Rechtsfähigkeit und Geschäftsfähigkeit.

2. Wann beginnt und wann endet die Rechtsfähigkeit von
   a) natürlichen Personen,
   b) juristischen Personen?

3. Welche der folgenden Personen ist eine juristische Person?
   a) Staatsanwalt
   b) Siemens AG
   c) Hans Huber
   d) Richter

4. Ordnen Sie die folgenden Personen den einzelnen Stufen der Geschäftsfähigkeit zu.
   a) ein 20-Jähriger
   b) eine 6-Jährige
   c) ein 16-Jähriger

5. Weshalb ist der Grad der Geschäftsfähigkeit abhängig vom Lebensalter?

6. Welche Rechtsgeschäfte können beschränkt Geschäftsfähige auch ohne Zustimmung des gesetzlichen Vertreters abschließen?

7. Lösen Sie die Rechtsfälle mithilfe der nebenstehenden Auszüge aus dem BGB.
   a) Die 6-jährige Anna holt aus ihrer Spardose 10 € und kauft damit eine Puppe: Ist dieser Kaufvertrag gültig?
   b) Die 16-jährige Martina kauft von ihrem Taschengeld einen MP3-Player für 45 €.
      1. Ist dieser Kaufvertrag gültig?
      2. Wie verhält es sich, wenn Martina den Kaufpreis nicht sofort bezahlen kann und sie deshalb mit dem Händler Ratenzahlung vereinbart?
   c) Der 17-jährige Anton kauft ohne Wissen seiner Eltern für 750 € einen Computer. Welche rechtliche Wirkung hat dieser Vertrag?
   d) Der 14-jährige Kurt kauft bei einem Totalausverkauf eine Stereoanlage für 250 €, die normalerweise 780 € kosten würde. Er glaubt, dass er wegen des erheblichen Preisvorteils auf die Erlaubnis seiner Eltern verzichten kann. Stimmt das?

### Auszüge aus dem Bürgerlichen Gesetzbuch (BGB)

**§ 104 Geschäftsunfähigkeit**
Geschäftsunfähig ist:
1. wer nicht das siebente Lebensjahr vollendet hat, […].

**§ 105 Nichtigkeit der Willenserklärung**
(1) Die Willenserklärung eines Geschäftsunfähigen ist nichtig. […]

**§ 106 Beschränkte Geschäftsfähigkeit**
Minderjähriger. Ein Minderjähriger, der das siebente Lebensjahr vollendet hat, ist […] in der Geschäftsfähigkeit beschränkt.

**§ 107 Einwilligung des gesetzlichen Vertreters**
Der Minderjährige bedarf zu einer Willenserklärung, durch die er nicht lediglich einen rechtlichen Vorteil erlangt, der Einwilligung seines gesetzlichen Vertreters.

**§ 108 Vertragsabschluss ohne Einwilligung**
(1) Schließt der Minderjährige einen Vertrag ohne die erforderliche Einwilligung des gesetzlichen Vertreters, so hängt die Wirksamkeit des Vertrages von der Genehmigung des Vertreters ab. […]

**§ 110 Bewirken der Leistung mit eigenen Mitteln**
Ein von dem Minderjährigen ohne Zustimmung des gesetzlichen Vertreters geschlossener Vertrag gilt als von Anfang an wirksam, wenn der Minderjährige die vertragsmäßige Leistung mit Mitteln bewirkt, die ihm zu diesem Zwecke oder zu freier Verfügung von dem Vertreter oder mit dessen Zustimmung von einem Dritten überlassen worden sind.

**Methode**
„Umgang mit Rechtsfällen"
S. 260 ff.

**Üben**
weitere Rechtsfälle
kt5t5k

# 2 Rechtsgeschäfte

## Einstieg

Die 18-jährige Auszubildende Manuela Sorg möchte einen gebrauchten Motorroller kaufen. In der Zeitung entdeckt sie die nebenstehende Anzeige:
Sofort meldet sich Manuela telefonisch auf die Anzeige und einigt sich mit dem Verkäufer, Herrn Fuchs, dass sie den Roller am nächsten Tag abholen und gleich bar bezahlen wird. Als sie wie vereinbart den Roller abholen möchte, ereignet sich Folgendes:

**Manuela:** Guten Tag, Herr Fuchs, ich bin Manuela Sorg. Ich möchte den Roller abholen. Hier ist das Geld.

**Herr Fuchs:** Sie? Tut mir leid, den Roller habe ich gestern Abend noch einem jungen Mann verkauft. Der ist sofort gekommen und hat sogar 50 € mehr gezahlt.

**Manuela:** Wie bitte? Wir hatten doch vereinbart, dass ich heute bezahle und den Roller gleich mitnehme.

**Herr Fuchs:** Ja, schon. Aber ich konnte nicht sicher sein, ob Sie auch wirklich kommen, und der junge Mann hat, wie gesagt, 50 € mehr bezahlt. Außerdem haben wir ja nichts Schriftliches vereinbart und mündliche Abmachungen sind sowieso nicht gültig. Tut mir wirklich leid, aber da hätten Sie schneller sein müssen.

> Einmalige Gelegenheit
> Motorroller 2 500 km,
> 1 Jahr alt, neuwertig,
> 990 Euro (NP 2 035 Euro)
> Telefon

a) Kam zwischen Manuela und Herrn Fuchs ein rechtsgültiger Kaufvertrag zustande?

b) Müssen solche Verträge schriftlich abgeschlossen werden, damit sie gültig sind?

## 2.1 Willenserklärung

Rechtsgeschäfte entstehen durch die Abgabe von **Willenserklärungen**, z. B. die Kündigung des Arbeitsvertrages oder das Jawort auf dem Standesamt.

Beispiel: Sie gehen die Straße entlang und winken einer Bekannten zu, die auf der anderen Straßenseite steht. Ein Taxifahrer sieht Ihr Winken, hält an und schaltet den Taxometer ein. Ihre Erklärung ist rechtlich gegenstandslos, da der Wille auf einen rechtlichen Erfolg fehlte, d. h. Sie wollten nicht Taxi fahren.

Willenserklärungen sind möglich:

- durch **ausdrückliche Erklärung:** Sie kann mündlich oder schriftlich erfolgen.
  Beispiel: Die schriftliche Bestellung bei einem Versandhaus.

- durch **schlüssige Handlung (konkludentes Handeln):** Beispiel: Ein Fahrgast steigt in die Straßenbahn und gibt dem Fahrer einen Zehneuroschein. Dieser händigt wortlos den Fahrschein und das Wechselgeld aus.

- durch **Schweigen:** Schweigen bedeutet grundsätzlich Ablehnung. Unter Kaufleuten jedoch kann es in bestimmten Fällen als Zustimmung gelten. Beispiel: Ein Kaufmann schweigt auf eine abgeänderte Auftragsbestätigung.

107

## 2.2 Einseitige und zweiseitige Rechtsgeschäfte

### Einseitige Rechtsgeschäfte
Sie entstehen, wenn nur eine Person oder Partei eine Willenserklärung abgibt.
Beispiele: Kündigung, Testament, Anfechtung.
Kündigung und Anfechtung sind empfangsbedürftige Willenserklärungen; d. h. sie sind erst dann wirksam, wenn die betroffene Person sie erhalten hat. Eine nicht empfangsbedürftige Willenserklärung ist beispielsweise ein Testament. Es erlangt seine Gültigkeit bereits bei der Niederschrift, auch wenn die Erben nichts von seinem Inhalt wissen.

### Zweiseitige Rechtsgeschäfte
Sie entstehen durch übereinstimmende Willenserklärungen von mindestens zwei Beteiligten. Diese Willenserklärungen nennt man Antrag und Annahme. Zweiseitige Rechtsgeschäfte werden auch als Verträge bezeichnet.
Beispiele: Arbeitsvertrag, Schenkungsvertrag, Kaufvertrag.
Verträge können einseitig oder zweiseitig verpflichten. So wird z. B. bei einer Schenkung nur der Schenker verpflichtet, nämlich zu schenken. Bei einem Kaufvertrag dagegen haben sich beide Vertragspartner verpflichtet, bestimmte Leistungen zu erbringen.

## 2.3 Besondere Formvorschriften

Nach dem **Grundsatz der Formfreiheit** können Rechtsgeschäfte in beliebiger Form abgeschlossen werden. So kann z. B. ein Kaufvertrag mündlich oder auch schriftlich zustande kommen. Damit man bei späteren Streitigkeiten ein Beweismittel besitzt, ist es jedoch sinnvoll, wichtige Verträge schriftlich niederzulegen.
Bei manchen wichtigen Rechtsgeschäften schreibt das Gesetz eine bestimmte Form vor. Wird dieser gesetzliche „Formzwang" nicht eingehalten, dann kann das betreffende Rechtsgeschäft nichtig (ungültig) sein. Dadurch soll die Rechtssicherheit erhöht und der Bürger vor Übereilung und Leichtfertigkeit bewahrt werden. Solche Formvorschriften sind:

BGB § 126
- Die **Schriftform**, d. h. verlangt wird ein Schriftstück mit der eigenhändigen Unterschrift der Beteiligten.
Beispiele: Berufsausbildungsverträge, Ratenkaufverträge, die Kündigung von Arbeitsverträgen, die Kündigung von Mietverträgen über Wohnraum.

BGB § 129
- Die **öffentliche Beglaubigung** umfasst ein Schriftstück, bei dem die eigenhändige Unterschrift von einem Notar oder einer Behörde beglaubigt wurde. Öffentliche Beglaubigungen beziehen sich nur auf die Echtheit der Unterschrift.
Beispiele: Ausschlagung einer Erbschaft, Anträge auf Eintragung ins Grundbuch, Handelsregister oder Vereinsregister.

BGB § 128
- Die **notarielle Beurkundung** liegt vor, wenn ein Notar die Willenserklärung schriftlich festhält, also die Echtheit von Unterschrift und Inhalt bestätigt.
Beispiele: Grundstückskaufverträge, Eheverträge, Schenkungsversprechen.

## 2.4 Anfechtbarkeit und Nichtigkeit von Rechtsgeschäften

Manche zustande gekommenen Rechtsgeschäfte sind **nichtig**, d.h. sie sind von Anfang an unwirksam:

**Nichtig sind Geschäfte,**

- die gegen ein **gesetzliches Verbot** verstoßen.
  Beispiele: Rauschgifthandel, Verkauf von Raubkopien.

  BGB § 134

- die mit **Geschäftsunfähigen** abgeschlossen werden.
  Beispiel: Der 6-jährige Paul verkauft seinen Roller für 10 €.

  BGB § 105

- die gegen die **guten Sitten** verstoßen.
  Beispiele: Kreditvertrag bei 50 % Zinsen; Herr Müller erklärt sich bereit, für 500 € seine Religion zu wechseln.

  BGB § 138

- die als **Scherz** gedacht sind.
  Beispiel: Ein gut gelaunter Oktoberfestbesucher bestellt für sich und seine vier Begleiter 1000 Maß Bier.

  BGB § 118

- die zum **Schein** abgeschlossen wurden.
  Beispiel: Um Grunderwerbsteuer zu sparen, wird im notariellen Kaufvertrag ein Preis angegeben, der erheblich unter dem wirklich gezahlten Preis liegt.

  BGB § 117

- bei denen die gesetzlich **vorgeschriebene Form** nicht beachtet wurde.
  Beispiele: mündliche Kündigung des Arbeitsvertrags, Grundstückskauf gegen Quittung.

  BGB § 125

Im Gegensatz zum nichtigen Rechtsgeschäft ist ein **anfechtbares** zunächst voll gültig (rechtswirksam). Nachträglich kann es jedoch durch die Anfechtung für ungültig (unwirksam) erklärt werden. Es ist dann rückwirkend, also von Anfang an, nichtig.

**Anfechtbar sind Geschäfte,**

- die durch **widerrechtliche Drohung** zustande gekommen sind.
  Beispiel: Ein Hausbesitzer droht im Winter Heizung und Strom abzudrehen, wenn der Mieter nicht sein Auto kauft.

  BGB § 123

- die durch **arglistige Täuschung** herbeigeführt wurden.
  Beispiel: Ein Händler verkauft einen Wagen als unfallfrei, obwohl er ihn selbst nach einem Totalschaden repariert hat.

  BGB § 123

- denen ein **Irrtum** oder **falsche Übermittlung** zugrunde liegt.
  Beispiel: Der kurzsichtige Juwelier verkauft eine echte Perlenkette als Modeschmuck.

  BGB §§ 119, 120

Eine Anfechtung wegen Irrtums muss unverzüglich nach Entdeckung des Irrtums erfolgen. Allerdings hat der Anfechtende einen dadurch entstandenen Schaden zu tragen. Rechtsgeschäfte, die durch arglistige Täuschung oder aufgrund einer widerrechtlichen Drohung zustande gekommen sind, können innerhalb eines Jahres angefochten werden.

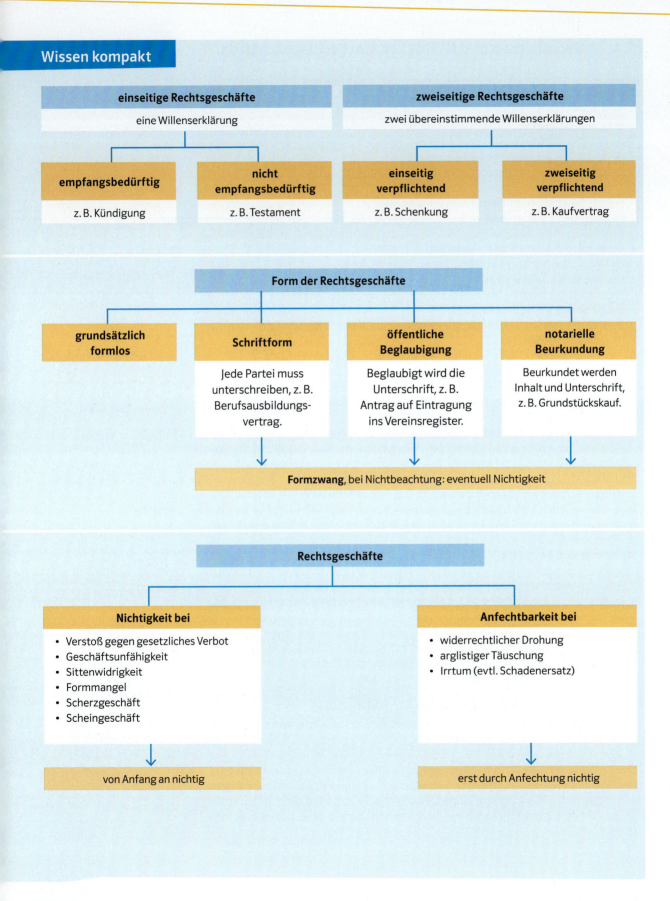

## Arbeitsteil

**1** a) Wodurch entstehen Rechtsgeschäfte?
   b) Wie kommt ein Vertrag zustande?

**2** Wie können Willenserklärungen abgegeben werden?

**3** Zeigen Sie an einem Beispiel, wie durch schlüssiges Handeln ein Vertrag entstehen kann.

**4** a) Welcher Unterschied besteht zwischen einseitigen und zweiseitigen Rechtsgeschäften?
   b) Geben Sie bei den nachfolgenden Rechtsgeschäften an, ob es sich um einseitige oder um zweiseitige Rechtsgeschäfte handelt.
     1. Kaufvertrag
     2. Schenkung
     3. Testament
     4. Kündigung
     5. Mietvertrag

**5** a) Welche Bedeutung hat der Grundsatz der Formfreiheit bei Rechtsgeschäften?
   b) Für bestimmte Rechtsgeschäfte besteht ein gesetzlicher Formzwang. Erläutern Sie die Bedeutung und den Grund dieses Formzwangs.
   c) Welche Formvorschrift besteht für
     1. Grundstückskäufe,
     2. Ratenkaufverträge,
     3. Berufsausbildungsverträge?

**6** Unterscheiden Sie zwischen anfechtbaren und nichtigen Rechtsgeschäften und geben Sie jeweils zwei Beispiele dazu an.

**7** Begründen Sie mithilfe der nebenstehenden Auszüge aus dem BGB, ob die folgenden Rechtsgeschäfte anfechtbar oder nichtig sind.
   a) Ein Händler verkauft normale Erzeugnisse als besonders gesundes „Bio-Gemüse" zu einem überhöhten Preis.
   b) Von einem Verkäufer wird die 18-jährige Susanne überredet, einen Ratenkaufvertrag für einen Gebrauchtwagen zu unterschreiben. Der effektive Jahreszins soll 28,5 % betragen.
   c) Die Renovierungsarbeiten eines Hauses belaufen sich auf 30 000 €. Um Steuern zu sparen, einigen sich Hausbesitzer und Handwerker auf eine „offizielle Rechnung" von lediglich 10 000 €. Der Hausbesitzer will deshalb nur noch 10 000 € bezahlen.

   d) Bei einem Grundstückskauf fallen Notargebühren an. Um diese zu sparen, schließt ein Käufer mit dem Verkäufer nur einen schriftlichen Kaufvertrag ab, worin sie vereinbaren, dass nach Zahlung des Kaufpreises der Verkäufer das Grundbuch ändern lässt.
   e) Uwe erhält vom Chef den Auftrag, 5 Dutzend Flaschen Berghausener Riesling nachzubestellen. Uwe, ein schwacher Rechner, bestellt 600 Flaschen.

### Auszüge aus dem Bürgerlichen Gesetzbuch (BGB)

**§ 117 Scheingeschäft**
(1) Wird eine Willenserklärung, die einem anderen gegenüber abzugeben ist, mit dessen Einverständnis nur zum Schein abgegeben, so ist sie nichtig.
(2) Wird durch ein Scheingeschäft ein anderes Rechtsgeschäft verdeckt, so finden die für das verdeckte Rechtsgeschäft geltenden Vorschriften Anwendung.

**§ 120 Anfechtung wegen falscher Übermittlung**
Eine Willenserklärung, welche durch die zur Übermittlung verwendete Person oder Einrichtung unrichtig übermittelt worden ist, kann unter der gleichen Voraussetzung angefochten werden wie nach § 119 eine irrtümlich abgegebene Willenserklärung.

**§ 123 Anfechtbarkeit wegen Täuschung oder Drohung**
(1) Wer zur Abgabe einer Willenserklärung durch arglistige Täuschung oder widerrechtlich durch Drohung bestimmt worden ist, kann die Erklärung anfechten. [...]

**§ 125 Nichtigkeit wegen Formmangels**
Ein Rechtsgeschäft, welches der durch Gesetz vorgeschriebenen Form ermangelt, ist nichtig. [...]

**§ 138 Sittenwidriges Rechtsgeschäft; Wucher**
(1) Ein Rechtsgeschäft, das gegen die guten Sitten verstößt, ist nichtig.
(2) Nichtig ist insbesondere ein Rechtsgeschäft, durch das jemand unter Ausbeutung der Zwangslage, der Unerfahrenheit, des Mangels an Urteilsvermögen oder der erheblichen Willensschwäche eines anderen sich oder einem Dritten für eine Leistung Vermögensvorteile versprechen oder gewähren lässt, die in einem auffälligen Missverhältnis zu der Leistung stehen.

64    Kompetenzbereich II

# 3 Kaufvertrag

**Einstieg**

Endlich ist es so weit. Der 19-jährige Martin hat die Führerscheinprüfung bestanden. In der Tageszeitung fällt ihm diese Anzeige auf:

Fiesta, Bj. 17, orig 48 000 km, SSD, Radio, unfallfrei, VB 7 350 EUR, Tel.: ▬▬▬

▼ Schildern Sie kurz den möglichen Anruf bis zum Abschluss des Kaufvertrages.

## 3.1 Abschluss und Erfüllung des Kaufvertrags

Wie alle Verträge entsteht auch der **Kaufvertrag** durch mindestens zwei übereinstimmende Willenserklärungen, den **Antrag** und dessen **Annahme**.

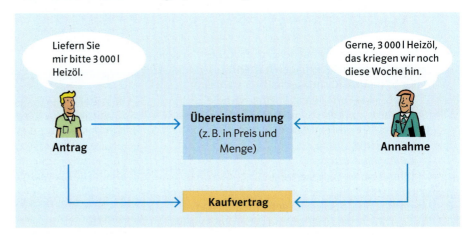

BGB §§ 145 ff.

Antrag und Antragsannahme können sowohl durch den Käufer als auch durch den Verkäufer erfolgen. Die häufigsten Möglichkeiten sind folgende:

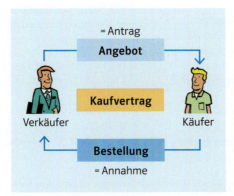  

Der Verkäufer macht dem Käufer ein Angebot. Dieser bestellt rechtzeitig, ohne das Angebot abzuändern. Dadurch ist ein Kaufvertrag entstanden.

Bestellt der Käufer ohne ein vorhergehendes Angebot, entsteht ebenfalls ein Kaufvertrag, wenn der Verkäufer die Bestellung annimmt oder die Lieferung erfolgt.

Grundsätzlich ist jeder an sein Angebot gebunden. Diese Bindung wird aufgehoben:

- durch **Freizeichnungsklauseln**, d.h. der Absender macht seinen Antrag unverbindlich mit Formulierungen wie z.B. „Angebot frei bleibend", „solange Vorrat reicht", „unverbindlich".

BGB § 145

- durch eine **verspätete oder abgeänderte Annahme**. Unter Anwesenden muss ein Antrag sofort angenommen werden, schriftliche Angebote schnellstmöglich. Unter Berücksichtigung der Beförderungsdauer muss bei einem schriflichen Angebot ca. nach einer Woche die Annahme vorliegen. Eine verspätete oder abgeänderte Annahme verpflichtet den Antragsteller nicht mehr. Nimmt er dennoch an, entsteht ein Vertrag (eine verspätete bzw. abgeänderte Annahme ist demnach rechtlich ein neuer Antrag).

BGB §§ 146 ff.

Schaufensterauslagen, Kataloge, Zeitungsanzeigen oder Postwurfsendungen sollen den Kunden nur auffordern, selbst ein Antrag abzugeben (**Anpreisungen**). Ein Angebot ist immer an eine bestimmte Person gerichtet. Beispiel: Ein Kunde sieht im Schaufenster einen sehr preiswert ausgezeichneten Mantel. Er besteht auf dem Kauf. Da Schaufensterauslagen kein Angebot sind, sondern der Antrag erst durch den Kunden erfolgt, ist der Verkäufer nicht zum Verkauf verpflichtet.

### Rechte und Pflichten der Vertragspartner

Die Abgabe eines Antrags und dessen Annahme erfolgen freiwillig. Mit dem Abschluss des Kaufvertrags jedoch werden Käufer und Verkäufer verpflichtet, den abgeschlossenen Vertrag auch zu erfüllen.

| Die Pflichten des Verkäufers sind | | Die Pflichten des Käufers sind | |
|---|---|---|---|
| • Lieferung und Übereignung der Ware (mängelfrei, zur rechten Zeit, am rechten Ort) | = **Rechte des Käufers** | • Annahme der Ware | = **Rechte des Verkäufers** |
| • Annahme des Kaufpreises | | • Zahlung des Kaufpreises | |

Ein Kaufvertrag besteht also aus zwei Teilen. Durch den Vertragsabschluss entsteht zunächst ein **Verpflichtungsgeschäft**, da Käufer und Verkäufer sich zu bestimmten Leistungen verpflichtet haben. Dieses gegenseitige Schuldverhältnis erlischt, wenn jeder Vertragspartner seinen Pflichten nachgekommen ist, also das sogenannte **Erfüllungsgeschäft** bewirkt wurde. **Verpflichtungsgeschäfte** kann man nahezu unbegrenzt abschließen, allerdings muss man sie dann auch erfüllen.

BGB § 433
BGB §§ 362 ff.

## 3.2 Inhalt des Kaufvertrags

Bei normalen Käufen des Alltags, z. B. dem Einkauf beim Bäcker oder im Supermarkt, ist es nicht nötig, die einzelnen Bedingungen des Kaufs besonders auszuhandeln oder gar schriftlich niederzulegen. Dies empfiehlt sich jedoch unbedingt bei wichtigen Kaufverträgen. Um spätere Streitigkeiten zu vermeiden, sollte man alle Einzelheiten des Vertrags vorher genau vereinbaren und danach schriftlich festhalten. Wenn im Kaufvertrag nichts besonders vereinbart wurde, dann gelten die folgenden gesetzlichen Regelungen:

BGB § 434
- **Art und Güte der Ware:** Wurde vertraglich nichts vereinbart, ist die gewöhnliche Verwendung maßgebend, d. h. eine Beschaffenheit wie bei gleichartigen Sachen üblich.

BGB § 271
- **Lieferzeit:** Wenn keine Lieferzeit festgelegt wurde, ist sofort zu liefern.

BGB § 448
- **Verpackungskosten und Beförderungskosten:** Der Käufer trägt die Beförderungskosten sowie die Kosten der Versandverpackung. Die Kosten der Übergabeverpackung gehen zulasten des Verkäufers.

BGB § 270
- **Zahlungsbedingungen:** Der Käufer muss auf eigene Gefahr und Kosten das Geld überbringen.

- **Preisnachlässe:** Preisabzüge wie Rabatt und Skonto dürfen nur dann vorgenommen werden, wenn sie vorher vereinbart wurden.

BGB § 269
- **Erfüllungsort:** Hier muss der Schuldner seine vertraglichen Pflichten erfüllen. Kosten und Risiko gehen hier auf den Gläubiger über. Der gesetzliche Erfüllungsort gilt immer dann, wenn kein anderer Erfüllungsort vereinbart wurde. Er ist immer der Wohn- bzw. Firmensitz des jeweiligen Schuldners. Beim Kaufvertrag gibt es zwei Schuldner, den Verkäufer als Warenschuldner und den Käufer als Geldschuldner.

BGB § 447
**Warenschulden** sind nach dem Gesetz **Holschulden**. Der Verkäufer erfüllt also den Vertrag, wenn er die Ware am Ort seiner Niederlassung bereithält und übergibt. Der Käufer muss sie auf eigene Gefahr und Kosten abholen. Lässt er sie durch den Verkäufer zusenden, dann trägt er das Risiko, falls die Ware auf dem Transport beschädigt wird. **Geldschulden** sind nach dem Gesetz **Bringschulden** bzw. **Schickschulden**, d. h. der Käufer muss das Geld auf seine Kosten rechtzeitig an den Verkäufer übermitteln. Er trägt das Verlustrisiko, bis die Zahlung eingegangen ist. Vertraglich kann ein anderer Erfüllungsort vereinbart werden.

- **Gerichtsstand:** Das ist der Ort, an dem der Schuldner wegen Nichterfüllung verklagt werden kann. Wenn kein besonderer Gerichtsstand vereinbart wurde, gilt immer der gesetzliche Gerichtsstand. Er ist der Erfüllungsort des jeweiligen Schuldners, also sein Wohn- und Geschäftssitz. Vertraglich kann ein anderer Gerichtsstand vereinbart werden. Nach

den Bestimmungen des Verbraucherschutzes können Privatkäufer jedoch immer nur am zuständigen Gericht ihres Wohnsitzes klagen und auch nur dort verklagt werden.

## 3.3 Besitz und Eigentum

### Einstieg

**Ersatz-Navigationssysteme**

**Auch festinstallierte Navigationssysteme werden bei Ebay oft günstig angeboten. Doch Interessenten sollten vorsichtig sein, denn die meisten Geräte sind geklaut.**
Neun von zehn Navis, die beim Auktionshaus Ebay angeboten werden, sind gestohlen. Insgesamt werden in Deutschland pro Jahr rund 50 000 Navigationssysteme gestohlen. Wie die Zeitschrift „Auto Bild" gemeinsam mit der Polizei Passau ermittelt hat, werden vor allem VW-, Audi- oder Skoda-Navigationssysteme über Ebay verschoben. Die Hehlerware stammt dabei meist aus Deutschland, den Niederlanden, Belgien, Frankreich und Tschechien. So haben Redakteure das VW-Navigationssystem RNS 510 für 950 Euro ersteigert. Doch erst als die Auktion drei Tage lief, wurde das entsprechende Gerät im Rheinisch-Bergischen Kreis geklaut. Da oft auch falsche Ebay-Konten zum Verkauf dienen, ist den Dieben nicht auf die Schliche zu kommen. Ein Leiter der Passauer Polizei rät von einem Gebrauchtkauf im Internet ab. SP-X/fh

© Axel Springer AG 2012. Alle Rechte vorbehalten,
http://www.welt.de/motor/news/article109966235/
Ersatz-Navigationssysteme.html (letzter Zugriff am 29.10.2012)

▼ Weshalb warnt die Polizei vor dem Kauf solcher Geräte?

---

**Eigentum** ist die **rechtliche Gewalt** über eine Sache,
**Besitz** ist die **tatsächliche Gewalt**.

---

Meistens ist der Besitzer einer Sache auch deren Eigentümer.
Der **Eigentümer** übt die **rechtliche Gewalt** über eine Sache aus. Soweit nicht das Gesetz oder Rechte Dritter entgegenstehen, kann er darüber verfügen, wie er will. Er kann sie beispielsweise verkaufen, verschenken, vermieten, verpfänden oder sogar zerstören. Er kann anderen ihren Besitz erlauben oder sie von jeder Einwirkung ausschließen.

BGB § 903

Der **Besitzer** einer Sache übt die **tatsächliche Gewalt** über einen Gegenstand aus.
Beispiel: Herr Baumann fährt einen Geschäftswagen, d. h. er besitzt zwar einen Pkw, aber er ist nicht der Eigentümer, weil das Auto seiner Firma gehört.

BGB § 854

Wird dem Eigentümer oder dem rechtmäßigen Besitzer eine Sache widerrechtlich entzogen, dann darf er sich zur Wehr setzen. Ertappt er den Dieb auf frischer Tat, darf er ihm die Sachen wieder abnehmen, notfalls sogar mit Gewalt. Mithilfe des Gerichts kann er verlangen, dass ihm der Besitz wieder eingeräumt wird. Bei Beeinträchtigung des Besitzes kann er verlangen, dass die Störung beseitigt wird, notfalls kann er auf Unterlassung klagen.

### Eigentumsübertragung
Mit Abschluss des Kaufvertrags verpflichtet sich der Verkäufer, die Ware zu übereignen. Wie das Eigentum übertragen wird, hängt von der Sache ab. Der Eigentumsübergang erfolgt:
- bei **beweglichen Sachen** (Schmuck, Auto) normalerweise durch Einigung der Vertragspartner und Übergabe. Befindet sich die Sache bei einem Dritten, dann wird der Herausgabeanspruch abgetreten.

BGB § 929

BGB § 925
- bei **unbeweglichen Sachen** (Grundstück, Haus) durch Auflassung (= Einigung über den Eigentumsübergang vor dem Notar) und Eintragung im Grundbuch.

Auch von jemandem, der nicht Eigentümer ist, kann Eigentum erworben werden. Dies ist der Fall, wenn der Käufer **gutgläubig** handelte und den Verkäufer für den Eigentümer hielt. Beispiel: Herr Wagner mietet ein Trekkingrad. Danach verkauft er es unberechtigt Herrn Sorg für 300 €. Da dieser annahm, dass das Rad Herrn Wagner gehörte, hat er es gutgläubig erworben und ist somit Eigentümer geworden.

**Gestohlene** oder **verloren gegangene Sachen** können **nicht gutgläubig** erworben werden. Der rechtmäßige Eigentümer kann auch von einem gutgläubigen Erwerber die Herausgabe seines Eigentums verlangen, ausgenommen Geld oder Wertpapiere.

### Eigentumsvorbehalt

BGB § 449
In den meisten Kaufverträgen taucht in den Lieferbedingungen das Wort „Eigentumsvorbehalt" auf. Das bedeutet: Der Verkäufer bleibt Eigentümer der gelieferten Ware bis zur vollständigen Bezahlung. Dem Käufer wird die Ware zwar übergeben, aber er wird zunächst nur ihr Besitzer. Kommt er mit der Zahlung in Verzug, dann kann der Verkäufer die Ware zurücknehmen und vom Vertrag zurücktreten, wenn er zuvor erfolglos eine Nachfrist gesetzt hat. Beantragt der Käufer ein Insolvenzverfahren, dann kann der Verkäufer die Herausgabe seiner Ware verlangen.
Der Eigentumsvorbehalt erlischt jedoch, wenn die Ware einem gutgläubigen Dritten weiterverkauft wird, wenn sie verarbeitet, verbraucht oder zerstört wird.

## Wissen kompakt

**Antrag** → **Übereinstimmung** ← **Annahme**

**Wichtige Inhalte**
- Art und Güte der Ware
- Lieferzeit
- Verpackungskosten
- Beförderungskosten
- Zahlungsbedingungen
- Preis und Preisnachlässe
- Erfüllungsort
- Gerichtsstand

**Kaufvertrag**

**Pflichten des Verkäufers**
- mängelfreie Lieferung
- Annahme des Kaufpreises

**Pflichten des Käufers**
- Annahme der Ware
- Zahlung des Kaufpreises

**Eigentum** ↔ **Besitz**

rechtliche Gewalt über eine Sache

tatsächliche Gewalt über eine Sache

## Arbeitsteil

**1** Wie kommt ein Kaufvertrag zustande und welche Pflichten ergeben sich dadurch für die Vertragspartner?

**2** a) Wodurch kann ein Verkäufer die Bindung an sein Angebot ausschließen?
b) Welche rechtliche Wirkung hat eine verspätete oder abgeänderte Annahme?

**3** Muss ein Händler auf Wunsch des Kunden seine Schaufensterauslage verkaufen? Begründen Sie Ihre Antwort.

**4** Herr Huber wird in 6 Wochen seine neue Wohnung beziehen. Aus diesem Anlass bestellt er eine neue Einbauküche. Der Verkäufer versichert ihm, dass die bestellte Küche ganz sicher innerhalb der nächsten sechs Wochen geliefert würde, also auf jeden Fall vor seinem Einzugstermin. Nachdem er auch nach 7 Wochen noch keine Küche hat, ruft er im Küchenstudio an und beschwert sich. Der Verkäufer bedauert, dass der Hersteller immer noch nicht geliefert hätte. Dass er einen Liefertermin mündlich zugesagt hätte, streitet er jetzt entschieden ab.
a) Begründen Sie am Fall von Herrn Huber, weshalb es bei wichtigen Kaufverträgen empfehlenswert ist, alle Bedingungen des Kaufvertrags genau auszuhandeln und schriftlich festzuhalten.
b) Welche wichtigen Inhalte sollten in einem Kaufvertrag geregelt werden?

**5** a) Wann muss der Verkäufer liefern, wenn keine Lieferzeit vereinbart wurde?
b) Welche Bedeutung hat der gesetzliche Erfüllungsort beim Kaufvertrag?
c) Welche Bedeutung hat der Gerichtsstand?
d) Welche Bestimmungen über den Gerichtsstand enthält der Verbraucherschutz?

**6** Beurteilen Sie mithilfe des nachfolgenden Auszuges aus dem BGB, ob ein Angebot oder eine Bestellung vorliegt bzw. ob eine rechtliche Bindung besteht.
a) Uwe fragt telefonisch bei einem Computerversand nach, wie viel das Modell Profiline 2000 kostet. Der Verkäufer bietet das Gerät für 799 € an. Uwe bestellt nicht sofort, sondern will sich wieder melden.
b) In der Tageszeitung sieht er die Anzeige eines anderen Händlers, der das Gerät für 789 € anbietet.

c) Firma Häcker sendet Uwe am 3.4. einen Brief, in dem sie ihm Profiline 2000 für 749 € anbietet. Uwe bestellt den Computer am 20.4.

### Auszug aus dem Bürgerlichen Gesetzbuch (BGB)

**§ 147 Annahmefrist**
(1) Der einem Anwesenden gemachte Antrag kann nur sofort angenommen werden. Dies gilt auch von einem mittels Fernsprecher oder einer sonstigen technischen Einrichtung von Person zu Person gemachten Antrag.
(2) Der einem Abwesenden gemachte Antrag kann nur bis zu dem Zeitpunkt angenommen werden, in welchem der Antragende den Eingang der Antwort unter regelmäßigen Umständen erwarten darf.

**Fallbeispiel**
„Angebotsvergleich"
S. 257

## 3.4 Pflichtverletzungen bei der Erfüllung von Kaufverträgen

### Einstieg

a) Welche Kaufvertragspflichtverletzung liegt vor?

b) Wie lange sollte das Kaufvertragsdatum höchstens zurückliegen?

### Mangelhafte Lieferung

Der Käufer hat einen Anspruch darauf, dass die Ware in einwandfreiem Zustand geliefert wird. Hat sie nicht die vertraglich **vereinbarte Beschaffenheit**, liegt ein Sachmangel vor. Wurde nichts festgelegt, ist die gewöhnliche Verwendung maßgebend, d.h. eine Beschaffenheit, wie sie bei gleichartigen Sachen üblich ist. Eine **mangelhafte Lieferung** kann demnach folgende Mängel aufweisen:

BGB §§ 433 – 435

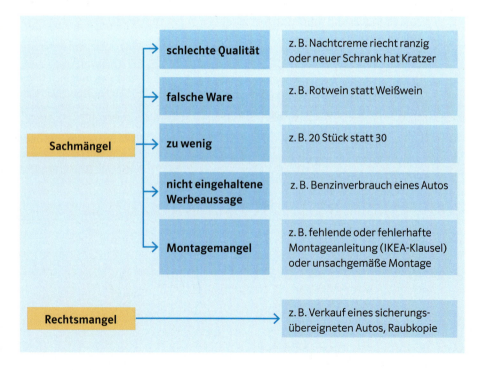

Kaufvertrag  68–70

**Sachmangelhaftung und Verjährungsfristen:** Der Umfang der Sachmangelhaftung hängt davon ab, ob ein Privatmann oder ein Unternehmer auf Einkaufstour geht.

| Sachmangelhaftung | |
| --- | --- |
| **Privatmann als Käufer** | **Unternehmer als Käufer** |
| Bei neuen Produkten haftet der Verkäufer 2 Jahre. Bei gebrauchten Sachen kann die Frist auf ein Jahr herabgesetzt werden. | Durch Vertrag kann der Verkäufer seine Haftung beliebig verkürzen oder ausschließen. In Allgemeinen Geschäftsbedingungen kann die Haftung bei neuen Sachen auf ein Jahr herabgesetzt werden. |

Kauft ein privater Kunde von einem Unternehmer eine bewegliche Sache, dann liegt ein **Verbrauchsgüterkauf** vor. Beim Verbrauchsgüterkauf muss der Verkäufer mindestens **zwei Jahre** haften. Dies gilt für alle **neuen Produkte**, gleichgültig ob Autos, Maschinen, Spielzeug, Computer, Sportgeräte usw. Der Verkäufer darf diese Frist weder umgehen noch verkürzen, lediglich bei **gebrauchten Produkten**, etwa einem Gebrauchtwagen, kann der Unternehmer die Frist auf **ein Jahr** herabsetzen. Von der Sachmangelhaftung ausgeschlossen ist der allgemein übliche Verschleiß. Beispiel: Wenn die Autoreifen schon nach einem Jahr kein ausreichendes Profil aufweisen, aber 80 000 Kilometer gefahren wurden, ist dies kein Sachmangel. Beim Verbrauchsgüterkauf gilt für die ersten 6 Monate eine **Beweislastumkehr**, d.h. es wird für diese Zeit unterstellt, dass der Fehler schon von Anfang an da war. Die Folge: Der Händler muss im Streitfall die Fehlerfreiheit beweisen. Als Ausgleich für diese strenge Haftung kann er seinen Lieferanten in **Regress** nehmen: bis zu 5 Jahre, nachdem er die Ware erhalten hat.

> Privatverkäufer können die Gewährleistung ganz ausschließen, andernfalls haften sie 2 Jahre. Dies gilt auch auf Verkaufsplattformen wie „ebay".

BGB § 477

Anders ist die Sachlage, **wenn Unternehmer einkaufen, die im Handelsregister als Kaufmann eingetragen sind**:
Hier darf der Verkäufer seine Haftung durch Vertrag beliebig verkürzen oder sogar ganz ausschließen. Für allgemeine Geschäftsbedingungen gelten Sonderregeln. Bei neuen Sachen ist hier eine Befristung auf nur ein Jahr erlaubt, bei gebrauchten auch auf weniger als ein Jahr.
Bei Kaufverträgen muss der Käufer die gelieferte Ware **unverzüglich prüfen** und entdeckte Mängel unverzüglich **rügen**, andernfalls gilt die Ware als genehmigt. Ein **versteckter Mangel** muss **unverzüglich nach Entdeckung** gerügt werden, spätestens jedoch innerhalb von **2 Jahren**.

**Rechte des Käufers:** Bei einer rechtzeitigen Mängelrüge kann der Käufer folgende Rechte geltend machen:

- **Nacherfüllung**, d.h. der Käufer kann wählen zwischen *Ersatzlieferung* und *Reparatur (Nachbesserung)*. Zusätzlich muss der Verkäufer für die entstandenen Kosten des Käufers aufkommen, z.B. Fahrt-, Transport- oder Arbeitskosten.

  > **Zuerst** muss der Käufer Nacherfüllung verlangen. Erst, wenn diese während einer angemessenen Nachfrist fehlschlägt (bei Reparatur 2 Versuche), kann er

- **Minderung**, d.h. Herabsetzung des Kaufpreises wählen oder
- **Rücktritt** vom Vertrag verlangen und
- zusätzlich **Schadenersatz** fordern.

BGB §§ 437 ff.

> Die Nachfrist beim Schadenersatz ist entbehrlich, wenn besondere Umstände es rechtfertigen. Beispiel: Obwohl auf der Verpackung einer Bluse steht, dass sie waschbar sei, geht sie ein und färbt auf andere Wäschestücke ab.

69–72　Kompetenzbereich II

In den **Allgemeinen Geschäftsbedingungen** (dem Kleingedruckten) behalten sich die meisten Händler ein Nachbesserungsrecht vor. Die Folge: Der Käufer muss die Ware behalten und dem Verkäufer die Gelegenheit einräumen, sie in einer angemessenen Frist zu reparieren. Allerdings dürfen dem Kunden dabei keinerlei Kosten entstehen. Wurde Nachbesserung vereinbart, dann kann der Verkäufer in der Regel zwei Reparaturversuche unternehmen.

Erst wenn die Nachbesserungen erfolglos sind, kann der Kunde vom Vertrag zurücktreten, auf Ersatzlieferung oder Minderung des Kaufpreises bestehen. Vielfach lehnen Verkäufer eine Ersatzlieferung ab und bieten stattdessen einen Warengutschein an. Einen Gutschein muss der Kunde nicht akzeptieren. Dies gilt auch dann, wenn es sich um Restposten oder Schlussverkaufsware handelt, für die ein Umtausch ausdrücklich ausgeschlossen war. Die gesetzliche Sachmangelhaftungsfrist von 2 Jahren muss eingehalten werden – ausgenommen, der Händler hat vorher auf Mängel hingewiesen. Anders ist die Rechtslage jedoch, wenn kein Mangel vorliegt, sondern dem Kunden die Ware nicht mehr gefällt, etwa weil die neue Jacke zu eng ist. In diesem Fall besteht kein Umtauschrecht. Bietet der Händler dennoch die Rücknahme gegen einen Gutschein an, liegt eine Kulanzleistung vor.

Spätestens 2 Jahre, nachdem die Ware übergeben wurde, müssen die gesetzlichen Ansprüche aus der Sachmangelhaftung geltend gemacht werden, andernfalls erlischt der Anspruch gegen den Händler.

BGB § 443

Vielen gekauften Geräten liegt eine Garantiekarte des Herstellers bei, worin dieser sich verpflichtet, für sein Erzeugnis eine Garantie über einen bestimmten Zeitraum zu übernehmen. Die Haftung bezieht sich in der Regel auf Fabrikationsfehler und verpflichtet den Hersteller, die Sache kostenfrei zu ersetzen oder auszubessern, sofern der Kunde die Garantiebedingungen beachtet hat. Allerdings benutzen viele Firmen solche **Herstellergarantien**, um die gesetzliche Haftungsverpflichtung bei Kaufverträgen einzuschränken. Viele „Garantieurkunden" schließen z. B. das Recht auf Preisnachlass (Minderung) aus und engen das Rücktrittsrecht ein. Es ist deshalb empfehlenswert, die Garantiebedingungen vor dem Kauf genau durchzulesen. Solche Garantieerklärungen entbinden den Händler jedoch keinesfalls von seiner Sachmangelhaftung. Denn nur mit ihm hat der Kunde vertragliche Beziehungen. Rechtlich kommt neben dem normalen Kaufvertrag zusätzlich ein zweiter Vertrag zustande, wenn der Händler stellvertretend für den Hersteller die Garantiekarte ausfüllt und abstempelt. In der Regel kann also der Kunde entscheiden, an wen er sich bei Reklamationen wenden will.

### Verzug

BGB § 286

**Lieferungsverzug:** Ein Verkäufer gerät in Verzug, wenn er schuldhaft eine fällige Ware nicht liefert. Eine Lieferung ist fällig, wenn ein bestimmter Liefertermin vereinbart wurde. Wurde der Termin nicht kalendermäßig festgelegt (z. B. 12.09.), ist die Lieferung fällig nach der ersten Mahnung, mit deren Zustellung der Verzug beginnt. Ein Verschulden entfällt, wenn aufgrund höherer Gewalt, z. B. Streiks oder Naturkatastrophen, nicht geliefert werden konnte. In diesem Fall besteht kein Anspruch auf Schadenersatz, da dieser ein Verschulden voraussetzt. Der Rücktritt vom Vertrag dagegen ist verschuldensunabhängig. Er kann selbst dann geltend gemacht werden, wenn der Verkäufer für die Lieferungsverzögerung nicht verantwortlich ist.

120

### Rechte des Käufers bei Lieferungsverzug

*Unter Setzen einer Nachfrist kann der Käufer*
- auf Lieferung bestehen (Nacherfüllung),
- auf Lieferung bestehen und Schadenersatz wegen verspäteter Lieferung verlangen.

*Nach Setzen und Verstreichen einer angemessenen Nachfrist kann der Käufer*
- die Lieferung ablehnen und vom Vertrag zurücktreten,
- die Lieferung ablehnen und Schadenersatz statt der Leistung verlangen.

**Annahmeverzug:** Der Käufer gerät in Verzug, wenn er die ordnungsgemäß und pünktlich gelieferte Ware nicht oder nicht rechtzeitig abnimmt. (§§ 293 ff. BGB)

### Rechte des Verkäufers bei Annahmeverzug
- Er kann die Ware in Verwahrung nehmen und auf Abnahme klagen.
- Er kann sich von der Leistungspflicht befreien, indem er die Ware an einem geeigneten Ort sicher einlagert (Lagerhaus) oder öffentlich versteigern lässt (Selbsthilfeverkauf). Bei verderblichen Waren kann er die Ware freihändig verkaufen (Notverkauf). Kosten und Mindererlöse trägt der Käufer.
- Er kann die Lieferung ablehnen und vom Vertrag zurücktreten.
- Er kann zusätzlich Schadenersatz verlangen.

**Zahlungsverzug:** Zahlt der Käufer die fällige Rechnung nicht, ohne dass er hierfür einen berechtigten Grund hat, wie z. B. mangelhafte Lieferung, dann kommt er mit Zugang der Mahnung in Verzug. Ohne Mahnung gerät der Käufer in Verzug, wenn er zum fest vereinbarten Zahlungstermin oder innerhalb der vereinbarten Zahlungsfrist nicht bezahlt. Mahnt der Gläubiger nicht, so befindet sich der Schuldner spätestens 30 Tage nach Zugang einer Rechnung automatisch in Verzug, d.h. auch ohne Mahnung. Für Verbraucher gilt diese Frist von 30 Tagen allerdings nur, wenn sie in der Rechnung darauf hingewiesen worden sind. (§§ 286 ff. BGB)

### Rechte des Verkäufers bei Zahlungsverzug
- Er kann Zahlung verlangen und einklagen.
- Er kann Zahlung und Schadenersatz verlangen (Zahlung zuzüglich Verzugszinsen).
- Er kann vom Vertrag zurücktreten und die Ware zurücknehmen, nachdem er dem Käufer eine angemessene *Nachfrist* gesetzt hat.
- Nach Ablauf einer Nachfrist kann er die Ware zurücknehmen und Schadenersatz fordern (Mindererlös beim Weiterverkauf und Verzugszinsen).

Die Verzugszinsen betragen 5 % über dem Basiszins, wenn ein Verbraucher beteiligt ist, 9 % wenn dies nicht der Fall ist.

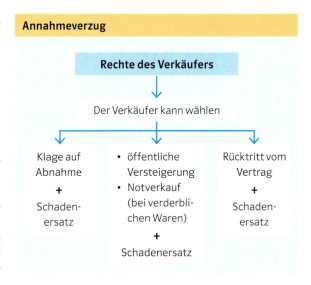

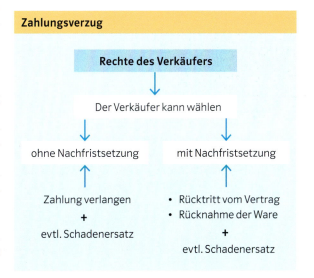

Kompetenzbereich II

## Wissen kompakt

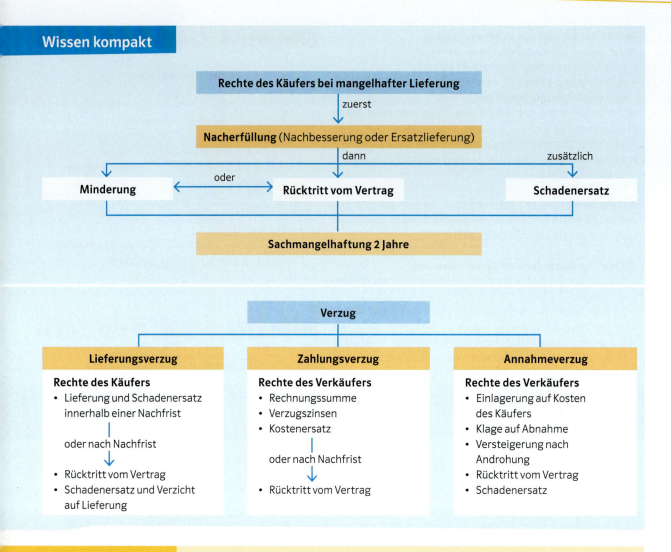

## Arbeitsteil

1. Welche Mängel können beim Kaufvertrag auftreten?

2. Welche Rechte hat der Käufer bei einer mangelhaften Lieferung? Lesen Sie hierzu auch die Auszüge aus dem BGB auf S. 123.

3. Sie haben einen neuen MP3-Player gekauft. Beim Auspacken entdecken Sie, dass das Gehäuse stark verkratzt ist und nicht die gewünschte Farbe hat. Des Weiteren fehlt die Bedienungsanleitung.
   a) Welche Rechte können Sie beanspruchen? Lesen Sie hierzu die Auszüge aus dem BGB auf S. 123.
   b) Innerhalb welcher Frist müssen die Mängel gerügt werden?

4. Erna Pfiffig kauft im Elektrohaus Müller einen Fernsehapparat als Sonderangebot zu einem günstigen Preis. Nachdem die Ware beschädigt geliefert wird, setzt sie Herrn Müller eine angemessene Nachfrist für die Lieferung eines mangelfreien Gerätes. Dieser weigert sich, den Mangel zu beseitigen, da er gerade keinen LKW zur Verfügung habe.
   a) Kann Erna Pfiffig vom Vertrag zurücktreten, um den gleichen Apparat anderswo zu kaufen?
   b) Als sie versucht, den Fernseher anderswo zu kaufen, stellt sie fest, dass er überall viel teurer ist. Kann Erna Pfiffig den Mehrpreis von Herrn Müller verlangen?

# Kaufvertrag

**5**
a) Welche Voraussetzungen müssen gegeben sein, damit ein Lieferer in Verzug gerät?
b) Welche Rechte hat der Käufer beim Lieferungsverzug?
c) Welche Rechte hat der Verkäufer beim Zahlungsverzug?

**6** Sabine bestellt Möbel im Wert von 2 000 € für ihre neu einzurichtende Wohnung. Als voraussichtliche Lieferzeit gibt der Händler 6 Wochen an.
a) Worauf ist beim Abschluss des Kaufvertrages zu achten?
b) Nach 8 Wochen sitzt Sabine immer noch in ihrer leeren Wohnung. Beurteilen Sie die rechtliche Situation von Sabine.
c) Was kann Sabine tun, damit ihre Möbel möglichst schnell geliefert werden?
d) Angenommen, die Möbel würden nun endlich durch die Möbelfirma ausgeliefert, der Schrank weist aber einen Kratzer auf. Wie sollte sich Sabine verhalten?
e) Welche gesetzlichen Rechte kann Sabine normalerweise aus diesem Mangel ableiten? Welche Regelung werden die AGB der Möbelfirma für diesen Fall vorsehen?

**Methode**
„Umgang mit Rechtsfällen" S. 260 ff.

**Fallbeispiele**
„Probleme beim Kaufvertrag" S. 124, „Folgen von Zahlungsverzug" S. 131

## Auszüge aus dem Bürgerlichen Gesetzbuch (BGB)

**§ 434 Sachmangel**
(1) Die Sache ist frei von Sachmängeln, wenn sie bei Gefahrübergang die vereinbarte Beschaffenheit hat. Soweit die Beschaffenheit nicht vereinbart ist, ist die Sache frei von Sachmängeln,
1. wenn sie sich für die nach dem Vertrag vorausgesetzte Verwendung eignet, sonst
2. wenn sie sich für die gewöhnliche Verwendung eignet und eine Beschaffenheit aufweist, die bei Sachen der gleichen Art üblich ist […].
Zu der Beschaffenheit […] gehören auch Eigenschaften, die der Käufer nach den öffentlichen Äußerungen des Verkäufers, des Herstellers […] insbesondere in der Werbung oder bei der Kennzeichnung […] erwarten kann […].
(2) Ein Sachmangel ist auch dann gegeben, wenn die vereinbarte Montage […] unsachgemäß durchgeführt worden ist. Ein Sachmangel liegt […] ferner vor, wenn die Montageanleitung mangelhaft ist […].
(3) Einem Sachmangel steht es gleich, wenn der Verkäufer eine andere Sache oder eine zu geringe Menge liefert.

**§ 437 Rechte des Käufers bei Mängeln**
Ist die Sache mangelhaft, kann der Käufer […]
1. […] Nacherfüllung verlangen,
2. […] von dem Vertrag zurücktreten oder […] den Kaufpreis mindern und
3. […] Schadensersatz […] verlangen.

**§ 438 Verjährung der Mängelansprüche**
(1) Die in § 437 […] bezeichneten Ansprüche verjähren
1. in 30 Jahren, wenn der Mangel
a) in einem dinglichen Recht eines Dritten, […] oder
b) in einem sonstigen Recht, das im Grundbuch eingetragen ist, besteht,
2. in fünf Jahren
a) bei einem Bauwerk und
b) bei einer Sache, die […] für ein Bauwerk verwendet worden ist und dessen Mangelhaftigkeit verursacht hat, und
3. im Übrigen in zwei Jahren. […]

**§ 439 Nacherfüllung**
(1) Der Käufer kann als Nacherfüllung nach seiner Wahl die Beseitigung des Mangels oder die Lieferung einer mangelfreien Sache verlangen. […]

**§ 440 Besondere Bestimmungen für Rücktritt und Schadensersatz**
[…] Eine Nachbesserung gilt nach dem erfolglosen zweiten Versuch als fehlgeschlagen […].

**§ 441 Minderung**
(1) Statt zurückzutreten kann der Käufer den Kaufpreis […] mindern. […]

**§ 323 Rücktritt wegen nicht oder nicht vertragsgemäß erbrachter Leistung**
(1) Erbringt bei einem gegenseitigen Vertrag der Schuldner eine fällige Leistung nicht oder nicht vertragsgemäß, so kann der Gläubiger, wenn er dem Schuldner erfolglos eine angemessene Frist zur Leistung oder Nacherfüllung bestimmt hat, vom Vertrag zurücktreten. […]

123

**Fallbeispiel** — Kaufvertrag — 73–75 — **Material** Arbeitsblätter b7jb4e

# Probleme beim Kaufvertrag

**Problemsituation:**
Die 18-jährige Sophie will sich räumlich vergrößern und kauft für ihre neue Mietwohnung eine Einbauküche. Diese soll laut Kaufvertrag Anfang März 2021 geliefert und eingebaut werden. Am 16. März ist die Küche jedoch noch nicht da. Sophie ist verärgert und teilt dies dem Möbelhändler mit. Außerdem setzt sie ihm schriftlich eine Nachfrist für die Lieferung bis zum 31. März 2021. Am 01. April 2021 ist die Küche aber immer noch nicht geliefert worden. Sophie ist empört und möchte vom Vertrag zurücktreten.

**Arbeitsauftrag:**
Klären Sie unter Verwendung der untenstehenden Auszüge aus dem BGB, ob Sophie im Recht ist.

→ Präsentieren Sie Ihr Arbeitsergebnis der Klasse.

**Methode**
„Umgang mit Rechtsfällen"
S. 260 ff.

---

### Auszüge aus dem Bürgerlichen Gesetzbuch (BGB)

**§ 145 Bindung an den Antrag**
Wer einem anderen die Schließung eines Vertrags anträgt, ist an den Antrag gebunden, es sei denn, dass er die Gebundenheit ausgeschlossen hat.

**§ 433 Vertragstypische Pflichten beim Kaufvertrag**
(1) Durch den Kaufvertrag wird der Verkäufer einer Sache verpflichtet, dem Käufer die Sache zu übergeben und das Eigentum an der Sache zu verschaffen. Der Verkäufer hat dem Käufer die Sache frei von Sach- und Rechtsmängeln zu verschaffen.
(2) Der Käufer ist verpflichtet, dem Verkäufer den vereinbarten Kaufpreis zu zahlen und die gekaufte Sache abzunehmen.

**§ 323 Rücktritt wegen nicht oder nicht vertragsgemäß erbrachter Leistung**
(1) Erbringt bei einem gegenseitigen Vertrag der Schuldner eine fällige Leistung nicht oder nicht vertragsgemäß, so kann der Gläubiger, wenn er dem Schuldner erfolglos eine angemessene Frist zur Leistung oder Nacherfüllung bestimmt hat, vom Vertrag zurücktreten.
(2) Die Fristsetzung ist entbehrlich, wenn
1. der Schuldner die Leistung ernsthaft und endgültig verweigert,
2. der Schuldner die Leistung bis zu einem im Vertrag bestimmten Termin oder innerhalb einer im Vertrag bestimmten Frist nicht bewirkt, obwohl die termin- oder fristgerechte Leistung nach einer Mitteilung des Gläubigers an den Schuldner vor Vertragsschluss oder auf Grund anderer den Vertragsabschluss begleitenden Umstände für den Gläubiger wesentlich ist, oder
3. im Falle einer nicht vertragsgemäß erbrachten Leistung besondere Umstände vorliegen, die unter Abwägung der beiderseitigen Interessen den sofortigen Rücktritt rechtfertigen.
(3) Kommt nach der Art der Pflichtverletzung eine Fristsetzung nicht in Betracht, so tritt an deren Stelle eine Abmahnung.
(4) Der Gläubiger kann bereits vor dem Eintritt der Fälligkeit von der Leistung zurücktreten, wenn offensichtlich ist, dass die Voraussetzungen des Rücktritts eintreten werden.
(5) Hat der Schuldner eine Teilleistung bewirkt, so kann der Gläubiger vom ganzen Vertrag nur zurücktreten, wenn er an der Teilleistung kein Interesse hat. Hat der Schuldner die Leistung nicht vertragsgemäß bewirkt, so kann der Gläubiger vom Vertrag nicht zurücktreten, wenn die Pflichtverletzung unerheblich ist.
(6) Der Rücktritt ist ausgeschlossen, wenn der Gläubiger für den Umstand, der ihn zum Rücktritt berechtigen würde, allein oder weit überwiegend verantwortlich ist oder wenn der vom Schuldner nicht zu vertretende Umstand zu einer Zeit eintritt, zu welcher der Gläubiger im Verzug der Annahme ist.

## 3.5 Folgen von Zahlungsverzug

### Einstieg

In der Flaschnerei Rohrer kommt es häufig vor, dass Kunden ihre Rechnungen nicht pünktlich bezahlen. Drei Wochen nach Rechnungsstellung – die Rechnungen sind gewöhnlich sofort zahlbar – wird dem Kunden folgende Mahnung zugeschickt:

---

**1. Mahnung, Rechnung Nr. … vom …**

Sehr geehrter Kunde, sehr geehrte Kundin,

unsere Lieferer erwarten, dass wir ihre Rechnungen pünktlich begleichen. Dasselbe können wir auch von unseren Kunden verlangen. Sie haben Ihre Rechnung immer noch nicht bezahlt. Wir gewähren Ihnen noch eine Woche Nachfrist.

Mit freundlichen Grüßen

---

Hat der Kunde auch nach dieser Woche nicht bezahlt, dann erhält er die 2. Mahnung:

---

**2. Mahnung, Rechnung Nr. … vom …**

Sehr geehrter Kunde, sehr geehrte Kundin,

jetzt reicht's; unsere Geduld ist erschöpft. Obwohl wir Ihnen bereits eine Mahnung zuschicken mussten, haben Sie es nicht für nötig gehalten, unsere Rechnung zu begleichen. Stellen Sie sich einmal vor, alle Kunden würden sich so verhalten. Sollten Sie unsere Rechnung auch nach dieser Mahnung nicht sofort bezahlen, dann werden wir unseren Rechtsanwalt beauftragen, den Rechnungsbetrag bei Ihnen einzuziehen. Die damit verbundenen Gebühren gehen dann selbstverständlich zu Ihren Lasten.

Hochachtungsvoll

---

a) Ist in diesem Fall die 1. Mahnung gerechtfertigt? Halten Sie es für sinnvoll, wenn das Mahnverfahren mit diesen Formulierungen beginnt?

b) Wie reagieren die Kunden, vor allem solche, die eine 2. Mahnung erhalten?

c) Verbessern Sie die Schreiben mündlich so, dass sie kundenfreundlicher, aber dennoch wirksam erscheinen.

d) Muss ein Rechtsanwalt unbedingt eingeschaltet werden?

### 3.5.1 Außergerichtliches Mahnverfahren

Jeder Gewerbetreibende muss laufend den rechtzeitigen Eingang seiner Forderungen überwachen. Dadurch bleibt er zahlungsfähig und vermeidet Verluste wie z. B. durch Verjährung oder Zinsausfall.
Zahlungsverzögerungen von Kunden können verschiedene Ursachen haben: Zahlungsunfähigkeit, Zahlungsunwilligkeit oder nur Vergesslichkeit. Diese Gründe sind im Einzelnen maßgebend für die Art und den Stil einer Mahnung. Normalerweise geht ein Gläubiger folgendermaßen vor:

Aus Gründen der Beweisbarkeit erfolgen Mahnungen schriftlich. Wiederholte Mahnungen werden als Übergabe-Einschreiben zugestellt.

Welche Schritte ein Gläubiger ergreift, kann im Einzelfall sehr unterschiedlich sein. Je nach Ursache des Zahlungsverzugs ist es durchaus möglich, zusätzliche Mahnstufen einzubauen oder einzelne Stufen zu überspringen. Erklärt beispielsweise ein Schuldner, dass er nicht zahlen wird, leitet man sofort gerichtliche Schritte ein, da ein außergerichtliches Mahnverfahren hier nichts bewirkt.

BGB § 286

Nach dem BGB (Bürgerlichen Gesetzbuch) gerät ein Schuldner spätestens **„in Verzug"**, wenn er nicht innerhalb von 30 Tagen nach Zugang einer Rechnung zahlt, sofern er in der Rechnung darauf hingewiesen wurde. Er muss dann neben seinen Schulden auch hohe Verzugszinsen zahlen, nämlich 5 % über dem Basiszinssatz der Deutschen Bundesbank.

### Inkassogesellschaften

Viele Gläubiger beauftragen eine **Inkassogesellschaft** mit dem Eintreiben von Forderungen. In diesem Fall müssen die Schuldner zusätzlich die Kosten der Inkassofirma tragen. Inkassogesellschaften nutzen alle Möglichkeiten des außergerichtlichen und gerichtlichen Mahnverfahrens sowie des Klageverfahrens und der Zwangsvollstreckung.

**Hartnäckige Schuldner!** Lassen Sie sich nicht länger an der Nase herumführen! Wir kümmern uns professionell und konsequent um den Einzug Ihrer Forderung ab € 5 000,– Auch Altforderungen. T.

## 3.5.2 Gerichtliches Mahn- und Klageverfahren

### Gerichtliches Mahnverfahren

**Mahnbescheid:** Nach erfolglosen außergerichtlichen Mahnungen leitet der Gläubiger das gerichtliche Mahnverfahren ein, indem er bei der zuständigen Zentralstelle des jeweiligen Bundeslandes (z. B. in Baden-Württemberg das Amtsgericht Stuttgart; für Sachsen, Sachsen-Anhalt und Thüringen das Amtsgericht Aschersleben) den Erlass eines **Mahnbescheids** beantragt. Hierzu kauft er in einem Schreibwarengeschäft den auf S. 127 abgebildeten Vordruck, füllt ihn aus und reicht ihn beim zuständigen Amtsgericht ein. Über die angefallenen Gebühren erhält er vom Gericht einen Kostenbescheid. Die Gebühren des Amtsgerichts für den Erlass eines gerichtlichen Mahnbescheids richten sich nach der Höhe der Forderung.

| Gerichtsgebühren beim Mahnbescheid ||
|---|---|
| Forderung bis € | Gerichtsgebühr in € |
| 500 | 32,00 |
| 1000 | 32,00 |
| 1500 | 35,00 |
| 2000 | 44,00 |
| 3000 | 54,00 |
| 4000 | 63,50 |
| usw. | usw. |

Ohne zu überprüfen, ob der Anspruch berechtigt ist, erlässt nun das Amtsgericht den Mahnbescheid und stellt ihn dem Schuldner zu. Dieser hat drei Möglichkeiten:
- Er **zahlt**. Das Verfahren ist damit beendet.
- Er erhebt innerhalb von 14 Tagen **Widerspruch**. Auf Antrag einer der Parteien kann daraufhin eine mündliche Gerichtsverhandlung angesetzt werden.
- Er **reagiert nicht**. Dann kann der Gläubiger nach 14 Tagen einen Vollstreckungsbescheid beantragen.

**Vollstreckungsbescheid** ist eine Vollstreckbarkeitserklärung, die das Gericht auf den Mahnbescheid setzen kann, wenn der Gläubiger dies beantragt. Nach der Zustellung des Vollstreckungsbescheids hat der Schuldner drei Möglichkeiten:
- Er **zahlt**. Das Verfahren ist damit beendet.
- Er erhebt innerhalb von 14 Tagen **Einspruch**. Das Gericht setzt dann einen Termin zur mündlichen Verhandlung an.
- Er **reagiert nicht**. Der Gläubiger kann nach Ablauf der Einspruchsfrist (14 Tage) durch den Gerichtsvollzieher die Zwangsvollstreckung durchführen lassen.

Anmerkung:
Mahnbescheide können auf der Internetseite des Amtsgerichts Stuttgart auch online beantragt werden.

**Info**
Mahnverfahren online
6n8sd6

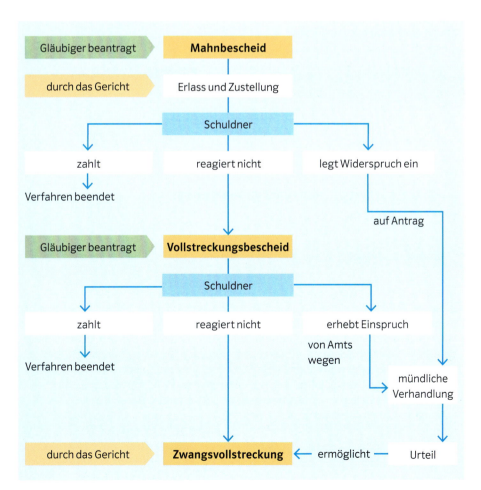

**Fallbeispiel**
„Folgen von Zahlungsverzug"
S. 131

**Zwangsvollstreckung:** Sie erfolgt durch **Pfändung** und öffentliche Versteigerung der gepfändeten Sachen. Der Gerichtsvollzieher pfändet, indem er bewegliche Sachen wie Schmuck oder andere Waren in seinen Besitz nimmt. Schwer zu transportierende Gegenstände versieht er mit einem Pfandsiegel („Kuckuck") und belässt sie zunächst beim Schuldner. Lebensnotwendige Dinge wie z. B. ein Bett, ein Herd oder ein Fernseher dürfen nicht gepfändet werden. Haben solche lebensnotwendigen Güter jedoch einen höheren Wert, so können sie im Rahmen einer Austauschpfändung durch geringwertigere ersetzt werden. Unpfändbar sind Sachen, die zur Berufsausübung benötigt werden wie z. B. die Trompete eines Musikers. Unbewegliche Sachen, z. B. Grundstücke oder Gebäude, werden mit einer Sicherungshypothek belastet oder zwangsversteigert. Auch Forderungen und Rechte, z. B. der Arbeitslohn, können gepfändet werden. Der Arbeitslohn kann jedoch nicht ganz gepfändet werden, sondern nur bis zum Existenzminimum.

Wenn die Pfändung erfolglos verlief oder der Versteigerungserlös nicht ausreicht, kann der Gläubiger beantragen, dass der Schuldner ein Verzeichnis seiner Vermögensteile aufstellt. Über die Vollständigkeit und Richtigkeit muss er eine **eidesstattliche Versicherung** abgeben. Eine „Falsche Versicherung an Eides statt" wird mit Gefängnis bestraft und zwar bis zu 3 Jahren. Jeder, der diese Versicherung abgeben musste, wird in ein Schuldnerverzeichnis beim Amtsgericht aufgenommen. Entsprechende Eintragungen kann man auf Antrag erfahren. Verweigert der Schuldner diese eidesstattliche Versicherung, dann kann er zur Erzwingung bis zu sechs Monate inhaftiert werden.

**Info**
Justizportal des Bundes und der Länder
t3z4dw

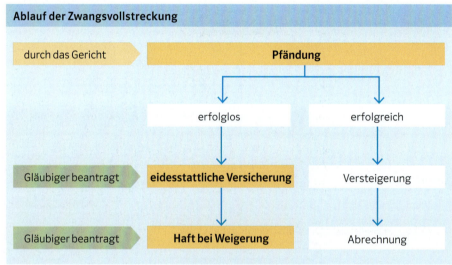

**Ablauf der Zwangsvollstreckung**

Zwar verjähren Ansprüche der Gläubiger spätestens nach 30 Jahren. Dennoch gibt es für die rund 6,85 Millionen überschuldeten Bürger Hoffnung. Als letzten Ausweg können Gerichte auch Privatleuten ihre Schulden erlassen. Die **Insolvenzordnung (InsO)** gibt Überschuldeten die Chance, sich von alten Schulden zu befreien; sie dürfen von vorn anfangen. Dazu muss ein Schuldner jede zumutbare Arbeit angenommen, in der Regel sechs Jahre lang sein pfändbares Einkommen abgeliefert, sein Vermögen offengelegt und sich finanziell korrekt verhalten haben (siehe S. 175 Verbraucherinsolvenzverfahren).

Kaufvertrag  78

## Klageverfahren

Häufig verzichtet ein Gläubiger auf das gerichtliche Mahnverfahren und verklagt den Schuldner direkt auf Zahlung. Dies empfiehlt sich, wenn der Schuldner zahlungsunwillig ist oder wenn die Ansprüche umstritten sind. Des Weiteren entsteht ein Zivilprozess
- auf Antrag des Gläubigers oder Schuldners nach einem Mahnbescheid,
- von Amts wegen nach einem Einspruch gegen einen Vollstreckungsbescheid.

**Örtlich zuständig** ist das Gericht, in dessen Bezirk der Beklagte wohnt, sofern kein vertraglicher Gerichtsstand vereinbart wurde.
**Sachlich zuständig** ist bei einem Streitwert bis 5000 € das Amtsgericht, bei Beträgen darüber das Landgericht.

**Info**
Schlichten statt richten
ne7ch9

**Verfahrensablauf:** Der Kläger reicht beim zuständigen Gericht die Klage ein. Dieses stellt dem Beklagten die Klageschrift zu und teilt ihm einen Termin für die mündliche Verhandlung mit. Dort soll der Tatbestand aufgeklärt werden. Hierzu werden beide Parteien gehört. Beweismittel können z. B. Zeugenaussagen oder Urkunden sein.

§ 278 der Zivilprozessordnung (ZPO) schreibt vor, dass zunächst eine **Güteverhandlung** angesetzt wird. Hier soll versucht werden, durch einen Vergleich zu schlichten. Ausnahmen: erkennbare Aussichtslosigkeit oder Widerspruch einer Partei.

Das Verfahren endet normalerweise durch:
- **Vergleich**, wenn sich die Parteien einigen.
- **Urteil**, wenn sich die Parteien nicht einigen; ein rechtskräftiges Urteil kann der Gläubiger vollstrecken lassen.
- **Zurücknahme der Klage**, wenn der Kläger erkennt, dass seine Klage keinen Erfolg haben wird.
- **Versäumnisurteil**, wenn eine Partei nicht zur Verhandlung erscheint.

**Berufung und Revision:** Gegen ein Urteil kann die unterlegene Partei **Berufung** einlegen. Berufungsinstanzen sind das Landgericht und das Oberlandesgericht. In der Berufung wird das ganze Verfahren noch einmal durchgeführt, neue Beweise können vorgebracht werden. Gegen Urteile des Oberlandesgerichts kann Revision beim Bundesgerichtshof in Karlsruhe eingelegt werden. Bei der **Revision** jedoch wird nur überprüft, ob in der vorigen Instanz die Gesetze richtig angewendet wurden.

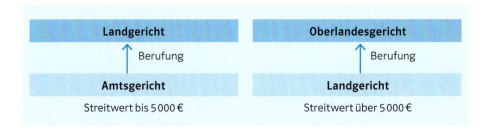

## Wissen kompakt

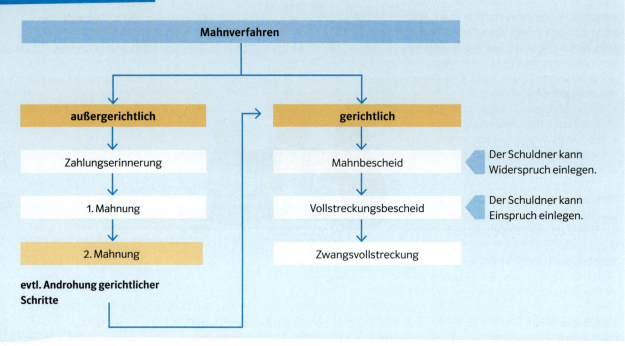

## Arbeitsteil

1. a) Begründen Sie, weshalb das außergerichtliche Mahnverfahren meist in mehreren Stufen erfolgt.
   b) Nennen Sie die wichtigsten Stufen des außergerichtlichen Mahnverfahrens.

2. a) Weshalb sollte jeder Mahnbescheid vom Empfänger sehr genau überprüft werden?
   b) Wie kann man gegen einen Mahnbescheid vorgehen?

3. Max hat ein Fernsehgerät gekauft. Trotz einer Zahlungsaufforderung und zweier Mahnungen hat er das Gerät immer noch nicht bezahlt. Einige Zeit später erhält er einen gerichtlichen Mahnbescheid zugestellt, den er nicht beachtet. Drei Wochen später wird ihm ein Vollstreckungsbescheid zugestellt.
   a) Womit muss Max rechnen, wenn er den Vollstreckungsbescheid wieder nicht beachtet?
   b) Was geschieht, wenn Max gegen den Vollstreckungsbescheid fristgerecht Einspruch erhebt?
   c) Aus welchen Gründen verzichten manche Gläubiger auf das gesamte gerichtliche Mahnverfahren und reichen lieber sofort Klage bei Gericht ein?

4. Ein Zivilprozess kann auf verschiedene Weise beendet werden. Wie enden die folgenden Verfahren?
   a) Der Kläger erscheint nicht zur Verhandlung.
   b) Die Parteien einigen sich.
   c) Der Kläger erkennt, dass er keinen Erfolg haben wird.

5. Wie unterscheiden sich Berufung und Revision?

**Fallbeispiel** — Kaufvertrag — 79–81 —  **Material** Arbeitsblätter bm398r

# Folgen von Zahlungsverzug

Anita Gruber macht eine Ausbildung zur Fachverkäuferin im Lebensmittelhandwerk bei der Fleischerei Sorg. Seit einigen Tagen wird sie im Büro mit der kaufmännischen Seite ihres Ausbildungsberufes vertraut gemacht. Heute soll sie für ihren Chef, Herrn Sorg, eine säumige Zahlung einfordern.

### Problemsituation:

Die Fleischerei Erwin Sorg hat Herrn Bruno Knicker für die Feier seines 50. Geburtstags ein exklusives kalt/warmes Büffet geliefert. Aufgrund schlechter Erfahrungen mit Herrn Knickers Zahlungsmoral wurde im schriftlichen Auftrag ausdrücklich vereinbart, dass bei Lieferung am 17.04.2021 bar bezahlt werden soll. Beim Aufbau des Büffets erklärt Herr Knicker, dass er es wegen des ganzen Geburtstagstrubels nicht mehr geschafft habe, bei seiner Bank Geld abzuheben. Er werde deshalb die Rechnung am nächsten Tag im Geschäft begleichen. Notgedrungen akzeptiert Herr Sorg, mahnt aber vorsorglich die Zahlung bis spätestens 12.00 Uhr an. Am nächsten Vormittag ruft Herr Knicker an und sagt, er sei mit dem gelieferten Büffet sehr zufrieden gewesen; jedem der zahlreichen Gäste hätte es bestens geschmeckt. Die beigelegte Rechnung über 1575,00 € werde er auf das im Rechnungsformular angegebene Konto überweisen. Herr Sorg lehnt ab und besteht auf sofortiger Barzahlung bis 12.00 Uhr. Entgegen seiner Ankündigung hat Herr Knicker bis heute (18.06.2021) immer noch nicht bezahlt. Auch auf eine am 03.05.2021 zugestellte Mahnung hat er nicht reagiert. Da zwei Monate ergebnislos verstrichen sind, hat Anitas Chef die Geduld verloren. Er beauftragt Anita deshalb, alle möglicherweise erforderlichen Maßnahmen zu ergreifen, nämlich ein letztes Mahnschreiben zu verfassen und vorsorglich das gerichtliche Mahnverfahren vorzubereiten. Anschließend soll sie ihm das Ergebnis präsentieren.

### Arbeitsauftrag:

Arbeiten Sie in Gruppen zusammen.

1. Entscheiden Sie, in welchem Sprachstil die letzte Mahnung verfasst werden soll. Begründen Sie Ihre Entscheidung.
2. Klären Sie die Rechtslage und die vertragsrechtlichen Ansprüche der Fleischerei Sorg. Verwenden Sie den nachfolgenden Auszug aus dem BGB.
3. Verfassen Sie ein letztes Mahnschreiben, machen Sie dabei entstandene Kosten geltend. Recherchieren Sie, in welcher Höhe Mahnkosten üblicherweise verlangt werden. **Verwenden Sie für fehlende Angaben (z.B. Anschriften) Daten aus Ihrer Region.**
4. Ermitteln Sie, welches Gericht für Ihren Betriebsstandort für das gerichtliche Mahnverfahren zuständig ist.
5. Füllen Sie auf der Homepage des zuständigen Gerichts online einen Antrag auf Erlass eines Mahnbescheids aus.
6. Welche Schritte kann Herr Sorg ergreifen, wenn der Mahnbescheid nicht beachtet wird?

→ Präsentieren Sie das Ergebnis Ihrer Arbeit der Klasse und begründen Sie Ihre Entscheidung.

### Suchhilfen:

Geben Sie in die Suchmaschine Stichworte wie **Mahnkosten**, **Basiszins**, **Basiszinsrechner**, **Mahngericht** ein.

✎ **Methoden** „Umgang mit Rechtsfällen" S. 260 ff., „Präsentation und Visualisierung von Arbeitsergebnissen" S. 270 f., „Internetrecherche" S. 272 f.

---

### Auszüge aus dem Bürgerlichen Gesetzbuch (BGB)

**§ 286 Verzug des Schuldners**
(1) Leistet der Schuldner auf eine Mahnung des Gläubigers nicht, die nach dem Eintritt der Fälligkeit erfolgt, so kommt er durch die Mahnung in Verzug. Der Mahnung stehen die Erhebung der Klage auf die Leistung sowie die Zustellung eines Mahnbescheids im Mahnverfahren gleich.
(2) Der Mahnung bedarf es nicht, wenn
1. für die Leistung eine Zeit nach dem Kalender bestimmt ist, [...]

**§ 288 Verzugszinsen und sonstiger Verzugsschaden**
(1) Eine Geldschuld ist während des Verzugs zu verzinsen. Der Verzugszinssatz beträgt für das Jahr fünf Prozentpunkte über dem Basiszinssatz.
(2) Bei Rechtsgeschäften, an denen ein Verbraucher nicht beteiligt ist, beträgt der Zinssatz für Entgeltforderungen neun Prozentpunkte über dem Basiszinssatz.
(3) Der Gläubiger kann aus einem anderen Rechtsgrund höhere Zinsen verlangen.
(4) Die Geltendmachung eines weiteren Schadens ist nicht ausgeschlossen. [...]

## 4 Verjährung von Forderungen

**Einstieg**

Halten Sie diese Reklamation für aussichtsreich?

### 4.1 Fristen der Verjährung

BGB § 195

Nach Ablauf einer bestimmten Zeit kann der Schuldner die Leistung verweigern. Der Anspruch bleibt zwar bestehen, aber er kann gerichtlich nicht mehr durchgesetzt werden, wenn der Schuldner die **„Einrede der Verjährung"** geltend macht. Ein Schuldner, der in Unkenntnis der Rechtslage zahlt, kann das Geld nicht mehr zurückverlangen. Normalerweise beträgt die Verjährungsfrist 3 Jahre. In bestimmten Fällen sieht das Gesetz längere Fristen vor. Die wichtigsten Verjährungsfristen sind:

BGB § 197
BGB § 196
BGB § 438

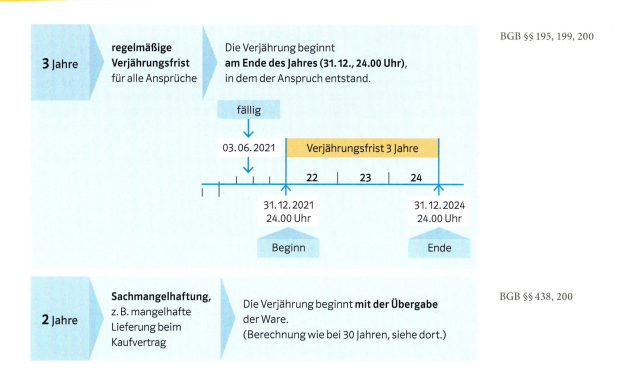

## 4.2 Hemmung der Verjährung

Eine einfache Mahnung des Gläubigers bewirkt keine Hemmung der Verjährung. Die Verjährung kann unter anderem gehemmt werden durch:
- gerichtlichen Mahnbescheid,
- höhere Gewalt,
- Klageerhebung,
- Beginn eines schiedsrichterlichen Verfahrens,
- Verhandlungen über den Anspruch,
- Leistungsverweigerungsrecht des Schuldners.

BGB §§ 203 ff.

Bei der **Hemmung** ruht der Verjährungsablauf für einen bestimmten Zeitraum. Die Verjährungsfrist verlängert sich um die **Dauer der Hemmung**. Je nach Hemmungsgrund kann noch eine Nachfrist von 3 oder 6 Monaten hinzugerechnet werden.
Beispiel: Solange Gläubiger und Schuldner über den Anspruch verhandeln, ist die Verjährung gehemmt. Sind die Verhandlungen abgeschlossen, also die Hemmung beendet, tritt die Verjährung frühestens 3 Monate danach ein.

### 4.3 Neubeginn der Verjährung

BGB § 212

Die Verjährung beginnt erneut, wenn der Schuldner dem Gläubiger gegenüber den Anspruch anerkennt durch Abschlagszahlung, Zinszahlung, Teilzahlung oder auf andere Art und Weise. Wurde eine gerichtliche oder behördliche Vollstreckungshandlung beantragt oder vorgenommen, so bewirkt dies ebenfalls einen Neubeginn der Verjährung. Auch die Anerkennung von Mängelansprüchen durch Nacherfüllung lässt die Verjährung neu beginnen.

Beim **Neubeginn** läuft die **Verjährungsfrist** neu an, beginnend mit dem Tag des Neubeginns.

## Wissen kompakt

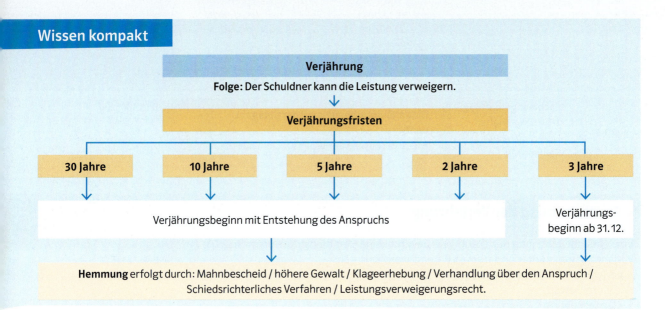

## Arbeitsteil

1. Wie wirkt sich die Verjährung aus und wie lang ist die regelmäßige Verjährungsfrist?

2. Welche Verjährungsfrist gilt für Ansprüche aus
   a) der Sachmangelhaftung bei Kaufverträgen,
   b) Gerichtsurteilen,
   c) Mängeln an Bauwerken,
   d) Rechten an Grundstücken?

3. Aufgrund eines rechtskräftigen Urteils haben Sie Anspruch auf 2 000 € Schadenersatz. Wann ist der Anspruch verjährt?

4. a) Wodurch wird die Verjährung gehemmt? Nennen Sie drei Möglichkeiten.
   b) Welche Wirkung hat eine Hemmung der Verjährung?

5. a) Wodurch wird ein Neubeginn der Verjährung bewirkt?
   b) Welche Wirkung hat ein Neubeginn der Verjährung?

6. Sie haben am 15. 08. 20 den Gebrauchtwagen eines Bekannten gekauft.
   a) Wann ist die Forderung verjährt?
   b) Am 18. 08. 20 haben Sie in einem Supermarkt ein neues Autoradio gekauft. Am 20. 08. 21 bringen Sie das Gerät zurück, weil es nicht mehr funktioniert. Der Verkäufer behauptet, die Frist für die Sachmangelhaftung sei bereits abgelaufen. Stimmt das?

7. Überlegen Sie, weshalb die regelmäßige Verjährungsfrist (3 Jahre) einen anderen Verjährungsbeginn hat als alle anderen Verjährungsfristen.

# 5 Verbraucherschutz

## Einstieg

**Verbraucherrechte in der digitalen Welt**

[...] Was ist zu tun, wenn der im Netz bestellte Fotoapparat schon nach drei Wochen den Geist aufgibt oder der Onlineshop die schon bezahlte Jacke nicht liefert? Was ist zu tun, wenn sich das angeblich kostenlose Online-Angebot als teures Abo entpuppt? Verbraucher haben Rechte – auch in der digitalen Welt. Der Vortrag informiert, welche Ansprüche Verbraucher haben, wie sie diese geltend machen können und wo Kostenfallen und Fallstricke lauern.
Zielgruppe: ältere Jugendliche, Erwachsene

Verbraucherzentrale Baden-Württemberg e.V.: Einfach gut informiert; Stuttgart 2016, S 20 (http://www.verbraucherzentrale-bawue.de/media240942A.pdf, letzter Zugriff 26.04.2017)

a) Braucht der „mündige" Verbraucher überhaupt Beratung?

b) In welchen Bereichen beraten die Verbraucherzentralen?

c) Gibt es noch andere Organisationen, die Verbraucher beraten?

## 5.1 Verbraucherberatung

### 5.1.1 Organisationen der Verbraucherberatung

Jeder, der heute einen Computer kaufen möchte, muss sich entscheiden zwischen zahlreichen Anbietern und noch mehr verschiedenen Computertypen in ganz unterschiedlichen Preisklassen. Selbst Fachleute haben Probleme, diesen Markt zu überschauen.

Alle Verbraucher gehen ständig Verträge ein wie Mietverträge, Kreditverträge oder Lebensmittelkäufe. Über mögliche Rechtsfolgen, die sich dadurch ergeben, sind sich die meisten Verbraucher im Unklaren.

Wie diese wenigen Beispiele zeigen, benötigen viele deshalb die kompetente und objektive Beratung von Fachleuten. Häufig geraten Konsumenten in Rechtsstreitigkeiten mit unredlichen Geschäftsleuten. Auch hier bieten die Fachleute der Verbraucherberatung einen gewissen Schutz. Es gibt eine Reihe von Einrichtungen, die dem Verbraucher helfen können,
- seine Rechte zu erkennen,
- vorteilhaft zu verhandeln,
- diese Rechte auch durchzusetzen.

**Info**
Verbraucherzentrale
Baden-Württemberg
h4u274

#### Verbraucherzentralen
Die **Verbraucherzentralen** der Bundesländer vertreten auf Landesebene die Verbraucherinteressen. In größeren Städten unterhalten sie ihre Außenstellen, die **Verbraucherberatungsstellen**. Hier wird jeder Bürger unabhängig beraten. Da die Bundesländer die Arbeit der Verbraucherzentralen durch Zuschüsse unterstützen, sind sie weder auf Werbeeinnahmen noch auf Industriegelder angewiesen und somit völlig unabhängig.

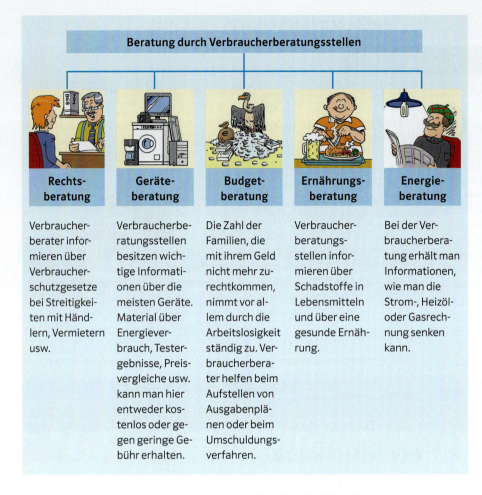

## Beratung durch Verbraucherberatungsstellen

**Rechtsberatung**

Verbraucherberater informieren über Verbraucherschutzgesetze bei Streitigkeiten mit Händlern, Vermietern usw.

**Geräteberatung**

Verbraucherberatungsstellen besitzen wichtige Informationen über die meisten Geräte. Material über Energieverbrauch, Testergebnisse, Preisvergleiche usw. kann man hier entweder kostenlos oder gegen geringe Gebühr erhalten.

**Budgetberatung**

Die Zahl der Familien, die mit ihrem Geld nicht mehr zurechtkommen, nimmt vor allem durch die Arbeitslosigkeit ständig zu. Verbraucherberater helfen beim Aufstellen von Ausgabenplänen oder beim Umschuldungsverfahren.

**Ernährungsberatung**

Verbraucherberatungsstellen informieren über Schadstoffe in Lebensmitteln und über eine gesunde Ernährung.

**Energieberatung**

Bei der Verbraucherberatung erhält man Informationen, wie man die Strom-, Heizöl- oder Gasrechnung senken kann.

Die Aufgaben der Verbraucherberatungsstellen sind vielfältig. Sie
- führen Beratungsgespräche in den Bereichen Ernährung, Gartenbau, Energieeinsparung, Wohnen, Recht im Alltag,
- halten Informationsschriften für interessierte Verbraucher zu den genannten Themen bereit,
- informieren durch Pressemitteilungen und Veröffentlichungen,
- führen Erhebungen und eigene Untersuchungen (z. B. über Kontoführungsgebühren und Kreditkosten) durch,
- setzen sich regional und überregional für die Interessen der Verbraucher ein,
- führen Schuldnerberatung, insbesondere Verbraucherinsolvenzberatung durch (siehe auch Gefahren der Kreditaufnahme S. 173 ff.).

### Verbraucherzentrale Bundesverband (vzbv)

Verbraucherschutz und Verbraucherberatung sind vor allem die Aufgabe des **Verbraucherzentrale Bundesverbandes** (vzbv), dem 25 verbraucherpolitisch orientierte Verbände und 16 Verbraucherzentralen angehören, unter anderem:

**Info**
Verbraucherzentrale
Bundesverband
m2g3eg

- die Verbraucherzentralen der Bundesländer
- Deutscher Mieterbund e. V. (DMB)
- Bund der Energieverbraucher e. V. (BDE)
- Stiftung Warentest
- DHB – Netzwerk Haushalt. Berufsverband der Haushaltsführenden e. V.

Nach seiner Satzung strebt der vzbv folgende Ziele an:
- Er will zur Information des Verbrauchers beitragen; entweder durch eigene Einrichtungen oder durch Förderung und Koordination der verbraucherberatenden Mitgliedsorganisationen.
- Er möchte die Interessen der Verbraucher vertreten, indem er auf staatliche Stellen (Gesetzgebung, Verwaltung) und private Wirtschaftsorganisationen einwirkt.

Diese Ziele werden erreicht durch:
- Produktinformationen
- Preisvergleichslisten für bestimmte Produkte
- regelmäßig erscheinende Veröffentlichungen wie z. B. die Verbraucherrundschau
- Interessenvertretung für Verbraucher bei Gesetzesvorbereitungen (Hearings) der Ministerien.

### Mieterschutzvereine

In jeder größeren Stadt gibt es einen Mieterschutzverein, der die Interessen der Mieter vertritt. Mieterschutzvereine beraten ihre Mitglieder in allen Fragen des Mietrechts wie z. B. Mieterhöhungen, Kündigung, Nebenkostenabrechnung, Schönheitsreparaturen usw. Des Weiteren wirken sie bei gerichtlichen Auseinandersetzungen oder beim Aufstellen von Mietspiegeln mit. Auch beim **Deutschen Mieterbund (DMB)** in Köln kann man Ratschläge und Informationen einholen. Zu allen Problemen des Mietrechts hat der DMB Informationsmaterial veröffentlicht.
Ebenso wie bei den Mieterschutzvereinen muss man im Deutschen Mieterbund Mitglied sein, wenn man beraten werden möchte.

**Info**
Deutscher Mieterbund
g2zm9z

83 Kompetenzbereich II

## 5.1.2 Verbraucherberatung in den Medien

### Einstieg

### Gebühren sparen beim Girokonto

Regelmäßig nimmt die die Zeitschrift Finanztest Girokonten unter die Lupe. Im September 2020 untersuchte sie 294 Angebote von Banken und Sparkassen. Dabei fand sie 20 Konten, die ohne Bedingungen kostenlos sind. Wer für sein Girokonto im Jahr mehr als 60 € zahlt, sollte einen Wechsel prüfen. Bei manchen Anbietern kann man noch eine kostenlose Kreditkarte erhalten. Allerdings geht der Trend eindeutig in Richtung höherer Gebühren. Wegen der Niedrigzinspolitik sind die Banken verstärkt auf Gebühren angewiesen, um Erträge zu erzielen.

**Kostenlos bedeutet**, für Girocard einschließlich Kontoführung werden keine Gebühren verlangt und auf weitere Vorgaben wird verzichtet.

Häufig wird die Kostenfreiheit an bestimmte Bedingungen geknüpft. Verbraucher müssen deshalb sehr genau hinschauen, **unter welchen Voraussetzungen die Kontoführung kostenlos ist**. Kunden müssen z. T. monatlich 600–3 000 € bringen. Fehlt der geforderte Geldeingang, sind Gebühren fällig.

**Kostenloses Bargeld** ist wichtig. Am Automaten der kontoführenden Bank ist Geldabheben immer kostenlos. Neben dem Preis ist es bei einem neuen Konto wichtig, dass der Kunde ohne großen Aufwand kostenlos an Bargeld kommt. Deshalb haben sich Banken mit kleinem Automatennetz zu Verbünden zusammengetan, damit ihre Kunden bessere Möglichkeiten haben, sich kostenlos Bargeld zu besorgen. Hebt ein Kunde jedoch an Geldautomaten außerhalb seines Bankenverbundes ab, werden jedes Mal bis zu 6,00 € fällig.

**Der Wechsel ist zwar einfach**, aber das ideale Girokonto wird immer seltener. Es soll eine kostenlose Girocard und Kreditkarte sowie viele Geldautomaten haben. Deshalb sollte jeder seinen persönlichen Kontocheck mit drei Fragen machen: Wie teuer ist mein Konto im Vergleich zu anderen Angeboten? Welche Bedingungen werden verlangt; kann ich sie erfüllen? Gibt es genügend Geldautomaten für kostenloses Bargeld?

▼
a) Überlegen Sie anhand dieses Artikels, ob es sich für Verbraucher lohnt, die Verbraucherberatung in den Medien zu beachten.

b) Wie können Sie die Untersuchungsergebnisse der Stiftung Warentest erhalten?

c) Wer veröffentlicht noch Verbrauchertipps?

### Veröffentlichungen der Stiftung Warentest

Die Stiftung Warentest wurde von der Bundesregierung als Stiftung des privaten Rechts gegründet. Sie ist gemeinnützig und darf keinen Gewinn erzielen. Jeden Monat gibt sie die Zeitschrift **test** heraus. Stiftung Warentest gehört zu den Fördermitgliedern, die die Arbeit der Verbraucherzentralen unterstützen.

138

Verbraucherschutz  83

Hier findet der interessierte Verbraucher Warentests, aktuelle Verbrauchertipps und Verbrauchernachrichten. Zusammenfassungen der durchgeführten Tests eines Jahres werden in „test-Jahrbüchern" angeboten. Darüber hinaus werden laufend Sonderhefte zu besonderen Themen veröffentlicht wie z. B. Umweltschutz, Kosmetik, Foto usw.

Die Zeitschrift **Finanztest** vergleicht und bewertet Finanzdienstleistungen wie Geldanlagen, Versicherungen, Baufinanzierungen. Außerdem gibt sie Rechts- und Steuertipps.

Bei Tests von Gütern werden in verschiedenen Geschäften mehrere Produkte zumeist einer gleichen Preis- und Güteklasse gekauft. Von Herstellern direkt werden keine Produkte angenommen. Untersuchungen im Auftrag der Industrie werden nicht durchgeführt. Untersucht werden alle Produkte grundsätzlich bei unabhängigen Spezialinstituten nach neuesten Untersuchungsmethoden und -techniken.

**Info**
Stiftung Warentest
cu88r2

### Andere Medien des Verbraucherschutzes

Des Weiteren gibt es Ratgeber von **Verbraucherzentralen** und Verbraucherverbänden wie z. B. dem Deutschen Mieterbund.

Die entsprechenden **Ministerien von Bund und Ländern** haben ebenfalls zahlreiche Informationsschriften zu Verbraucherproblemen herausgegeben wie z. B.:
- Tipps für Verbraucher
- Wegweiser für Verbraucher
- Dein Recht als Mieter
- Mehr Schutz vor den Tücken „Kleingedruckten"

**Info**
Bundesministerium der Justiz und für Verbraucherschutz
g5ti37

In fast jeder **Tageszeitung oder Zeitschrift** findet der Verbraucher Informationen und Tipps. Aktuelle Urteile von deutschen Gerichten zu Fragen des Kaufvertragsrechts oder zum Mieterschutz gehören ebenso dazu wie kritische Informationen über neue Produkte und Anleitungen zu verbraucherbewusstem Verhalten. Daneben gibt es noch zahlreiche **Fachzeitschriften**, auf die ein Verbraucher zurückgreifen kann.

139

Wie die folgenden Beispiele zeigen, bieten **Fernsehen** und **Hörfunk** in verschiedenen Programmen regelmäßig Verbrauchersendungen an:

| Fernsehen | Hörfunk |
|---|---|
| **1. Programm ARD**<br>• Wirtschaftsmagazin Plusminus<br><br>**2. Programm ZDF**<br>• WISO (Wirtschaft und Soziales)<br>• Volle Kanne – Servicemagazin<br><br>**3. Programm, z. B. SWR**<br>• Marktcheck (Verbrauchermagazin) | **Südwestrundfunk**<br>• Arbeitsplatz (SWR 1)<br>• Informationen und Hintergründe aus Politik, Wirtschaft und Kultur in SWR 1<br><br>**Mitteldeutscher Rundfunk usw.**<br>• … |

## Wissen kompakt

**Verbraucherberatung**

- **Verbraucherzentralen** mit ihren Beratungsstellen
- **Verbraucherzentrale Bundesverband e. V.**
- **Stiftung Warentest** mit Zeitschriften „test", „Finanztest"
- **Massenmedien**
  • Zeitungen
  • Fernsehen
  • Hörfunk

## Arbeitsteil

1. Clemens möchte sich einen neuen In-Ohr-Kopfhörer kaufen. Das Angebot ist riesig und Clemens ist verwirrt. Welches Gerät soll er nun kaufen?
   a) Wie kann sich Clemens einen Überblick über das Angebot von In-Ohr-Kopfhörern verschaffen?
   b) Welche Gesichtspunkte könnten neben dem Preis bei der Kaufentscheidung eine Rolle spielen?
   c) Bei welchen Institutionen könnte er sich Informationen verschaffen?
   d) Die Stiftung Warentest hat Geräte getestet. Erklären Sie die Aufgabe der Stiftung Warentest.
   e) Beschreiben Sie die Vorgehensweise der Stiftung Warentest beim Testen von Geräten.
   f) Zu welchem Bluetooth-In-Ohr-Kopfhörer würden Sie Clemens raten, wenn Sie die Testergebnisse der Stiftung Warentest (S. 138) zugrunde legen?

2. Begründen Sie die Notwendigkeit einer Verbraucherberatung aus der Sicht der Verbraucher.

3. Worin sehen Sie die Bedeutung einer Verbraucherberatung durch die Massenmedien?

4. Nehmen Sie Stellung zu folgender Aussage: „Eine Verbraucherberatung durch die Hersteller und den Fachhandel ist vollkommen ausreichend."

## 5.2 Verbraucherschutzgesetze

### Einstieg

**Verbot von Mogelpackungen gemäß § 43 Abs. 2 Mess- und Eichgesetz:**
Es ist verboten, Fertigpackungen herzustellen, herstellen zu lassen, […], in Verkehr zu bringen […], wenn sie ihrer Gestalt und Befüllung nach eine größere Füllmenge vortäuschen, als in ihnen enthalten ist.

▼
Neben dem Mess- und Eichgesetz gibt es eine Reihe weiterer Verbraucherschutzgesetze. Welche sind Ihnen bekannt?

### 5.2.1 Wettbewerbsrechtliche Regelungen

Bei einem gut funktionierenden **Wettbewerb** kann der Verbraucher seine Ware unter den Angeboten vieler Anbieter auswählen. Eine große Zahl von Anbietern wetteifert um die Kunden, indem sie versucht, ihre Konkurrenten durch immer bessere und immer preisgünstigere Waren zu übertreffen. Wird der Wettbewerb dagegen eingeschränkt, dann nimmt die Produktauswahl ab und der Verbraucher muss überhöhte Preise zahlen. Um den Wettbewerb zwischen den Unternehmen sicherzustellen, hat der Staat verschiedene Gesetze erlassen.

#### Gesetz gegen den unlauteren Wettbewerb (UWG)
Das **UWG** schützt Anbieter und Verbraucher vor wettbewerbswidrigem Verhalten einzelner Anbieter. Es wendet sich gegen Handlungen, die zwar zum Zweck des Wettbewerbs erfolgen, die aber **unlauter** und somit unzulässig sind. Nach dem UWG sind dies beispielsweise Werbemaßnahmen

UWG § 4

- die beim Käufer Angst verursachen, z. B. „Grippe überrollt Ulm. Sofort Grippex kaufen!",
- die Konkurrenten anschwärzen und verunglimpfen,
- bei denen die Teilnahme an einem Gewinnspiel von einem Kauf abhängt,
- die fremde Geschäfts-, Waren- oder Firmenzeichen benutzen.

Des Weiteren verbietet das UWG **irreführende Werbung** wie z. B.

UWG § 5

- irreführende Angaben über angebotene Waren wie Ursprung, Herstellungsart und Preise. Beispiel: Ein Bäcker vertreibt industriell gefertigte Teigwaren als eigene Erzeugnisse.
- irreführende Angaben über den Verkaufsanlass. Beispiel: Ein Räumungsverkauf wegen Umbau wird angekündigt, obwohl nur eine Wand gestrichen wird.
- Mondpreiswerbung, d. h. für eine unangemessen kurze Zeit wird ein besonders hoher Preis angesetzt, nur um ihn dann mit viel Getöse schnell wieder herabzusetzen.
- Lockvogelangebote. Sie liegen vor, wenn die beworbene Ware nicht mindestens zwei Tage vorrätig ist.
- Werbung mit Selbstverständlichkeiten wie „Bei uns gibt es zwei Jahre Garantie".

84  Kompetenzbereich II

**Vergleichende Werbung** ist nur zulässig, wenn keine Mitbewerber herabgesetzt werden.
Für die meisten Verstöße sieht das UWG den Anspruch auf **Unterlassung** vor, d. h. man kann von dem betreffenden Anbieter verlangen, dass er diese Handlung unterlässt. Daneben sind auch **Schadenersatzforderungen** vorgesehen, z. B. für den Geschäftsmann, den sein Konkurrent bei den Kunden angeschwärzt hat. Besonders extreme Verstöße können sogar mit Geldbußen oder Freiheitsentzug geahndet werden. „Unrecht soll sich nicht lohnen!" Deshalb können **Gewinne abgeschöpft** werden, die unlautere Wettbewerber zu Lasten einer Vielzahl von Personen erzielt haben, z. B. als „0900er-Abzocker" oder „Füllmengenunterschreiter".

**Unzumutbar belästigende Werbung** ist ausdrücklich verboten, wenn erkennbar ist, dass der Empfänger diese Werbung nicht wünscht, z. B. durch Briefkastenaufkleber. Generell verboten ist daher auch Werbung durch Telefon, E-Mail, Telefax oder SMS, wenn der Beworbene einer solchen Werbung zuvor nicht zugestimmt hat. Genauso wenig ist das Zusenden unbestellter Waren gestattet. Belästigend sind auch unangemeldete Hausbesuche, ebenso das Ansprechen auf der Straße, wenn der Werbende nicht sofort als solcher zu erkennen ist.
Für E-Mail-Werbung gilt eine Ausnahme. Hat der Unternehmer die E-Mail-Adresse durch eine Bestellung erhalten, darf er Kunden eine Werbemail für ähnliche Produkte schicken.
Allerdings kann ein Verbraucher nicht selbst gegen einen Anbieter vorgehen. Dies können nur Konkurrenten, Verbraucherverbände, Kammern oder gewerbliche Interessenverbände wie z. B. der Einzelhandelsverband. Ein Verbraucher, der Verstöße festgestellt hat, wendet sich deshalb am besten an eine Kammer oder einen Verbraucherverband.

---

**UWG § 7**

### Stiftung Warentest rät!

Werbeanrufe ohne Einwilligung sind verboten. Melden Sie die Anrufer den Verbraucherzentralen und der Bundesnetzagentur. Bußgelder bis zu 300 000 Euro drohen.

**Rufnummerunterdrückung**
Werbeanrufe mit unterdrückter Rufnummer sollten Sie der Bundesnetzagentur melden.
Kann sie die Anrufer ermitteln, droht ein Extrabußgeld bis 100 000 Euro.
Auf www.bundesnetzagentur.de ist ein spezielles Formular eingestellt („Anzeige über Erhalt unerlaubter Telefonwerbung").

Stiftung Warentest, Finanztest 10/2009 (aktualisiert)

---

### Ausgewählte Höchstbußgelder des Bundeskartellamtes

| Jahr | Kartellverfahren | verhängte Bußgelder in Euro |
|---|---|---|
| 2019 | Quartobleche | 646 405 000 |
| 2018 | Edelstahl | 304 050 050 |
| 2015 | Automobilzulieferer | 89 700 000 |
| 2014 | Bier | 338 000 000 |
| 2014 | Wurst | 338 500 000 |
| 2014 | Zucker | 281 700 000 |
| 2013 | Schienen-DB | 134 500 000 |
| 2010 | Brillengläser | 115 000 000 |
| 2009 | Kaffee | 159 000 000 |
| 2008 | Tondachziegel | 188 081 000 |
| 2007 | Flüssiggas | 249 000 000 |
| 2003 | Zement | 396 000 000 |

www.bundeskartellamt.de

### Gesetz gegen Wettbewerbsbeschränkungen (Kartellgesetz)
Bei einem gut funktionierenden Wettbewerb konkurrieren die Anbieter um die Kunden. Diese Konkurrenz kann über den Preis, die Qualität, den Service, die Geschäftsbedingungen, die Werbung und vieles mehr ausgetragen werden. Wettbewerb ist die Antriebskraft unserer sozialen Marktwirtschaft. Er sorgt dafür, dass die Anbieter sich um die Kunden bemühen und dass diese unter vielen unterschiedlichen Angeboten auswählen können. Verständlicherweise gefällt starker Wettbewerb nicht allen Unternehmen. Immer wieder versuchen deshalb einige, den Wettbewerb auszuschließen, indem sie z. B. gemeinsame Absprachen treffen, d. h. Kartelle bilden. Leidtragende solcher Absprachen sind die Kunden, da sie durch den Wegfall der Konkurrenzsituation schlechter bedient werden. Auf der anderen Seite ist es genauso wenig im Interesse der Verbraucher, wenn durch übermäßigen Wettbewerb ein Großteil der Unternehmen einer Branche vom Markt verdrängt wird. So sind z. B. die Tante-Emma-Läden fast völlig verschwunden, stattdessen haben sich einige Handelsriesen mit großer Marktmacht durchgesetzt. Das **Gesetz gegen Wettbewerbsbeschränkungen**, auch als Kartellgesetz bezeichnet, soll diesen Entwicklungen entgegenwirken. Nach diesem Gesetz sind Kartelle grundsätzlich verboten. Des Weiteren können Unternehmenszusammenschlüsse untersagt werden, wenn sie zu einer marktbeherrschenden Stellung führen würden (siehe auch S. 194 f., 197 Kartelle, Kartellgesetz).

## 5.2.2 Fernabsatzverträge und E-Commerce

Man sitzt daheim bequem auf seiner Couch und bestellt mit seinem Tablet-PC im Internet. Es ist nicht mehr nötig, zu verschiedenen Geschäften zu fahren und sich an deren Öffnungszeiten zu halten. Man muss nicht im Gedränge voller Verkaufsräume warten, bis ein Verkäufer endlich Zeit hat. Zuhause können die Angebote von verschiedenen Händlern problemlos verglichen werden. Nach getätigter Bestellung wird die Ware innerhalb weniger Tage bequem an die Haustüre geliefert. Doch welche Rechte hat man als Verbraucher, wenn einem die bestellte Ware nach Erhalt gar nicht mehr gefällt, weil sie auf dem Bild viel ansprechender aussah?

BGB §§ 312 b–d

Privatkäufer, die per Katalog, Fax, Brief, Telefon oder im Internet bestellt haben, werden durch das BGB (Bürgerliche Gesetzbuch) besonders geschützt, denn Firmen müssen Waren, die dem Käufer nicht gefallen, innerhalb von 14 Tagen zurücknehmen.

> Ein **Fernabsatzvertrag** liegt vor, wenn zwischen einem Unternehmer und einem Verbraucher ein Vertrag über die Lieferung einer Ware oder die Erbringung einer Dienstleistung abgeschlossen wurde und zwar unter **ausschließlicher Verwendung** von **Fernkommunikationsmitteln**. Vertragsverhandlungen und Vertragsabschluss müssen also per Internet, E-Mail, Brief, Fax, Katalog oder Telefon erfolgen.

> Die **Regelungen** für Fernabsatzverträge **gelten nicht**, wenn der Vertragsabschluss nicht im Rahmen eines speziell für den Fernabsatz organisierten Systems erfolgt. Nehmen Verkäufer ausnahmsweise eine Bestellung am Telefon an und wickeln sie mit Postversand ab, liegt **kein Fernabsatzvertrag** vor.

### Widerrufsrecht

Bei einem Fernabsatzgeschäft kann der Verbraucher die gekaufte Ware nicht begutachten und testen, wie es im Geschäft vor Ort möglich wäre. Deshalb wird ihm durch das Gesetz ein besonderes Widerrufsrecht eingeräumt. Firmen müssen Waren, die dem Käufer nicht gefallen, innerhalb von 14 Tagen zurücknehmen, und zwar zum vollen Preis einschließlich der Versandkosten. Fehlt die Belehrung über die Widerrufsmöglichkeit, dann verlängert sich die Frist um 1 Jahr. Sie beträgt dann 1 Jahr und 14 Tage.

BGB §§ 312 g, 357

Geschäfte, die per Katalog, Fax, Telefon, Brief oder im Internet abgeschlossen wurden

**Widerrufsrecht**
14 Tage,
bei fehlender
Widerrufsbelehrung
1 Jahr und 14 Tage

Die **14-tägige Widerrufsfrist** beginnt:
- an dem Tag, an dem die Ware dem Käufer zugestellt wurde.
- bei einer Teillieferung an dem Tag, an dem die letzte Lieferung eingetroffen ist.
- bei einem Abonnement, z. B. von Zeitschriften, am Tag der ersten Lieferung.

Der Käufer muss den Widerruf ausdrücklich erklären, es genügt nicht, wenn er die Ware nur zurücksendet. Dafür kann der Widerruf auch telefonisch oder per E-Mail erfolgen. Der Händler muss sogar ein Formular für den Widerruf bereitstellen. Viele Onlinehändler sind sehr kundenfreundlich und verzichten auf eine schriftliche Widerrufserklärung. Häufig reicht es, wenn der Käufer die bestellte Ware innerhalb der Widerrufsfrist zurückschickt. Die Verbraucherzentralen empfehlen jedoch, nicht per E-Mail oder mündlich, sondern auf dem traditionellen Weg schriftlich per **Einschreiben** und Rückschein zu widerrufen.

**Kein Widerrufsrecht** besteht bei
- der Lieferung von Speisen und Getränken, z. B. von einem Pizzaservice,
- entsiegelten Audio-, Video- und Softwareträgern,
- versiegelten Waren, die aus Hygienegründen nicht zurückgenommen werden können, nachdem die Versiegelung entfernt wurde, z. B. Kosmetik,
- Sonderanfertigungen, z. B. einem Maßanzug,
- leichtverderblichen Waren wie Lebensmitteln.

Allerdings gilt das Widerrufsrecht auch für Finanzdienstleistungen wie Kontoeröffnungen und Kredite.
Für Versicherungen gibt es ebenfalls eine 14-tägige Widerrufsfrist, bei Lebensversicherungen sind es sogar 30 Tage. Geregelt sind diese Fristen im Versicherungsvertragsgesetz.

### Informationspflichten des Anbieters
Es genügt nicht wenn der Anbieter den Kunden nur über sein Widerrufsrecht informiert. Da der Verbraucher die Ware vor dem Kauf nicht begutachten und testen kann, ist der Anbieter verpflichtet, ihn umfassend zu informieren. Zu diesen Informationspflichten gehören folgende Angaben:
- die wesentlichen Merkmale der Ware oder Dienstleistung,
- der Gesamtpreis der Ware oder Dienstleistung einschließlich Steuern und Versandkosten,
- die Zahlungs- und Lieferbedingungen,
- das Bestehen eines 14-tägigen Widerrufsrechts,
- die Anschrift des Unternehmens (Kontaktdaten).

Unterlässt der Händler diese Angaben, dann verlängert sich das Widerrufsrecht des Kunden um 1 Jahr.

### E-Commerce (elektronischer Geschäftsverkehr)
Werden Verträge auf elektronischem Weg (in der Regel im Internet) abgeschlossen, dann sind die Kunden durch das BGB besonders geschützt. Im **elektronischen Geschäftsverkehr (E-Commerce)** muss der Unternehmer dafür sorgen, dass
- die Bestellsituation so gestaltet wird, dass der Verbraucher sich mit seiner Bestellung ausdrücklich zur Zahlung verpflichtet,
- Schaltflächen gut lesbar sind und deutlich mit Wörtern wie "zahlungspflichtig bestellen" beschriftet sind, wenn die Bestellung damit erfolgt,
- Eingabefehler vor der Bestellung erkannt und berichtigt werden können,
- der Kunde Vertragstext und Verhaltensrichtlinien nicht nur am Bildschirm abrufen, sondern auch problemlos auf seinen PC herunterladen und ausdrucken kann,
- der Eingang einer Bestellung unverzüglich mit elektronischer Post bestätigt wird.

*Verstößt der Händler gegen eine der Bedingungen, dann verlängert sich das 14-tägige Widerrufsrecht um 1 Jahr, d. h. der Kunde kann innerhalb von 1 Jahr und 14 Tagen den Vertrag widerrufen.*

### Kosten der Hin- und Rücksendung
BGB §§ 312 e

Die **Kosten der Rücksendung** trägt grundsätzlich der Verbraucher, sofern er vom Händler vor Vertragsabschluss darauf hingewiesen wurde. Der Unternehmer hat jedoch die Möglichkeit, die Kosten der Rücksendung freiwillig zu übernehmen, was die meisten Internethändler auch tun.
Die **Kosten der Hinsendung** (Versandkosten zum Verbraucher) dagegen muss der Händler bei einem Widerruf zurückerstatten.

## 5.2.3 „Haustürgeschäfte" (Außerhalb von Geschäftsräumen geschlossene Verträge)

Plötzlich klingelt es an der Tür. Man öffnet und steht überrascht einer jungen Dame gegenüber, die einem die neueste Entwicklung auf dem Gebiet der Teppichreinigung anbietet. Man bummelt durch die Fußgängerzone und wird von Mitarbeitern eines Buchklubs angesprochen, die ein besonderes Angebot unterbreiten, sofern man sofort unterschreibt. Durch das **BGB** haben die Verbraucher die Möglichkeit, unbedacht abgeschlossene Verträge **innerhalb von 14 Tagen** mündlich, schriftlich oder per E-Mail zu **widerrufen**. Dieses Widerrufsrecht erstreckt sich auf Geschäfte, die durch mündliche Verhandlungen am Arbeitsplatz, an der Haustür, in der Wohnung, bei Verkaufsfahrten oder durch überraschendes Ansprechen auf der Straße zustande gekommen sind, also **außerhalb der Geschäftsräume**. Die zweiwöchige Frist beginnt in dem Augenblick, in dem der Kunde eine **deutliche Belehrung** über das Widerrufsrecht erhalten und gesondert unterschrieben hat. Unterbleibt die Widerrufsbelehrung, dann verlängert sich das Widerrufsrecht um ein Jahr. Kein Widerrufsrecht besteht jedoch, wenn der Kunde den Vertreter selbst ins Haus bestellt hat, wenn ein Bagatellgeschäft (unter 40 €) vorliegt oder wenn ein Vertrag notariell beurkundet worden ist. Für abgeschlossene **Versicherungsverträge** gibt es nach dem **Versicherungsvertragsgesetz** ein spezielles Widerrufsrecht von 14 Tagen, sofern der Vertrag länger als ein Jahr laufen soll.

BGB §§ 312, 355 f.

Geschäfte nach mündlichen Verhandlungen am Arbeitsplatz, an der Haustür, auf Kaffeefahrten oder auf der Straße

**Widerrufsrecht** innerhalb von 14 Tagen

## 5.2.4 Produkthaftung

Das **Produkthaftungsgesetz (ProdHaftG)** soll Verbraucher vor fehlerhaften Waren schützen. Werden durch den Fehler eines Produktes Personen- oder Sachschäden verursacht, dann muss der Hersteller den entstandenen Schaden ersetzen. Dabei ist es in der Regel unerheblich, ob ein Verschulden des Fabrikanten vorliegt oder nicht. Die verschuldensunabhängige Haftung nach dem Produkthaftungsgesetz erstreckt sich nur auf das Privatleben. Schäden in Gewerbebetrieben werden davon nicht abgesichert. Des Weiteren gilt dieses Gesetz nicht für Arzneimittel. Tritt ein Schadensfall ein, dann kann die Haftung bis zu 85 Millionen € betragen. Bei Sachschäden entfällt auf den Geschädigten eine Selbstbeteiligung bis 500 €.

## 5.2.5 Allgemeine Geschäftsbedingungen

Ein Verkäufer, der bei jedem Kaufvertrag die Bedingungen einzeln aushandeln und danach schriftlich festhalten würde, müsste dafür sehr viel kostbare Zeit aufbringen. Daher verwenden die Kaufleute die **Allgemeinen Geschäftsbedingungen (AGB)**. Dies sind vorformulierte Vertragsklauseln, die für alle Kaufverträge gelten, welche der betreffende Kaufmann abschließt. Das **BGB** verhindert, dass Geschäftsleute durch diese AGB die gesetzlichen Bestimmungen zu ihren Gunsten abändern und so die Käufer übervorteilen. Um die Kunden zu schützen, schreibt das **BGB** vor:
- AGB werden nicht automatisch Vertragsbestandteil, sondern nur, wenn der Kunde darauf hingewiesen wurde und sie angemessen zur Kenntnis nehmen kann.
- Das „Kleingedruckte" muss mühelos lesbar und verständlich sein.
- Überraschende Klauseln sind unzulässig.
- Unangemessen lange Lieferfristen sind unzulässig.
- Preiserhöhungen können frühestens 4 Monate nach Vertragsabschluss erfolgen.
- Die gesetzlichen Fristen zur Sachmangelhaftung dürfen nicht verkürzt werden.
- Bei mangelhafter Lieferung gelten grundsätzlich die Regelungen des BGB. Eine Beschränkung auf Nacherfüllung ist nicht zulässig.

BGB §§ 305 ff.

## 5.2.6 Teilzahlungsgeschäfte/Verbraucherkredite

Bei größeren Anschaffungen können viele Käufer den Kaufpreis nicht sofort bezahlen. Vereinbaren daraufhin Kunde und Händler, dass der Kaufpreis in Raten beglichen werden soll, dann handelt es sich um ein **Teilzahlungsgeschäft**, auch **Ratenkauf** genannt. Durch das **BGB** werden die Käufer vor einer Übervorteilung geschützt, denn für Ratenkäufe gelten besonders strenge Schutzvorschriften (siehe auch S. 156 ff. Verbraucherkredite). Das **BGB** gilt außerdem für alle **Verbraucherkredite über 200 €**. Seine wichtigsten Bestimmungen sind:

BGB §§ 491 ff.
EGBGB Art. 247 § 3

* Ratenkauf muss **schriftlich** abgeschlossen werden. Eine Kopie erhält der Käufer.
* Der Vertrag muss folgende Bestandteile enthalten:
  – den Barzahlungspreis und den Teilzahlungspreis,
  – die Anzahl, Höhe und Fälligkeit der Raten,
  – den Nominalzins und alle Nebenkosten,
  – den **effektiven Jahreszins,**
  – eine deutliche Belehrung (2. Unterschrift), dass der Vertrag **innerhalb von 14 Tagen** ohne Angabe von Gründen **widerrufen** werden kann.
* Werden Teilzahlungskäufe von Banken oder Sparkassen finanziert, dann kann man bei mangelhafter Ware die Mängel auch dem Kreditinstitut entgegenhalten und die Raten (vorerst) zurückbehalten.

Durch diese Angaben sieht der Käufer, wie viel teurer ein Ratenkauf gegenüber einem Barkauf wird und ob ein Bankkredit nicht billiger wäre. Allgemein sollte der Käufer bedenken, dass er beim Ratenkauf einen höheren Preis bezahlen muss. Außerdem erhält er keinen Barzahlungsnachlass (Skonto).

Fehlt die Belehrung über das Widerrufsrecht, dann verlängert sich das 14-tägige Widerrufsrecht um 1 Jahr, d. h. der Käufer kann innerhalb von 1 Jahr und 14 Tagen nach Vertragsabschluss vom Vertrag zurücktreten. Sicherheitshalber erfolgt ein Widerruf durch Einschreibebrief. So kann der Käufer jederzeit beweisen, dass er den Widerruf rechtzeitig innerhalb der Widerrufsfrist von 14 Tagen abgeschickt hat. Um von pfif-

BGB §§ 495, 355

figen Vertretern nicht hinters Licht geführt zu werden, achtet man bei der Unterschrift genau auf das eingetragene Datum. Windige Vertreter bringen den Käufer durch Zurückdatieren um sein Rücktrittsrecht. Zur Sicherheit liefert der Händler meist unter **Eigentumsvorbehalt**. Der Kunde wird also nur Besitzer der Ware. Bis zur vollständigen Bezahlung bleibt sie das Eigentum des Verkäufers. Falls der Käufer die Raten nicht mehr zahlt, hat der Händler ein Rücknahmerecht.

BGB § 449

Die Schutzvorschriften des BGB gelten auch für Verträge mit wiederkehrenden Leistungen wie Zeitschriftenabonnements oder den Vertrag mit einem Buchklub.

BGB §§ 505, 312

Verbraucherschutz

## 5.2.7 Verbraucherinformationsgesetz

Pferdefleisch in der Lasagne, Gammelfleisch im Döner, neue Etiketten auf altem Hackfleisch, Pestizide in Babynahrung – die letzten Jahre waren geprägt von zahlreichen Lebensmittelskandalen. Durch das am 1. Januar 2008 in Kraft getretene **Verbraucherinformationsgesetz (VIG)** soll unser täglicher Konsum besonders geschützt werden durch eine verbesserte gesundheitsbezogene Verbraucherinformation.

VIG §1

Als Konsequenz aus mehreren Gammelfleischskandalen werden die Behörden dazu verpflichtet, die Bevölkerung zu informieren und den Namen der Firma und des Produktes zu veröffentlichen, auch wenn die Ware bereits verkauft ist.

Nach dem VIG sind die Verbraucher zu informieren über Gesundheitsgefahren, das Inverkehrbringen von ekelerregenden Lebensmitteln, schwerwiegende Verbrauchertäuschungen und Rechtsverstöße.

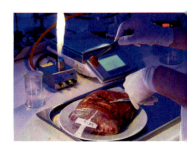

Darüber hinaus haben die Verbraucher erstmals das Recht, auf Informationen zuzugreifen, die bei Behörden vorliegen. Beispielsweise können sie bei den zuständigen Ämtern nachfragen, wie die Pestizidbelastung von bestimmten Gemüsesorten ist oder welche allergenen Stoffe ihr Shampoo enthält. Da die Behörden nun „Ross und Reiter" nennen müssen, haben die Verbraucher eine Entscheidungsgrundlage, ob sie noch die Produkte einer bestimmten Firma kaufen wollen.

Der Anwendungsbereich des Verbraucherinformationsgesetzes erstreckt sich auf Lebensmittel, Futtermittel, Wein, Kosmetika und Bedarfsgegenstände wie Bekleidung, Lebensmittelverpackungen oder Reinigungsmittel.

## Wissen kompakt

**Verbraucherberatung**

| Verbraucherzentralen | Verbraucherzentrale Bundesverband e. V. | Stiftung Warentest | Massenmedien |
|---|---|---|---|
| mit ihren Beratungsstellen | | mit Zeitschriften „test", „Finanztest" | • Zeitungen<br>• Fernsehen<br>• Hörfunk |

**Wettbewerbsrechtliche Regelungen**

- **Gesetz gegen den unlauteren Wettbewerb**
  verbietet irreführende und unlautere Werbung.
- **Kartellgesetz**
  verbietet Kartelle und marktbeherrschende Unternehmenszusammenschlüsse.

**Gesetze zum Schutz von Verbraucherrechten**

- **Produkthaftungsgesetz**
  Hersteller haften für fehlerhafte Produkte.
- **Bürgerliches Gesetzbuch**
  Es regelt:
  • **Verbraucherkredite** und schützt vor Übervorteilung bei Kreditverträgen.
  • **Fernabsatzverträge** und schützt bei Bestellungen im Versandhandel.
  • **„Haustürgeschäfte"** und schützt bei Verträgen an der „Haustür" usw.
  • **Allgemeine Geschäftsbedingungen** und schützt vor dem Kleingedruckten.
- **Verbraucherinformationsgesetz**
  Verbesserung der gesundheitsbezogenen Verbraucherinformationen

Verbraucher sollen bei ihrer Kaufentscheidung nicht wettbewerbswidrig beeinflusst werden.

Verbraucher sollen vor übereiltem Vertragsabschluss und Übervorteilung geschützt werden.

## Arbeitsteil

**1** Nennen Sie drei wichtige Verbraucherschutzgesetze.

**2** a) Welche Absichten verfolgt das Gesetz gegen den unlauteren Wettbewerb (UWG)?
   b) Nennen Sie Beispiele für unlautere Werbung.

**3** Beurteilen Sie folgende Situationen. Gegen welche Vorschrift wird verstoßen?
   a) Ein Elektrohändler preist in seiner Werbung einen Herd als „absolute Luxusausführung" an, obwohl das Gerät keine Spitzenausstattung aufweist.
   b) In einem Supermarkt hängt dieses Angebotsplakat:

> Unser Knüller:
> Schweinefilet
> 500g **9,99** Euro

   c) Jemand erhält unbestellt ein Buch im Wert von 50 € zugesandt.

**4** Das BGB regelt den Abschluss von Fernabsatzverträgen. Welches besondere Recht kann ein Verbraucher dadurch in Anspruch nehmen?

**5** Martina hat im Internet bei verschiedenen Händlern Waren bestellt.
   a) Beim Modeversandhaus Bruch hat sie ein Paar Schuhe bestellt. Bei der Bestellung wurde sie nicht über ihr Widerrufsrecht informiert. Nachdem die Schuhe bei der Anprobe regelrecht drücken, will sie die Ware nach sechs Wochen zurückgeben. Das Versandhaus weigert sich die Schuhe zurückzunehmen und verweist auf die 14-tägige Widerrufsfrist. Ist das rechtens?
   b) Eine CD, die sie mit intakter Versiegelung nach einer Woche zurückschickt, weil sie die gleiche CD inzwischen zum Geburtstag bekommen hat. Der Händler lehnt die Rücknahme ab, weil CDs grundsätzlich nicht zurückgenommen würden. Ist der Händler hierzu berechtigt?
   c) Bei einem Händler hat sie nach ihren speziellen Maßen eine Bluse anfertigen lassen. Nachdem diese ihrem Freund nicht gefällt, will sie die Bluse nach 10 Tagen zurückschicken. Der Händler meint, dass sie die Ware behalten muss. Hat der Händler Recht?
   d) Eine Handtasche, die sie innerhalb der 14-tägigen Widerrufsfrist zurückschickt. Als der Händler den Kaufpreis zurückerstattet, stellt sie fest, dass er die Versandkosten und die Kosten der Rücksendung vom Kaufpreis abgezogen hat. Ist der Händler hierzu berechtigt?

**6** a) Welche Aussagen enthält der nachfolgende Zeitungsartikel?
   b) Für welche Produkte gilt dieses Gesetz nicht?

> ### [...] Sektflasche explodiert: Hersteller zu Schadensersatz und Schmerzensgeld verurteilt
>
> Explodiert eine Sektflasche in der Hand eines Kunden, so kann sich der Sekthersteller nicht einfach darauf berufen, dass es möglicherweise erst nach dem Verkauf zu einer Beschädigung der Flasche gekommen sein könnte. Geklagt hatte [...] eine Lehrerin. Diese war auf einer Dienstbesprechung verletzt worden, als der Schulrektor den 21 Lehrern des Kollegiums jeweils eine 0,2 Liter Flasche Piccolo überreicht hatte. Beim Übergeben einer der Flaschen explodierte diese in der Hand des Rektors. Die Klägerin wurde von umherfliegenden Glassplittern am rechten Auge getroffen und verletzt. Sie verklagte daraufhin den Sekthersteller und Flaschenabfüller sowie den Hersteller der Glasflasche auf Schadensersatz sowie auf Schmerzensgeld von mindestens 50 000 Euro. [...]
>
> http://www.kostenlose-urteile.de/OLG-Muenchen_5-U-315810_Sektflasche-explodiert-Hersteller-zu-Schadensersatz-und-Schmerzensgeld-verurteilt.news11628.htm (letzter Zugriff 22.04.2017)

**7** a) Weshalb regelt das BGB die „AGB"?
   b) Warum verwenden viele Geschäftsleute AGB?
   c) Zählen Sie vier wesentliche Regelungen auf, die das BGB zur Regelung der "allgemeinen Geschäftsbedingungen" (AGB) enthält.

**8** Vier Wochen nach der Lieferung des Teppichbodens erscheint der Händler bei Frau Krause, um den Teppichboden zu reinigen. Als diese sich weigert, erklärt er, dass er aufgrund seiner allgemeinen Geschäftsbedingungen berechtigt sei, monatlich eine vergütungspflichtige Reinigung durchzuführen. Wie beurteilen Sie den Fall?

**9** a) Weshalb müssen Verbraucher beim Abschluss von „Haustürgeschäften" besonders geschützt werden?
   b) Nennen Sie drei Beispiele für „Haustürgeschäfte".
   c) Nennen Sie drei Geschäfte, die nicht unter den Schutz des BGB fallen.

**10** a) Welches besondere Recht haben Kunden, die „Haustürgeschäfte" oder Ratenkäufe abschließen?
   b) Welche Formvorschrift besteht für den Abschluss von Kreditverträgen bzw. Ratenkäufen?
   c) Weshalb wird Verbrauchern bei Fernabsatzverträgen eine besondere Widerrufsfrist eingeräumt?

# 6 Zahlungsmöglichkeiten

### Einstieg

a) Erklären Sie die Begriffe Girocard, Kreditkarte und Homebanking.

b) Welche Voraussetzungen sind nötig, damit auch Tim diese Zahlungsmöglichkeiten nutzen kann?

**Tim:** Gestern Abend wollte ich noch tanken, hatte aber leider kein Geld mehr im Geldbeutel und die Bank hatte schon geschlossen. Habe ich vielleicht gezittert, ob der Sprit noch zum Heimfahren reicht.

**Andy:** Kann mir nicht passieren. Mit der Girocard meiner Bank oder meiner Kreditkarte bin ich immer flüssig. Seit Neuestem erledige ich sogar meine Geldgeschäfte mit meiner Bank über Homebanking an meinem PC. Echt super! Kann ich dir nur empfehlen.

Je nachdem, ob eine Zahlung mit Bargeld oder unter Einbeziehung von Konten (Buchgeld) bewerkstelligt wird, unterscheidet man drei grundsätzlich verschiedene Zahlungsarten:

Auszubildenden und Arbeitnehmern wird die monatliche Vergütung auf ihr Girokonto überwiesen; sie erhalten sie bargeldlos als **Buchgeld**. Dieses Geld ist weder greifbar noch direkt sichtbar, da es nur in den Büchern der Banken steht. Dennoch können die Kunden jederzeit darüber verfügen.

## 6.1 Barzahlung

Bei der **Barzahlung** gibt der Zahler **Bargeld** (Banknoten und Münzen), der Zahlungsempfänger erhält ebenfalls Bargeld. Ein Bote kann zwischengeschaltet werden.

In jedem Fall sollte der Zahler sich einen **Kassenbon** oder eine **Quittung** aushändigen lassen, damit er später den Zahlungsvorgang beweisen kann. Nach § 368 BGB kann der Zahler einen **Zahlungsnachweis** verlangen.

In Deutschland ist der Euro gesetzliches Zahlungsmittel, d.h. Euro-Bargeld muss zur Begleichung einer Schuld unbegrenzt angenommen werden. Lediglich die Annahme von Münzen kann der Verkäufer auf maximal 50 Stück begrenzen.

### Barzahlung durch Geldversand der Postbank

Der Zahler füllt den Vordruck für den **Geldversand** aus und zahlt den zu übermittelnden Betrag nebst einer Gebühr bar am Postschalter ein. Bei der Einzahlung erhält er eine sogenannte Geldtransferkontrollnummer, die er dem Zahlungsempfänger mitteilt.

Der kann sich das Geld Minuten später in jeder Postfiliale bar auszahlen lassen, nachdem er zuvor die Geldtransferkontrollnummer genannt und sich ausgewiesen hat. Beträge über 1500 € werden allerdings nur in größeren Postfilialen ausgezahlt. Der Geldversand ist innerhalb Deutschlands in unbegrenzter Höhe möglich, bei Zahlungen ins Ausland gelten je nach Land unterschiedliche Höchstbeträge. Geht das Geld verloren, haftet die Postbank in Höhe des versendeten Betrages. Wer bei der Postbank ein Girokonto unterhält, kann den Geldversand auch online erledigen.

### Barzahlung mit Einschreibebrief, Wertbrief und Express-Brief

Geld sollte man nicht in einem Brief versenden. Ist das dennoch unumgänglich, kann man bis zu 25 € mit einem **Einschreibebrief**, bis zu 100 € mit einem **Wertbrief** und Beträge bis 500 € mit einem **Express-Brief** versenden. Die Post haftet für das Verschwinden dieser Briefe mit den angegebenen Höchstbeträgen. Die Versendung mit Express-Brief ist allerdings umständlich und relativ teuer. Ein Express-Brief wird normalerweise in einer Postfiliale aufgegeben. Gegen eine zusätzliche Gebühr holt die Post ihn auch von zu Hause ab. Zugestellt wird ein Express-Brief über Nacht, gegen eine entsprechende Zusatzgebühr sogar vor 9 Uhr, 10 Uhr oder 12 Uhr.

## 6.2 Girokonto

Um an der **halbbaren** und der **bargeldlosen Zahlung** teilnehmen zu können, benötigt man ein Girokonto bei einer Bank oder Sparkasse. Wer ein solches eröffnen möchte, muss
- voll geschäftsfähig und volljährig sein,
- sich durch Personalausweis oder Reisepass ausweisen (Legitimationsprüfung),
- seine Unterschrift zu Prüfzwecken beim Kreditinstitut hinterlegen. Durch die Unterschrift auf dem Kontoeröffnungsantrag erkennt der Antragsteller automatisch die allgemeinen Geschäftsbedingungen seiner Bank oder Sparkasse an.

Für **Bankgeschäfte mit Jugendlichen**, die noch keine 18 Jahre alt sind, gelten strikte Regeln. Die **gesetzlichen Vertreter** – in der Regel also beide Elternteile – müssen der Kontoeröffnung **zustimmen**. Soll der Jugendliche bestimmte Bankgeschäfte allein führen, dann werden diese inhaltlich genau bestimmt. Eine Ausnahme gilt für Minderjährige, die mit Einverständnis der Eltern einen Arbeitsvertrag unterschrieben haben. Sie können auf eigene Faust ein Konto eröffnen, auf das ihr Gehalt überwiesen wird. Allerdings gilt ihr Freiraum nur für Bargeldabhebungen.

Eine Vorschrift gilt für alle Minderjährigen: Kredit gibt es nicht; es wird lediglich ein Guthabenkonto eingeräumt. Eine Kreditgewährung ist nur dann zulässig, wenn das Betreuungsgericht seine Zustimmung gibt. Das Gleiche gilt für Kontoüberziehungen und Scheckausstellungen. Inzwischen bieten fast alle Banken Kinder- und Jugendkonten an, zu denen eine Girocard mit Geheimzahl (PIN) gehört. Mit der Karte und der PIN können die Minderjährigen im Handel bezahlen und Bargeld an Automaten abheben. Solange sie noch nicht 18 Jahre alt sind, geht dies allerdings nur im Rahmen des Guthabens auf dem Konto.

Der Alltag ohne Girokonto ist schwierig. Deshalb müssen Banken seit Juni 2016 jedem ein **Basiskonto** einrichten, wenn er ein Aufenthaltsrecht in der EU hat. Somit können auch Bürger mit belastendem Schufaeintrag (z. B. Insolvenz), Geringverdiener, Obdachlose oder Asylbewerber ein Girokonto eröffnen. Auf Guthabensbasis können sie Girocards nutzen, Überweisungen tätigen, Lastschriften eingehen, staatliche Leistungen überweisen lassen usw. Auch ein möglicher Arbeitgeber, der beispielsweise einen Obdachlosen einstellt, möchte eine Kontoverbindung sehen.

Verschuldete Haushalte können eine Blockade und Pfändung ihres Girokontos verhindern, wenn sie es als **Pfändungsschutzkonto** (P-Konto) einrichten. Für Guthaben auf diesem Konto besteht dann Pfändungsschutz bis zur jeweiligen Pfändungsfreigrenze. Daueraufträge und Überweisungen für die alltäglichen Geschäfte können dann auch im Falle einer Pfändung weiterlaufen.

§ 850 k ZPO

Bevor man ein Girokonto eröffnet, sollte man die Angebote der verschiedenen Kreditinstitute sorgfältig vergleichen. Unterschiede bestehen z. B. bei der Berechnung von:

**Info**
Pfändungsschutzkonto
3ni4fk

- Überziehungszinsen
- Kontoführungsgebühren (Pauschale oder Einzelberechnung? Was ist in der Pauschale enthalten?)
- Kosten von Serviceleistungen wie z. B. Kontoauszüge, Daueraufträge (Neuanlage, Änderung, Löschung), Scheck- und Überweisungsformulare, Girocard, Onlinebanking

| Kontonummer | Wert | Text | Soll | Umsätze | Haben |
|---|---|---|---|---|---|
| 1234567890 | 28.04. | Überweisung | 174,50 | | |
| | 30.04. | Ausbildungsvergütung | | | 626,50 |
| Bank in Berghausen | 30.04. | Dauerauftrag | 40,00 | | |
| | 30.04. | Lastschrift, Telekom | 48,94 | | |
| | 02.05. | Geldautomat Sparkasse Wa | 200,00 | | |
| | 03.05. | Lastschrift, Kaufmarkt | 49,00 | | |

Herrn
Harry Häcker
Platinenweg 5
76327 Berghausen

Alter Saldo
H 210,05
Neuer Saldo
H 324,11

| Buch.-Datum | Auszug-Nr. | Blatt-Nr. |
|---|---|---|
| 04.06.21 | 6 | 1 |

Jede Veränderung auf seinem Girokonto erfährt der Kunde durch Kontoauszüge. Für Privatpersonen dient der Kontoauszug als Ersatz für eine eigene Buchführung. Der **Kontoauszug**
- informiert über die aktuelle finanzielle Situation,
- erleichtert den Überblick über Einnahmen und Ausgaben,
- dient als Kontrolle.

## 6.3 Halbbare Zahlung durch Zahlschein und Nachnahme

**Zahlschein:** Verfügt der Zahlungsempfänger über ein Girokonto, dann kann der Schuldner (Zahler) den zu zahlenden Betrag bei einer Bank oder am Postbankschalter mit einem **Zahlschein** bar einzahlen. Dem Zahlungsempfänger wird dieser Betrag auf seinem Girokonto gutgeschrieben. Die Zahlung mit Zahlschein ist allerdings sehr teuer. Je nach Bank werden bei der Einzahlung zwischen 5 und 10 € fällig.

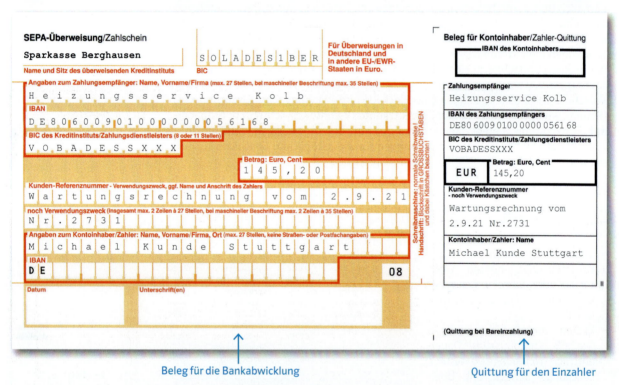

Beleg für die Bankabwicklung — Quittung für den Einzahler

Zunehmend verwenden Banken und Sparkassen auch einteilige Formulare.

**Info** Portokalkulator yk55de

**Nachnahme:** Mit Sendungen, die per Postnachnahme verschickt werden, beauftragt ein Gläubiger die Post, Geld von einem Schuldner einzuziehen. Dies ist vor allem im Versandhandel der Fall. Der Absender muss hierzu eine Nachnahmekarte und einen Zahlschein ausfüllen. Die bestellte Ware wird dem Empfänger erst dann vom Postboten ausgehändigt, wenn er den Nachnahmebetrag vollständig bezahlt hat. Der eingezogene Geldbetrag wird dem Girokonto des Gläubigers gutgeschrieben. Zwar hat der Gläubiger die Sicherheit, dass der Rechnungsbetrag mit der Übergabe der Sendung auch bezahlt wird, dafür kosten Nachnahmesendungen zusätzliche Gebühren.

Zahlungsmöglichkeiten  93

## 6.4 Unbare (bargeldlose) Zahlung

Dabei verfügen sowohl Zahler als auch Zahlungsempfänger über ein Girokonto. Dem Zahler wird der Betrag auf dessen Girokonto belastet, dem Zahlungsempfänger gutgeschrieben. Eine Zahlung erfolgt über eine Umbuchung auf beiden Girokonten.

### SEPA-Überweisung

Mit der Ausstellung einer **Überweisung** gibt der Zahler seiner Bank den Auftrag, einen bestimmten Betrag von seinem Girokonto auf das Girokonto des Zahlungsempfängers zu übertragen. Die Überweisungsformulare der Kreditinstitute sind genormt und unterscheiden sich nur durch die farbliche Aufmachung. Mit einer SEPA-Überweisung kann der Zahler Geld in unbegrenzter Höhe von seinem Konto auf ein anderes Konto überweisen lassen. Das Empfängerkonto kann im Inland oder im europäischen Ausland sein.

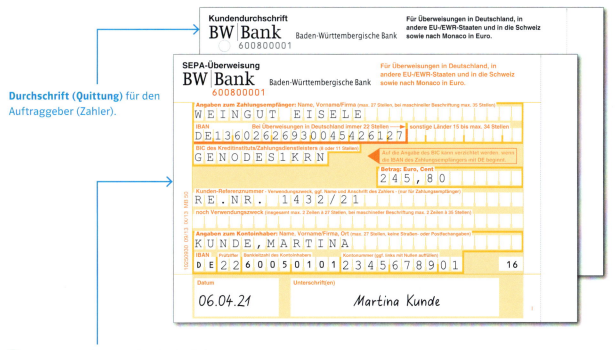

**Durchschrift (Quittung)** für den Auftraggeber (Zahler).

**Überweisungsauftrag**, der bei der Bank des Zahlers (Auftraggebers) verbleibt. Er enthält die Unterschrift des Auftraggebers.

Durch das Internet kann man problemlos in ganz Europa einkaufen – **Auslandsüberweisungen** nehmen zu. Seit Januar 2008 gibt es den **Einheitlichen Europäischen Zahlungsraum**, die sogenannte **Single Euro Payments Area (SEPA)**. Zum Einheitlichen Europäischen Zahlungsraum gehören die EU-Länder sowie die Schweiz, Liechtenstein, Monaco, San Marino, Norwegen und Island. Eine Überweisung innerhalb des SEPA-Raumes kostet nicht mehr als eine Inlandsüberweisung. Auslandsüberweisungen über 12000 € muss der Bankkunde allerdings der Bundesbank melden. Sie verwendet die Daten zur Erstellung der Zahlungsbilanz. Wer diese Pflicht missachtet, riskiert ein Ordnungsgeld. Des Weiteren muss das **Euroüberweisungsformular (SEPA-Überweisung)** verwendet werden und die 22 Stellen umfassende internationale Bankkontonummer **(IBAN)** von Zahlungsempfänger und Zahler angegeben werden. Die IBAN wird von der Hausbank aus Bankleitzahl und Kontonummer errechnet. Die darin enthaltene Prüfziffer soll fehlerhafte Eingaben, wie z. B. Zahlendreher verhindern. Für Überweisungen außerhalb des SEPA-Raumes wird zusätzlich der Internationale Bank-Code **(BIC)** der Empfängerbank benötigt. Innerhalb des SEPA-Raumes ist der BIC-Code nicht erforderlich. Bei einem korrekt ausgefüllten Euroüberweisungsformular darf eine Online-Überweisung nur noch einen Tag dauern. Bei Papierbelegen ist ein Tag mehr erlaubt.

Immer mehr Banken bieten bei ihren Online-Konten **Echtzeitüberweisungen (Instant Payments)** an. Hier ist das Geld innerhalb von Sekunden am Ziel, auch am Wochenende und an Feiertagen. Die neue Bezahlmethode funktioniert allerdings nur, wenn sowohl das Kreditinstitut des Zahlenden als auch die Bank des Empfängers Instant Payments anbieten. Vorerst ist die neue Bezahlmethode auf Beträge bis 15000 € beschränkt. Außerdem verlangen die Banken pro Überweisung bis zu 5 €.

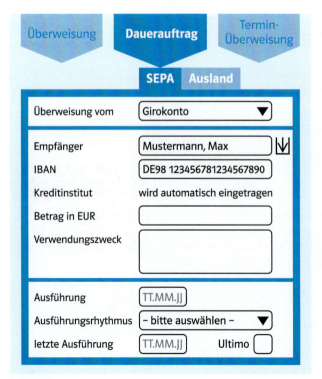

## Sonderformen des Überweisungsverkehrs

**Dauerauftrag:** Ein Dauerauftrag dient der Zahlung von gleichbleibenden Beträgen zu regelmäßig wiederkehrenden Zahlungsterminen. Er eignet sich z. B. für Miete und Versicherungsbeiträge. Solche Daueraufträge können auf unbestimmte Zeit bis auf Widerruf erteilt oder von vornherein befristet werden. Die Einrichtung eines Dauerauftrags ist sehr bequem, weil man den Auftrag nur einmal erteilen muss. Außerdem ist sichergestellt, dass eine Zahlung nicht vergessen wird.

**Lastschrifteinzugsverfahren:** Bei manchen Zahlungen kann der Zahler den Zahlungsempfänger ermächtigen, von seinem Girokonto Geld abzubuchen. Wie beim Dauerauftrag erspart diese Zahlungsart unnötige Arbeit und verschafft die Gewissheit, dass eine Zahlung nicht vergessen wird. Das Lastschriftverfahren ist sinnvoll bei Zahlungen, die unregelmäßig oder in unterschiedlicher Höhe anfallen.
Beispiele: Telefon- und Stromkosten, Abwassergebühren, Gemeindesteuern. Solche Einzugsermächtigungen können vom Schuldner (Zahler) jederzeit widerrufen werden. Damit erlischt die Einzugsberechtigung.

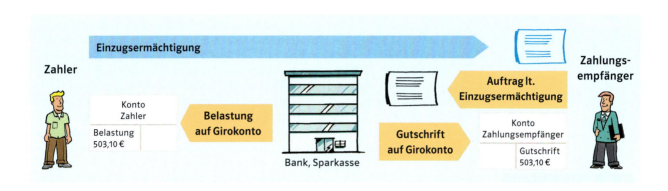

### SEPA-Lastschriftverfahren

Seit 2014 gibt es in Deutschland nur noch das **SEPA-Lastschriftverfahren**. Hier erteilt der Zahler dem Zahlungsempfänger eine schriftliche Einzugsermächtigung. Damit ist dieser berechtigt, vom Konto des Zahlers bestimmte Beträge für einen vereinbarten Verwendungszweck abzubuchen. Fehlerhaften oder unberechtigten Abbuchungen kann man innerhalb von **8 Wochen widersprechen**, ohne Angabe von Gründen. Der Betrag wird dann sofort wieder gutgeschrieben, und zwar kostenlos. Bei SEPA müssen die Internationale Bankkontonummer (**IBAN**) und der Internationale Bank-Code (**BIC**) angegeben werden. Dadurch kann nicht nur national, sondern europaweit Geld eingezogen werden. Ein besonderer Vorteil der SEPA-Lastschrift ist die größere Planungssicherheit für den Zahlungspflichtigen. Da der Zahlungsempfänger dem Zahler spätestens 14 Tage vor dem Einzug eine Information mit dem genauen Tag der Belastung zusenden muss, kann sich dieser auf die Zahlung einstellen.

Wer als Zahlungsempfänger SEPA-Lastschriften einziehen will, benötigt eine **Gläubiger-Identifikationsnummer**, die EU-weit gültig ist. In Deutschland muss diese über das Internet bei der Deutschen Bundesbank beantragt werden. Außerdem muss eine SEPA-Lastschrift die sogenannte **Mandatsreferenz** enthalten. Dies ist ein Kennzeichen, das der Zahlungsempfänger individuell vergeben kann. Mit diesen zwei Angaben kann der Zahlungspflichtige einen Lastschrifteinzug eindeutig identifizieren.

**Stadtwerke Berghausen**
Hauptstraße 96 · 72341 Berghausen

Gläubiger-Identifikationsnummer DE97ZEB05678901342
Mandatsreferenz SB618GEZ7455231

**SEPA-Lastschriftmandat**

Ich ermächtige die Stadtwerke Berghausen, Zahlungen von meinem Konto mittels Lastschrift einzuziehen. Zugleich weise ich mein Kreditinstitut an, die von den Stadtwerken Berghausen auf mein Konto gezogenen Lastschriften einzulösen.

Hinweis: Ich kann innerhalb von 8 Wochen, beginnend mit dem Belastungsdatum, die Erstattung des belasteten Betrages verlangen. Es gelten dabei die mit meinem Kreditinstitut vereinbarten Bedingungen.

Vorname und Name (Kontoinhaber): *Michaela May*
Straße und Hausnummer: *Bussardstr. 23*
Postleitzahl und Ort: *72341 Berghausen*
Kreditinstitut: *Sparkasse Berghausen*
BIC: *SOLADES1BER*
IBAN: *DE23642610501234567890*

Ort, Datum: *Berghausen, 12.03.2021*
Unterschrift: *Michaela May*

## 1.6 Zahlungen mit Karten

**Kreditkarten** bieten ohne das Risiko einer vollen Brieftasche und unabhängig von den Banköffnungszeiten eine ständige Zahlungsbereitschaft.
Kreditkarten können bei einer der Kreditkartenfirmen oder bei der Hausbank teils kostenlos oder gegen Zahlung einer Gebühr beantragt werden. Allein in Deutschland sind rd. 37 Millionen Kreditkarten im Umlauf. Diese Karten, versehen mit dem Namen des Karteninhabers und der Kartennummer, können zur Zahlung von Rechnungen (z. B. bei Einkäufen, Hotelübernachtungen) vorgelegt werden. Der Kartenkunde gibt seine PIN ein oder unterschreibt den anhand der Karte ausgedruckten Beleg und erhält zu seiner Kontrolle eine Kopie. Viele Kreditkarten und Girocards haben eine NFC-Funktion (zu erkennen am NFC-Logo auf der Karte). Kleinbeträge bis 50 € können kontaktlos bezahlt werden, ohne Unterschrift oder Eingabe einer PIN. Die Karte muss lediglich an das Lesegerät gehalten werden und der Betrag wird sekundenschnell abgebucht.

NFC-Logo auf Kreditkarten und Girocards

Mit Kreditkarten kann man an dafür vorgesehenen Geldautomaten Bargeld abheben. Einmal im Monat (je nach Abrechnungszeitraum der Kartenfirma) erhält der Kunde dann von der Kreditkartenfirma eine Abrechnung über alle in diesem Zeitraum angefallenen Rechnungen. Der Gesamtbetrag wird aufgrund der zuvor erteilten Einzugsermächtigungen vom Girokonto des Karteninhabers abgebucht.
**Minderjährige** erhalten lediglich eine besondere **Prepaid-Kreditkarte**. Sie wird genau wie ein Prepaid-Handy im Voraus mit Euro „geladen"; danach kann mit der Karte über das Guthaben verfügt werden. Dies hat der Gesetzgeber so vorgesehen, damit sich Minderjährige vor Vollendung des 18. Lebensjahres nicht verschulden können.

**Girocard** (früher ec-Karten genannt) heißen die ca. 107 Millionen Zahlungskarten der deutschen Banken und Sparkassen. Als **Debitkarten** binden sie das deutsche „Electronic Cash" in den Einheitlichen Europäischen Zahlungsraum (SEPA) ein. Sie sind eine **multifunktionale Lösung,** die das **bargeldlose Bezahlen** am **POS** (**P**oint **o**f **S**ale = Ort des Verkaufs und der Zahlung) ebenso ermöglicht wie **Bargeldtransaktionen** an Automaten oder die Nutzung von Zusatzleistungen, z. B. den Abruf von Kontoauszügen oder die Legitimation im Onlinebanking. Alle für die Nutzung erforderlichen Daten wie Kontonummer, Name und Anschrift der Bank oder die persönliche Identifikationsnummer (PIN) sind verschlüsselt auf einem Chip hinterlegt.

Mit der Girocard kann man in Deutschland rund um die Uhr an rund 68 000 Geldautomaten bis zu 1 000 € pro Tag abheben, bei entsprechendem Verfügungsrahmen der Bank auch mehr. Hierzu muss lediglich die PIN eingetippt werden (siehe auch Electronic Cash, S. 135).

Die einzelne Girocard kann unterschiedlich ausgestattet sein. Man erkennt dies an den entsprechenden Symbolen auf der Karte.

Eine Girocard mit **Maestro-Logo** kann weltweit benutzt werden. Überall dort, wo das **Maestro-Zeichen** angebracht ist, kann man mit Girocard und Geheimzahl (PIN) bezahlen. In Europa sind rund 7 Millionen Kassen in Restaurants, Kaufhäusern, Tankstellen usw. an das System angeschlossen. Weltweit sind es fast 15 Millionen sowie rund 2 Millionen Geldautomaten. An den Maestro-Kassen können Zahlungen bis 1 000 € pro Tag in der jeweiligen Landeswährung erfolgen, bei entsprechendem Verfügungsrahmen der Bank auch mehr.

Karten mit **V-Pay-Zeichen** und PIN werden innerhalb des Europäischen Zahlungsraumes (SEPA) von über 9 Mio. Händlern und mehr als 370 000 Geldautomaten unterstützt. Oft kann die Karte auch außerhalb Europas eingesetzt werden.

**Girocard mit Geldkartenfunktion und girogo:** Die **Girocard** ist mit einem Chip versehen, der zum bargeldlosen Bezahlen mittels elektronischer Geldbörse (Geldkartenfunktion) und Electronic Cash (siehe S. 135) genutzt werden kann. Zuvor muss die Karte mit bis zu 200 € „aufgeladen" werden. Die Aufladung erfolgt an speziellen Ladeautomaten. **Girogo** ist eine Weiterentwicklung der Geldkartenfunktion. Kleinbeträge bis 50 € können kontaktlos bezahlt werden, indem man die Karte nur noch an das Lesegerät hält.

Untersuchungen haben ergeben, dass Kartenbesitzer mehr Geld ausgeben als Barzahler. Verbraucherverbände kritisieren deshalb die Zunahme des Plastikgeldes. Sie sind der Ansicht, dass die Verbraucher dadurch zu zusätzlichen Ausgaben verführt werden und dass die Gefahr der Kontoüberziehung erheblich zugenommen hat. Auch weisen sie auf das Risiko des Missbrauchs hin. Jeder Kartenbesitzer sollte sich der größeren Verantwortung bewusst sein, die der Besitz einer solchen Karte erfordert. Wie kann sich der Karteninhaber vor Missbrauch schützen? Grundsätzlich sollten Karten mit der gleichen Sorgfalt behandelt werden wie Bargeld. So sollten sie möglichst nah am Körper getragen werden und nicht ohne Aufsicht liegen bleiben. Geheimnummern sollten nicht aufgeschrieben oder aufbewahrt werden. Der sicherste Ort ist immer noch das Gedächtnis des Inhabers. Beim Bezahlen in Geschäften sollte der Kunde seine Karte nicht aus den Augen verlieren.

## 1.7 Moderne Bankdienste

### Electronic Cash
In fast allen Geschäften kann man mit einer Girocard bargeldlos an einem POS-Terminal (**POS** = **P**oint **o**f **S**ale) zahlen. Zur Zahlung steckt der Kunde seine Girocard in ein Terminal, das den Rechnungsbetrag anzeigt und die Karte auf Echtheit prüft. Der Kunde tippt seine persönliche Geheimzahl (**P**ersönliche **I**dentifikations**n**ummer = **PIN**) ein und bestätigt den Rechnungsbetrag. Nachdem das System geprüft hat, ob die PIN korrekt, die Karte nicht gesperrt und das Konto gedeckt ist, wird die Einlösung garantiert. Die Rechnung wird dann innerhalb von Sekunden von seinem Konto abgebucht. Der Zahlungsvorgang ist beendet. Zur Kontrolle erhält der Kunde eine Quittung über den Rechnungsbetrag. Viele Banken bieten inzwischen die „**Girocard kontaktlos**" an. Hier wird die Karte nicht mehr in das Gerät gesteckt, sondern nur noch nah darüber gehalten. Die Datenübertragung erfolgt über einen NFC-Chip in der Karte. Zahlungen bis 50,00 € werden von der Bank sogar ohne PIN akzeptiert.

POS-Zahlung

Zeichen für kontaktloses Zahlen

### Elektronisches Lastschriftverfahren (ELV)/SEPA Lastschriftverfahren
Beim Elektronischen Lastschriftverfahren (ELV) bezahlt der Kunde mit der Girocard und seinem „guten Namen". Mit einem speziellen Gerät liest der Händler aus dem Chip der Karte die Bankleitzahl und die Kontonummer aus und erzeugt eine ganz normale Lastschrift mit Einzugsermächtigung, die der Kunde anschließend mit seiner Unterschrift erteilt. Im Gegensatz zum Electronic-Cash-Verfahren wird hier nicht überprüft, ob die Karte gesperrt und das Konto gedeckt ist. Die Folge: Der Händler trägt das Betrugsrisiko und das Zahlungsausfallrisiko. Auch kann der Kunde innerhalb von acht Wochen die Lastschrift bei seiner Bank problemlos widerrufen und das Geld zurückbuchen lassen.

ELV-Zahlung

### Home- oder Onlinebanking
PC-Nutzer können rund um die Uhr Bankgeschäfte tätigen wie zum Beispiel:
- Überweisungen ausführen,
- Daueraufträge erteilen, ändern oder löschen,
- Wertpapiere kaufen oder verkaufen,
- den Kontostand abfragen.
- Termingelder anlegen,
- Karten sperren lassen (z. B. Girocards).

Das Konto des Nutzers ist neben der Kontonummer noch zusätzlich durch eine PIN gesichert, die nur der Nutzer kennt. Für Geldtransaktionen ist außerdem eine nur einmalig nutzbare **T**rans**a**ktions**n**ummer **(TAN)** notwendig. Diese wird dem Kunden per SMS auf sein Handy zugeschickt oder er kann sie einem **TAN-Generator** entnehmen, der an den Bildschirm gehalten wird. Das nebenstehende Beispiel zeigt, wie Bankgeschäfte am Bildschirm eines PCs mit TAN-Generator und entsprechender Software online abgewickelt werden können.
Als besonders sicher gilt das **HBCI**-Verfahren (**H**ome**b**anking **C**omputer **I**nterface). Hier wird eine besondere Chipkarte benötigt. Zusammen mit einem Lesegerät und einer PIN wird damit eine digitale Unterschrift erzeugt.

TAN-Generator

### Zahlung mit dem Handy
Mittlerweile kann man auch mit dem **Handy** bequem Online Banking betreiben. So muss man beispielsweise bei den **Apps** mancher Banken nur den beigefügten Überweisungsträger einer Rechnung mit dem Handy fotografieren, um eine Überweisung aufzugeben. **Apps** von Handelsketten und Mobilfunkanbietern ermöglichen ebenfalls das **Bezahlen mit dem Handy**. Da sich die einzelnen Systeme in der Anwendung sehr unterscheiden, bleibt abzuwarten, welche sich durchsetzen. Handys mit NFC-Technologie können sogar zum kontaktlosen Bezahlen bei Electronic Cash benutzt werden.

Neben den sogenannten **Direktbanken** (Banken ohne Zweigstellennetz) bieten fast alle Banken und Sparkassen die Erledigung von Bankengeschäften mittels Telefon (**Telefonbanking**) an. Von zunehmender Bedeutung ist jedoch das **Onlinebanking**, da hier Banktransaktionen über das Internet 24 Stunden täglich weltweit getätigt werden können. In Deutschland wurden deshalb 2019 fast 75 Millionen Girokonten online genutzt.

### Symbole im modernen Zahlungsverkehr und deren Bedeutung

| Symbol | Zahlungsverwendung | Zahlungsvoraussetzungen |
|---|---|---|
| girocard | • **Electronic Cash:** Bargeldloses Bezahlen an automatisierten Kassen, Online-Abbuchung im Inland. Die Bank garantiert die Zahlung.<br>• **Abheben von Bargeld** an allen Geldautomaten von Banken und Sparkassen. | Girocard<br>PIN |
| SEPA Lastschrift | **ELV (Elektronisches Lastschriftverfahren)**<br>Bargeldloses Bezahlen an automatisierten Kassen mittels Lastschriftbeleg, den der Käufer unterschreibt. (Einzelhandelsgeschäfte, Kaufhäuser, Tankstellen etc.). Der Händler trägt das Risiko, dass das Konto nicht gedeckt ist. | Girocard<br>Unterschrift |
| maestro | Bargeldloses Bezahlen wie **Electronic Cash** und **Abheben** von Bargeld **weltweit**, im In- und Ausland an fast 15 Millionen Akzeptanzstellen. | Girocard<br>PIN |
| V PAY | Bargeldloses Bezahlen wie Electronic Cash und Abheben von Bargeld, nur im europäischen Zahlungsraum (SEPA), im In- und Ausland an mehr als 9 Millionen Akzeptanzstellen. | Girocard<br>PIN |
| cirrus | Abheben von Bargeld weltweit. | Girocard<br>PIN |
| GeldKarte | Bargeldloses Bezahlen bis 200 € an automatisierten Kassen, bis aufgeladener Betrag verbraucht ist (Einzelhandelsgeschäfte, Kaufhäuser, Tankstellen, Fahrkartenautomaten). | **Geldkarte**<br>(Girocard) mit ausreichend Guthaben |
| girogo | Bargeldloses Zahlen von **Kleinbeträgen bis 20 €. Kontaktlos**, Karte muss nur an Lesegerät des Händlers gehalten werden. Karte kann bis 200 € aufgeladen werden. Derzeit nur in Deutschland. | **Girocard** mit ausreichend Guthaben |
| z. B. VISA | Bargeldloses Bezahlen mittels Lastschrift (Fachgeschäfte, Tankstellen, Restaurants, Hotels etc.). Bargeld an dafür vorgesehenen Automaten im In- und Ausland. | **Kreditkarte**<br>Unterschrift<br><br>bei Barabhebung:<br>**Kreditkarte** + PIN |

### Besondere Zahlungsformen im Internet

Die meisten Internetgeschäfte liefern Waren erst, wenn die Zahlung erfolgt ist; z. B. per Überweisung, Lastschrift, Scheck, Kreditkarte oder Nachnahme. Vielen Käufern ist dies zu unsicher. Sie wollen ihre Bankverbindung nicht preisgeben oder fürchten, dass bezahlte Waren nicht geliefert werden. Deshalb schalten sie Treuhänder ein. Diese bieten unterschiedliche Leistungen: Die einen leiten das Geld erst weiter, wenn die Ware beim Empfänger eingetroffen ist, andere garantieren den Lieferanten die Zahlung oder sichern die Käufer im Betrugsfall ab. Bekannte Zahlsysteme im Internet sind:

Zahlungsmöglichkeiten

| Symbol | Zahlungsverwendung |
|---|---|
| **PayPal**<br>www.paypal.de | **Paypal** ist eine Tochterfirma von eBay. Um das System zu nutzen, muss der Kunde ein Konto eröffnen; seine Einkäufe im Internet werden davon bezahlt. Das Konto wiederum wird vom Girokonto des Kunden aufgefüllt. Paypal sichert seine Kunden gegen Betrug ab und erstattet das Geld zurück. Genutzt wird Paypal von mehr als 377 Millionen Kunden weltweit. |
| **giropay**<br>www.giropay.de | Unter der Marke **Giropay** sind die drei Online-Bezahlverfahren **Paydirekt**, **Giropay** und **Kwitt** zusammengeführt.<br><br>**Giropay** gehören ca. 1500 Banken und Sparkassen an. Der Käufer gibt die Bankleitzahl ein und wird zum Onlinebanking seiner Bank umgeleitet, wo er sich wie gewohnt einloggt. Das Überweisungsformular ist bereits ausgefüllt, er muss nur noch eine TAN eingeben. |
| **paydirekt**<br>www.paydirekt.com | **Paydirekt** ist ein Online-Bezahldienst für die über 45 Millionen Onlinebanking-Kunden. Um das kostenlose System zu nutzen, muss man sich einmalig im Onlinebanking seiner Bank für paydirekt registrieren. Beim Einkauf im Internet muss der Käufer nur den selbstgewählten *Benutzernamen* und sein *Passwort* angeben. Damit gibt er die Zahlung von seinem Girokonto frei. Sollte die Ware nicht ankommen, garantiert das System einen Käuferschutz. |
| www.kwitt.de | **Kwitt** ist ein Bezahlverfahren, bei dem man mit seinem Smartphone Geld auf ein anderes Smartphone übertragen kann. Man benötigt lediglich die Mobilfunknummer des Empfängers. |

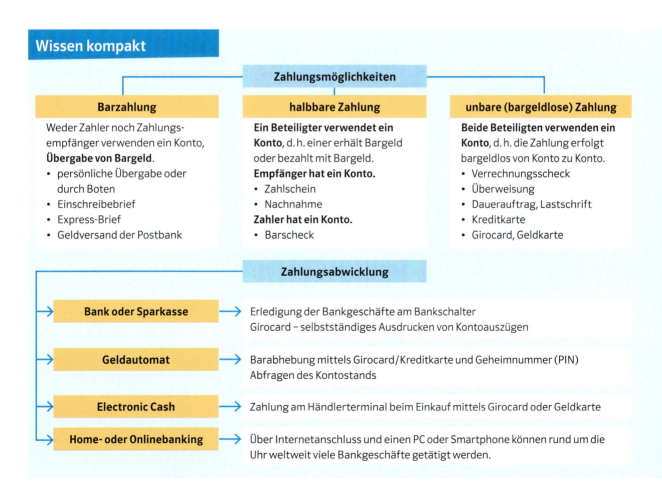

## Wissen kompakt

**Zahlungsmöglichkeiten**

**Barzahlung**
Weder Zahler noch Zahlungsempfänger verwenden ein Konto, **Übergabe von Bargeld**.
- persönliche Übergabe oder durch Boten
- Einschreibebrief
- Express-Brief
- Geldversand der Postbank

**halbbare Zahlung**
**Ein Beteiligter verwendet ein Konto**, d. h. einer erhält Bargeld oder bezahlt mit Bargeld.
**Empfänger hat ein Konto.**
- Zahlschein
- Nachnahme

**Zahler hat ein Konto.**
- Barscheck

**unbare (bargeldlose) Zahlung**
**Beide Beteiligten verwenden ein Konto**, d. h. die Zahlung erfolgt bargeldlos von Konto zu Konto.
- Verrechnungsscheck
- Überweisung
- Dauerauftrag, Lastschrift
- Kreditkarte
- Girocard, Geldkarte

**Zahlungsabwicklung**

→ **Bank oder Sparkasse** → Erledigung der Bankgeschäfte am Bankschalter
Girocard – selbstständiges Ausdrucken von Kontoauszügen

→ **Geldautomat** → Barabhebung mittels Girocard/Kreditkarte und Geheimnummer (PIN)
Abfragen des Kontostands

→ **Electronic Cash** → Zahlung am Händlerterminal beim Einkauf mittels Girocard oder Geldkarte

→ **Home- oder Onlinebanking** → Über Internetanschluss und einen PC oder Smartphone können rund um die Uhr weltweit viele Bankgeschäfte getätigt werden.

## Arbeitsteil

1. Erläutern Sie das Prinzip der Barzahlung.

2. Erklären Sie den Unterschied zwischen den verschiedenen Zahlungsarten.

3. Barzahlung und halbbare Zahlung spielen eine immer geringere Rolle. Begründen Sie diese Entwicklung.

4. Die 16-jährige Sonja möchte zu Beginn ihrer Ausbildung ein Girokonto eröffnen.
   a) Warum sollte sie Angebote verschiedener Banken und Sparkassen vergleichen?
   b) Was muss Sonja bei der Einrichtung eines Girokontos tun?
   c) Warum sollte sie sich regelmäßig Kontoauszüge ausdrucken?

5. Markus verfügt über ein Girokonto und möchte folgende Zahlungen tätigen:
   a) Rechnung für Autoreparatur
   b) monatliche Miete
   c) Telefonrechnung
   d) Stromkosten
   Welche Zahlungsform sollte gewählt werden?

6. Beschreiben Sie die Sonderformen des Überweisungsverkehrs und nennen Sie je zwei Anwendungsbeispiele.

7. Beschreiben Sie, wie anhand von Kreditkarten Rechnungen bezahlt werden.

8. Daniela hat sich in einem Fachgeschäft ein Fernsehgerät für 190 € gekauft. An der Eingangstür des Geschäftes sind folgende Zahlungssymbole abgebildet:
   a) Wie kann hier bargeldlos bezahlt werden?
   b) Daniela verfügt über eine Girocard mit Geldkartenfunktion und möchte damit bezahlen. Welche Zahlungsmöglichkeiten (Formen der Zahlungsabwicklung) kann sie mit ihrer Girocard in diesem Geschäft nutzen?

9. Wie läuft die Zahlung beim Electronic Cash ab?

10. Als Auszubildender hatte Sven ein gebührenfreies Girokonto bei der Volksbank. In Zukunft muss er Gebühren zahlen. Er vergleicht diese mit den Gebühren bei seiner Sparkasse anhand der Anzahl der monatlich erwarteten Buchungen.

| Kostenposition | Sparkasse | Volksbank | erwartete Buchungen |
|---|---|---|---|
| Grundgebühr (mtl.) | 2,95 € | 5,00 € | |
| Überweisung mit Beleg | 0,80 € | 0,40 € | 6 |
| Überweisung online | 0,05 € | kostenfrei | 10 |
| Dauerauftrag | 0,15 € | kostenfrei | 6 |
| Kontoauszug mit Zusendung | 0,80 € | 1,00 € | 2 |
| Kontoauszug am Auszugsdrucker | 0,35 € | kostenfrei | 2 |
| Barabhebung am Geldautomaten | kostenfrei | kostenfrei | 3 |
| Barabhebung am Schalter | 1,00 € | 0,50 € | 3 |
| Girocard (pro Jahr) | 6,00 € | 12,00 € | ja |

   a) Führen Sie einen Kostenvergleich durch.
   b) Was könnte Sven dazu veranlassen, auch bei günstigeren Konditionen eines anderen Geldinstituts bei seiner bisherigen Bank zu bleiben (drei Gründe)?
   c) Wo könnte Sven bei den monatlich anfallenden Buchungen weitere Kosten einsparen?

11. Durch Kreditkartenbetrug entstehen in Deutschland jährlich Schäden von über 80 Millionen Euro.
    a) Wie kann es zu solchen Betrügereien kommen?
    b) Wie können Sie sich davor schützen?
    c) Warum wird die Girocard nach dreimaligem falschen Eintippen der PIN eingezogen?

12. Welche Vor- und Nachteile bietet Onlinebanking?

13. Sven will im Internet bei einem Elektronikversand einen 200 € teuren Tablet-PC kaufen. Der Händler bietet folgende Zahlungsmöglichkeiten:
    – 3 % Skonto und kostenlosen Versand bei Überweisung des Rechnungsbetrages vor Lieferung,
    – 6,50 € Versandkosten bei Zahlung per Lastschrift,
    – 5,00 € Aufpreis und 6,50 € Versandkosten bei Zahlung mit PayPal.
    a) Vergleichen Sie die Vorteile und Nachteile jeder der angebotenen Zahlungsmöglichkeiten.
    b) Welche Zahlungsmöglichkeit sollte Sven Ihrer Meinung nach wählen?

Sparformen  95

# 7 Sparformen

## Einstieg

Clemens besucht seine Großmutter.

**Clemens:** Hallo, Oma, wie geht's? Ich bin gerade auf dem Rückweg von meiner Bank.

**Oma:** Hast du wieder Geld gebraucht?

**Clemens:** Im Gegenteil. Ich habe mir Aktien und Fondsanteile gekauft.

**Oma:** Davon verstehe ich nichts. Ich vertraue der Bank nicht. Mein Geld liegt bei mir sicher im Sparstrumpf.

**Clemens:** Aber Oma, wie kann man nur so altmodisch sein. Dein Sparstrumpf bringt dir doch keine Rendite. Außerdem verliert dein Geld an Wert durch die Preissteigerungsrate.

**Oma:** Kann nicht sein. Hab's heute Morgen gezählt. Es fehlt nichts.

▼
a) Ist der Sparstrumpf die schlechteste aller Geldanlagen?
b) Welche Sparformen kennen Sie?
c) Warum sind hohe Renditen häufig mit einem hohen Anlagerisiko verbunden?

Die zu den Kreditinstituten gebrachten Spargelder sind eine Grundvoraussetzung für die Vergabe von Krediten. Kredite wiederum sind unverzichtbare Voraussetzungen für Investitionen und Wirtschaftswachstum. Kreditinstitute übernehmen damit die Vermittlung von Spargeldern an Kreditsuchende in Form von Krediten. „Omas Sparstrumpf" bleibt für die Entwicklung der Volkswirtschaft ohne Wirkung, da dieses Geld stillgelegt wird und somit nicht „arbeiten" kann.

## 7.1 Entscheidungsmerkmale für die Wahl der Sparform

Welche **Sparform (Anlageform)** ein Sparer verwirklichen möchte, hängt in der Regel entscheidend von drei Faktoren ab:
- dem Ertrag (Rendite),
- der Sicherheit (Rückzahlung) und
- der Verfügbarkeit.

Leider gibt es keine Anlageform, die diese drei Faktoren in idealer Weise in sich vereinigt. So sind z. B.
- Geldanlagen, die eine sehr hohe Verzinsung (Rendite) versprechen, in ihrer Verfügbarkeit (Liquidität) beschränkt und umgekehrt,
- Geldanlagen mit hohen Gewinnchancen mit vergleichsweise hohen Risiken behaftet.

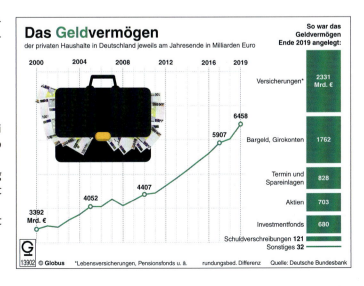

161

Faustregeln für eine optimale Geldanlage:
- Jeder Geldanleger sollte seinen persönlichen Vermögensstand, seine Sparfähigkeit und seine Sparziele ermitteln.
- Ab einer bestimmten Sparsumme empfiehlt es sich, verschiedene Anlageformen zu mischen (Streuung). Je größer das anzulegende Vermögen ist, desto breiter sollte die Vermögensstreuung sein.

## 7.2 Sparformen

Man unterscheidet hauptsächlich folgende Sparformen:

### Sparbuch/Sparkonto

Die beliebteste Sparform der Bundesbürger ist das Sparen auf dem **Sparkonto**. Wer ein Sparkonto eröffnet, erhält als Urkunde ein **Sparbuch**. Darin werden alle Einzahlungen und alle Abhebungen eingetragen sowie der jeweils aktuelle Kontostand. Viele Banken geben mittlerweile für Sparkonten keine Sparbücher mehr aus. Stattdessen erhalten die Kunden eine Kundenkarte und nach jeder Buchung einen Kontoauszug, den sie als Loseblattsammlung abheften.

Auf den meisten Sparkonten wird das Geld als „normale Spareinlage" angelegt. Genauer gesagt: auf **Sparkonten mit dreimonatiger Kündigungsfrist**. Pro Kalendermonat können hier je nach Bank normalerweise zwischen 1 500 € und 2 000 € abgehoben werden. Wer mehr Geld möchte, muss dies 3 Monate vorher ankündigen, andernfalls muss er Vorschusszinsen bezahlen. Der Vorschusszins beträgt in der Regel ein Viertel des Zinses, der sonst auf die Spareinlage gezahlt wird.
Der Sparer kann zwar recht problemlos über sein Geld verfügen und muss keine Kursverluste befürchten, wie sie bei börsennotierten Wertpapieren eintreten können, bekommt dafür aber relativ wenig Zinsen. Höhere Zinsen erhält man bei vereinbarten Kündigungsfristen (z. B. von 12, 24 oder 48 Monaten). Allerdings muss der Sparer den Ablauf der jeweiligen Kündigungsfrist abwarten, bevor er über sein Geld verfügen kann. Abgesehen vom Inflationsrisiko ist die Anlage auf Sparkonten nahezu risikolos, da in der EU das Spargeld in Höhe von 100 000 € pro Anleger und Bank gesetzlich gesichert ist.

### Sparbriefe

Sparbriefe sind Wertpapiere, die nicht an der Börse notiert werden. Sie unterliegen keinem Kursrisiko. Verkauft werden sie von Banken und Sparkassen, die sich auf diese Weise von ihren Kunden Geld beschaffen. Sparbriefe werden normalerweise auf den Namen des Kunden ausgestellt. Erhalten kann man sie häufig schon für 100 €. Wegen ihrer Laufzeit (4 bis 8 Jahre) sind es langfristige Geldanlagen, da eine vorzeitige Rückzahlung meist nicht möglich ist.
Verglichen mit den Einlagen auf dem Sparbuch, werden sie deutlich besser verzinst, verglichen mit den an der Börse notierten festverzinslichen Wertpapieren jedoch etwas schlechter.

### Termingeldeinlagen

Anleger, die auf ihr Geld nur kurze Zeit verzichten können, entscheiden sich meist für **Termingeldeinlagen**. Für einen kurzen Zeitraum (z. B. 30, 60, 90, 180 oder 360 Tage) legen sie einen größeren Betrag (meist ab 5 000 €) auf einem speziellen Termingeldkonto an und erhalten dafür einen erhöhten Zins.

### Versicherungssparen

Der Staat fördert den Abschluss bestimmter **Privatversicherungen**. Deshalb ist das Versicherungssparen eine beliebte Sparform. Hier werden Beiträge für eine

Privatversicherung gezahlt, z. B. für eine Lebens-, eine private Renten- oder Ausbildungsversicherung. Obwohl der Staat nur private Rentenversicherungen fördert, ist die beliebteste Form des Versicherungssparens immer noch die Lebensversicherung, z. B. die Kapital-Lebensversicherung. Sie soll als Altersvorsorge für den Versicherungssparer die Leistungen der gesetzlichen Rentenversicherung ergänzen und beim vorzeitigen Tod des Versicherten dessen Hinterbliebene finanziell absichern (siehe auch private Zusatzversicherungen S. 75 ff.). Verbraucherschutzverbände warnen, dass die **Rendite** einer Kapitallebensversicherung sehr fraglich sei. Die eingerechnete Risikovorsorge, Provisionen und hohe Verwaltungskosten mindern diese sehr. Des Weiteren wurde der **garantierte Zinssatz** auf den verbleibenden Sparanteil in den letzten Jahren immer mehr gesenkt. Zwar werben Versicherungsgesellschaften mit Gewinnüberschüssen, können sie jedoch für die Zukunft nicht garantieren. Besteht bereits vor Versicherungsablauf dringender Geldbedarf, dann fallen bei einem **Rückkauf** die Verwaltungskosten um so stärker ins Gewicht, je früher gekündigt wird. Statistiken belegen: Sehr viele Kapitallebensversicherungen werden mit hohen Verlusten vorzeitig gekündigt.

### Bausparen

Fast jeder dritte Bundesbürger ist Bausparer. Mit dem Abschluss eines **Bausparvertrags** verpflichtet sich ein Bausparer, entsprechend der vereinbarten Bausparsumme (z. B. 50 000 €) regelmäßig Bausparbeiträge an eine Bausparkasse zu zahlen. Durch den Bausparvertrag erwirbt er das Anrecht auf ein zinsgünstiges Bauspardarlehen. Damit ein Darlehen beantragt werden kann, müssen bestimmte Voraussetzungen erfüllt sein, die im Einzelnen von dem gewählten Tarif der Bausparkasse abhängen, z. B. die Mindestansparsumme von 40 % und eine Mindestansparzeit von 18 Monaten. Wurde ein Bausparvertrag zugeteilt, dann erhält der Bausparer sein Sparguthaben einschließlich der Zinsen zurück. Die Differenz zur vereinbarten Bausparsumme steht ihm als zinsgünstiges Darlehen zur Verfügung. Da der Zweck des Bausparens im Erwerb, Bau oder der Instandhaltung von Wohneigentum besteht, wird diese Sparform vom Staat gefördert.

### Investmentanteile

Beim **Investmentsparen** vertraut der Sparer das Geld einer Kapitalanlagegesellschaft **(Investmentgesellschaft)** an. Im Gegenzug erhält er **Investmentzertifikate** (Urkunden) ausgehändigt. Diese Scheine verbriefen einen Anteil an einem Geldtopf, in den viele Sparer einzahlen. Genauer gesagt: an einem **Fonds**. Je nachdem, wie die Investmentgesellschaft das Geld anlegt, unterscheidet man unterschiedliche Fonds. Will ein Sparer höhere Erträge und ist er auch bereit, höhere Risiken einzugehen, kann er Anteile an einem **Aktienfonds** erwerben. Hier fließt das Geld in Aktien. Bei **Rentenfonds** wird in festverzinsliche Wertpapiere investiert. **Gemischte Fonds** setzen sich aus Aktien und festverzinslichen Wertpapieren zusammen. Bei **Immobilienfonds** fließen die Geldmittel in Grundstücke und Gebäude.

Investmentfonds unterliegen weit geringeren Kursschwankungen als Aktien, weil die Wertpapiere breit gestreut sind und anzunehmen ist, dass nicht alle Papiere gleichzeitig im Wert sinken. Eine weitere Sicherheit besteht darin, dass die Kapitalanlagegesellschaften sehr streng vom Staat kontrolliert werden. Außerdem müssen die Anteilsscheine jederzeit zum geltenden Anteilswert von der Gesellschaft in Geld umgetauscht werden, d. h. das Geld ist jederzeit verfügbar. Allerdings fallen Kosten an für Ankauf, Verkauf und Verwaltung von Investmentzertifikaten.

Risikofreudige können ihr Geld in **geschlossenen Fonds** anlegen, bei denen nur in einem festgelegten Zeitraum in bestimmte Objekte investiert werden kann, wie z. B. Immobilien, Schiffe oder Windkraftanlagen. Danach wird der Fonds geschlossen. Der Erwerber eines Anteils wird Unternehmer mit entsprechenden Gewinnchancen aber auch beachtlichen Risiken. Ein Verkauf solcher Anteile ist nur möglich, wenn man selbst einen Käufer findet.

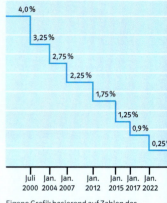

**Entwicklung des Garantiezinses von Lebensversicherungen**

- 4,0 % – Juli 2000
- 3,25 % – Jan. 2004
- 2,75 % – Jan. 2007
- 2,25 % – Jan. 2012
- 1,75 % – Jan. 2015
- 1,25 % – Jan. 2017
- 0,9 %
- 0,25 % – Jan. 2022

Eigene Grafik basierend auf Zahlen des Bundesfinanzministeriums

| Beispiel | |
|---|---|
| Bausparsumme | 50 000 € |
| Ansparsumme (meist 40 %) | 20 000 € |
| Bauspardarlehen | 30 000 € |

**Investmentfonds**

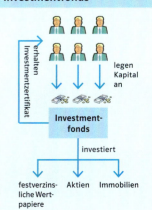

### Festverzinsliche Wertpapiere

Ein Weg, den Ertrag seiner Ersparnisse aufzubessern, ist der Kauf von **festverzinslichen Wertpapieren** wie z. B. Pfandbriefe, Anleihen oder Kommunalobligationen. Festverzinsliche Wertpapiere garantieren einen gleichbleibenden Zinsertrag während ihrer Laufzeit (daher auch die Bezeichnung Rentenpapiere). Normalerweise beträgt die Laufzeit 5 und mehr Jahre. Herausgegeben werden diese Papiere von bestimmten Kreditinstituten (z. B. Hypothekenbanken), Industrieunternehmen, vom Bund, den Ländern oder den Gemeinden.

Festverzinsliche Wertpapiere haben eine gute Verzinsung. Außerdem können sie jederzeit an der Börse verkauft werden. Allerdings entstehen für Ankauf, Verkauf und Verwaltung der Papiere zum Teil beachtliche Kosten. Dafür sind die Kursschwankungen recht gering. Sie ergeben sich nur, wenn der Kapitalmarktzins gegenüber dem Zins des Papiers steigt oder fällt. An der 100%igen Endauszahlung am Ende der Laufzeit ändert dies jedoch nichts.

### Aktien

**Aktien** sind Urkunden, die dem Inhaber einen Anteil an einer Aktiengesellschaft verbriefen. Für seine Beteiligung erhält der Aktionär jährlich einen Gewinnanteil, die **Dividende**. Aktien werden jedoch weniger wegen der Dividende erworben, sondern weil sich der Käufer Kursgewinne an der Börse erhofft.

Mit einer Aktie beteiligt man sich nämlich an einem Unternehmen, seinem Vermögen und seinen Fähigkeiten. Wenn sich die Bewertung des Unternehmens ändert, steigt der Kurs oder er fällt. Verschlechtern sich beispielsweise die Ertragsaussichten, kann der Kurs langfristig auch unter dem Einstandskurs liegen. Der Kauf von Aktien birgt also ein erhebliches Kursrisiko. Außerdem fallen Kosten an für Ankauf, Verkauf und Verwaltung durch die Banken.

### Weitere Sparformen

Neben den genannten Anlagegruppen gibt es noch weitere Anlagemöglichkeiten wie z. B. Immobilien (Grundstücke, Gebäude), Edelmetalle (Platin, Gold, Silber) und sonstige Wertgegenstände (Schmuck, Stilmöbel).

Die Anlagemotive liegen bei diesen Anlageformen in der Sicherheit durch Sachwertanlagen sowie der Spekulation auf eine Wertsteigerung.

| Kursverlauf Daimler-Aktie ||
|---|---|
| Datum | Schlusskurs |
| 25. 01. 2002 | 47,15 |
| 26. 01. 2004 | 38,90 |
| 25. 01. 2006 | 45,32 |
| 25. 01. 2008 | 51,38 |
| 25. 01. 2010 | 32,40 |
| 25. 01. 2012 | 43,25 |
| 25. 01. 2014 | 62,83 |
| 25. 01. 2016 | 64,94 |
| 25. 01. 2018 | 74,52 |
| 27. 01. 2020 | 42,70 |
| 27. 01. 2021 | 57,67 |

Deutsche Börse AG, Frankfurt am Main

## 7.3 Abgeltungssteuer

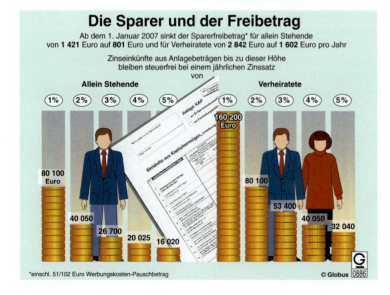

Seit 2010 betragen die Sparer-Pauschbeträge bei der Einkommensteuer 801 € für Ledige und 1 602 € für Verheiratete. Kapitalerträge (z. B. Sparbuchzinsen, Wertpapierzinsen), die diese Freibeträge übersteigen, werden bei der Auszahlung der Zinsen mit der 25 %igen **Abgeltungssteuer** belegt (Stand 2021). Zusätzlich fallen darauf noch Solidaritätszuschlag und ggf. Kirchensteuer an. Diese Steuer wird von den Kreditinstituten einbehalten und an die Finanzämter weitergeleitet. Über die bezahlte Steuer erhält der Sparer eine Bescheinigung von seiner Bank. Damit er den Sparer-Pauschbetrag bereits bei der Zinsauszahlung in Anspruch nehmen kann, muss der Sparer seinem Kreditinstitut einen sogenannten **Freistellungsauftrag** erteilen. Wer sein Geld bei verschiedenen Instituten angelegt hat, muss mehrere Freistellungsaufträge erteilen. Deren Summe darf den Sparer-Pauschbetrag, früher Sparerfreibetrag genannt, jedoch nicht übersteigen. Sparer, deren persönlicher Einkommensteuersatz unter 25 % liegt, erhalten zu viel gezahlte Abgeltungssteuer zurück, wenn sie eine Steuererklärung abgeben. Sparer, deren Steuersatz über 25 % liegt, müssen keine Steuer nachzahlen.

## 7.4 Sparförderung

Arbeitnehmer bekommen in der Regel von ihrem Arbeitgeber **vermögenswirksame Leistungen (VL)**, die bis zu 40 € pro Monat betragen können. Ausbezahlt werden sie zusätzlich zum Lohn. Nach dem Willen des Gesetzgebers sollen diese VL der Vermögensbildung dienen. Deshalb werden sie nicht direkt mit dem Gehalt ausbezahlt, sondern sie müssen vom Arbeitgeber auf einen speziellen vermögenswirksamen Sparvertrag eingezahlt werden. Außerdem darf über das Geld mehrere Jahre – meist 7 Jahre – nicht verfügt werden. Die genauen Bedingungen des vermögenswirksamen Sparens sind im **Vermögensbildungsgesetz** festgelegt.

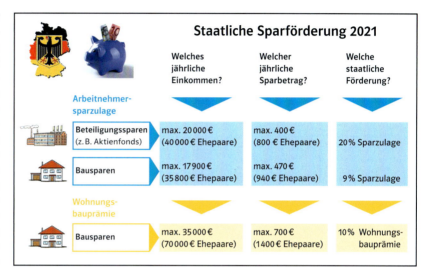

Hier ist die Vermögensbildung seit 2009 unverändert geregelt. Dadurch sollen die Arbeitnehmer stärker am Produktivvermögen beteiligt werden. Mit der neuen Sparförderung ist die Zahl der Anspruchsberechtigten auf eine **Arbeitnehmersparzulage** angestiegen. Die derzeitige Sparförderung umfasst das Beteiligungssparen, das Bausparen und die Mitarbeiterbeteiligungsfonds.

### Beteiligungssparen

Beim Kauf von **Beteiligungspapieren** (z. B. Aktien oder Aktienfondsanteilen) gewährt der Staat für höchstens 400 € pro Jahr eine 20 %ige **Arbeitnehmersparzulage**. Die Spargelder können auch als Mitarbeiterbeteiligungen von Arbeitnehmern verwendet werden.

### Bausparen

Zusätzlich können auf einen **Bausparvertrag** bis zu 470 € vermögenswirksam eingezahlt werden. Hierfür wird eine **Arbeitnehmersparzulage** von 9 % gewährt. Für weitere Bausparleistungen von jährlich höchstens 700 € bei Ledigen und 1400 € bei Verheirateten kann eine 10 %ige **Wohnungsbauprämie** beantragt werden. Allerdings dürfen bei der Wohnungsbauprämie folgende Einkommensgrenzen nicht überschritten werden: 35 000 € bei Ledigen bzw. 70 000 € bei Verheirateten. Neu eingeführt hat der Staat die Möglichkeit, auch bei **Bausparverträgen zu „riestern"**. Grundlage hierfür ist das „Eigenheimrentengesetz". Mittlerweile haben alle Bausparkassen entsprechende Produkte im Angebot. Die Förderung ist attraktiv: Mindestens 175 € im Jahr, für jedes Kind mindestens 185 €. Für ab 2008 geborene Kinder gibt es sogar 300 € (siehe auch „Riesterrente" S. 52).

## 7.5 Individuelle Vermögensbildung

### Haushaltsplan

**Einnahmen pro Monat**

| | | |
|---|---|---|
| Nettoeinkommen | | 1448,- |
| Sonstige Einnahmen | | - |
| **Gesamteinnahmen** | | **1448,-** |

**Ausgaben pro Monat**

| | | |
|---|---|---|
| Wohnung | Miete mit Nebenkosten | 430,- |
| | Strom | 40,- |
| | GEZ-Gebühren | 17,50 |
| Haushalt | Lebensmittel | 170,- |
| | Kleidung | 80,- |
| | Versicherungen | 20,- |
| | Sonstiges | 28,- |
| Kfz-Kosten | Versicherung, Steuer | 110,- |
| | Tanken | 70,- |
| | Finanzierung | 155,- |
| Öffentliche Verkehrsmittel | | - |
| Telefon/Handy | | 40,- |
| Freizeit (Disco, Kino, usw.) | | 60,- |
| Sparen | Rente | 84,- |
| | Bausparen | 30,- |
| | Sonstiges | - |
| Sonstige Ausgaben | Fitnessstudio | 30,- |
| **– Gesamtausgaben** | | **1364,50** |
| **= monatlich frei verfügbarer Betrag** | | **83,50** |

Beispiel: **20-jährige Gesellin (Ein-Personen-Haushalt)**

Die Säulen der Vermögensbildung sind die Altersvorsorge und die eigentliche Vermögensbildung sowie deren Absicherung. Damit sind zwei Ziele gemeint, einerseits einen Notgroschen für kurzfristige finanzielle Engpässe bereitzuhalten, andererseits der Aufbau eines Geld- oder Immobilienvermögens. Beratungen bieten dazu Banken, Bausparkassen, Versicherungen und weitere Finanzdienstleister an. Wichtig ist es, sich von mehreren Seiten Angebote als Vergleichsgrundlage einzuholen und erst dann langfristige Verträge abzuschließen. Vorher sollte mit einem Haushaltsplan das frei verfügbare Einkommen ermittelt werden.

Sparen für das Alter ist unverzichtbar. Aber folgende Punkte sollten auch beachtet werden:

- Risikoabsicherung und Schuldenabbau gehen vor Sparen.
- Nicht jeden Cent in die Altersvorsorge stecken, dann können „ungeplante" Geldausgaben wie z. B. eine defekte Waschmaschine auch nicht zu Engpässen führen. Notgroschen sollten so angelegt werden, dass ein schneller Zugriff jederzeit möglich ist. Hier bieten sich z. B. Tagesgeldkonten an, sie bieten deutlich bessere Zinserträge als Sparbücher und Girokonten.
- Gleichgültig, ob risikofreudig oder eher sicherheitsliebend, in jedem Fall raten Finanzexperten zu einem Anlagemix, z. B. einen Teil Aktien, einen Teil festverzinsliche Wertpapiere. Nach wie vor gilt das Börsianer-Motto: „Wer gut essen will, investiert in Aktien, wer gut schlafen will, investiert in Anleihen."

### Wissen kompakt

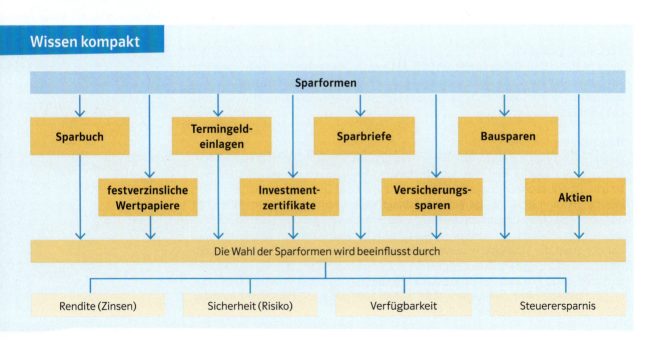

## Arbeitsteil

1. Von welchen Faktoren sollte die Wahl der Anlageform abhängig gemacht werden?

2. Welche Faustregeln gilt es für eine optimale Geldanlage zu bedenken?

3. a) Zählen Sie vier verschiedene Sparformen auf.
   b) Beschreiben Sie drei Sparformen hinsichtlich ihrer Merkmale, der Verfügbarkeit, des Ertrags und des Risikos.

4. a) Wie viel Euro kann man von einem Sparkonto mit dreimonatiger Kündigungsfrist pro Kalendermonat abheben?
   b) Womit muss ein Sparer rechnen, der mehr Geld abheben möchte?

5. Begründen Sie folgende Aussage: „Aktien-Sparen ist die risikoreichste Sparform, festverzinsliche Wertpapiere sind dagegen eine sichere Anlageform."

6. a) Was versteht man unter Investmentzertifikaten?
   b) Warum erfreut sich die Geldanlage in Investmentfonds immer größerer Beliebtheit?

7. Woraus setzt sich die Rendite von Aktien zusammen?

8. a) Bis zu welcher Höhe sind die Kapitalerträge eines Alleinstehenden steuerfrei?
   b) Mit wie viel Prozent werden Zinserträge besteuert, die über dem Sparer-Pauschbetrag liegen?
   c) Wie muss ein Sparer verfahren, wenn er den Sparer-Pauschbetrag bereits bei der Zinsauszahlung in Anspruch nehmen möchte?

9. Welche Gründe sprechen dafür, dass Sparkonten trotz niedriger Verzinsung noch immer einen großen Anteil an den Anlageformen haben?

10. Warum ist es sinnvoll, seine Ersparnisse nicht nur in einer Anlageform anzulegen, sondern sie auf verschiedene Anlageformen zu verteilen?

11. a) Nennen Sie die Einkommensgrenzen für eine staatliche Sparförderung.
    b) Welche Sparleistungen fördert der Staat durch Arbeitnehmersparzulagen?
    c) Für welche Sparleistungen wird eine Wohnungsbauprämie gewährt und wie hoch ist sie?

12. Verwenden Sie den auf S. 166 abgebildeten Haushaltsplan und ermitteln Sie, welchen Betrag Sie bei Ihrem Einkommen monatlich für die Vermögensbildung zur Verfügung haben.

## 8 Kredite

### Einstieg

Erfahrungsbericht von Ines, 20 Jahre alt:

„Mit 16 Jahren habe ich meine Ausbildung als Köchin begonnen. Zur Überweisung meiner Ausbildungsvergütung musste ich ein Girokonto eröffnen. Mit 18 erhielt ich eine Girocard sowie einen Dispokredit über 2000 €. Ich habe mir todschicke Klamotten gekauft. Plötzlich war mein Girokonto mit 4000 € in den Miesen. Der Geldautomat spuckte kein Geld mehr aus, die Bank hat meine Girocard eingezogen. Nun soll ich meine Kontoüberziehung abdecken. Dabei habe ich noch zwei Anschaffungsdarlehen mit festen Raten für mein Auto und meine Wohnungseinrichtung laufen.
Ich weiß nicht, wie ich alle meine Schulden zurückbezahlen soll, obwohl ich in meiner Freizeit schon einen Nebenjob als Bedienung angenommen habe. Irgendetwas habe ich wohl falsch gemacht?"

a) Welchen Fehler hat Ines wohl gemacht?

b) Wie könnte Ines aus dieser „Schuldenfalle" wieder herauskommen?

### 8.1 Kreditarten

Je nachdem, welcher Finanzierungsanlass vorliegt, unterscheidet man verschiedene Kreditarten. Die für Privatpersonen wichtigsten Kreditarten sind:
- der **Überziehungskredit (Dispositionskredit)**
- der **Ratenkredit (Konsumentenkredit)**
- das **Hypothekendarlehen**.

| Merkmale | Überziehungskredit (Dispositionskredit) | Ratenkredit (Konsumentenkredit) | Hypothekendarlehen |
|---|---|---|---|
| Zweck | kurzfristiger Geldbedarf zur Abdeckung von Kontoüberziehungen | mittelfristiger Geldbedarf zur Finanzierung größerer Anschaffungen wie Autos | langfristiger Geldbedarf zur Finanzierung von Immobilienkäufen |
| Kreditaufnahme | Überziehung des Girokontos | Abschluss eines Kreditvertrags und Einrichtung eines besonderen Darlehenskontos | Abschluss eines Kreditvertrags und Einrichtung eines besonderen Darlehenskontos |
| Laufzeit | unbefristet | vertraglich geregelt | vertraglich geregelt |
| Tilgung (Rückzahlung) | durch Ausgleich des Girokontos, in der Regel durch Lohnzahlungen | feste monatliche Raten | feste Raten, meist monatlich |
| Zinsen | prozentualer Jahreszins vom beanspruchten Kreditbetrag, deutlich höher als bei den anderen Kreditarten. Wird der vereinbarte Dispositionsrahmen überzogen, steigt der Zins um weitere 4–5 % | prozentualer Jahreszins | prozentualer Jahreszins |

Kredite    97 – 98

## 8.2  Beispiel Ratenkredit (Konsumentenkredit)

Vor der Aufnahme eines Ratenkredits (z. B. für den Kauf eines Gebrauchtwagens) sollten Kreditangebote von verschiedenen Kreditinstituten eingeholt werden. Dabei lässt sich feststellen, dass die Konditionen (Kreditbedingungen) sehr unterschiedlich sein können. Außerdem gilt es, Angebote von sogenannten „Kredithaien" herauszufiltern; dies sind Kreditanbieter, die Kredite zu weit überhöhten Konditionen vermitteln oder anbieten.

Die Kosten eines Darlehens bzw. Kredits setzen sich meist aus mehreren Positionen zusammen. Die Summe aus Zinsen und monatlicher Rückzahlung (Tilgung) bezeichnet man als **Annuität**. Je nach Anbieter sind die Gesamtkosten eines Darlehens abhängig von

- dem verlangten **Zinssatz**: Seine Höhe hängt unter anderem ab von der Bonität (Zahlungsfähigkeit) des Kunden, den vorhandenen Sicherheiten, der Laufzeit sowie der Kreditart.
- den Kosten einer **Restschuldversicherung**, deren Abschluss manche Banken verlangen: Sie soll Kreditnehmer und Bank gegen unvorhergesehene Ereignisse absichern; in der Regel gegen Arbeitslosigkeit, Krankheit, Berufsunfähigkeit, Erwerbsunfähigkeit oder Tod.
- der **Vermittlungsgebühr** (Provision), wenn der Kreditvertrag über einen Kreditvermittler abgeschlossen wurde.

### Effektivverzinsung

Für den Kreditnehmer stellt sich aufgrund der unterschiedlichen Kreditkosten der einzelnen Kreditinstitute das fast unüberwindliche Problem des Preisvergleichs. Deshalb schreiben **Preisangabenverordnung** und **BGB** (Bürgerliches Gesetzbuch) zwingend vor, dass Kreditinstitute bei Krediten an Privatpersonen die **Effektivverzinsung** angeben müssen. Der **Effektivzins** gibt Auskunft über den tatsächlich zu zahlenden Zins einschließlich aller Gebühren und sonstiger Kosten. Der mit einer komplizierten Formel errechnete Effektivzinssatz wird mit Computerprogrammen ermittelt, die bei verschiedenen Zinssätzen und Laufzeiten den jeweiligen effektiven Jahreszins angeben.

*PAngV § 6*

Für die Berechnung der Gesamtbeträge eines Darlehens verwenden Banken ebenfalls Computerprogramme, mit deren Hilfe Kunden im Beratungsgespräch der Gesamtbetrag und sich daraus ergebende Monatsraten genannt werden können.

### Angebot Kreditvermittler

| Laufzeit | 12 Monate | 24 Monate | 36 Monate | 48 Monate |
|---|---|---|---|---|
| Kreditbetrag | 10 000,00 € | 10 000,00 € | 10 000,00 € | 10 000,00 € |
| Sollzins (Nominalzins) | 4,20 % | 5,30 % | 6,00 % | 7,15 % |
| Effektivzins | 13,44 % | 13,02 % | 13,36 % | 14,57 % |
| Provision 2 % | 200,00 € | 200,00 € | 200,00 € | 200,00 € |
| Restschuldversicherung | 240,00 € | 480,00 € | 720,00 € | 960,00 € |
| monatliche Rate | 889,08 € | 468,39 € | 329,78 € | 264,33 € |
| Zinsen gesamt | 228,96 € | 561,41 € | 951,90 € | 1527,63 € |
| Gesamtaufwand | 10 668,96 € | 11 241,41 € | 11 871,90 € | 12 687,63 € |

Hinweis: Neben den Zinsen wird eine laufzeitunabhängige Vermittlungsgebühr (Provision) von 2 % erhoben.

Beispiel: Bei 5,3 % Sollzins, 24 Monaten Laufzeit und 480 € Restschuldversicherung beträgt die Effektivverzinsung pro Jahr 13,44 %.

⊘ **Fallbeispiel**
„Kreditvergleich"
S. 177 f.

Zunächst erscheinen die 5,3 % für 24 Monate im obigen Beispiel sehr gering. Wie die Tabelle zeigt, ist die effektive Verzinsung pro Jahr erheblich höher, da bei Krediten weitere Kosten anfallen können wie Vermittlungsgebühren, Restschuldversicherungen oder ein Disagio. Das **Disagio** ist ein Abzug vom Auszahlungsbetrag.

> *Kreditinstitute müssen den Effektivzins für die voraussichtliche Gesamtlaufzeit eines Darlehens ermitteln. Nur wer weiß schon, wie das Zinsniveau in 30 oder 45 Jahren sein wird. So können die Institute den Zinssatz für die Restlaufzeit (nach der vereinbarten Zinsbindung) z. B. extrem niedrig schätzen. So niedrig, dass der Effektivzins sogar unter dem Sollzinssatz liegt. Da solche Angebote realitätsfremd sind, sollte man zusätzlich nach Beispielrechnungen und einem Tilgungsplan fragen.*

Wurde in einem Kredit über 10 000 € ein Disagio von 5 % vereinbart, dann werden dem Kreditnehmer nur 9 500 € ausbezahlt, er muss aber 10 000 € zurückbezahlen. Folge: Diese zusätzlichen Kosten lassen den Effektivzins ansteigen.

| Angebot Bank | | | | |
|---|---|---|---|---|
| Laufzeit | 12 Monate | 24 Monate | 36 Monate | 48 Monate |
| Kreditbetrag | 10 000,00 € | 10 000,00 € | 10 000,00 € | 10 000,00 € |
| Sollzins (Nominalzins) | 6,20 % | 7,30 % | 7,70 % | 8,30 % |
| Effektivzins | 6,38 % | 7,55 % | 7,98 % | 8,62 % |
| Provision | keine | keine | keine | keine |
| Restschuldversicherung | keine | keine | keine | keine |
| monatliche Rate | 861,58 € | 449,09 € | 311,98 € | 245,54 € |
| Zinsen gesamt | 339,02 € | 778,09 € | 1231,34 € | 1785,91 € |
| Gesamtaufwand | 10 339,02 € | 10 778,09 € | 11 231,34 € | 11 785,91 € |

Zunächst erscheint das Angebot der Bank wegen des höheren Sollzinssatzes (Nominalzinssatzes) schlechter. Bei genauerem Vergleich wird jedoch deutlich, dass es wegen fehlender Vermittlungsgebühr und nicht verlangter Restschuldversicherung erheblich günstiger ausfällt. Der Effektivzins bei der Bank liegt lediglich bei 7,55 %. Des Weiteren fällt bei beiden Angeboten auf, dass eine längere Laufzeit zwar zu einer niedrigeren Monatsrate führt, andererseits die Gesamtkosten aber deutlich erhöht.

### Verbraucherschutz durch das BGB

Die Regelungen des BGB und der Verbraucherkreditrichtlinie sollen die Kunden vor einer Übervorteilung durch übereilt abgeschlossene Kreditverträge schützen. Das BGB gilt für alle Kreditverträge über 200 € sowie für Ratenkaufverträge. Seine wichtigsten Bestimmungen:

*Verbraucherkreditrichtlinie*
*BGB §§ 491, 492*
*EGBGB Art. 247 § 3*

- Kreditverträge müssen schriftlich abgeschlossen werden.
- Dem Kreditnehmer müssen bestimmte Mindestangaben gemacht werden (Nominalzins, Effektivzins, Gesamtbetrag der Raten, Nebenkosten, verlangte Sicherheiten usw.).
- Kreditverträge können innerhalb von zwei Wochen widerrufen werden. Diese Widerrufsmöglichkeit muss schriftlich mitgeteilt und vom Kreditnehmer unterschrieben werden.
- Werden Abzahlungskäufe von Banken oder Sparkassen finanziert, dann kann man bei mangelhafter Ware diese Mängel auch dem Kreditinstitut entgegenhalten und die Raten (vorerst) zurückbehalten.

### Sicherheiten

Kreditinstitute vergeben Spareinlagen von Kunden in Form von Krediten an andere Kunden. Dies erfordert ein Höchstmaß an Absicherung. Neben der persönlichen Zuverlässigkeit des Kreditnehmers verlangen sie meist zusätzliche Sicherheiten:

*BGB §§ 765 f.*

**Bürgschaften:** Grundlage dieser Kreditsicherung ist der Bürgschaftsvertrag, der nach BGB schriftlich abgeschlossen werden muss. Darin verpflichtet sich der Bürge, bei der Bank für die Schuld des Kreditnehmers einzustehen. Der Bürge kann die Bürgschaft grundsätzlich nicht kündigen oder zurückziehen; sie entfällt erst, wenn die Schuld nicht mehr besteht.

**Lohn- und Gehaltsabtretung:** Sie kommt vor allem bei Privatkrediten infrage. Um den Lebensunterhalt des Schuldners zu sichern, besteht ein Abtretungsverbot für den unpfändbaren Teil des Einkommens.

Kredite  97–98

**Verpfändung von Wertpapieren und sonstigen Vermögenswerten:** Bei einer Verpfändung von Gegenständen geht das Pfandobjekt (meist Schmuck oder Wertpapiere) so lange in den Besitz der Bank über, bis der Kredit zurückgezahlt ist.

**Sicherungsübereignung von beweglichen Sachen:** Bei einer Sicherungsübereignung wird das Eigentum an dem sicherungsübereigneten Gegenstand der Bank übertragen. Der Schuldner kann ihn jedoch unter gewissen Absicherungen nutzen. Beispiel: Wird ein über Kredit finanziertes Auto sicherungsübereignet, kann der Kreditnehmer es zwar nutzen, muss aber eine Vollkaskoversicherung abschließen. Der Kfz-Brief verbleibt bei der Bank, damit ein unberechtigter Verkauf unmöglich ist.

**Grundschuld oder Hypothek:** Eine Grundschuld oder eine Hypothek ist ein Pfandrecht an Grundstücken oder Gebäuden. Jedes Grundstück mit daraufstehenden Gebäuden ist beim Grundbuchamt im Grundbuch eingetragen. Wird ein Grundstück mit einer Grundschuld oder einer Hypothek belastet, so wird diese ins Grundbuch eingetragen. Kann der Schuldner sein Hypothekendarlehen nicht wie vereinbart zurückzahlen, dann hat die darlehensgebende Bank die Möglichkeit, diese Hypothek zu verwerten, d.h. sie kann das Gebäude zwangsversteigern lassen.

BGB §§ 1113 f., 1191 ff.

## Wissen kompakt

### Kredite

| Kreditarten | Kreditpartner | Kreditsicherheiten | Bürgerliches Gesetzbuch |
|---|---|---|---|
| • Dispositionskredit (Überziehungskredit)<br>• Ratenkredit (Konsumentenkredit)<br>• Hypothekendarlehen | **Kreditgeber**<br>• prüft Kreditwürdigkeit,<br>• verlangt Sicherheiten.<br><br>**Kreditnehmer**<br>• vergleicht absolute Kosten,<br>• vergleicht Effektivzins. | • Bürgschaft<br>• Sicherungsübereignung<br>• Gehaltsabtretung<br>• Grundschuld, Hypothek | schreibt für Verbraucherkredite vor:<br>• Schriftform,<br>• Mindestangaben,<br>• Widerrufsrecht (2 Wochen). |

171

Kompetenzbereich II

## Arbeitsteil

**1** Welche Kredit- bzw. Darlehensarten sind für Privatpersonen am bedeutendsten?

**2** Wie unterscheiden sich Dispositionskredit und Ratenkredit?

**3** Worauf sollten Sie beim Vergleich von Darlehensangeboten besonders achten?

**4** Worüber gibt der effektive Jahreszins Auskunft?

**5** Welche Sicherheiten kommen bei Ratenkrediten (Konsumentenkrediten) normalerweise infrage?

**6** Was versteht man unter dem gesetzlichen Abtretungsverbot bei Lohn- und Gehaltsabtretungen?

**7** a) Welche Formvorschrift besteht für den Abschluss eines Kreditvertrags?
b) Innerhalb welcher Frist können Kreditverträge vom Kunden widerrufen werden?
c) Nennen Sie drei Mindestangaben, die ein Kreditvertrag enthalten muss.

**8** Stimmen Sie folgender Aussage zu? „Es ist immer besser, den Kaufpreis für geplante Anschaffungen anzusparen, als einen Kredit aufzunehmen." Begründen Sie.

**9** Familie Berger will ein neues Auto kaufen. Insgesamt fehlen noch 7 500 €. Diese sollen durch einen Ratenkredit finanziert werden. Die Hausbank macht für den Kredit folgendes Angebot: 3,59 % Zinsen pro Jahr, Tilgung in 36 Monatsraten. Familie Berger hat jeden Monat folgende Einnahmen und Ausgaben:

| Einnahmen | |
|---|---|
| Frau Berger | 560,00 € |
| Herr Berger | 1870,00 € |
| Kindergeld (2 Kinder) | 438,00 € |
| **Ausgaben** | |
| Miete | 660,00 € |
| Lebenshaltungskosten | 745,00 € |
| Kfz-Kosten | 165,00 € |
| Sonstiges | 240,00 € |

a) Berechnen Sie den Rückzahlungsbetrag und die Höhe der monatlichen Zins- und Tilgungsrate.
b) Würden Sie Familie Berger zur Aufnahme des Kredits raten? Begründen Sie Ihre Antwort.

⊘ **Fallbeispiel**
„Kreditvergleich"
S. 177 f.

## 8.3 Gefahren der Kreditaufnahme – Überschuldung

### Einstieg

Bei Florian, 22 Jahre alt, fing die Überschuldung mit den Handys an. Als ausgelernter Maler verdiente er mit 18 Jahren seinen ersten vollen Lohn. Aus diesem Anlass leistete er sich erst einmal ein tolles Handy. Da er eine Freundin hatte, die auch ein schickes Smartphone wollte, unterschrieb er eben zwei Verträge. Damit er mit seiner Freundin nach Mallorca fliegen konnte, überzog er sein Girokonto. Beim Shoppen mit der Freundin kaufte er nur teure Markenkleidung, die er mit seiner Kreditkarte bezahlte. Als immer mehr Mahnungen und Rechnungen eintrudelten, machte er Überstunden, die er sich bar auszahlen ließ. Weil die Gläubiger nicht locker ließen und die ersten Mahnbescheide eingingen, trank er am Wochenende Alkohol, um sein schlechtes Gewissen zu beruhigen. Seine Freundin hatte ihn aufgrund der eingetretenen Situation mittlerweile verlassen. Freunde traf er nicht mehr, da er auch ihnen Geld schuldete. Als dann zum ersten Mal ein Gerichtsvollzieher bei ihm klingelte, begriff er, dass es so nicht weitergehen konnte. Sein erster Besuch bei einer Schuldnerberatung ergab, dass er inzwischen 15 000 € Schulden angehäuft hatte.

a) Nennen Sie die Ursachen dafür, dass es bei Florian zu einer Überschuldung gekommen ist.

b) Erläutern Sie Möglichkeiten, wie Florian aus der Schuldenfalle herauskommen könnte.

Kreditinstitute, die einen Kredit vergeben, überprüfen zur eigenen Sicherheit zuerst die Kreditwürdigkeit ihrer Kunden. Eine wichtige Entscheidungsgrundlage sind hierbei Auskunfteien wie die **SCHUFA** (Schutzgemeinschaft für allgemeine Kreditsicherung). Auf Anfrage geben diese unter anderem an Banken und Sparkassen Bonitätsauskünfte (Kreditwürdigkeitsauskünfte) zu den Kreditsuchenden. Im Gegenzug informieren die Kreditinstitute über abgeschlossene Kreditverträge und über Unregelmäßigkeiten bei deren Ablauf. So erfahren die Auskunfteien, ob ein Kreditnehmer seine Raten pünktlich zahlt oder ob Zahlungsausfälle vorliegen. Kreditsuchende, über die nachteilige Informationen gespeichert sind, bekommen häufig nur schwer einen neuen Kredit.

Trotzdem steigt die Zahl der Haushalte, die von der Zins- und Tilgungslast hoffnungslos überfordert sind. Rund 6,85 Millionen Schuldner können derzeit (November 2020) ihren Zahlungsverpflichtungen nicht mehr nachkommen, sie sind **überschuldet**. Die wichtigsten Auslöser einer Überschuldung sind: Moderne Zahlungsmöglichkeiten wie Kredit- oder Kundenkarten (z. B. Bankkarten, Sparkassenkarten), Arbeitslosigkeit, Scheidungsfolgen, Sorglosigkeit, mangelnde Erfahrung mit Kreditangeboten, Scheitern bei Selbstständigkeit.

Junge Menschen gelten als besonders gefährdet, wenn sie das Elternhaus verlassen, um auf eigenen Füßen zu stehen. Oft haben Sie keinen Überblick über die regelmäßigen monatlichen Ausgaben von der Miete bis zu den Versicherungsbeiträgen. Auch die Kosten für die Lebenshaltung überblicken sie kaum. Viele wollen vor der Clique mit dem neuesten Smartphone oder schicker Markenkleidung glänzen und übersehen dabei oft das Kleingedruckte in den Handy-Verträgen. Eine weitere Verlockung ist der Dispokredit, der „Shoppen auf Pump" ermöglicht.

**schufa**

 **Info**
Schufa
3jz32u

 **Info**
Musterbonitätsauskünfte der Schufa
m2vd4g

| Hauptgründe für die Überschuldung von Privatpersonen 2020 ||
|---|---|
| Arbeitslosigkeit | 19,9 % |
| Erkrankung, Sucht, Unfall | 17,1 % |
| unwirtschaftliche Haushaltsführung | 15,9 % |
| Scheidung, Trennung, Tod | 12,5 % |
| längerfristiges Niedrigeinkommen | 9,3 % |
| gescheiterte Selbstständigkeit | 8,4 % |
| sonstige Gründe | 17,0 % |

Destatis: Statistik zur Überschuldung privater Personen 2020

Um die Schuldenfalle zu vermeiden, helfen folgende Maßnahmen:
- Teure Konsumgüter wie hochwertige Gebrauchtwagen oder Markenkleidung nicht mit Kredit sofort kaufen, sondern lieber gezielt darauf sparen.
- Einen angemessenen Lebensstil führen und weniger ausgeben als man einnimmt.
- Bei allen Anschaffungen auch an die Folgekosten denken, z. B. bei einem Auto an Versicherung, Steuern, Reparaturen und Kraftstoff.
- Den Überblick über Rechnungen und andere Zahlungsverpflichtungen behalten, indem man alles abheftet, sortiert und zeitnah bezahlt.
- Ein Haushaltsbuch führen, um einen Überblick über Einnahmen und Ausgaben zu erhalten.
- Grundsätzlich bei jeder Anschaffung überlegen, ob man die Sache wirklich benötigt.

Schulden machen ist grundsätzlich nichts Verwerfliches. So kann beispielsweise die Anschaffung eines Autos sinnvoll sein, wenn man damit einen abgelegenen Arbeitsplatz erreichen kann. Hält man eine Kreditaufnahme für erforderlich, dann sollte auf folgende Punkte geachtet werden:

- Reicht das Einkommen aus, um die anfallenden Raten zu zahlen und um den Lebensunterhalt (Miete, Nahrungsmittel usw.) zu bestreiten?
- Können die Zahlungsverpflichtungen auch bei Krankheit oder Arbeitslosigkeit erfüllt werden?
- Wie hoch sind die gesamten Kreditkosten? Wie hoch ist der effektive Jahreszins? Welche Bank macht das günstigste Angebot?
- Unterschreiben Sie keinen Vertrag blanko, d.h. die Verträge sollten vollständig ausgefüllt sein.
- Verlangen Sie eine Kopie des Vertrags.
- Treffen Sie keine mündlichen Nebenabreden. Da Kreditverträge schriftlich abgeschlossen werden müssen, sind derartige Abreden ungültig.
- Achten Sie darauf, dass die Laufzeit des Kredits kürzer ist als die Lebensdauer des mit Kredit gekauften Geräts.
- Oft verzichten Banken auf den Abschluss einer Restschuldversicherung, wenn Kreditnehmer eine vorhandene Lebensversicherung als Pfand einsetzen.

Anlaufstelle für seriöse Schuldnerberatung:
- Verbraucherzentralen in vielen Städten
- Bundesverband der Verbraucherzentralen und Verbände (VzBv)

Wenn Sie bereits in Schwierigkeiten sind:
- Wenden Sie sich an die Bank oder bitten andere Personen, z. B. Verwandte, um Hilfe.
- Richten Sie ein **Pfändungsschutzkonto** ein, damit ihr Girokonto nicht durch Pfändung blockiert wird. (s. S. 151)
- Suchen Sie eine **Schuldnerberatungsstelle** auf. Derartige Einrichtungen gibt es im gesamten Bundesgebiet.
- Nehmen Sie auf keinen Fall die „Hilfe" von unseriösen Kreditvermittlern (**Kredithaien**) in Anspruch. Ein Kreditvermittler gewährt keinen Kredit, er vermittelt ihn nur. Dafür berechnet er außer Zinsen, Vermittlungsprovisionen, Auskunftsprämien, Inkassoprämien usw. Erst diese machen Kreditvermittlungen zum lohnenden Geschäft.

Da niemand zu wohltätigen Zwecken ein Kreditvermittlungsbüro betreibt, werden die Schulden durch eine Kreditvermittlung nur erheblich höher.

### Schuldnerberatungsstellen

Ist die Überschuldung erst so richtig entstanden, wird es immer schwieriger, den Überblick zu behalten. Überziehungszinsen, Mahngebühren, Verzugszinsen usw. lassen den Schuldenberg immer rasanter wachsen. Aus dieser Situation kommen Betroffene in der Regel nicht mehr allein heraus. Jetzt ist es höchste Zeit, sich an professionelle Berater zu wenden. Viele gemeinnützige Organisationen wie Caritas, DRK, evangelisches Hilfswerk oder Verbraucherzentralen bieten Schuldnerberatungsdienste an. Daneben gibt es auch zahlreiche gewerbliche Schuldnerberatungsstellen. Nach dem **Sozialgesetzbuch** (SGB XII) besteht sogar ein **Anspruch auf Schuldnerberatung**. Schuldnerberatungstellen versuchen mit den Betroffenen Lösungswege zu finden, um aus dieser Situation herauszukommen. Persönliche Berater helfen auf vielfältige Weise:
- Aufstellung einer vollständigen Schuldenliste,
- Zusammenstellung aller Ausgaben,
- Zusammenstellung aller Einnahmen,
- Erstellung eines Haushaltsplanes,
- Überprüfung, ob Sozialleistungen, wie z. B. Wohngeld, beansprucht werden können,
- Unterstützung bei Verhandlungen mit Gläubigern, Banken, Behörden usw.,
- Unterstützung bei Mahnbescheiden, Pfändungen usw..

**Info**
Schuldneratlas
Deutschland
8w2n62

### Verbraucherinsolvenzverfahren

Mehr als 6,85 Millionen Privatpersonen waren im November 2020 überschuldet. Als letzten Ausweg können Gerichte auch Privatleuten ihre Schulden erlassen. Das Insolvenzrecht gibt Überschuldeten die Chance, sich von alten Schulden zu befreien. Doch die Bedingungen sind hart:

InsO §§ 304 ff.

1. Der Schuldner muss **dokumentieren**, dass er in einem **außergerichtlichen Schuldenbereinigungsverfahren** versucht hat, sich mit seinen Gläubigern zu einigen.

2. Ein **Richter** schaltet sich im zweiten Schritt ein. Er versucht die Parteien zu einem **Kompromiss (Vergleich)** zu bewegen.

3. **Scheitert der Einigungsversuch**, beginnt das **Insolvenzverfahren**: Der Richter teilt das pfändbare Vermögen des Schuldners auf die Gläubiger auf.

4. Jetzt beginnt die **Wohlverhaltensphase**. Sechs Jahre lang muss der Schuldner nun den pfändbaren Teil seines Einkommens abtreten. Diesen verteilt ein Treuhänder an die Gläubiger. Des Weiteren muss er jede bezahlte Arbeit annehmen und dem Gericht Arbeits- und Wohnortswechsel anzeigen.

5. Die **Belohnung** folgt im siebten Jahr, wenn das Gericht dem Privatmann seine restlichen **Schulden** erlässt.

6. Begleicht der Schuldner innerhalb der ersten 3 Jahre mindestens 35 % der Gläubigerforderungen und die Verfahrenskosten, dann ist er bereits nach dieser Zeit seine Schulden los. Zahlt er nach 5 Jahren zumindest die Verfahrenkosten zurück, dann ist er ebenfalls vorzeitig von seinen Schulden befreit.

Das Insolvenzrecht bietet vielen Überschuldeten einen Ausweg aus der „Schuldenfalle". Dennoch sollte diese Möglichkeit nur als wirklich allerletzte Lösung gewählt werden. Denn abgewickelte Privatinsolvenzen werden bei der Schufa registriert. Die Folge: Die von ihren Schulden befreite Privatperson hat zwar ihre Schulden verloren, gleichzeitig aber auch ihre Kreditwürdigkeit. Selbst Jahre später wird sie Mühe haben, einen Kredit zu erhalten.
Viele Banken werden versuchen, die Eröffnung eines Girokontos abzulehnen oder zumindest keine Scheckformulare, Kreditkarten und Girocards ausstellen. Mobilfunkanbieter werden keinen Handy-Vertrag abschließen.

Kompetenzbereich II

## Wissen kompakt

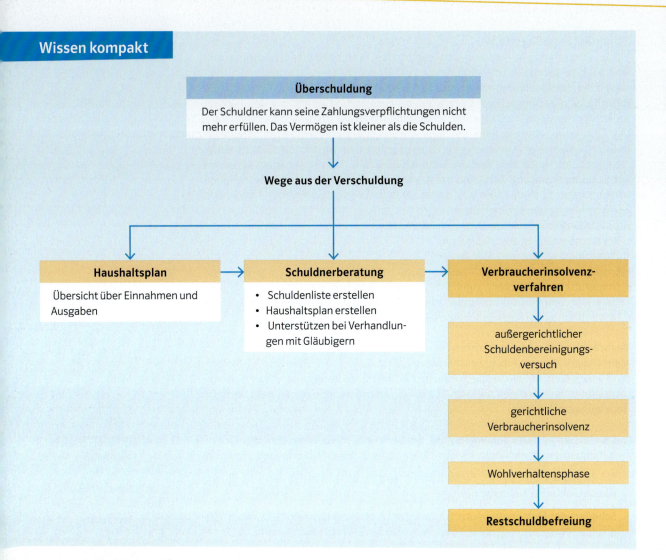

## Arbeitsteil

1 Eine Überschuldung kann verschiedene Ursachen haben. Zählen Sie vier davon auf.

2 Wann spricht man bei einem Privathaushalt von Überschuldung?

3 Durch welche Maßnahmen können Sie einer Überschuldung vorbeugen?

4 Wie sollten Schuldner vorgehen, wenn sich eine Überschuldung abzeichnet?

5 Erstellen Sie für Florians aktuelle Situation (siehe S. 173) einen Haushaltsplan. Ergänzen Sie fehlende Angaben durch sinnvolle Werte aus Ihrem Erfahrungsbereich.

6 Suchen Sie im Internet, welche Einrichtungen in Ihrer Region für eine Schuldnerberatung in Frage kommen würden.

7 Beschreiben Sie die einzelnen Schritte des Verbraucherinsolvenzverfahrens.

8 Weshalb sollte eine Verbraucherinsolvenz nur als allerletzte Möglichkeit gewählt werden?

**Fallbeispiel** — Umgang mit Geld

**Material**
Arbeitsblatt
7ux9ah

# Kreditvergleich

Gründe einen Kredit aufzunehmen gibt es viele. Er scheint eine einfache und schnelle Lösung zu sein, um z. B. ein neues Auto zu bezahlen, eine teure Urlaubsreise zu begleichen oder eine neue Küche zu finanzieren. Wie sollte man sich also verhalten, wenn man einen Kredit braucht?

Zunächst: Nichts überstürzen, in Ruhe vergleichen, sich von mehreren Seiten beraten lassen – rechnen. Nur wer gründlich Zinssätze und andere Kreditkonditionen verglichen hat, kann sicher sein, dass der aufgenommene Kredit sich nachträglich nicht als überteuert herausstellt.

Der erste Weg sollte zur Hausbank führen. Hier kann man sich vor Ort beraten lassen. Das persönliche Gespräch hat viele Vorteile. Die Hausbank kennt die finanzielle Situation des Kreditnehmers am besten. Dies erleichtert die Beratung sowie die Entscheidung für oder gegen eine Kreditvergabe. Im persönlichen Gespräch vor Ort kann man sich auch verschiedene Kreditvarianten ausrechnen lassen, z. B. mit längeren Laufzeiten und unterschiedlich hohen Monatsraten.

Ob aber das Kreditangebot der Hausbank günstig ist oder teuer, kann man nur durch einen Vergleich herausfinden. → Daher sollte man sich von mehreren Banken beraten lassen.

Viele Banken verzichten auf ein aufwendiges Filialnetz und bieten Kredite direkt über das Internet an. Da diese sogenannten Direktbanken geringere Verwaltungskosten haben, können hier Kreditkonditionen oft besser sein als bei der Hausbank.

### Problemsituation:
Sie haben vor wenigen Wochen Ihre Ausbildung beendet und eine neue Stelle angetreten. Sie verdienen nun rund 1500 € netto. Allerdings ist Ihr neuer Arbeitsplatz mit öffentlichen Verkehrsmitteln nur sehr schlecht zu erreichen. Deshalb wollen Sie ein gebrauchtes Auto kaufen. Ein Kollege bietet Ihnen das abgebildete Auto zu einem absoluten „Freundschaftspreis" von 4 800 € an.
Leider haben Sie keine Ersparnisse. Ihre Großeltern schenken Ihnen für die bestandene Gesellenprüfung 200 €; von Ihren Eltern bekommen Sie aus diesem Anlass sogar 300 €. Den Rest müssen Sie über einen Bankkredit finanzieren.

### Arbeitsauftrag:
Arbeiten Sie in Gruppen zusammen.
1. Legen Sie die persönliche Situation eines Gruppenmitgliedes zugrunde. Überprüfen Sie Ihre finanzielle Situation genau. Berücksichtigen Sie alle monatlichen Ausgaben wie z. B. die Handyrechnung, Versicherungen (z. B. ca. 95 € pro Monat für das Auto, 108 €/Jahr Kfz-Steuer usw.) und ermitteln Sie, wie viel Geld von Ihrem Nettoeinkommen am Monatsende übrig bleibt, um einen Kredit zurückzuzahlen. Verwenden Sie hierzu den Haushaltsplan auf S. 156.
2. Entscheiden Sie, wie hoch die Monatsraten sein können und berücksichtigen Sie, dass unvorhergesehene Ereignisse eintreten können.
3. Suchen Sie anschließend im Internet ein günstiges Kreditangebot für den benötigten Kredit.

→ **Präsentieren** Sie der Klasse das Ergebnis Ihrer Recherche und begründen Sie Ihre Entscheidung.

### Suchhilfen:
Geben Sie in einer Suchmaschine Stichworte wie **Kreditvergleich, Kreditvergleichsrechner, Privatkredit Vergleich** ein.

### Vorgehensweise:
Vergleichen Sie immer Angebote mit gleichem Kreditbetrag und gleicher Laufzeit, berücksichtigen Sie den effektiven Jahreszins. Dann wird sehr schnell ersichtlich, welche Angebote günstig und welche sehr teuer sind.

Mazda MX5 – 4 800 €   Erstzulassung 02/11, 60 000 km, 66 KW/90 PS

**Methode**
„Präsentation und Visualisierung von Arbeitsergebnissen"
S. 342 f.

**Prüfungsaufgaben**

# Vertragsrecht

Der 18-jährige Auszubildende Bernd kauft aufgrund untenstehender Zeitungsanzeige das angebotene Auto. Bei der ersten Inspektion seines gekauften Golfs stellt die Werkstatt fest, dass das Fahrzeug nicht 80 000 km, sondern bereits 180 000 km gefahren ist.

**Golf Europe**
54 PS, rot, Bj. 16, unfallfrei, orig. 80 000 km, 6 000 €,
Tel. 0 71 41/

a) Seine Freundin rät Bernd, den Kaufvertrag anzufechten. Sein Freund dagegen meint, dies sei nicht notwendig, da der Vertrag ohnehin nichtig wäre. Wie beurteilen Sie den Fall?
b) Erklären Sie den Unterschied zwischen Nichtigkeit und Anfechtbarkeit von Rechtsgeschäften.

Bearbeiten Sie die restlichen Fragen unter Verwendung der untenstehenden Gesetzesauszüge.

c) Bernd hat dem Verkäufer das Auto zurückgegeben und stattdessen ein neues Motorrad gekauft. Von dem restlichen Geld leistete er sich bei Radio-Huber eine Stereoanlage. Innerhalb weniger Wochen wurde die Stereoanlage zum dritten Mal defekt. Um welche Vertragsstörung handelt es sich?
d) Welche Rechte stehen Bernd nach der offenbar erfolglosen Nachbesserung zu?
e) Kann Bernd gegenüber Radio-Huber einen Anspruch auf Schadenersatz geltend machen (z. B. Ersatz der Fahrtkosten und Telefonauslagen)?
f) Innerhalb welcher Frist muss Bernd seine Ansprüche geltend machen?

---

## Auszüge aus dem Bürgerlichen Gesetzbuch (BGB)

**§ 434 Sachmangel**
(1) Die Sache ist frei von Sachmängeln, wenn sie bei Gefahrübergang die vereinbarte Beschaffenheit hat. Soweit die Beschaffenheit nicht vereinbart ist, ist die Sache frei von Sachmängeln,
1. wenn sie sich für die nach dem Vertrag vorausgesetzte Verwendung eignet, sonst
2. wenn sie sich für die gewöhnliche Verwendung eignet und eine Beschaffenheit aufweist, die bei Sachen der gleichen Art üblich ist […].

**§ 437 Rechte des Käufers bei Mängeln**
Ist die Sache mangelhaft, kann der Käufer […]
1. […] Nacherfüllung verlangen,
2. […] von dem Vertrag zurücktreten oder […] den Kaufpreis mindern und
3. […] Schadensersatz […] verlangen.

**§ 438 Verjährung der Mängelansprüche**
(1) Die in § 437 […] bezeichneten Ansprüche verjähren
1. in 30 Jahren, wenn der Mangel
   a) in einem dinglichen Recht eines Dritten, […], oder
   b) in einem sonstigen Recht, das im Grundbuch eingetragen ist, besteht,
2. in fünf Jahren
   a) bei einem Bauwerk und
   b) bei einer Sache, die […] für ein Bauwerk verwendet worden ist und dessen Mangelhaftigkeit verursacht hat, und
3. im Übrigen in zwei Jahren. […]

**§ 439 Nacherfüllung**
(1) Der Käufer kann als Nacherfüllung nach seiner Wahl die Beseitigung des Mangels oder die Lieferung einer mangelfreien Sache verlangen.
(2) Der Verkäufer hat die zum Zwecke der Nacherfüllung erforderlichen Aufwendungen, insbesondere Transport-, Wege-, Arbeits- und Materialkosten zu tragen. […]

**§ 440 Besondere Bestimmungen für Rücktritt und Schadensersatz**
[…] Eine Nachbesserung gilt nach dem erfolglosen zweiten Versuch als fehlgeschlagen […].

**§ 441 Minderung**
(1) Statt zurückzutreten, kann der Käufer den Kaufpreis […] mindern. […]

**§ 323 Rücktritt wegen nicht oder nicht vertragsgemäß erbrachter Leistung**
(1) Erbringt bei einem gegenseitigen Vertrag der Schuldner eine fällige Leistung nicht oder nicht vertragsgemäß, so kann der Gläubiger, wenn er dem Schuldner erfolglos eine angemessene Frist zur Leistung oder Nacherfüllung bestimmt hat, vom Vertrag zurücktreten. […]

---

**Üben**
weitere Prüfungsaufgaben
fp729t

**Üben interaktiv**
Prüfungsaufgaben
4k62dg

# Prüfungsaufgaben

## Verbraucherschutz

**Ingo Nick (Geselle)**: „Hallo, Manuela, wie geht's, auch beim Shopping?"

**Manuela Lutz (Auszubildende)**: „Ach, wenn du wüsstest; ich bin total geschafft. Eigentlich wollte ich heute eine Waschmaschine kaufen, weil ich jetzt eine eigene Wohnung habe. Glaubst du, ich hätte eine gekauft?"

**Ingo Nick**: „Sie war dir wohl zu teuer?"

**Manuela Lutz**: „Nein, das nicht, aber ich bin den ganzen Nachmittag durch alle möglichen Geschäfte gelaufen, nur um festzustellen, dass es unheimlich viele Geräte von allen möglichen Herstellern zu ganz unterschiedlichen Preisen gibt. Ich weiß jetzt noch weniger als vorher. Soll ich eine billige Maschine kaufen oder sind teure Geräte vielleicht doch besser?"

**Ingo Nick**: „Also heutzutage gibt's doch wirklich genügend Informationsmöglichkeiten."

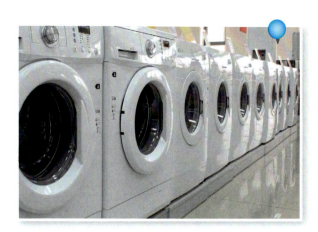

a) Welche Möglichkeiten der Verbraucherberatung meint Ingo? Zählen Sie vier Informationsmöglichkeiten für Verbraucher auf.

b) Ein Händler hat Manuela angeboten, ihr die Waschmaschine auf Raten zu verkaufen. Überlegen Sie, welche Vorteile und Nachteile der Ratenkauf für sie bringt.

c) Bei einem Ratenkauf oder einem Kreditvertrag müssen dem Kunden bestimmte Angaben gemacht werden. Nennen Sie diese.

d) Manuela hat die Waschmaschine auf Kredit gekauft. In den Vertragsbedingungen des Händlers taucht das Wort Eigentumsvorbehalt auf. Womit muss Manuela rechnen, wenn sie die Raten nicht mehr zahlen kann?

e) Aufgrund eines Produktionsengpasses der Herstellerfirma wird die Waschmaschine erst fünf Monate nach Vertragsabschluss geliefert. Da inzwischen eine Preiserhöhung erfolgte, soll sie nun 4 % mehr kosten. Beurteilen Sie den Fall anhand des nachfolgenden Auszugs aus dem BGB.

f) Erläutern Sie die Abkürzung AGB und geben Sie an, welche Aufgabe hierzu die Bestimmungen des BGB erfüllen sollen.

g) Vier Wochen nach der Lieferung der Waschmaschine erscheint der Händler bei Manuela, um ihr 20 kg Waschpulver zu bringen. Als diese die Annahme verweigert, erklärt er, dass sie aufgrund seiner Allgemeinen Geschäftsbedingungen verpflichtet sei, monatlich 20 kg Waschpulver abzunehmen. Beurteilen Sie den Fall anhand des nachfolgenden Auszugs aus dem BGB.

### Auszüge aus dem BGB (Bürgerliches Gesetzbuch)

**§ 305 c Überraschende und mehrdeutige Klauseln**
(1) Bestimmungen in Allgemeinen Geschäftsbedingungen, die nach den Umständen, insbesondere nach dem äußeren Erscheinungsbild des Vertrages, so ungewöhnlich sind, dass der Vertragspartner des Verwenders mit ihnen nicht zu rechnen braucht, werden nicht Vertragsbestandteil. […]

**§ 308 Klauselverbote mit Wertungsmöglichkeit**
In Allgemeinen Geschäftsbedingungen ist insbesondere unwirksam
1. (Annahme- und Leistungsfrist)
eine Bestimmung, durch die sich der Verwender unangemessen lange oder nicht hinreichend bestimmte Fristen für die Annahme oder Ablehnung eines Angebots oder die Erbringung einer Leistung vorbehält; […]

**§ 309 Klauselverbote ohne Wertungsmöglichkeit**
[…] ist in Allgemeinen Geschäftsbedingungen unwirksam
1. (kurzfristige Preiserhöhungen)
eine Bestimmung, welche die Erhöhung des Entgelts für Waren oder Leistungen vorsieht, die innerhalb von vier Monaten nach Vertragsabschluss geliefert oder erbracht werden sollen […]

 **Üben**
weitere Prüfungsaufgaben
fp729t

 **Üben interaktiv**
Prüfungsaufgaben
4k62dg

# Prüfungsaufgaben

## Zahlungsverkehr/Kredite

Ralf Maier, 19 Jahre, arbeitet als Maschinenschlosser bei der Firma Freud GmbH in Weinheim. Sein Gehalt überweist ihm die Firma Freud pünktlich zum Monatsersten auf das Konto Nr. 12345678 bei der Starkenburg Sparkasse in Heppenheim.
Am 17. Oktober druckt Ralf folgenden Auszug am Kontoauszugsdrucker aus.

| Sparkasse Starkenburg | IBAN DE70 5007 0100 0014 5617 88 | Auszug 53 | Blatt 1 |
|---|---|---|---|
| Datum | Erläuterung | | Betrag |
| Kontostand 30.09.2020, Auszug Nr. 52 Währung: EUR | | | 675,18 H |
| 01.10. | Lohn, Gehalt Freud GmbH 6543/654865 | | 1.524,12 H |
| 02.10. | Miete DA-NR 0123456 | | 520,00 S |
| 06.10. | Bareinzahlung | | 150,00 H |
| 11.10. | Geldautomat Sparkasse GA NR000123 BLZ509 514 69 1.10/12.12 UHR Weinheim | | 50,00 S |
| 12.10. | Fitnessstudio DA-Nr. 234567 | | 40,00 S |
| 13.10. | Lastschrift Wert: 13.10.20XX RUNDFUNKANSTALT Teilnehmernummer 123456 | | 52,50 S |
| 15.10. | Lastschrift MediaMarkt, Mannheim 05748984660 ELV56743 12.10.XX 9.20 MEZ | | 210,00 S |
| 16.10. | Kartenzahlung SHELL 5432 Weinheim EC 700021345 15.11 7.30 MEZ | | 61,85 S |

Ralf Maier

a) Erklären Sie, welche Vorgänge bzw. Handlungen den Buchungen vom 2. Oktober, 6. Oktober, 11. Oktober und 13. Oktober zugrunde liegen könnten.

b) Vergleichen Sie die Lastschrift vom 15. Oktober mit der Kartenzahlung vom 16. Oktober. Worin unterscheiden sich die beiden Zahlungsarten?

c) Robert möchte in einem Geschäft seine gekauften CDs im Wert von 30,00 € mit Girocard bezahlen. Der Verkäufer besteht aber auf Zahlung mit Bargeld. Kann Robert auf Zahlung mit der Girocard seiner Bank bestehen?

d) Seine Freundin Valerie möchte folgende Zahlungen erledigen:
- monatliche Miete
- Einkauf im Supermarkt
- monatliche Telefonrechnung
- Kauf einer Fahrkarte für die Straßenbahn

Welche Zahlungsmöglichkeiten würden Sie jeweils empfehlen? Begründen Sie.

Ralf Maier will einen Gebrauchtwagen kaufen. Das fehlende Geld möchte er sich durch einen Kredit besorgen. Hierzu hat er mehrere Angebote verglichen.

e) Entscheiden und begründen Sie, welches Darlehensangebot Sie wählen würden.

f) Ein Kreditvermittler weigert sich, den Effektivzinssatz zu nennen. Was versteht man unter Effektivzinssatz? Darf der Kreditvermittler die Auskunft verweigern? Begründen Sie.

g) Das Bürgerliche Gesetzbuch (BGB) und die Verbraucherkreditrichtlinie sollen den Kunden vor einer Übervorteilung schützen. Nennen Sie vier Angaben, die ein Kreditvertrag enthalten muss.

h) Welche Sicherheiten könnte die Bank von Ralf Maier verlangen? Nennen Sie zwei Beispiele.

i) Ralf hat sich finanziell übernommen – ihm droht eine Überschuldung. Wo könnte er Rat finden?

| Auszug aus Darlehensangeboten ||
|---|---|
| Angebot A | Angebot B |
| • Das Darlehen wird mit einem Zinssatz von 2,0 % p.a. vom Kreditbetrag verzinst.<br>• Zins und Tilgung sind monatlich fällig.<br>• Die Tilgung wird halbjährlich verrechnet.<br>• Der Effektivzins beträgt 2,8 %.<br>• … | • Das Darlehen wird mit einem Zinssatz von 2,5 % p.a. vom Kreditbetrag verzinst.<br>• Zins und Tilgung sind monatlich fällig.<br>• Die Tilgung wird monatlich verrechnet.<br>• Der Effektivzins beträgt 2,6 %.<br>• … |

Üben
weitere Prüfungsaufgabe
fp729t

Üben interaktiv
Prüfungsaufgaben
4k62dg

# Kompetenzbereich III
## Wirtschaftliches Handeln in der sozialen Marktwirtschaft beurteilen

**Markt als Koordinator von Angebot und Nachfrage**
**Wettbewerbsstörungen**
**Soziale Marktwirtschaft**
**Binnenwert des Geldes**
**Sozialprodukt als gesamtwirtschaftliche Messgröße**
**Wirtschaftspolitik und Konjunktur**

Linktipps
Kapitel
by2c35

# 1 Markt als Koordinator von Angebot und Nachfrage

## Einstieg

a) Erläutern Sie anhand der Abbildungen, was man unter einem Markt versteht.

b) Welche gegensätzlichen Zielsetzungen haben Anbieter und Nachfrager auf einem Markt?

c) Welche Marktarten sind durch die Abbildungen jeweils angesprochen?

**Willkommen im Team!**

Fester Arbeitsvertrag, faire Bezahlung, gute Sozialleistungen, abwechslungsreiche Arbeit und nette Kollegen für

**Löter/innen**

Rufen Sie uns an: Tel.

**Industriehelfer/innen** für sofort gesucht Tel.

**Putzstelle gesucht.** Tel.

**20-jähr. Koch su. dringend** WG-Zimmer jd. Wohnung in S-Weilimdorf, Tel. von 18–20.30 Uhr

Zur Unterstützung unseres Architekturbüros in Remseck/N. suchen wir eine/n engagierte/n

**Bauzeichner/in**

mit Berufserfahrung u. CAD-Kenntnissen. Erfahrung in Bauleitung und AVA von Vorteil. Bewerbungen mit Gehaltsvorstellungen erbeten unter Z an den Verlag.

**Kippfahrer**, Kl. C/CE, sucht feste Arbeit. Tel.

**C 180 T**, JW, 7 500 km, Klima, azurit-blau, Extras, VB, Tel.

**Fiat Punto**, Bj. 16, Radio mit CD-Player, 98 000 km, regelmäßiger Kundendienst, VB 3 800,– Tel.

**Schreinermeister** mit Frau u. Kind sucht 4-Zimmer-Wohnung in Stgt.-West Tel.

**S-Heumaden**, 3 ½-Zi.-DG-Whg., 86 m$^2$, 2 Badezi., Balk., Stellpl., KM 980,– + Kt. ✉ erb. unter Z an den Verlag

**Schöne 3-ZW**, 76 m$^2$, Bj. 90, S-Möhringen – gute Wohnlage, KM 910,– + 40,– Garage + NK. ✉ erb. unter Z an den Verlag

Ein **Markt** bildet sich immer dann, wenn **Angebot** und **Nachfrage** nach einem Gut zusammentreffen. Dies kann auf dem Marktplatz sein, am Telefon, im Büro, im Supermarkt oder bei einer Versteigerung.

**Anbieter** eines Gutes

**Markt** = Treffpunkt von Angebot und Nachfrage

**Nachfrager** eines Gutes

Anbieter und Nachfrager treten auf dem Markt grundsätzlich mit gegensätzlichen Interessen auf. Während die Anbieter möglichst viele Güter zu einem möglichst hohen Preis verkaufen möchten, um so einen maximalen Gewinn zu erzielen, streben die Nachfrager genau das Gegenteil an. Sie wollen möglichst niedrige Preise bezahlen, damit sie mit ihrem Einkommen möglichst viele Güter kaufen können. Im **Marktpreis** ergibt sich schließlich ein Ausgleich der entgegengesetzten Einstellungen; er ist ein Kompromiss aus den Preisvorstellungen der Anbieter und denen der Nachfrager.

## 1.1 Marktarten

Nach der **Art der gehandelten Güter** unterscheidet man verschiedene **Marktarten** wie z. B.:

| Marktarten | Gegenstand des Marktes |
|---|---|
| Konsumgütermarkt | Handel mit Gütern für die Endverbraucher, wie z. B. Nahrungsmittel oder Fernsehgeräte |
| Investitionsgütermarkt | Handel mit Gütern, die zur Herstellung von anderen Gütern verwendet werden, wie z. B. Maschinen |
| Geldmarkt | Bereitstellung von kurzfristigen Krediten durch Banken, Sparkassen und Privatpersonen |
| Kapitalmarkt | Bereitstellung von langfristigen Krediten durch Banken, Sparkassen und Privatpersonen |
| Arbeitsmarkt | menschliche Arbeitskraft wird angeboten bzw. nachgefragt |
| Immobilienmarkt | Handel mit Grundstücken und Gebäuden |
| Devisenmarkt | Handel mit ausländischen Währungen (Devisen) |
| Sonstige Märkte | Handel mit Rohstoffen, Gebrauchtwagen, Kunstgegenständen usw. |

Diese Märkte gliedern sich wiederum in eine Vielzahl weiterer **Teilmärkte**. So lässt sich beispielsweise der Konsumgütermarkt in einen Gebrauchsgütermarkt und einen Verbrauchsgütermarkt unterteilen. Innerhalb des Gebrauchsgütermarktes gibt es unter anderem einen Pkw-Markt. Selbst den Pkw-Markt müsste man weiter in einen Markt für Kleinwagen, Mittelklassewagen, Luxuswagen, aber auch für Neu- und Gebrauchtwagen einteilen.

Märkte werden nicht nur nach den gehandelten Gütern eingeteilt, sondern auch nach räumlichen Gesichtspunkten wie dem Markt einer Gemeinde, der EU oder der Welt. Auch nach Funktionen kann eingeteilt werden. Man unterscheidet hierbei den Beschaffungsmarkt und den Absatzmarkt.

Des Weiteren kennt man organisierte Märkte wie Wochenmärkte, Messen oder Börsen und nichtorganisierte Märkte wie beispielsweise das zufällige Zusammentreffen von Käufern und Verkäufern im Ladengeschäft. Nicht organisierte Märkte sind die häufigste Form.

| Gliederung der Märkte | | |
|---|---|---|
| Beispiel Automarkt | | |
| **sachlich** | **räumlich** | **nach Funktionen** |
| • Pkw | • Welt | • Beschaffungsmärkte<br>– Importmarkt<br>– Binnenmarkt |
| • Lkw | • EU | |
| • Mittelklassewagen | • Bundesrepublik | • Absatzmärkte:<br>– Exportmarkt<br>– Binnenmarkt |
| • Gebrauchtwagen | • Bezirk | |
| • Sportwagen | • Gemeinde | |

## 1.2 Marktformen – Verhalten der Marktteilnehmer

Das Verhalten der Marktteilnehmer auf einem Markt hängt entscheidend davon ab, wie viele Anbieter und Nachfrager es für ein Gut gibt. Je nachdem, wie viele Anbieter und wie viele Nachfrager teilnehmen, werden drei verschiedene **Marktformen** unterschieden: **Polypol**, **Oligopol** und **Monopol**.

### Polypol

Wenn auf einem Markt viele Nachfrager auf viele Anbieter treffen, so spricht man von einem **Polypol**. Dieser Zustand wird auch als „**vollständige Konkurrenz**" bezeichnet, da keiner der Marktteilnehmer groß genug ist, um den Marktpreis zu beeinflussen. Verlangt zum Beispiel ein Anbieter einen höheren Preis, so wechseln sofort alle Nachfrager zur Konkurrenz über. Fordert er dagegen einen niedrigeren Preis, dann könnte er die gesamte Nachfrage, die bei ihm entstehen würde, in keinem Falle befriedigen.

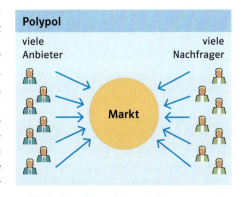

Hierzu wäre sein Marktanteil zu klein. Das Gleiche gilt für den Nachfrager. Polypole, also vollständige Konkurrenz, findet man vor allem an den Wertpapierbörsen.

### Oligopol

Eine Marktform, die in den Industriegesellschaften besonders häufig vorkommt, ist das **Angebotsoligopol**. Hier stehen sich wenige Anbieter und viele Nachfrager gegenüber. Beispiele: Automarkt, Zigarettenmarkt oder Benzinmarkt.
Wenn jedoch vielen Anbietern nur wenige Nachfrager gegenübertreten, bezeichnet man dies als **Nachfrageoligopol**.
Beispiele: Vielen Landwirten stehen wenige Molkereien gegenüber. Bürger, die Polizisten werden wollen, können nur zwischen dem Bund und den Ländern wählen.
Bei Angebotsoligopolen herrscht oft eine starke gegenseitige Abhängigkeit unter Oligopolisten. Dies sieht man z. B. sehr deutlich auf dem Benzinmarkt. Erhöht oder senkt ein Anbieter seine Preise, so werden die anderen Oligopolisten ebenfalls ent-

sprechend reagieren. Im Extremfall kann ein äußerst scharfer Wettbewerb entstehen mit dem Ziel, den Mitbewerber auszuschalten oder die Marktführerschaft zu erreichen. Andererseits besteht auch die Gefahr, dass die Anbieter sich absprechen und so den Wettbewerb ausschalten. Derartige Abmachungen sind aber nach dem Gesetz gegen Wettbewerbsbeschränkungen verboten.

### Monopol

Bei einem **Monopol** gibt es für eine Ware entweder nur einen Anbieter oder nur einen Nachfrager auf dem Markt. Dementsprechend unterscheidet man das **Angebotsmonopol** und das **Nachfragemonopol**. So hatte in der Vergangenheit die Deutsche Bahn AG als Nachfrager nach Lokomotiven oder Eisenbahnwagen die seltene Stellung eines Nachfragemonopolisten. Das Gleiche gilt für die Bundeswehr als Nachfrager nach Schützenpanzern.

Auf der Angebotsseite sind z. B. die Wasserwerke konkurrenzlos. Ein weiteres bekanntes Angebotsmonopol hatte die Deutsche Post AG bis 2007 im überregionalen Briefverkehr. Aber auch private Unternehmer, die eine patentierte Erfindung vermarkten, sind in diesem Bereich Angebotsmonopolisten.

Besitzt ein Anbieter eine Monopolstellung, dann muss er auf keinen Konkurrenten Rücksicht nehmen, d. h. er kann die Preishöhe weitgehend selbst festlegen. Aber auch der Monopolist wird feststellen, dass bei höheren Preisen die Nachfrage zurückgeht, während sie bei einem niedrigeren Preis sehr groß sein wird. Setzt er den Preis zu hoch an, riskiert er, dass die Nachfrager sich einschränken oder auf Ersatzgüter umsteigen. Ein privater Monopolbetrieb wird danach streben, den größtmöglichen Gewinn zu erzielen. Dies wird bei dem Preis der Fall sein, wo der Unterschied zwischen Einnahmen und Kosten am größten ist.

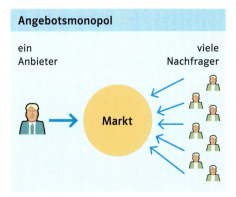
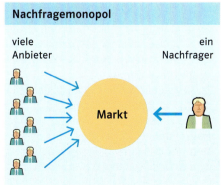

## 1.3 Preisbildung unter Wettbewerb

### Preisbildung bei vollständiger Konkurrenz

Auf einem Markt treffen die gegensätzlichen Interessen von Anbietern und Nachfragern zusammen. Der Anbieter möchte einen hohen Preis erzielen, der Nachfrager so wenig wie möglich bezahlen. Können sich beide auf einen gemeinsamen Preis einigen, so spricht man von Preisbildung.

Jedes Frühjahr kann man beobachten, dass die Erdbeerpreise zunächst sehr hoch sind, während der Haupterntezeit sinken und schließlich wieder ansteigen. Diese Schwankungen hängen offensichtlich mit der angebotenen Menge zusammen. In der Haupterntezeit ist das Angebot an Erdbeeren so groß, dass die Anbieter ihre Preise senken müssen, wenn sie hierfür genügend Käufer finden wollen. Andererseits ist außerhalb der Saison das Erdbeerangebot gering. Da die Nachfrage aber auch in dieser Zeit unvermindert hoch ist, können die Verkäufer ihre Preise heraufsetzen. Sie werden dies so weit tun, dass es gerade noch genügend Nachfrager für ihre Produkte gibt. Aus diesen Verhaltensweisen lässt sich folgende Erkenntnis gewinnen: Angebot und Nachfrage bestimmen den Preis eines Gutes.

Der Preis wirkt sich jedoch auf Angebot und Nachfrage aus. Können die Anbieter einen hohen Preis erzielen, dann wird das Angebot zunehmen. In unserem Fall werden die Erzeuger, die durch den Erdbeeranbau Gewinne erzielt haben, ihre Produktion steigern. Andere Produzenten werden nun ebenfalls Erdbeeren anbauen und somit das Angebot vergrößern. Das nunmehr gestiegene Angebot wird den Marktpreis sinken lassen.

Den niedrigeren Preis können zwar immer mehr Nachfrager bezahlen, aber andererseits werden immer weniger Anbieter bereit sein, zu diesem Preis zu verkaufen. Das Angebot wird wieder zurückgehen, die Preise werden wieder steigen. So verändert sich der Preis für ein Gut fortlaufend, bis Angebot und Nachfrage nach dem Gut gleich groß sind und sich Anbieter und Nachfrager auf einen gemeinsamen Preis einigen können. Diesen Preis nennt man **Gleichgewichtspreis**. Zum Gleichgewichtspreis verkaufen fast alle Anbieter ihre Ware, und fast alle Nachfrager werden bei diesem Preis zufriedengestellt, d. h. bei diesem Preis wird die größte Menge umgesetzt. Man sagt: „Der Markt ist geräumt."

Anhand von Angebot und Nachfrage nach Erdbeeren einer bestimmten Güteklasse soll dieser Zusammenhang verdeutlicht werden.

Das Schaubild auf S. 187 zeigt, dass sich der Marktpreis bei 3 € einpendelt. Hier sind die angebotene und die nachgefragte Menge gleich groß. Nur bei diesem Preis, dem Gleichgewichtspreis, wird die größte Menge (Gleichgewichtsmenge) umgesetzt. Wäre die Ware billiger, dann müssten viele Nachfrager leer ausgehen: So würde beim Preis von 2 €

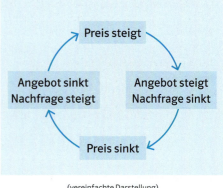

(vereinfachte Darstellung)

eine Nachfrage von 320 kg nicht befriedigt werden. Wenn die Anbieter dagegen mehr als 3 € verlangen würden, dann könnten sie einen Teil ihrer Erzeugnisse nicht mehr absetzen. Allerdings haben alle Anbieter eine sogenannte **Preisuntergrenze**, die sich aus ihren Selbstkosten ergibt. Ohne Insolvenzrisiko kann kein Betrieb diese Grenze für längere Zeit unterschreiten.

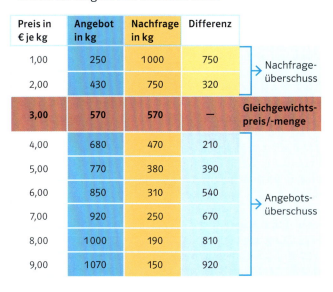
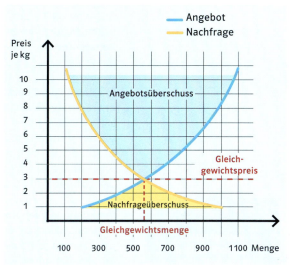

Zusammenfassend lassen sich folgende Erkenntnisse gewinnen:
- Der Preis eines Gutes wird bestimmt durch Angebot und Nachfrage.
- Wenn die Nachfrage größer ist als das Angebot, steigt der Preis.
- Wenn das Angebot größer ist als die Nachfrage, sinkt der Preis.
- Beim Gleichgewichtspreis wird die größte Warenmenge (Gleichgewichtsmenge) umgesetzt, Angebot und Nachfrage sind ausgeglichen.
- Bei einem hohen Preis wird mehr produziert, bei einem niedrigen Preis vermindern die Hersteller ihre Produktion.
- Die Selbstkosten sind die langfristige Preisuntergrenze einer Unternehmung.

Die bisher geschilderte Preisbildung ist modellhaft, d.h. sie kommt so in der Praxis nicht vor. Unser bisheriges Modell geht davon aus, dass jeder Anbieter, der mit seinem Preis über dem Gleichgewichtspreis liegt, auf seinen Waren sitzen bleibt. Ein Nachfrager, der weniger bezahlen möchte, würde leer ausgehen. In Wirklichkeit jedoch werden unterschiedliche Preise verlangt und auch bezahlt. Dies kann daran liegen, dass die Waren eine unterschiedliche Qualität haben (nicht alle Erdbeeren haben die gleiche Güte) oder dass aufgrund persönlicher Beziehungen manche Kunden immer beim gleichen Erzeuger kaufen. Vielfach besitzen die Marktteilnehmer einfach keine Übersicht über die unterschiedlichen Preise und Eigenschaften der angebotenen Produkte.
Nur die **Börsen** kommen dem Modell der Preisbildung nahe. Neben der erforderlichen Marktform, dem Polypol, sind auch die anderen Voraussetzungen gegeben. So werden gleichartige Güter, z.B. Aktien, gehandelt, alle Marktteilnehmer können schnell reagieren und niemand wird bevorzugt – weder zeitlich noch räumlich oder persönlich.

### Einflussmöglichkeiten des Staates auf die Marktpreisbildung

In der sozialen Marktwirtschaft bildet sich der Preis auf dem Markt durch Angebot und Nachfrage. In der Regel greift der Staat nicht in das Marktgeschehen ein. Er gibt lediglich die Rahmenbedingungen vor, unter denen das wirtschaftliche Geschehen abläuft und sorgt dafür, dass diese allgemeingültigen Regelungen auch von allen Beteiligten eingehalten werden.

Allerdings will er im Rahmen der sozialen Markwirtschaft bestimmte Ziele verwirklichen. Dazu gehören z. B. die soziale Gerechtigkeit, der Umweltschutz, der Gesundheitsschutz, die Standortsicherung, die Preisstabilität oder ein hoher Beschäftigungsstand.

**Erhöhung oder Senkung von Steuern:** Durch die **Erhöhung oder Senkung von Steuern** kann der Staat die Endverkaufspreise bestimmter Produkte beeinflussen. So kann er beispielsweise die Tabaksteuer und Branntweinsteuer erhöhen, um die Bürger davon abzuhalten, gesundheitsschädigende Genussmittel zu konsumieren. Eine Erhöhung der Mineralölsteuer kann die Bevölkerung zum sparsamen Umgang mit Energie anregen. Die **niedrigere Besteuerung** von Autogas dagegen senkt den Preis dieses Kraftstoffs und soll zum Kauf entsprechender Autos anregen.

**Beeinflussung von Angebot und Nachfrage:** Tritt der Staat auf dem Markt als **Nachfrager** auf, kann er die Preisbildung beeinflussen. Wenn er zum Beispiel Bauleistungen nachfragt, bewirkt dies eine zunehmende Bautätigkeit. Die Beschäftigung in der Zulieferindustrie wird gefördert. Durch die gestiegene Nachfrage steigen die Preise. Verringert er dagegen seine Nachfrage, werden die Preise sinken.

Zahlt der Staat **Subventionen** wie Wohngeld, erhöht sich die Nachfrage nach Wohnungen. Dies soll einerseits die Mietbelastung der Haushalte senken und gleichzeitig sicherstellen, dass Vermieter marktgerechte Mieten erzielen und neue Wohnungen bauen, was langfristig durch das größere Angebot den Preisanstieg begrenzen soll. Weitere Beispiele für Subventionen sind z. B. die Förderung der Solarenergie oder von Elektroautos, um hier die Nachfrage zu erhöhen.

**Festsetzung von Höchst- und Mindestpreisen:** Schließlich kann der Staat direkt in die Preisbildung eingreifen, indem er **Höchstpreise** oder **Mindestpreise** festsetzt.

**Höchstpreise** sollen die **Verbraucher** vor überhöhten Preisen **schützen**, vor allem bei lebensnotwendigen Gütern. Da Höchstpreise unter dem Gleichgewichtspreis liegen, werden mehr Waren nachgefragt als angeboten. Viele Käufer sind jedoch bereit mehr zu zahlen. Die Folge: Es entstehen Schwarzmärkte. Der Staat muss reagieren, er muss die Waren rationieren und die Märkte überwachen.

Genauso problematisch ist es, wenn **Mindestpreise** festgesetzt werden, um die **Produzenten zu schützen**. Dies zeigte sich besonders deutlich am **Agrarmarkt der Europäischen Union**. Die staatlichen Eingriffe wurden wegen ihrer Folgen heftig kritisiert, denn die Bauern der EU produzierten enorme Überschüsse, z. B. bei Milch, Wein, Getreide, Fleisch und Obst. Da Abnahme und Preis garantiert waren, stiegen die Produktionsmengen immer mehr. Die EU musste durch **Interventionen** auf dieses Überangebot reagieren. Riesige Überschüsse mussten aufgekauft, eingelagert und zum Teil sogar vernichtet werden. Beispielsweise wurde Blumenkohl über Jahre hinweg vernichtet. Dennoch erhöhte sich jedes Jahr die Blumenkohlanbaufläche. Direkt für die Vernichtung zu produzieren erwies sich für viele Produzenten als lohnend, was die Bürger empörte. Garantierte Abnahmepreise und Produktivitätsfortschritte sowie der Schutz gegenüber der Konkurrenz außerhalb der EU ließen den EU-Agrarmarkt völlig aus den Fugen geraten. Durch erfolgte Reformen haben sich die Landwirtschaftspreise in der EU mittlerweile den Weltmarktpreisen angenähert. Die Landwirte beziehen nur noch einen Teil ihres Einkommens aus Verkaufserlösen. Den anderen Teil bilden direkte Einkommensbeihilfen, die unabhängig von der Menge gezahlt werden. Sie sind an bestimmte Auflagen geknüpft wie beispielsweise Umweltschutz und Tierschutz. Diese Direktzahlungen orientieren sich mehr am Dienst, den der Landwirt der Öffentlichkeit leistet.

### Preisbildung bei eingeschränkter Konkurrenz (beim Angebotsoligopol)

Aufgrund der zunehmenden Unternehmenskonzentration entstehen **Angebotsoligopole** immer häufiger. Hier werden die Absatzmöglichkeiten nicht nur vom Verhalten der Nachfrager, sondern auch von den Aktionen und Reaktionen der anderen Oligopolisten bestimmt. Bei der Preisbildung können die Anbieter folgende Strategien anwenden:

- Durch sogenannte „**ruinöse Konkurrenz**" versucht ein Anbieter, die anderen vom Markt zu verdrängen, indem er die Preise seiner Mitbewerber unterbietet. Dadurch will er die Verbraucher dazu bewegen, bei ihm und nicht bei der Konkurrenz zu kaufen. Dies lassen die Mitanbieter nicht zu und senken ebenfalls ihre Preise, oft sogar unter die Selbstkosten. In diesem Fall haben die Nachfrager den Vorteil billiger Preise. Allerdings besteht die Gefahr, dass durch den Konkurrenzkampf ein Teil der Anbieter vom Markt ausscheiden muss und ein Monopol entsteht, bei dem danach die Preise wieder angehoben werden.

**Info**
EU-Agrarmarkt
8xd3bh

- Häufig erfolgen **Preisabsprachen** unter den wenigen Anbietern, um möglichst hohe Preise zu erzielen. Benachteiligt sind hier die Nachfrager. Allerdings können die Anbieter ihre Preise nicht beliebig erhöhen. Sonst versuchen die Verbraucher, sich so weit wie möglich einzuschränken, oder sie steigen um auf Ersatzgüter (Tee statt Kaffee, Margarine statt Butter). Da Preisabsprachen den Wettbewerb ausschalten, sind sie in der Bundesrepublik Deutschland nach dem Gesetz gegen Wettbewerbsbeschränkungen (Kartellgesetz) grundsätzlich verboten.

- Oftmals übernimmt auch ein Anbieter die **Preisführung**. Wenn z. B. in einer Stadt mit 3 Großbetrieben der Betrieb A ¾ des Marktes beliefert und B und C zusammen nur einen Marktanteil von ¼ haben, so liegt es nahe, dass A die Preise bestimmt und die anderen ihm folgen. Würden B oder C versuchen, sein Verhalten zu behindern, so müssten sie mit existenzbedrohenden Maßnahmen von A rechnen. Deshalb verzichten sie darauf.

- Vielfach verlagern die Konkurrenten den Wettbewerb auf die **Qualität**, den Service, die Werbung und die Aufmachung ihrer Erzeugnisse und vermeiden so eine gegenseitige Herausforderung durch die Preise.

Bei uns ohne Mehrpreis: 12 Monate 48 Stunden Vor-Ort-Service!

# Wissen kompakt

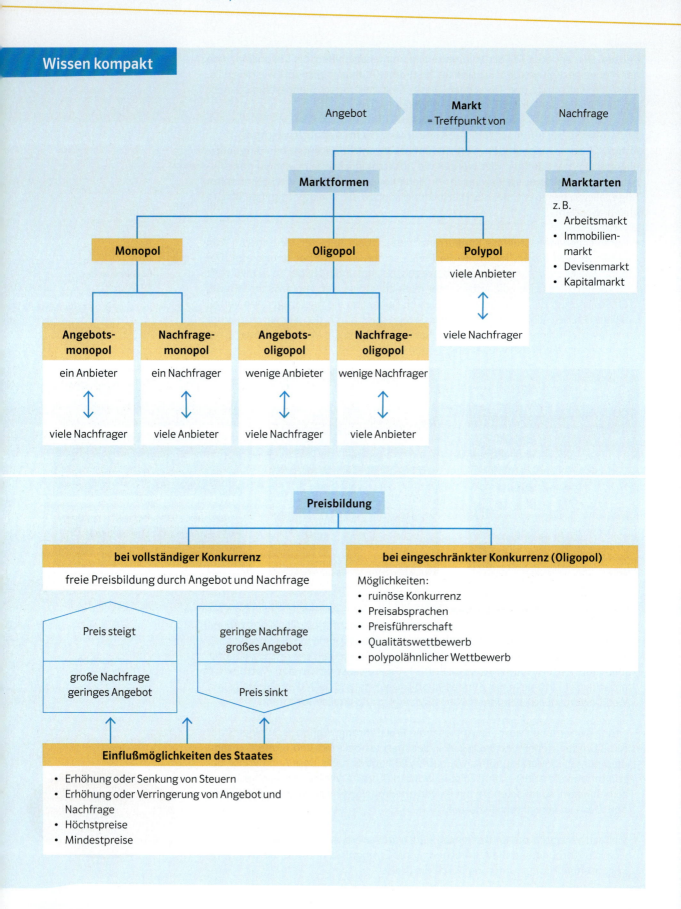

## Arbeitsteil

**1** Erklären Sie den Begriff „Markt".

**2** Zeigen Sie am Beispiel des Fahrradmarktes, wie Märkte räumlich, sachlich und funktional gegliedert werden können.

**3** Um welche Märkte (Marktarten) handelt es sich bei den folgenden Beispielen?
   a) Ein Tourist benötigt für seinen Urlaub ausländisches Geld.
   b) Frau Weller erhält im Haarstudio Löckle eine neue Dauerwelle.
   c) Für Investitionen möchte eine Unternehmung einen langfristigen Kredit aufnehmen.
   d) Das Modehaus Schicki stellt seine neue Sommerkollektion vor.

**4** Nennen Sie zwei nichtorganisierte Märkte.

**5** a) Welche Marktform liegt bei den oben stehenden Abbildungen vor?
   b) Nennen Sie zwei weitere Beispiele für diese Marktform.
   c) Begründen Sie anhand von zwei Beispielen, dass man beim Automarkt von einer eingeschränkten Konkurrenz sprechen kann.

**6** Nennen Sie das wesentliche Merkmal eines
   a) Angebotsmonopols und geben Sie zwei Beispiele.
   b) Polypols und nennen Sie ebenfalls zusätzlich zwei Beispiele.

**7** Welche Gefahren können durch Monopole und Oligopole für die Verbraucher entstehen?

**8** a) Kann der Monopolist die Preise beliebig festsetzen? Begründen Sie.
   b) Überlegen Sie, weshalb sich der Staat in manchen Bereichen ein Monopol vorbehält.

**9** An der Stuttgarter Aktienbörse werden täglich die Aktienkurse ermittelt. Für den heutigen Börsentag liegen die nebenstehenden Aufträge vor.
   a) Stellen Sie den Verlauf von Angebot und Nachfrage in einem Koordinatensystem dar. Verwenden Sie folgenden Maßstab: x-Achse: 500 Stück = 1 cm, y-Achse: 5 € = 1 cm.
   b) Ermitteln Sie den Gleichgewichtspreis und die Gleichgewichtsmenge.

| Kurs in € | Verkaufsaufträge in Stück | Kaufaufträge in Stück |
|---|---|---|
| 120 | 1150 | 5000 |
| 125 | 2150 | 3750 |
| 130 | 2850 | 2850 |
| 135 | 3400 | 2350 |
| 140 | 3850 | 1900 |
| 145 | 4250 | 1550 |
| 150 | 4600 | 1250 |
| 155 | 5000 | 900 |

   c) Erläutern Sie, was man unter dem Gleichgewichtspreis versteht.
   d) Beschreiben Sie die Marktsituation bei einem Preis von 145 €.
   e) Welcher Zusammenhang besteht zwischen dem Preis und der Höhe von Angebot und Nachfrage?

**10** In der sozialen Marktwirtschaft kann der Staat auf einem Gütermarkt die freie Preisbildung beeinflussen. Nennen Sie drei Möglichkeiten.

**11** a) Wen will der Staat durch die Festsetzung von Mindestpreisen schützen?
   b) Wen will der Staat durch die Festsetzung von Höchstpreisen schützen?

**12** Welche Vorteile und welche Nachteile sehen Sie in der Einführung von Mindestpreisen?

Weitere Fragen auf S. 192.

**13** Die folgende Abbildung zeigt die Preisbildung auf dem Wohnungsmarkt eines Landes.
  a) Begründen Sie, welcher Preis in der nachfolgenden Abbildung bei P1 und welcher bei P2 vorliegt.
  b) Erläutern Sie, wie der Preis P2 sich auf dem Markt auswirkt und welche Folgen sich daraus ergeben.

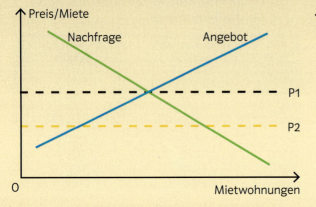

**15** Beim Polypol (vollständige Konkurrenz) versuchen die Hersteller eines gleichartigen Gutes häufig, die Marktübersicht der Verbraucher zu beeinträchtigen.
  a) Weshalb sind Hersteller an dieser Situation interessiert?
  b) Wie können solche Versuche erfolgen?
  c) Nennen Sie Beispiele für solche Märkte.

**16** In unserer sozialen Marktwirtschaft richtet sich der Preis nicht immer nach Angebot und Nachfrage. Suchen Sie hierzu zwei Beispiele und begründen Sie Ihre Überlegungen.

### Preiskampf im Lebensmittelhandel verschärft sich erneut

Die Schlacht um die Preishoheit bei Markenartikeln zwischen Aldi und Lidl geht mit unverminderter Härte in eine neue Runde. Senkt Aldi seinen billigen Preis, unterbietet Lidl – oder umgekehrt. Edeka, Rewe, Penny, Netto, Kaufland und Norma ziehen nach. Bauer-Joghurt für 17 Cent, die 1,25-Liter-Flasche Cola für 77 Cent, die Wagner-Pizza für 1,44 Euro – der Preisrutsch hat die gesamte Branche erfasst. Ein Ende scheint nicht absehbar.

Autorentext nach „Der Preiskampf im Lebensmittelhandel flammt wieder auf" (dpa-Meldung vom 11.03.2019)

**14** a) Für welche Marktform sind Preiskriege, wie sie dieser Zeitungsausschnitt schildert, typisch?
  b) Welches Ziel versuchen die Anbieter durch derartige Preisnachlässe zu erreichen?
  c) Hat dieses Verhalten der Anbieter nur Vorteile für die Verbraucher oder sehen Sie auch Gefahren darin?
  d) Neben einem Preiskrieg sind für diese Marktform bei der Preisbildung noch andere Verhaltensweisen der Anbieter typisch. Beschreiben Sie diese.

# Fallbeispiel — Wettbewerbsstörungen — 109–112 — Material Arbeitsblätter p439r8

## Preisbildung

**Problemsituation:**
Milch ist derzeit extrem billig, weil die Bauern zu viel produzieren. Die Milchproduktion bringt Deutschlands Bauern nur noch eins – Verluste. Zwischen 60 und 100 Cent kostet derzeit der Liter Milch im Supermarkt. Es ist ein Preis, der Milchbauern große Sorgen bereitet. Erhielten sie im Jahr 2017 noch 40 Cent von den Molkereien für einen Liter, sind es 2020 nur noch rund 34 Cent. Die Bauern sagen, dass sie mindestens 42 Cent benötigen, um kostendeckend zu arbeiten.

Die Molkereien stehen unter enormem Druck durch die großen Handelsketten. 120 Molkereien stehen nur sechs bis acht große Einzelhandelskonzerne gegenüber. Bei der jüngsten Verhandlungsrunde hatten die Ketten die Frischmilchpreise um rund zehn Prozent gedrückt, klagt der Deutsche Bauernverband. Danach senkten die Discounter Anfang Mai die Preise für Milch und Milchprodukte teils erheblich. Für höhere Milchpreise in der Verhandlungsrunde demonstrierten die deutschen Milchbauern in ganz Deutschland gegen die Marktmacht der großen Lebensmittelketten. Sie blockierten teilweise die Zufahrten zu Auslieferungslagern von Lebensmittelketten und großen Milch verarbeitenden Betrieben. Wir müssen dieser Marktmacht etwas entgegensetzen, meinten die Teilnehmer der Protestaktionen.

**Arbeitsauftrag:**
1. Gegen welches Verhalten der großen Lebensmittelketten protestieren die Landwirte im abgebildeten Zeitungsartikel?
2. Welche Marktform liegt auf dem beschriebenen Markt für Milch vor? Begründen Sie Ihre Antwort.
3. Begründen Sie, für welche Marktteilnehmer das Verhalten der Lebensmittelketten von Vorteil ist.
4. Wodurch ist der Preisverfall bei Milch eingetreten? Recherchieren Sie hierzu evtl. im Internet.
5. Milchbauer Karl Breuer hat sich eine weitere Einnahmequelle geschaffen. Er produziert seinen eigenen „Bergbauernkäse". Auf dem Großmarkt ergibt sich folgende Angebots- und Nachfragesituation:

| Preis in € je kg | angebotene Menge in kg | nachgefragte Menge in kg |
|---|---|---|
| 10 | 80 | 290 |
| 15 | 140 | 240 |
| 20 | 200 | 200 |
| 25 | 260 | 160 |
| 30 | 320 | 120 |

Zeichnen Sie ein Koordinatensystem und stellen Sie die Preisbildung grafisch dar. Beschriften Sie die einzelnen Achsen und Kurven.

6. Erstellen Sie eine Tabelle, in der Sie den Umsatz bei den verschiedenen Preisen ermitteln. Benennen Sie den Gleichgewichtspreis.

7. Zunehmend fordern Landwirte staatlich garantierte Mindestpreise. Beurteilen Sie diese Forderung, indem Sie Vor- und Nachteile abwägen.
8. Tragen Sie in das Koordinatensystem einen Mindestpreis von 30,00 € ein und einen Höchstpreis von 10,00 €. Beurteilen Sie die Auswirkung beider Preise auf den Markt.
9. In Lebensmittelgeschäften einer Großstadt wird der Liter Frischmilch zwischen 0,69 € und 1,29 € angeboten. Nennen Sie Gründe, weshalb nicht alle Kunden Ihre Milch im billigsten Geschäft kaufen.
10. Welche der unten stehenden Abbildungen ist typisch für Mindestpreise, welche für Höchstpreise?

a

b

## 2 Wettbewerbsstörungen

### Einstieg

a) Beschreiben Sie die Entwicklung bei den Unternehmenszusammenschlüssen.

b) Weshalb schließen sich Unternehmen zusammen?

c) Wie beurteilen Sie diese Entwicklung?

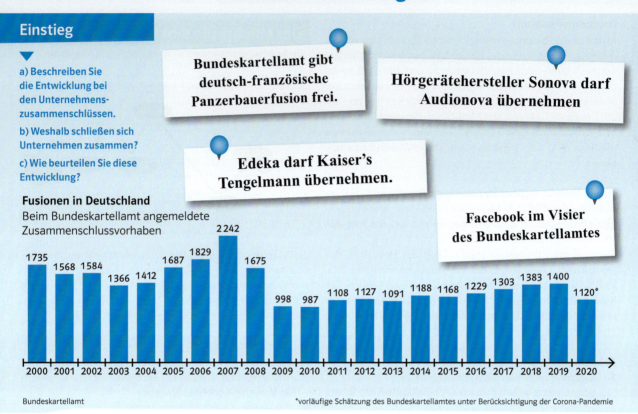

Bundeskartellamt gibt deutsch-französische Panzerbauerfusion frei.

Hörgerätehersteller Sonova darf Audionova übernehmen

Edeka darf Kaiser's Tengelmann übernehmen.

Facebook im Visier des Bundeskartellamtes

**Fusionen in Deutschland**
Beim Bundeskartellamt angemeldete Zusammenschlussvorhaben

2000: 1735, 2001: 1568, 2002: 1584, 2003: 1366, 2004: 1412, 2005: 1687, 2006: 1829, 2007: 2242, 2008: 1675, 2009: 998, 2010: 987, 2011: 1108, 2012: 1127, 2013: 1091, 2014: 1188, 2015: 1168, 2016: 1229, 2017: 1303, 2018: 1383, 2019: 1400, 2020: 1120*

Bundeskartellamt

*vorläufige Schätzung des Bundeskartellamtes unter Berücksichtigung der Corona-Pandemie

### 2.1 Kartelle

Kartelle entstehen durch vertragliche Abmachungen von Unternehmungen der gleichen Branche, die auf diese Weise den **Wettbewerb** untereinander ausschließen oder zumindest **einschränken** wollen. Hierbei bleiben die Kartellmitglieder rechtlich vollkommen selbstständig, ihre wirtschaftliche Selbstständigkeit jedoch wird durch die Zusammenarbeit der beteiligten Firmen erheblich eingeschränkt.

Die Kartellabsprachen, die mündlich oder schriftlich festgelegt werden können, enthalten beispielsweise Vereinbarungen über Preise, Marktaufteilung oder Lieferbedingungen. Da Kartelle den Wettbewerb unter den Anbietern einschränken, können die Verbraucher durch solche Absprachen benachteiligt werden. Deshalb verbietet das **Gesetz gegen Wettbewerbsbeschränkungen (Kartellgesetz)** grundsätzlich die Bildung von Kartellen. Dieses Verbot gilt unter anderem für Kartellarten in der Übersicht auf der folgenden Seite.

§ 1 GWB

In bestimmten Fällen sind Ausnahmen vom Kartellverbot möglich, z. B. **bei mangelnder Spürbarkeit**. Da das Verbot nicht jede unbedeutende Bagatellbeschränkung erfassen soll, betrachtet man Vereinbarungen zwischen Wettbewerbern als nicht spürbar, wenn deren gemeinsamer Marktanteil 10 %

**Bundeskartellamt ermittelt:**

Wurstkartell
Bierkartell
Kaffeekartell
Matratzenkartell

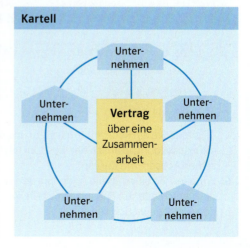

Kartell

| Verbotene Kartellarten – eine Auswahl | |
|---|---|
| **Preiskartell** | Die Mitglieder treffen Preisabsprachen. |
| **Quotenkartell** | Jedem Unternehmen wird eine bestimmte Produktionsmenge zugeteilt, um über die Angebotsmenge den Preis zu beeinflussen. |
| **Kalkulationskartell** | Die beteiligten Firmen vereinbaren den gleichen Aufbau ihrer Kalkulation, um zu gleichen Preisen zu gelangen. |
| **Gebietskartell** | Jedem Unternehmen wird ein bestimmtes Absatzgebiet zugeteilt, um in diesen Gebieten den Wettbewerb auszuschließen. |
| **Rabattkartell** | Die Mitglieder legen eine einheitliche Rabattgewährung fest. |
| **Konditionenkartell** | Einheitliche Lieferungs-, Zahlungs- und Geschäftsbedingungen wie Öffnungszeiten werden vereinbart. |

nicht übersteigt. Ebenso werden Absprachen zwischen kleinen und mittleren Unternehmen als nicht spürbar angesehen.

Ausnahmsweise sind auch wettbewerbsbeschränkende Vereinbarungen vom Kartellverbot freigestellt, sofern sie die Warenerzeugung oder Warenverteilung der Mitglieder verbessern oder wenn sie den technischen oder wirtschaftlichen Fortschritt fördern. Allerdings darf dies nicht dazu führen, dass der Wettbewerb für einen wesentlichen Teil des Marktes ausgeschaltet wird. GWB § 2

Ausdrücklich erleichtert ist die Zusammenarbeit im Bereich des Mittelstands (**Mittelstandskartelle**). Kleineren und mittleren Unternehmen gestattet dies viele Formen der Kooperation, um zum Zweck der Rationalisierung zusammenzuarbeiten, sofern dies deren Wettbewerbsfähigkeit verbessert und den Wettbewerb nicht wesentlich beeinträchtigt. GWB § 3

Alle **freigestellten Kartelle** unterliegen der **Missbrauchsaufsicht**. Zuständig hierfür sind die Landesbehörden betroffener Bundesländer, länderübergreifend das **Bundeskartellamt in Bonn**. Verstöße gegen das Kartellgesetz gelten als Ordnungswidrigkeit und können mit erheblichen Bußgeldern belegt werden.

| Freigestellte Kartellarten – eine Auswahl | |
|---|---|
| **Rationalisierungskartell** | Es wird rationalisiert, indem die Produktion auf bestimmte Typen beschränkt wird. |
| **Normen- und Typenkartell** | Die Mitglieder beschließen die einheitliche Anwendung von Normen und Typen. |
| **Mittelstandskartell** | Zusammenarbeit kleiner und mittelständischer Unternehmen zum Zweck der Rationalisierung, um die Wettbewerbsfähigkeit zu verbessern. |
| **Sonstige Kartelle** | Zusammenarbeit von Unternehmen z. B. zur Verbesserung der Entwicklung, Forschung, Erzeugung, Verteilung, Beschaffung, Rücknahme oder Entsorgung von Waren. |

## 2.2 Unternehmenskonzentration

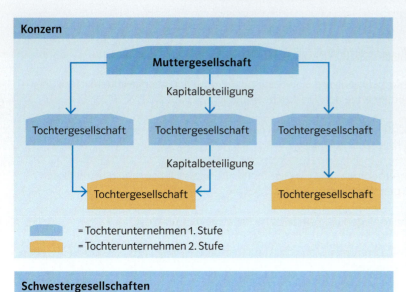

### Konzern

Im Vergleich zu Kartellen sind **Konzerne** eine wesentlich engere Form des Zusammenschlusses. Hier werden rechtlich selbstständige Unternehmen unter einer einheitlichen Leitung wirtschaftlich zusammengefasst. Die Konzernbildung erfolgt meist über kapitalmäßige Beteiligungen. Besitzt ein Unternehmen die Aktienmehrheit eines anderen, so kann es damit einen entscheidenden Einfluss ausüben. Unternehmen, welche andere beherrschen, werden als **Muttergesellschaften** bezeichnet, die abhängigen als Tochtergesellschaften.

Von **Schwestergesellschaften** spricht man, wenn Unternehmungen gegenseitig maßgeblich an ihrem Kapital beteiligt sind. Schwestergesellschaften bleiben rechtlich selbstständig, ihre wirtschaftliche Unabhängigkeit wird jedoch dadurch eingeschränkt, dass jede Unternehmung durch ihre Kapitalbeteiligung auf die andere Einfluss ausüben kann.

Häufig steht an der Spitze eines Konzerns eine Dachgesellschaft, eine sogenannte **Holdinggesellschaft**, die alle Konzernunternehmungen kapitalmäßig beherrscht. Die Holding-Gesellschaft selbst produziert in der Regel nicht, vielmehr ist sie eine reine Verwaltungs- und Finanzierungsgesellschaft.
Konzerne, die in mehreren Ländern Tochtergesellschaften besitzen, werden als multinationale Konzerne **(Multis)** bezeichnet.

Volkswagen Aktiengesellschaft – eine Holdinggesellschaft

Je nach Art der Konzernunternehmung unterscheidet man:
- **horizontale Konzerne**, eine Verbindung von Unternehmen, die sich auf der gleichen Produktionsstufe befinden. Beispiel: verschiedene Brauereien
- **vertikale Konzerne**, wenn sich Unternehmungen vorgelagerter und nachgelagerter Produktionsstufen zusammenschließen. Beispiel: Erzgrube – Stahlwerk – Stahlhändler
- **anorganische Konzerne**, ein Zusammenschluss von Unternehmen aus völlig verschiedenen Wirtschaftszweigen. Beispiel: zum Oetker-Konzern gehören Puddingpulverfabriken, Eiskremfabriken, Konservenfabriken, Brauereien, Banken, Luxushotels, eine Hochseeflotte u. a.

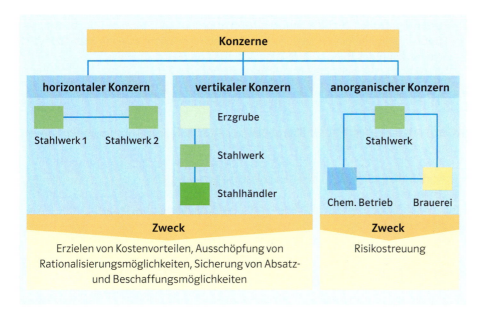

## Trust

Diese Form des Zusammenschlusses war früher vorwiegend in den USA verbreitet. Mittlerweile sind Trusts auch in Deutschland durchaus üblich. Hier verlieren die beteiligten Unternehmen sowohl ihre rechtliche als auch ihre wirtschaftliche Selbstständigkeit, sie werden zu einer neuen Firma verschmolzen. Man bezeichnet diesen Vorgang auch als **Fusion**.

Ein **Trust** kann entstehen, indem ein Unternehmen andere aufnimmt (Aufnahme) oder es wird eine neue Gesellschaft gegründet, in der alle aufgehen (Neugründung).
Beispiele: Aufnahme der Dresdner Bank in die Commerzbank, Aufnahme der Plusmärkte in die Nettomärkte, Verschmelzung der Gmünder Ersatzkasse mit der Barmer Ersatzkasse zur Barmer GEK.

## Ursachen und Auswirkungen der Unternehmenskonzentration

Unternehmenszusammenschlüsse können die wirtschaftliche und technische Entwicklung fördern. Andererseits können durch Kartelle, Konzerne oder Trusts marktbeherrschende Positionen oder sogar Monopole entstehen.

Schließen sich Unternehmen zu Kartellen, Konzernen oder Trusts zusammen, kann dies dazu führen, dass einzelne Firmen eine marktbeherrschende Stellung erreichen, dass der Wettbewerb gestört wird oder dass manche Waren nur noch von wenigen Unternehmen angeboten werden. Um derart nachteilige Folgen zu verhindern, wurde das **Gesetz gegen Wettbewerbsbeschränkungen (Kartellgesetz)** geschaffen.

Zuständig für seine Einhaltung ist das **Bundeskartellamt** in Bonn. Seine Aufgaben:
- **Missbrauchsaufsicht:** Marktbeherrschende Unternehmen werden überwacht. Missbrauchen sie ihre Stellung, indem sie z. B. Konditionen vorschreiben oder überhöhte Preise verlangen, kann das Kartellamt dies untersagen.
- **Kartellaufsicht:** Das Bundeskartellamt achtet darauf, dass keine verbotenen Kartelle entstehen oder dass bei freigestellten Kartellen kein Missbrauch vorliegt.

| Verhängte Bußgelder des Bundeskartellamts 2019 | |
|---|---|
| Branche | in Mio. € |
| Quartobleche | 646,4 |
| Autostahl-Einkauf | 100,3 |
| Technische Gebäude-Ausrüstung | 57,8 |
| Fahrradgroßhandel | 13,4 |
| Edelstahl | 12,3 |
| übrige Bußgelder | 17,3 |
| www.bundeskartellamt.de siehe auch Abb. S. 109 | |

- **Fusionskontrolle:** Ab bestimmten Größenordnungen müssen beabsichtigte Fusionen angemeldet werden. Führen Zusammenschlüsse zu einer Marktbeherrschung, kann das Bundeskartellamt sie untersagen.
- Überprüfung der Vergabe öffentlicher Aufträge

| Vorteile der Konzentration | Nachteile der Konzentration |
|---|---|
| • Kostenersparnis in der Produktion. Preissenkungen, wenn die Unternehmen ihre Kostenersparnis im Preis weitergeben.<br>• Eine größere Kapitalkraft ermöglicht umfangreichere Forschungs- und Entwicklungsvorhaben.<br>• Durch eine größere Marktmacht können sich die Unternehmen im internationalen Wettbewerb besser behaupten.<br>• Durch Normung und Typisierung ist der Einsatz von kostensenkender Massenproduktion möglich. | • Überhöhte Preise, wenn kein ausreichender Wettbewerb stattfindet.<br>• Der Schutz rückständiger Betriebe hemmt technischen Fortschritt.<br>• Unwirtschaftliche Produktionsweisen werden beibehalten und führen zu überhöhten Preisen.<br>• Konzern- bzw. Trustbildung kann marktbeherrschende Unternehmen oder Monopole entstehen lassen, was den Wettbewerb ausschalten würde.<br>• Fehlentscheidungen solcher Unternehmen können die gesamte Wirtschaft stören. |

Das Kartellgesetz verbietet auch die „Preisbindung der zweiten Hand", d.h. der Hersteller darf dem Handel den Endverkaufspreis nicht vorschreiben. Eine Ausnahme besteht nur bei Verlagserzeugnissen (Buchpreisbindung).
Bei Verstößen gegen das Kartellgesetz kann das Bundeskartellamt Bußgelder in Millionenhöhe verhängen.
Schließen sich Unternehmen innerhalb der EU zusammen, unterliegen sie der Aufsicht der Europäischen Kommission in Brüssel. Hier wird darauf geachtet, dass auf europäischer Ebene der Wettbewerb nicht beeinträchtigt wird.

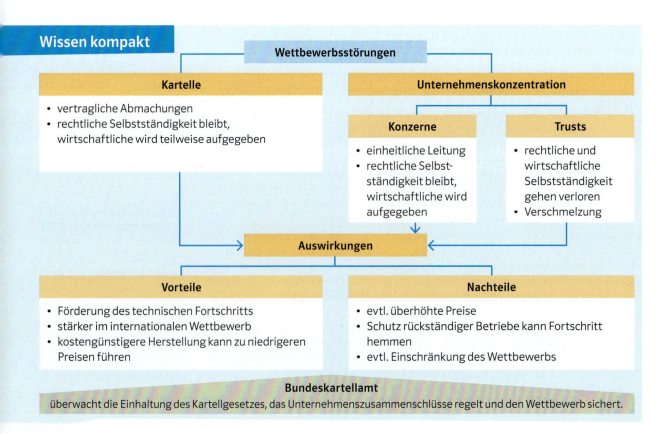

## Arbeitsteil

**1** Erläutern Sie, was man unter folgenden Unternehmenszusammenschlüssen versteht:
a) horizontal   b) vertikal   c) anorganisch

**2** a) Nennen Sie fünf verschiedene Kartellarten. Geben Sie dabei an, ob diese verboten oder freigestellt sind.
b) Welche Kartellart liegt im nachfolgenden Zeitungsartikel vor? Wie wirkt sich dieses Kartell aus?
c) Die Erdöl exportierenden Länder haben sich in einem Kartell (OPEC) zusammengeschlossen. Welche Kartellart liegt bei diesem Zusammenschluss vor? Begründen Sie Ihre Meinung.
d) Welcher Unterschied besteht zwischen Konzernen und Kartellen?

**4** Erläutern Sie, was man unter Muttergesellschaften, Schwestergesellschaften und Tochtergesellschaften versteht.

**5** Bei welchen Unternehmenszusammenschlüssen
a) bleiben die beteiligten Unternehmen nur rechtlich selbstständig,
b) verlieren die beteiligten Unternehmen ihre rechtliche und wirtschaftliche Selbstständigkeit?

**6** a) Beurteilen Sie die Entwicklung der Unternehmenszusammenschlüsse am Beispiel des Lebensmitteleinzelhandels.
b) Welche Vorteile und welche Gefahren bringen solche Zusammenschlüsse?

### Kaffeestaaten halten an Ausfuhrbeschränkung fest

LONDON (rtr). Die Organisation der Kaffee exportierenden Staaten (ACPC) hat ihre Quotenregelung für die Begrenzung der Kaffeeausfuhr um ein weiteres Jahr verlängert. Die 14 Staaten würden in den zwölf Monaten ab Juli die Ausfuhr auf 52,75 Millionen Sack (je 60 Kilogramm) beschränken, teilte die ACPC mit. Ziel sei, die Preise auf dem derzeitigen Niveau zu halten. Die Preise für ungeröstete Kaffeebohnen waren seit Januar um 80 bis 100 Prozent gestiegen. Händler erklären dies mit leeren Lagern und knapper Versorgung mit Arabica-Kaffee aus Lateinamerika.

Stuttgarter Zeitung

„Kleine Händler sterben aus" – Lebensmitteleinzelhandel in Deutschland

**3** Geben Sie an, welcher Unternehmenszusammenschluss in der unten stehenden Abbildung vorliegt.

**7** a) Welche Behörde sichert den Wettbewerb, indem sie Unternehmenszusammenschlüsse überwacht?
b) Unter welchen Voraussetzungen kann sie die Fusion zweier Unternehmungen verbieten?
c) Nennen Sie weitere Aufgaben dieser Behörde.

Aus Tengelmann wird Edeka.

# 3 Soziale Marktwirtschaft

## Einstieg

a) Wie hätten Sie auf die Umfrage über die soziale Marktwirtschaft geantwortet?

b) Begründen Sie Ihre Antwort.

Das Verhältnis von Markt und Sozialem in Deutschland

| | |
|---|---|
| Markt zu sehr im Vordergrund | 49 |
| Soziales zu sehr im Vordergrund | 17 |
| Beides ausgewogen | 24 |
| weiß nicht | 10 |

Angaben in Prozent

Die Wirtschaft der Bundesrepublik Deutschland funktioniert anders als die der Volksrepublik China. In Guatemala herrschen andere wirtschaftliche Rahmenbedingungen als in Schweden. Obwohl zwischen den verschiedenen Volkswirtschaften zahlreiche Unterschiede bestehen, lassen sich alle auf zwei verschiedene Wirtschaftsordnungen zurückführen. Entweder kann der Staat keinerlei Einfluss auf den Wirtschaftsablauf nehmen oder er kann alles bis ins Detail regeln. Dementsprechend unterscheidet man zwei völlig gegensätzliche Modelle:
- die **freie Marktwirtschaft**
- die **Zentralverwaltungswirtschaft**.

### Freie Marktwirtschaft

Die **freie Marktwirtschaft** war die Wirtschaftsordnung der Industriestaaten des 19. Jahrhunderts. In reiner Form kommt sie heute nicht mehr vor. Zu ihren bekanntesten Vertretern zählte der Schotte Adam Smith. Er ging davon aus, dass alle Menschen nur ihren Vorteil suchen. Darum wollen Unternehmer möglichst hohe Gewinne, Arbeitnehmer hohe Löhne und Käufer preiswerte Waren. Deshalb müssen Unternehmer immer kostengünstiger produzieren, wenn sie im Wettbewerb bestehen wollen. Durch Angebot und Nachfrage soll sich die Wirtschaft selbst steuern, denn wer Waren anbietet, die zu teuer sind oder die von den Kunden nicht geschätzt

Adam Smith (1723–1790)

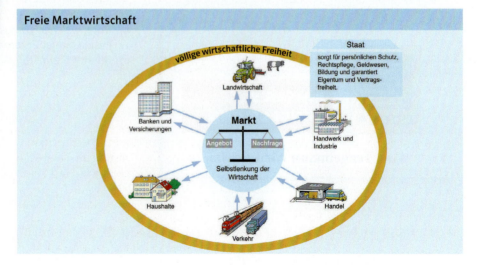

werden, scheidet aus. Deshalb verzichtet der Staat auf jegliche Eingriffe in den Wirtschaftsablauf. Er sichert lediglich die **Vertragsfreiheit**, garantiert das **Privateigentum**, sorgt für den persönlichen Schutz, regelt das Geldwesen, ermöglicht die Bildung und übernimmt die Rechtspflege. Sämtliche wirtschaftlichen Entscheidungen überlässt er dem einzelnen Bürger.

**Probleme der freien Marktwirtschaft:** Zum Nachteil der Schwächeren wurde die wirtschaftliche Macht missbraucht. Die Vertragsfreiheit ermöglichte Preisabsprachen, ruinöse Konkurrenz führte zu Monopolbetrieben. Die Verbraucher waren stark benachteiligt. Menschliche Arbeit wurde gehandelt wie eine Ware. Lange Arbeitszeiten, Kinderarbeit, unmenschliche Arbeitsbedingungen, Hunger und Krankheit beherrschten den Alltag, soziale Sicherung gab es nicht. Da der Staat das Wirtschaftsgeschehen nicht beeinflusste, ergaben sich starke Konjunkturschwankungen mit großer Arbeitslosigkeit und Elend.

## Zentralverwaltungswirtschaft

Die freie Marktwirtschaft brachte den Arbeitnehmern große Not und soziales Elend. Diese Missstände veranlassten Karl Marx und Friedrich Engels, eine neue Wirtschaftsordnung zu fordern. Sie verlangten die **Sozialisierung** (d. h. **die Verstaatlichung der Produktionsmittel**) sowie eine zentrale Planung und Steuerung der Wirtschaft durch den Staat. Die Lenkung der gesamten Volkswirtschaft erfolgte dabei so, als wäre sie nur ein einziges riesiges Unternehmen. Ebenso mussten auch Arbeitsplätze und Berufswahl zentral gesteuert werden. Staatliche Planbehörden bestimmten,

Karl Marx (1818–1883)

- welche Güter jeder Betrieb zu produzieren hat,
- wieviel ein Betrieb herstellen muss,
- welche Rohstoffe verwendet werden,
- woher diese Rohstoffe zu beziehen sind,
- wem die Waren geliefert werden,
- welche Preise dafür verlangt werden,
- welche Löhne die Beschäftigten erhalten,
- was ein- und ausgeführt werden darf.

**Zentralverwaltungswirtschaft**

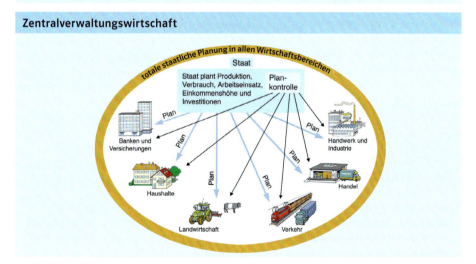

**Nachteile der Zentralverwaltungswirtschaft:** Eine abgewandelte Form der Zentralverwaltungswirtschaft war die Wirtschaftsordnung der sozialistischen Staaten. Dort hat sich gezeigt, dass auch diese Wirtschaftsordnung erhebliche Mängel aufwies. Denn je umfangreicher eine Wirtschaft geplant wird, desto häufiger treten Planungsfehler auf. Dabei konnten kleine Fehler ein großes Gefüge zum Stillstand bringen. Betriebe, die starr an Planvorgaben gebunden waren, ein riesiger Verwaltungsapparat und mangelnde Versorgung gehörten zum Alltag der Bevölkerung. Ebenso hat sich gezeigt, dass auch in der Planwirtschaft die Arbeitnehmer nur dann zu Höchstleistungen bereit sind, wenn sie einen persönlichen Gewinn erzielen. Die Einsatzbereitschaft für das Gemeinwohl hält sich dagegen in Grenzen. Orden und Ehrenzeichen wie „Held der Arbeit" waren ein zu geringer Leistungsanreiz.

### Soziale Marktwirtschaft

Die freie Marktwirtschaft und die Zentralverwaltungswirtschaft kommen in reiner Form nicht vor. Überall dort, wo sie in abgewandelter Form anzutreffen sind, lassen sie schwerwiegende Mängel erkennen. Nach dem Zweiten Weltkrieg wurde deshalb heftig über die zukünftige Wirtschaftsordnung diskutiert. Letztlich entschieden jedoch die Siegermächte darüber. So wurde in der späteren DDR die Zentralverwaltungswirtschaft eingeführt. Im Westen drängten vor allem die USA auf die Einführung der Marktwirtschaft. Allerdings war die Rolle des Staates zunächst umstritten. Aufgrund der Erfahrungen der Weltwirtschaftskrise (1929–1933) forderten viele einen stärkeren Einfluss des Staates. Andererseits waren die Folgen des starken Staatseinflusses während der Hitlerzeit nicht vergessen.

Aus diesen gegensätzlichen Haltungen entwickelte der damalige Wirtschaftsminister Ludwig Erhard eine neue Wirtschaftsordnung, die **soziale Marktwirtschaft**. Sie sollte die Vorteile der Marktwirtschaft ermöglichen, gleichzeitig aber deren Nachteile vermeiden. So wird versucht, auf der einen Seite ein hohes Maß an persönlicher Freiheit zu ermöglichen, andererseits sollen die sozialen Missstände der freien Marktwirtschaft abgewendet werden. Um dies zu erreichen, greift der Staat zugunsten der wirtschaftlich Schwachen in den Wirtschaftsablauf ein.

Ludwig Erhard (1897–1977)
Bundesminister für Wirtschaft 1949–1963,
Bundeskanzler 1963–1966

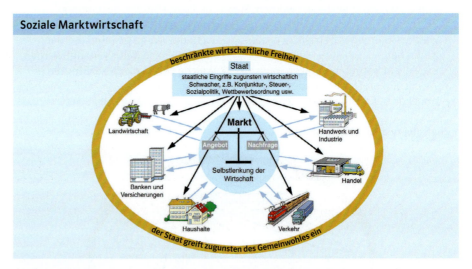

Soziale Marktwirtschaft

## 3.1 Grundwerte der sozialen Marktwirtschaft

In der sozialen Marktwirtschaft laufen die wirtschaftlichen Aktivitäten wie in der freien Marktwirtschaft ab; z. B. regeln Angebot und Nachfrage den Wirtschaftsablauf, sind Produktionsmittel Privateigentum oder können sich alle Wirtschaftsteilnehmer frei betätigen. Es herrscht Gewerbefreiheit, Vertragsfreiheit, freie Arbeitsplatzwahl, freie Berufswahl, freier Handel usw. Allerdings werden einige Rechte eingeschränkt, wie die folgenden Beispiele zeigen:

- Der Staat unterstützt das Privateigentum; es soll aber zugleich dem „Wohl der Allgemeinheit dienen". Dies schließt eine vollständig freie Verfügbarkeit aus, da beispielsweise Vorschriften für Lärmschutz, Arbeitszeiten oder Umweltschutz bestehen.
- Die Vertragsfreiheit ist eingeschränkt, wenn Unternehmen Preisabsprachen treffen wollen.
- Um Handwerksbetriebe zu eröffnen, sind Meisterprüfung bzw. Berufspraxis erforderlich.

## 3.2 Instrumente der sozialen Marktwirtschaft

Artikel 20 des Grundgesetzes verpflichtet den Staat auf demokratische und soziale Prinzipien. Um diesen Anspruch zu verwirklichen, bedient er sich vorwiegend der folgenden **Instrumente**:

> **Grundgesetz Art. 14**
> (1) Das Eigentum und das Erbrecht werden gewährleistet. Inhalt und Schranken werden durch die Gesetze bestimmt.
> (2) Eigentum verpflichtet. Sein Gebrauch soll zugleich dem Wohle der Allgemeinheit dienen.
> (3) Eine Enteignung ist nur zum Wohle der Allgemeinheit zulässig. Sie darf nur durch Gesetz oder aufgrund eines Gesetzes erfolgen, das Art und Ausmaß der Entschädigung regelt. Die Entschädigung ist unter gerechter Abwägung der Interessen der Allgemeinheit und der Beteiligten zu bestimmen. Wegen der Höhe der Entschädigung steht im Streitfalle der Rechtsweg vor den ordentlichen Gerichten offen.
>
> **Grundgesetz Art. 20**
> (1) Die Bundesrepublik Deutschland ist ein demokratischer und sozialer Bundesstaat.

**Sozialpolitik:** Wer in Not gerät, kann auf die Hilfe der Gemeinschaft zählen. Das System der **Sozialversicherungen** hilft bei Krankheit, Arbeitsunfällen, Arbeitslosigkeit und abnehmender Schaffenskraft. Reichen die Leistungen der Sozialversicherung nicht aus, dann springen Sozialgeld und Sozialhilfe ein. Damit auch wirtschaftlich Schwache sozial gesichert sind, unterstützt sie der Staat u. a. durch Kindergeld, Wohngeld, Sozialwohnungsbau, Ausbildungsförderung. **Arbeitsschutzbestimmungen** sollen menschenunwürdige und gesundheitsschädigende Arbeitsbedingungen verhindern. Beispiele: Kündigungsschutz-, Arbeitszeit-, Mutterschutz-, Jugendarbeitsschutzgesetz sowie Schwerbehindertenschutz im Sozialgesetzbuch und Gewerbeordnung.

**Einkommens- und Vermögenspolitik:** Damit eine gerechte Einkommens- und Vermögensverteilung erreicht wird, zahlt derjenige, der mehr verdient, sowohl absolut (in Euro) als auch prozentual mehr Steuern **(Steuerprogression)**. Die Einteilung in Steuerklassen soll die besonderen Verhältnisse der einzelnen Steuerpflichtigen berücksichtigen. Zusätzlich werden innerhalb bestimmter Einkommensgrenzen verschiedene soziale Leistungen gewährt, z. B. die **Spar- und Bausparförderung**.

**Wettbewerbspolitik:** Unternehmen versuchen häufig, den Wettbewerb einzuschränken, indem sie beispielsweise vereinbaren, gleiche Preise zu verlangen. Vielfach schließen sie sich auch zu Großunternehmen zusammen und schränken dadurch den Wettbewerb ein. Dies führt fast immer zu Nachteilen für die Verbraucher. Durch das Gesetz gegen Wettbewerbsbeschränkungen (Kartellgesetz) verbietet der Staat Kartelle, kontrolliert und überwacht Unternehmenszusammenschlüsse. Des Weiteren kontrolliert er die Preisgestaltung marktbeherrschender Unternehmen. Weitere Gesetze zur Ordnung des Wettbewerbs und zum Schutze des Verbrauchers sind z. B. das Produkthaftungsgesetz, das Lebensmittelrecht, das Mess- und Eichgesetz und die Preisangabenverordnung.

**Umweltpolitik:** Zunehmende Umweltbelastungen wie Wasserverschmutzung, Verunreinigung der Luft, Müllablagerungen und ansteigender Landverbrauch beeinträchtigen die Lebensqualität und Gesundheit der Bürger. Des Weiteren gefährden sie die Lebensgrundlage zukünftiger Generationen. Deshalb muss der Staat Anreize schaffen für umweltbewusstes Verhalten. Gesetze und andere Maßnahmen sollen umweltschädigendes Verhalten verhindern.

Beispiele: Wiederverwertung von Rohstoffen durch Recycling, Senkung des Mineralölverbrauchs und Schadstoffausstoßes von Autos und Heizungen. Förderung umweltschonender öffentlicher Verkehrsmittel, Förderung erneuerbarer Energien.

**Strukturpolitik:** Nicht alle Gebiete unseres Landes haben den gleichen Lebensstandard und die gleichen Beschäftigungsbedingungen. Um allen Bürgern gleiche Entwicklungschancen zu ermöglichen, fördert der Staat wirtschaftlich schwache Regionen, indem er Zuschüsse und günstige Kredite für die Neugründung und Erweiterung von Betrieben zur Verfügung stellt. Auch bestehende oder existenzgefährdete Betriebe werden unterstützt, wenn dadurch Arbeitsplätze gesichert werden können oder wenn der Staat wichtige Wirtschaftszweige erhalten möchte. So erhalten z. B. die Landwirtschaft, der Bergbau und die Eisen- und Stahlindustrie staatliche Unterstützungen **(Subventionen)**.

**Konjunkturpolitik:** Wirtschaftskrisen können zu Insolvenzen und großer Arbeitslosigkeit führen. Um dies zu verhindern, beeinflusst der Staat die wirtschaftliche Lage (Konjunktur), indem er seine **Steuern und Staatsausgaben** (Einnahmen- und Ausgabenpolitik) erhöht oder senkt (siehe auch S. 223).

**Öffentliche Unternehmen:** Damit die Bevölkerung gleichmäßig mit wichtigen Gütern und Dienstleistungen versorgt wird, werden diese häufig von öffentlichen Unternehmen angeboten. Dazu zählen Wasserwerke, Schulen, Hochschulen, Theater, Krankenhäuser und andere wichtige öffentliche Einrichtungen. Beispielsweise würde ein privater Verkehrsbetrieb jede unrentable Strecke im Personennahverkehr sofort einstellen.

## 3.3 Probleme der sozialen Sicherung

Das soziale Netz erstreckt sich nahezu auf alle Lebensbereiche. Finanziert wird dieses Netz durch Steuern und Sozialversicherungsbeiträge von Arbeitnehmern und Arbeitgebern, deren Abgabenbelastung zunehmend steigt. So müssen in der **Rentenversicherung** immer weniger Arbeitnehmer immer mehr Rentner versorgen. Schätzungen gehen davon aus, dass es im Jahr 2040 fast so viele Rentner wie Beitragszahler geben wird. Deshalb werden allen Beteiligten Opfer abverlangt. Unter anderem musste deshalb das **Rentenalter** (Lebensarbeitszeit) **erhöht** werden. Gleichzeitig fielen Rentenerhöhungen geringer aus, **wurden höhere Staatszuschüsse** gezahlt und wurde das zukünftige **Rentenniveau gesenkt**. Inzwischen beträgt der Beitragssatz der Rentenversicherung 18,6 % des Bruttoverdienstes, dass er weiter steigen wird, ist abzusehen. Ebenso ist ersichtlich, dass in Zukunft die **Renten** wohl noch stärker **gesenkt** werden müssen.

Die gesetzliche Rente reicht künftig als Alterssicherung nicht mehr aus. Durch die letzte **Rentenreform** soll seit dem Jahr **2002** eine zusätzliche kapitalgedeckte Altersvorsorge diese Lücke schließen (sog. Riester-Rente). Der Staat fördert hierbei mit Zulagen und Steuervergünstigungen die eigenverantwortliche Altersvorsorge der Arbeitnehmer. Die **private Vorsorge** ist **freiwillig**, die Förderung ist abhängig von Kinderzahl, Familienstand und Einkommenshöhe (siehe auch S. 77).

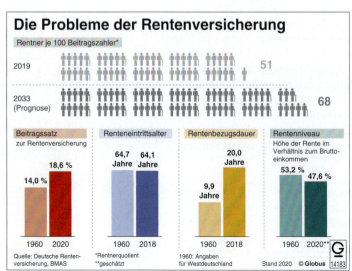

Ein späterer Rentenbeginn wirkt sich jedoch negativ auf den Arbeitsmarkt aus. Die Folge: Die Belastung der **Arbeitslosenversicherung** nimmt zu.

Auch die **Krankenversicherung** hat in den letzten Jahren eine wahre Kostenexplosion erlebt. Neben steigenden Beiträgen hat dies unter anderem zur Folge, dass ständig Leistungen gekürzt werden müssen (z. B. Einführung eines Eigenanteiles bei Zahnersatz für die Versicherten).

Durch die Überalterung der Bevölkerung sind weitere Kostensteigerungen zu erwarten, sowohl in der Krankenversicherung als auch in der **Pflegeversicherung**.

Wegen des gesunkenen Anteils der Arbeitnehmer an der Gesamtbevölkerung sinken Steuereinnahmen des Staates und Beitragseinnahmen der Sozialversicherungen. Gleichzeitig steigt die Zahl derjenigen, die Sozialgeld oder Arbeitslosenunterstützung erhalten. Arbeitslosenversicherung, Gemeinden und Bundeshaushalt geraten in starke Finanznöte. Denn **staatliche Leistungen** wie Kindergeld, Arbeitslosengeld II bzw. Sozialgeld, Wohngeld oder Ausbildungsförderung setzen entsprechend hohe Staatseinnahmen voraus (im Okt. 2019 erhielten rd. 6,9 Millionen Bürger soziale Mindestsicherung wie Arbeitslosengeld II, Sozialgeld oder Sozialhilfe). Da diese nicht ausreichen, müssen andauernd Leistungen gekürzt werden. Trotzdem können zahlreiche Leistungen nur noch durch eine erhebliche Staatsverschuldung finanziert werden.

Es wird deutlich: Sozialversicherungen und Staat erreichen bald die Grenzen ihrer Leistungsfähigkeit; weitere schmerzliche Einschnitte im „Sozialen Netz" sind zu erwarten. Zwar wird es auch in Zukunft eine soziale Sicherung geben, allerdings auf einem deutlich niedrigeren Niveau, deshalb muss die **Eigenverantwortung** der Bürger zunehmen.

## Wissen kompakt

## Arbeitsteil

**Edelstahl**
*für verdiente Eisenbahner*

**Die goldene Kuh**
*für Milchviehproduzenten*

**1** Geben Sie an, für welche Wirtschaftsordnung die Abbildungen jeweils typisch sind.

**2** Welche Probleme waren charakteristisch für die freie Marktwirtschaft, welche für die Zentralverwaltungswirtschaft?

**3** Erläutern Sie, wie es nach dem Zweiten Weltkrieg zur Einführung der sozialen Marktwirtschaft in Westdeutschland kam.

**4** a) Wie unterscheidet sich die soziale Marktwirtschaft von der freien Marktwirtschaft?
b) Zeigen Sie Gemeinsamkeiten zwischen der freien Marktwirtschaft und der sozialen Marktwirtschaft.

**5** Nennen Sie einen Grundsatz der sozialen Marktwirtschaft, der
a) aus der freien Marktwirtschaft,
b) aus der Zentralverwaltungswirtschaft stammt.

**6** Auf welche Bereiche erstrecken sich in unserer sozialen Marktwirtschaft die Maßnahmen des Staates?

**7** Welche staatlichen Maßnahmen dienen der sozialen Sicherung?

**8** Nennen Sie zwei Gründe, weshalb der Staat die Wirtschaftsstruktur fördert.

**9** Welche Aufgabe haben die öffentlichen Unternehmungen in einer sozialen Marktwirtschaft?

**10** Die Gemeinden klagen über eine explosionsartige Kostenerhöhung für soziale Bereiche.
a) Wie erklären Sie sich diese Entwicklung? Nennen Sie mögliche Gründe.
b) Nehmen Sie Stellung zu der Aussage: „Unser soziales Netz ist zur sozialen Hängematte geworden!"
c) Nennen Sie drei Beispiele für den Missbrauch sozialer Leistungen und suchen Sie nach Lösungen zur Verhinderung dieses Missbrauchs.
d) Welche Auswirkungen hätte die Abschaffung des Sozialgeldes?
e) Wie erklären Sie sich die zunehmende Armut in Deutschland bei gleichzeitiger Erhöhung der „Anzahl der Reichen"?

**11** a) Welches Problem hat die Rentenversicherung?
b) Welche Lösungsvorschläge werden hierzu diskutiert?

**12** a) In der sozialen Marktwirtschaft greift der Staat zugunsten der wirtschaftlich Schwächeren in das Marktgeschehen ein. Zeigen Sie an einem Beispiel, dass die Verwirklichung dieser Absicht zunehmend an ihre Grenzen stößt.
b) Häufig wird behauptet, dass das soziale Netz von vielen missbraucht werde. Gibt es Beispiele?

**13** Zunehmend wird stärkere Eigenbeteiligung bei der Krankenversicherung gefordert. Überlegen Sie Vorteile und Nachteile dieser Regelung.

# 4 Binnenwert des Geldes

## Einstieg

Beim Untergang eines luxuriösen Kreuzfahrtschiffs können sich zwei Männer, der Schiffskoch Schmidt und der Millionär Müller, als einzige Überlebende auf eine unbewohnte Insel retten. Außer einer Quelle gibt es dort nichts Essbares. Schmidt rettet eine Kiste mit Lebensmitteln, Müller seine Brieftasche mit 100 000 € Bargeld. Schmidt kennt die Insel von früheren Fahrten und weiß, dass dort ab und zu Schiffe anlegen, um Trinkwasser aufzunehmen. Er erzählt Müller davon und macht diesem den Vorschlag, ihm die Hälfte seiner Vorräte für 1000 € zu verkaufen. Dazu ist der „Geizhals" Müller zunächst nicht bereit. Müller sagt: „Seien Sie kein Narr, Schmidt. Wenn in den nächsten Tagen ein Schiff anlegt, sind Ihre Vorräte höchstens noch 100 € wert." „Das schon", antwortet Schmidt, „wenn es aber erst in drei Monaten oder später kommt, sind meine Vorräte mein Leben wert."
Nach zähen Verhandlungen verkauft Schmidt nach fünf Tagen dem ausgehungerten Müller die Hälfte seiner Vorräte für 50 000 €. Zwei Tage später legt ein Schiff an und rettet die beiden. Schmidt hat das Geschäft seines Lebens gemacht, Müller ärgert sich zeitlebens darüber.

a) Warum kauft Müller anfangs die Vorräte nicht für 1000 €?

b) Wie erklären Sie sich die Preissteigerung auf 50 000 €?

c) Wovon ist der Wert des Geldes abhängig?

d) Welche allgemeinen Erkenntnisse lassen sich aus diesem Beispiel für die Kaufkraft des Geldes ableiten?

## 4.1 Kaufkraft

Ein Zwanzigeuroschein ist, wenn man nur den Papierwert betrachtet, natürlich nicht 20 € wert. Der Einkauf in einem Geschäft zeigt aber sehr wohl, dass dieses Papier etwas wert ist, denn der Käufer erhält dafür z. B. ein Buch, das auf dem Preisschild mit 20 € ausgezeichnet ist. Der Wert des Geldes ist also immer davon abhängig, was man dafür kaufen kann. Deshalb bezeichnet man den **Binnenwert** des Geldes (Geldwert) auch als **Kaufkraft**. Wenn aber der Wert des Geldes davon abhängig ist, dass damit die Preise der Güter bezahlt werden können, muss es eine Beziehung zwischen Geldwert und Preisentwicklung geben.
Preissteigerung bedeutet: Der Käufer muss mehr Geld aufwenden, d. h. die Kaufkraft des Geldes nimmt ab, der Geldwert sinkt. Preissenkung bedeutet: Der Käufer muss weniger Geld bezahlen, d. h. die Kaufkraft des Geldes nimmt zu, der Geldwert steigt.

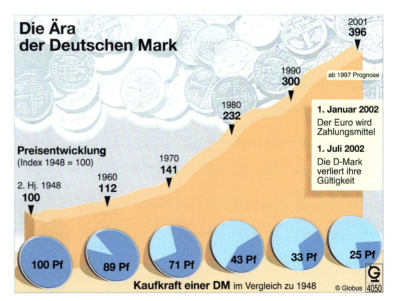

So hatte sich beispielsweise die Kaufkraft der Deutschen Mark seit ihrer Einführung im Rahmen der Währungsreform von 1948 stark verringert. Die Preise für die Lebenshaltung sind um ein Mehrfaches gestiegen. Trotzdem war in diesem Zeitraum eine erhebliche Steigerung des Wohlstands zu verzeichnen. Diesen Umstand hatten wir der Tatsache zu verdanken, dass die Lohnsteigerungen in diesem Zeitraum die Preissteigerungen insgesamt erheblich übertroffen haben.

## 4.2 Verbraucherpreisindex (Preisindex für die Lebenshaltung)

Die Medien berichten monatlich über die Veränderung der Lebenshaltungskosten gegenüber dem Vergleichsmonat des Vorjahres. Dabei ist von prozentualen Veränderungen die Rede. Um die Veränderungen des Preisniveaus einer Volkswirtschaft genau zu messen, müsste man normalerweise die Preisentwicklung aller Güter berücksichtigen. Dies erscheint bei der unermesslichen Anzahl der verschiedenen Güter nahezu unmöglich, bzw. das Ergebnis einer solchen Untersuchung würde den Aufwand dafür nicht rechtfertigen.

Aus diesem Grund wird der Verbrauch an Waren und Dienstleistungen aller privaten Haushalte aufgrund von repräsentativen Erhebungen ermittelt. (repräsentativ = stellvertretend für die Gesamtheit)

Diese Zusammenstellung nennt man **„Warenkorb"**: Er enthält den Wurstverbrauch eines Haushalts ebenso wie die Bezahlung eines Friseurs und selbstverständlich auch anteilig die Beschaffung von Gebrauchsgütern wie Möbel oder Küchengeräte. Der Anteil der Ausgaben wird gewichtet. Den Gesamtpreis des Warenkorbs im Basisjahr (derzeit: 2015) setzt man dann gleich 100 Prozent.

Nachdem man nun sehr genau auf Bundesebene die Preisveränderungen des Warenkorbinhalts registriert hat, ist es möglich, die prozentuale Steigerung der Preise

**Info**
Statistisches Bundesamt
„Verbraucherpreisindex"
56g6vu

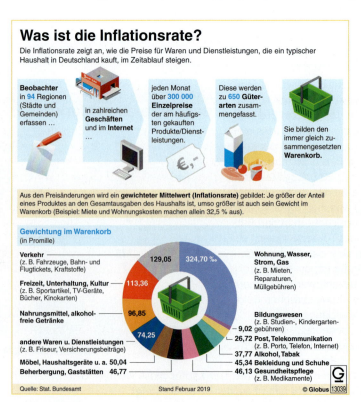

zu messen und eine Veränderung des Preisniveaus zu registrieren. Die durchschnittlichen Preisveränderungen dieser Güter werden ausgedrückt im **Verbraucherpreisindex (Preisindex für die Lebenshaltung)**.

Sind die Preise gegenüber dem Basisjahr um 2% gestiegen, ist der **Verbraucherpreisindex (Index für Lebenshaltung)** auf 102% gestiegen: Das **Preisniveau** hat sich erhöht.
Im Warenkorb sind ca. 650 verschiedene Güter und Dienstleistungen erfasst. Verbrauchergewohnheiten ändern sich aber und ständig kommen neue Güter auf den Markt (z. B. Bluetooth-Kopfhörer und Tablet-PCs). Dieser Erscheinung wird dadurch Rechnung getragen, dass der Warenkorb von Zeit zu Zeit überprüft und neu zusammengestellt wird. Zuständig für die Ermittlung des Warenkorbs ist das Statistische Bundesamt.

## 4.3 Inflation und Deflation

Wenn das Angebot an Waren in einer Volkswirtschaft der Menge des Geldes entspricht, mit dem die Konsumenten die von ihnen nachgefragten Waren bezahlen, wird es nicht zu Preissteigerungen kommen. In einer solchen Situation mit stabilen Preisen spricht man von **Geldwertstabilität**. Die Kaufkraft verändert sich nicht. Dieses Gleichgewicht zu halten gelingt nur selten, und es kommt zu **Geldwertschwankungen**. Dabei werden zwei völlig gegensätzliche Situationen unterschieden: **Inflation** und **Deflation**.

### Inflation

Wird von den am Wirtschaftsleben beteiligten Gruppen (Unternehmen, Staat, Haushalte) mehr nachgefragt, als Waren vorhanden sind, und steht für diese höhere Nachfrage mehr Geld zur Verfügung, wird der notwendige Ausgleich zwischen Angebot und Nachfrage über Preiserhöhungen erfolgen. Das Ergebnis ist eine Inflation. Gleiches geschieht auch, wenn bei gleichbleibender Nachfrage mit einer entsprechenden Geldmenge das Angebot an Gütern verringert wird.
Man kann generell sagen: Wenn die Geldmenge größer ist als das zur Verfügung stehende Güterangebot, kommt es zur Inflation. Die Ursachen für eine Inflation sind im Wesentlichen im Verhalten der am Wirtschaftsleben beteiligten Gruppen zu suchen. So spricht man von einer **Nachfrageinflation**, wenn eine gestiegene Nachfrage zu Preiserhöhungen führt. Ausgelöst wird die steigende Nachfrage
- durch eine Erhöhung der Verbrauchereinkommen infolge von Lohnsteigerungen, Steuersenkungen und Subventionen,
- eine verstärkte Nachfrage des Auslands nach inländischen Gütern,
- Zinssenkungen der Banken, die bewirken, dass die Sparbereitschaft nachlässt und in stärkerem Maße Kredite aufgenommen werden.

Bezieht eine Volkswirtschaft viele Güter aus dem Ausland und steigen diese im Preis, kann das eine **importierte Inflation** auslösen. Die Importeure der Waren (z. B. Rohöl) geben die Preissteigerungen weiter.

Von einer **Kosteninflation** spricht man, wenn die Unternehmen Preissteigerungen, die sie selbst in Kauf nehmen mussten, über den Preis an die Käufer ihrer Waren weitergeben. Ursachen für solche Preissteigerungen sind zum Beispiel:
- Lohn- und Gehaltssteigerungen durch einen neuen Tarifvertrag
- Verteuerung der zur Produktion benötigten Rohstoffe
- zusätzliche Investitionen aufgrund neuer Gesetze (z. B. im Umweltschutz)

### Auswirkungen einer Inflation

- Durch den sinkenden Geldwert verlieren die Sparguthaben an Wert.
- Um dem drohenden Kaufkraftverlust auszuweichen, legen die Sparer ihr Geld in Sachwerten an wie Edelmetalle, Grundstücke oder andere wertbeständige Gegenstände (z. B. Schmuck, Stilmöbel). Man bezeichnet dieses Verhalten als „Flucht in die Sachwerte".
- Andere Kapitaleigentümer legen ihr Geld in Ländern mit hoher Geldwertstabilität an (Kapitalflucht).
- Der Wert der Schulden verringert sich: Die Schuldner gewinnen, die Gläubiger verlieren.

Nach der Geschwindigkeit unterscheidet man:
- **schleichende Inflation** mit geringen Inflationsraten bis 5 %,
- **trabende Inflation** mit Inflationsraten zwischen 5 und 20 %,
- **galoppierende Inflation** mit Inflationsraten von weit über 20 %,
- **Hyperinflation** mit Inflationsraten von mindestens 50 % pro Monat. Beispiele: Deutschland 1923, Simbabwe 2009. Diese Form führt bei entsprechender Höhe an den Rand des Zusammenbruchs der betroffenen Volkswirtschaft.

**Banknote von Simbabwe aus dem Jahr 2009**

Nach der Erscheinungsform werden unterschieden:
- **offene Inflation**, bei der diese Preissteigerungen offen zutage treten, und die
- **verdeckte Inflation**, bei der der Staat durch Lohn- und Preisstopps die Inflation eindämmen will, tatsächlich aber den Zustand des Ungleichgewichts zwischen Güterangebot und Güternachfrage nur verdeckt.

---

### 570 000 Prozent Inflation monatlich

Die größte Banknote Restjugoslawiens, der 500-Milliarden-Dinar-Schein, ist ein wertloser Lappen. Das bunte Papier war am Dienstag gerade mal umgerechnet 50 Cent wert, Tendenz sinkend. Sieben Tage zuvor bekam man in dem aus Serbien und Montenegro bestehenden Staatsgebilde für 50 Cent „nur" 20 Milliarden Dinar. Die Inflation beträgt derzeit surrealistische 570 000 Prozent monatlich. Anfang Januar wird sie 107 Prozent täglich erreichen. „Dann haben wir eine Megainflation von 240 Milliarden Prozent pro Monat", sagt Grozdana Miljanović vom regimefreundlichen Gewerkschaftsbund. Eine Damenbluse kostet zur Zeit 104 Billionen Dinar, ein Kilo Speck 20 Billionen, eine Flasche Wein 4,5 Billionen. Aber genau kann man das nicht sagen, denn alle Preise werden mehrmals täglich geändert. „Für immer größere Summen bekomme ich ständig weniger Waren", beklagt sich eine Rentnerin, die 3,4 Billionen Dinar an Rente bekommt. Das sind rund drei Euro. Am ersten Januar 1994 werden neun Nullen von den Preisschildern und Banknoten gestrichen. Schon Anfang Oktober wurden sechs Nullen getilgt. Ohne diese Zahlenkosmetik wäre das serbische Nullsummenspiel schon längst beendet. „Diese Ziffer können nicht einmal die besten Computer bearbeiten", sagt eine Bankangestellte, während sie freundlich für einen Zehneuroschein einen Berg wertloser Dinarnoten hinblättert: „Das reicht für eine Taxifahrt." dpa

Stuttgarter Zeitung vom 29.12.2003

## Deflation

Die **Deflation** ist gekennzeichnet durch ein Güterangebot, dem nicht die notwendige Geldmenge gegenübersteht. Wenn die Nachfrage aber hinter dem Warenangebot zurückbleibt, muss es zwangsläufig zu Preissenkungen kommen. Ursachen sind z. B.:

- Die am Wirtschaftsgeschehen beteiligten Gruppen entwickeln eine geringe Investitions- und Kaufneigung (z. B. wegen fehlender Zukunftsaussichten).
- Es wird mehr gespart.
- Die im Inland zur Verfügung stehende Geldmenge wird vorwiegend zur Bezahlung von Importen verwendet, weil die Konsumenten ausländische Produkte vorziehen.

### Auswirkungen einer Deflation

- Durch den steigenden Geldwert gewinnen die Sparguthaben an Kaufkraft.
- Der Nachfragerückgang zwingt die Unternehmen zur Drosselung ihrer Produktion. Dies hat Kurzarbeit, Entlassungen und schließlich auch Insolvenzen zur Folge.
- Der Wert der Schulden steigt: Die Schuldner verlieren, die Gläubiger gewinnen.

## Wissen kompakt

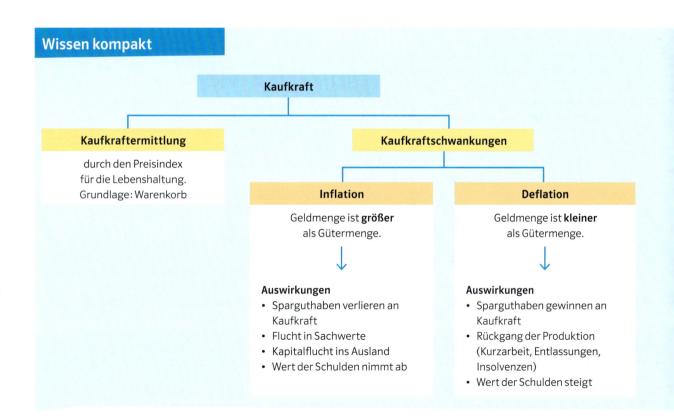

## Arbeitsteil

**1**  Wovon ist der Wert des Geldes abhängig?

**2**  Erläutern Sie, was man unter der Kaufkraft des Geldes versteht.

**3**  Erklären Sie die Auswirkungen von Preissteigerungen und -senkungen auf die Kaufkraft.

**4**  Wie lässt sich eine Steigerung des Wohlstands in Deutschland trotz Verringerung der Kaufkraft der DM erklären (s. Schaubild S. 207)?

**5**  Erklären Sie den Begriff „Preisniveau".

**6**  Was versteht man in diesem Zusammenhang unter dem Begriff „Warenkorb"?

**7**  Wie wird der Preisindex für die Lebenshaltung berechnet?

**8**  Wann spricht man von Preisstabilität?

**9**  Wann spricht man von Inflation, wann von Deflation?

**10**  Wie wirkt sich eine Inflation auf die Bürger aus? Zählen Sie mindestens drei Auswirkungen auf.

**11**  Beschreiben Sie das Verhältnis von Geldmenge und Güterangebot bei einer Inflation.

**12**  Nennen Sie mögliche Ursachen einer Inflation.

**13**  Weshalb sind Sparer und Gläubiger besonders stark von einer Inflation betroffen?

**14**  Wie versucht die Bevölkerung während einer Inflation, die Entwertung ihrer Ersparnisse zu vermeiden?

**15**  a)  Welche Gründe haben zur Inflation geführt (siehe nachfolgenden Text)?
    b)  Welche Auswirkungen haben sich aus dieser Entwicklung ergeben?
    c)  Welche Voraussetzungen wären notwendig gewesen, um Geldwertstabilität herzustellen?

---

### Wirtschaftliche Situation in Deutschland nach dem Ersten Weltkrieg

Um das Wirtschaftsleben nach dem Kriege überhaupt einigermaßen in Gang zu halten, musste die Regierung in Berlin weiterhin unbegrenzt Papiergeld ausgeben, das keinerlei Deckung hatte. Da aber außer Geld kaum etwas produziert wurde, hatten die Banknoten keine Kaufkraft, ihr Wert sank mehr und mehr und immer schneller. Und je schneller er sank, umso mehr Geld musste nachgedruckt werden – ein unheimliches Teufelsrad hatte sich in Bewegung gesetzt, rotierte schneller und schneller und niemand schien es stoppen zu können. Fast stündlich stiegen die Preise. Schon rechnete man nicht mehr mit Hundertern und Tausendern, nicht mehr mit Millionen, sondern mit der Bill-Mark, der Billion, die kaum einen Dollar wert war. 1923 erreichte der Bargeldumlauf schließlich die schier unaussprechliche Höhe von 496 585 346 000 000 000 000 Mark, fast 500 Trillionen. Eine Währungsumstellung war nötig oder man hätte neue Zahlen erfinden müssen. Kurzerhand wurden am 20.11.1923 zwölf Nullen am Geldwert gestrichen: Eine Billion Mark wurde zu einer Rentenmark: 4,2 Bill-Mark wurden einem Dollar gleichgesetzt. Wohlhabende Leute, deren Vermögen nur aus Geld bestanden hatte, wurden arm.

Broschüre „Geld zu jeder Zeit", Verlag Deutsche Jugendbücherei, o. J., Autor: Claus D. Grupp

---

**16**  a)  Wodurch ist eine Deflation gekennzeichnet?
    b)  Welche Auswirkungen hat eine Deflation?

**17**  Nennen Sie zwei Auswirkungen einer Deflation für:
    a)  Unternehmer
    b)  den Staat
    c)  Arbeitnehmer

**18**  Untersuchen Sie die Richtigkeit folgender Aussage: „Der Geldwert lässt sich durch einen staatlich verordneten Preis- und Lohnstopp stabil halten."

**19**  Wie lässt sich die Tatsache erklären, dass manche Länder eine sehr niedrige Preissteigerungsrate (unter 5 %), andere dagegen eine Preissteigerungsrate von über 100 % haben?

# 5 Sozialprodukt als gesamtwirtschaftliche Messgröße

## Einstieg

Wenn früh am Morgen die Werksirene dröhnt,
und die Stechuhr beim Stechen lustvoll stöhnt,
in der Montagehalle die Neonsonne strahlt,
und der Gabelstaplerführer mit der Stapelgabel prahlt.

*Refrain:*
*Ja dann wird wieder in die Hände gespuckt,*
*wir steigern das Bruttosozialprodukt,*
*jajaja jetzt wird wieder in die Hände gespuckt.*

Die Krankenschwester kriegt 'nen Riesenschreck:
schon wieder ist ein Kranker weg.
Sie amputierten ihm sein letztes Bein,
und jetzt kniet er sich wieder mächtig rein. ... *Refrain*

Wenn sich Opa am Sonntag auf sein Fahrrad schwingt,
und heimlich in die Fabrik eindringt,
dann hat Oma Angst, dass er zusammenbricht,
denn Opa macht heut wieder Sonderschicht. ... *Refrain*

A-A-A-An Weihnachten liegen alle rum und sagen Buhuhuu.
Der Abfalleimer geht schon wieder nicht mehr zuhuhu.
Die Gabentische werden immer bunter,
und am Mittwoch kommt die Müllabfuhr
und holt den ganzen Plunder.

Text: Friedel Geratsch / Reinhard Baierle (c) SMPG Publishing GmbH

a) Worüber informiert das Bruttosozialprodukt?
b) Weshalb wird die Steigerung des Bruttosozialproduktes für so wichtig erachtet?
c) Wie stehen die Verfasser dieses Textes dazu?

## 5.1 Sozialprodukt

Die Leistung unserer Wirtschaft verändert sich jedes Jahr. Um die Wirtschaftskraft eines Staates zu messen, rechnet man alle Sachgüter und Dienstleistungen zusammen, die innerhalb eines Jahres erzeugt wurden. Als einheitlicher Maßstab wird hierfür der Marktpreis verwendet. Das Ergebnis dieser Addition nennt man **Sozialprodukt**.
Der Marktpreis bezieht sich auf Endprodukte. Um Doppelzählungen zu vermeiden, berücksichtigt man auf jeder Produktionsstufe nur die entstandene Wertschöpfung.
Beispiel: Mit dem Gesamtpreis eines Brotes soll der Wert des Mehls, das der Bäcker zugekauft hat, nur einmal in das Sozialprodukt eingehen.

|                    | Landwirt → | Müller →  | Bäcker →  | Gesamt    |
|--------------------|-----------|-----------|-----------|-----------|
| Produktionswert    | 5 000 €   | 14 000 €  | 30 000 €  | 49 000 €  |
| − Vorleistungen    | −         | − 5 000 € | − 14 000 €| − 19 000 €|
| = Wertschöpfung    | 5 000 €   | 9 000 €   | 16 000 €  | 30 000 €  |

Für das Sozialprodukt werden verschieden ermittelte Werte verwendet: Zum einen gibt es das **Bruttoinlandsprodukt (BIP)**, das den Wert aller Dienstleistungen und

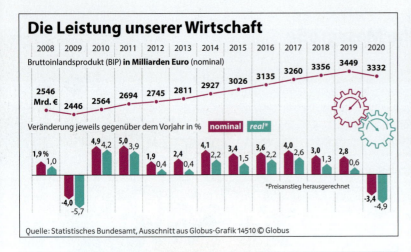

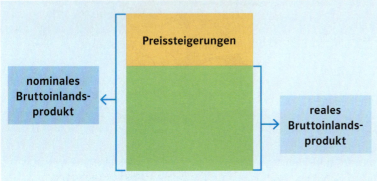

Sachgüter einer Volkswirtschaft kennzeichnet, der innerhalb der **Landesgrenzen** in einem Jahr entstanden ist. Diese können auch von Ausländern erbracht worden sein. Davon wird das **Bruttonationaleinkommen (früher: Bruttosozialprodukt)** unterschieden, das den Wert der Dienstleistungen und Sachgüter zusammenfasst, der von **Inländern** in einem Jahr erwirtschaftet worden ist, gleichgültig, ob die Werte im In- oder Ausland entstanden sind. Die beiden Maßstäbe unterscheiden sich in ihrer Höhe nicht stark. Als Gradmesser für den Wohlstand einer Nation wird, vor allem wegen der internationalen Vergleichbarkeit, in letzter Zeit in Deutschland das BIP verwendet.

Aus dem Schaubild ist zu ersehen, dass das Bruttoinlandsprodukt der Bundesrepublik Deutschland nahezu jedes Jahr angestiegen ist. Allerdings muss dies nicht unbedingt bedeuten, dass die Güterproduktion entsprechend zugenommen hat.

Ein Anstieg kann u. a. auf Preissteigerungen zurückzuführen sein, denn wenn die Preise steigen, so steigt auch das sogenannte **nominale Bruttoinlandsprodukt** (nominal = betragsmäßig), obwohl nicht mehr Güter produziert worden sind. Vermindert man das nominale Bruttoinlandsprodukt um die Preissteigerungsrate (Inflationsrate), so erhält man das **reale Bruttoinlandsprodukt** (real = tatsächlich). Erst dieses ermöglicht eine klare Aussage über die Wirtschaftsleistung eines Landes und deren Veränderungen.

In der Bundesrepublik Deutschland hat es fast jedes Jahr einen nominalen Anstieg des Bruttoinlandsprodukts gegeben. Real betrachtet war diese Zunahme jedoch wesentlich geringer. Teilweise ist das reale Bruttoinlandsprodukt im Vergleich zum Vorjahr etwas zurückgegangen.

### Aussagekraft des Bruttoinlandsprodukts

Der Lebensstandard einer Bevölkerung wird meist an der Höhe des Bruttoinlandsproduktes gemessen. Allerdings ist dies sehr umstritten. So bringt eine Zunahme des realen Bruttoinlandsproduktes nicht automatisch einen höheren Lebensstandard mit sich. Nur wenn das reale **Bruttoinlandsprodukt pro Kopf der Bevölkerung** steigt, führt dies auch zu einem wachsenden Wohlstand. Denn nur dann stehen jedem Einwohner mehr Güter und Dienstleistungen zur Verfügung. Wächst dagegen die Bevölkerung schneller als das Bruttoinlandsprodukt, so hat das eine Verschlechterung des Lebensstandards zur Folge; ein Problem, das sich bei vielen Entwicklungsländern beobachten lässt.

Weitere Schwächen in der Aussagekraft des Bruttoinlandsprodukts:
- Sehr viele Leistungen sind nicht enthalten, z. B. die unbezahlte Arbeit der **Hausfrauen**, Heimarbeiter, Hobbygärtner oder die ehrenamtliche Vereinstätigkeit. Der Wert dieser Leistungen beträgt mehr als 1000 Milliarden €.

- Auch **Schwarzarbeit** ist nicht genau erfasst; allein sie wird im Jahr 2020 auf rd. 322 Milliarden Euro geschätzt (ca. 9,1 % des BIP).
- Das Bruttoinlandsprodukt enthält auch Leistungen, die den Lebensstandard vermindern. Enorme Beträge werden für die **Beseitigung von Schäden** verwendet (Umweltschäden, Unfallschäden usw.). So beschäftigt z. B. ein Verkehrsunfall Ärzte, Krankenhäuser, Versicherungen, Werkstätten, Autohersteller usw. Dadurch wird das Sozialprodukt erhöht, aber der Wohlstand vermindert. Der **Staat** kann einen großen Teil des Sozialprodukts verbrauchen, z. B. für die Verwaltung oder die Rüstung.
- Über die **ungleiche Verteilung** des Wohlstands gibt das Bruttoinlandsprodukt ebenfalls keine Auskunft.

## 5.2 Entstehung, Verwendung und Verteilung des Bruttoinlandsprodukts

Das Bruttoinlandsprodukt (und auch das Sozialprodukt) wird auf drei verschiedene Arten ermittelt. Man kann errechnen, wo es entstand, wie es verwendet wurde und wie es verteilt wurde. Dementsprechend unterscheidet man:

- die **Entstehungsrechnung**
- die **Verwendungsrechnung**
- die **Verteilungsrechnung**.

### Entstehungsrechnung

An der Entstehung des Bruttoinlandsprodukts sind alle Wirtschaftsbereiche beteiligt. Um es zu berechnen, wird von allen Bereichen der Wert der erbrachten Güter und Dienstleistungen zusammengezählt. Die Entstehungsrechnung gibt also Auskunft darüber, wo das Bruttoinlandsprodukt erarbeitet wurde. Den größten Beitrag leistet der Dienstleistungsbereich, dessen Anteil in den letzten Jahren immer mehr zugenommen hat. An zweiter Stelle folgt das produzierende Gewerbe (Industrie und Handwerk). Der landwirtschaftliche Anteil beträgt hingegen nur noch 0,7 %.

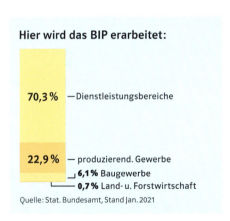

### Verwendungsrechnung

Verbraucht werden die produzierten Güter und Dienstleistungen von den privaten Haushalten, von den Unternehmen sowie vom Staat. Die Verwendung des Bruttoinlandsproduktes ist von großer Bedeutung für den Lebensstandard einer Bevölkerung.

Beispiele: Ist der private Verbrauch besonders hoch, so werden die Investitionen entsprechend verringert, ein weiteres Wirtschaftswachstum und zukünftiger Lebensstandard sind gefährdet. Verbraucht der Staat selbst einen großen Anteil für zivile oder militärische Zwecke, dann können die Unternehmen entsprechend weniger investieren und die privaten Haushalte entsprechend weniger verbrauchen.

Werden der private Verbrauch, der Staatsverbrauch und die Investitionen zusammengezählt, erhält man den Teil des Sozialprodukts, der im Inland verwendet wird. Da das Bruttoinlandsprodukt die im Inland erzeugten Werte enthält, müssen die Güter, die ins Ausland ausgeführt werden (Export), hinzugezählt und die Güter, die aus dem Ausland eingeführt werden (Import), abgezogen werden. Die Differenz zwischen Export und Import bezeichnet man als **Außenbeitrag**.

**So wird das BIP verteilt:**

73,9 % — Löhne und Gehälter

26,1 % — Gewinne und Vermögenserträge

Quelle: Stat. Bundesamt, Stand Jan. 2021

### Verteilungsrechnung

Die erzeugten Güter und Dienstleistungen wurden mit Geld bezahlt. Durch die Verteilungsrechnung erfährt man, wer dieses Geld erhalten hat, also ob es in Form von Löhnen und Gehältern an die Arbeitnehmer ausbezahlt wurde oder ob es als Gewinne und Zinsen den Unternehmern bzw. Kapitalanlegern zugeflossen ist.

Allerdings kann nicht das ganze Geld verteilt werden. Ein Teil davon muss für Ersatzinvestitionen (**Abschreibungen**) verwendet werden. Dies sind Aufwendungen, um jene Güter zu ersetzen, die wegen der Produktion abgenutzt wurden. Des Weiteren müssen die Unternehmen indirekte Steuern wie die Mehrwertsteuer an den Staat abführen. Der verbleibende Betrag, das **Volkseinkommen**, wird zwischen Unternehmern und Arbeitnehmern aufgeteilt. Das Volkseinkommen ist also geringer als das Bruttoinlandsprodukt.

Der Anteil der Arbeitnehmer am Volkseinkommen wird als **Lohnquote** (2020: 73,9 %) bezeichnet. **Gewinnquote** (2020: 26,1 %) nennt man den Anteil der Unternehmer und Kapitalgeber. Die Verteilung des Volkseinkommens, also die Höhe von Lohnquote und Gewinnquote, ist ein häufiger Streitpunkt in Tarifverhandlungen.

## Wissen kompakt

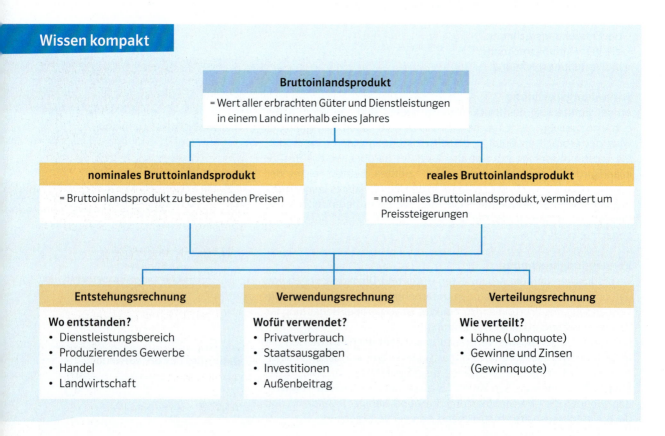

## Arbeitsteil

1. Erläutern Sie, was man unter dem Bruttoinlandsprodukt versteht.

2. Unterscheiden Sie zwischen nominalem und realem Bruttoinlandsprodukt.

3. a) Gibt das reale Bruttoinlandsprodukt allein eine verlässliche Auskunft darüber, ob der Lebensstandard einer Bevölkerung gestiegen ist? Begründen Sie.
   b) Ein Arbeiter fährt mit dem Auto 30 Kilometer zur Arbeit. Wie wirkt es sich aus, für ihn und das Bruttoinlandsprodukt, wenn er in drei Minuten zu Fuß zur Arbeit könnte?

4. Welche Aussage über das Wirtschaftswachstum eines Landes ist möglich, wenn
   a) das nominale Bruttoinlandsprodukt steigt, das reale stagniert?
   b) das nominale Bruttoinlandsprodukt steigt, das reale zurückgeht?

5. Weshalb ist das Volkseinkommen geringer als das Bruttoinlandsprodukt?

6. a) Nennen Sie die wichtigsten Bereiche, in denen das Bruttoinlandsprodukt entsteht.
   b) Wofür wird das Sozialprodukt verwendet?

7. Erklären Sie folgende Begriffe:
   a) Volkseinkommen
   b) Lohnquote
   c) Gewinnquote.

8. Welche Gefahr sehen Sie in einer erheblichen Steigerung der Lohnquote?

9. Erläutern Sie, was man unter dem Außenbeitrag versteht.

10. Welchen Zusammenhang sehen Sie zwischen dem Wachstum des Bruttoinlandsprodukts einerseits und einer lebenswerten Umwelt andererseits?

11. Die Handwerksorganisationen schätzen, dass allein im Handwerk rund 600 000 Arbeitsplätze durch Schwarzarbeit verloren gehen.
    a) Ermitteln Sie für diese 600 000 Arbeitsplätze anhand der unten stehenden Zahlen den jährlichen Einnahmeausfall durch Schwarzarbeit für
       – die Rentenversicherung,
       – die Krankenversicherung,
       – die Arbeitslosenversicherung,
       – die Unfallversicherung,
       – den Staat (wegen der Lohnsteuer).
    b) Weshalb wird Ihrer Meinung nach so viel „schwarz gearbeitet"?
    c) Wie könnte Ihrer Meinung nach die Schwarzarbeit eingedämmt werden?
    d) Neben der Schwarzarbeit gibt es weitere Tätigkeiten, die nicht vom Bruttoinlandsprodukt erfasst werden. Nennen Sie zwei solcher Tätigkeiten.

### TEURE SCHWARZARBEIT

Jährliche Beitrags- und Steuerausfälle für 10 000 Arbeitsplätze (Westdeutschland), die durch Schwarzarbeit verloren gehen (in €):

| | |
|---|---|
| Rentenversicherung | 51 Mio. |
| Krankenversicherung | 36 Mio. |
| Arbeitslosenversicherung | 17 Mio. |
| Pflegeversicherung | 4 Mio. |
| Unfallversicherung | 4 Mio. |
| Lohnsteuer | 46 Mio. |

126 Kompetenzbereich III

# 6 Wirtschaftspolitik und Konjunktur

**Einstieg**

a) Erläutern Sie die Karikatur.
b) Der Staat greift in den Wirtschaftskreislauf ein. Welche Ziele soll er aus Ihrer Sicht damit unbedingt erreichen?

## 6.1 Ziele der Wirtschaftspolitik und Zielkonflikte

Wirtschaftskrisen können zu großer Not für weite Teile der Bevölkerung führen. Um dies zu verhindern, beeinflusst der Staat das Wirtschaftsgeschehen. Die Hauptziele der staatlichen Wirtschaftspolitik wurden 1967 im **Stabilitätsgesetz** festgelegt (genauer: im „Gesetz zur Förderung der Stabilität und des Wachstums der Wirtschaft"). Im Einzelnen sind dies: **Preisniveaustabilität**, **hoher Beschäftigungsstand**, **stetiges und angemessenes Wirtschaftswachstum** und **außenwirtschaftliches Gleichgewicht**.

In der wirtschaftlichen Praxis ist es jedoch sehr schwierig, alle vier Ziele gleichzeitig zu erfüllen. Vielfach behindern Maßnahmen, die der Erfüllung des einen Zieles dienen sollen, das Erreichen eines anderen. Da es nahezu magische Kräfte erfordert, sie gleichzeitig zu erreichen, spricht man bei der staatlichen Wirtschaftspolitik vom **magischen Viereck**.

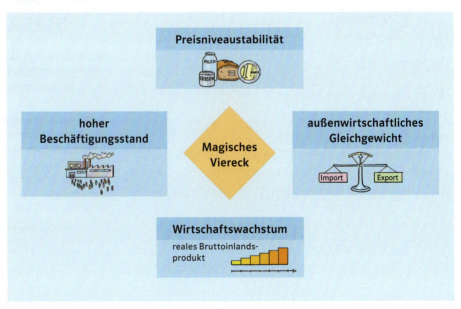

## Preisniveaustabilität

Durch Inflationen nach dem Ersten und Zweiten Weltkrieg verloren Millionen von Sparern ihr Vermögen. Größere Preissteigerungen verteuern unsere Produkte auf dem Weltmarkt und verschlechtern dadurch unsere internationale Wettbewerbsfähigkeit. Stabile Preise sind daher eine wichtige Voraussetzung für einen hohen Beschäftigungsstand und angemessenes Wirtschaftswachstum. Absolut stabile Preise gibt es in einem marktwirtschaftlichen System nicht. Man spricht von **Preisniveaustabilität**, wenn die Preissteigerungsrate 2 % nicht übersteigt.

**Preisniveaustabilität**

Die Preissteigerungsrate beträgt höchstens 2 %.

## Hoher Beschäftigungsstand (Vollbeschäftigung)

Arbeitslosigkeit führt bei den betroffenen Arbeitnehmern zu verminderten Einkommen und zu einer Einschränkung des Lebensstandards. Für den Staat bedeuten hohe Arbeitslosenzahlen geringere Staatseinnahmen bei gleichzeitig zusätzlichen Ausgaben durch Unterstützungszahlungen (z. B. Sozialgeld). Vollbeschäftigung ist daher ein wichtiges Ziel staatlicher Wirtschaftspolitik.

Absolute Vollbeschäftigung gibt es in einer Volkswirtschaft nicht. Denn aus unterschiedlichen Gründen wird immer eine bestimmte Anzahl von Personen ohne Arbeit sein.

Beispiele: körperliche Behinderung, Kündigung, Arbeitsunwilligkeit, Wohnortwechsel, saisonale Arbeitslosigkeit (z. B. Bauwirtschaft im Winter). Die Vollbeschäftigung gilt als erreicht, wenn die Arbeitslosenquote 2 % nicht übersteigt. Beträgt sie mehr als 2 %, spricht man von Unterbeschäftigung, von Überbeschäftigung, wenn sie unter 1 % liegt.

**hoher Beschäftigungsstand**

Die Arbeitslosenquote beträgt höchstens 2 %.

## Stetiges und angemessenes Wirtschaftswachstum

Nur durch eine zunehmende Güterproduktion steigt auch der Lebensstandard eines Staates. Dieses Wirtschaftswachstum wird u. a. auch benötigt, damit Arbeitnehmer, die durch den technischen Fortschritt freigesetzt wurden, an anderer Stelle wieder eingesetzt werden können.

Das Wachstum einer Volkswirtschaft wird gemessen am Anstieg des realen Bruttoinlandsprodukts. Ein **stetiges und angemessenes Wirtschaftswachstum** gilt als erreicht, wenn das Bruttoinlandsprodukt um 3 bis 4 % steigt.

**stetiges und angemessenes Wirtschaftswachstum**

Das Bruttoinlandsprodukt steigt um 3 bis 4 %.

## Außenwirtschaftliches Gleichgewicht

Die Wirtschaft der Bundesrepublik Deutschland ist in besonderem Maße von anderen Ländern abhängig, da sie die meisten Rohstoffe vom Ausland beziehen muss. Sie ist daher gezwungen, einen großen Teil der daraus erzeugten Waren wieder in andere Länder zu verkaufen, um diese Rohstoffe bezahlen zu können.

Werden deutsche Produkte vom Ausland verstärkt gekauft, so lässt der höhere Export die inländische Gütermenge abnehmen, gleichzeitig steigt durch die Verkaufserlöse die Geldmenge an. Dies führt zu Preissteigerungen und Inflation. Bietet das Ausland seine Waren günstiger an, so wird in Deutschland die Nachfrage nach diesen Produkten steigen. Die Einfuhren (Importe) nehmen zu, gleichzeitig vermindern sich die Ausfuhren (Exporte). Der Absatz der deutschen Hersteller geht zurück. Betriebsstilllegungen und große Arbeitslosigkeit können die Folge sein. Der Wert von Ausfuhren und Einfuhren sollte daher möglichst gleich groß sein. Ist dieser Idealzustand erreicht, so spricht man **von außenwirtschaftlichem Gleichgewicht**. Genauer gesagt: Ein außenwirtschaftliches Gleichgewicht liegt vor, wenn die **Leistungsbilanz** ausgeglichen ist. Die Leistungsbilanz erfasst vor allem die Importe und Exporte von Gütern. Sie enthält aber auch sogenannte Übertragungen zwischen In- und Ausland, denen kein Güterverkehr zugrunde liegt, z. B. Überweisungen von ausländischen Arbeitnehmern in ihre Heimatländer, den Auslandsurlaub vieler Deutscher oder die Entwicklungshilfe.

**außenwirtschaftliches Gleichgewicht**

Die Leistungsbilanz ist ausgeglichen …

### Weitere Ziele der Wirtschaftspolitik

**Umweltschutz:** Hoher Beschäftigungsstand und Wirtschaftswachstum belasten unsere Umwelt erheblich. Ein wichtiges Ziel jeder Wirtschaftspolitik muss deshalb sein, Wirtschaftswachstum und hohen Beschäftigungsstand nur noch durch solche Maßnahmen zu fördern, die unsere ohnehin stark gefährdete Umwelt nicht noch zusätzlich belasten.

Beispiele: Manche bisherigen Produktionsverfahren verursachen Luftverschmutzung und Waldsterben. In vielen Bereichen ist die Beseitigung gefährlicher Abfälle nur unbefriedigend gelöst.

**Gerechte Einkommens- und Vermögensverteilung:** Derzeit bestehen in der Bundesrepublik Deutschland teilweise noch große Unterschiede bei den Einkommens- und Vermögensverhältnissen. Durch eine Vielzahl von Maßnahmen versucht der Staat, eine Besserung zu erreichen.

Beispiele: höhere Steuersätze für Spitzenverdiener, Förderung der vermögenswirksamen Leistungen, Wohngeld, Sozialwohnungen, Ausbildungsförderung usw. Um die Ziele Umweltschutz und gerechte Einkommens- und Vermögensverteilung gebührend zu berücksichtigen, hat man das magische Viereck zum **magischen Sechseck** erweitert.

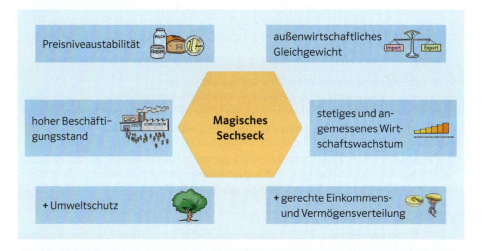

### Zielkonflikte

Zwischen den einzelnen Zielen der Wirtschaftspolitik bestehen verschiedenartige Beziehungen. So können diese Ziele sich gegenseitig ergänzen.

Beispiel: Maßnahmen, die das Wirtschaftswachstum fördern, kommen auch dem hohen Beschäftigungsstand zugute, da zum Wirtschaftswachstum Arbeitskräfte benötigt werden.

Meistens jedoch behindert das Erreichen des einen Zieles die Erfüllung eines anderen. Man spricht dann von einem **Zielkonflikt**, da die gleichzeitige Verwirklichung beider Vorstellungen Probleme bereitet:
- Maßnahmen, die dem hohen Beschäftigungsstand dienen, gefährden die Preisniveaustabilität.
- Stabiles Preisniveau erfordert preisdämpfende Maßnahmen, die wiederum den hohen Beschäftigungsstand und das Wirtschaftswachstum infrage stellen können.
- Ein starkes Wirtschaftswachstum kann Probleme beim Umweltschutz verursachen. Da alle Hauptziele der staatlichen Wirtschaftspolitik (magisches Viereck bzw. Sechseck) nicht gleichzeitig zu erreichen sind, versucht man, sie zumindest in Einklang zu bringen. In der Praxis bedeutet dies: Man wird zunächst die Ziele anstreben, die aktuell am wenigsten erreicht sind.

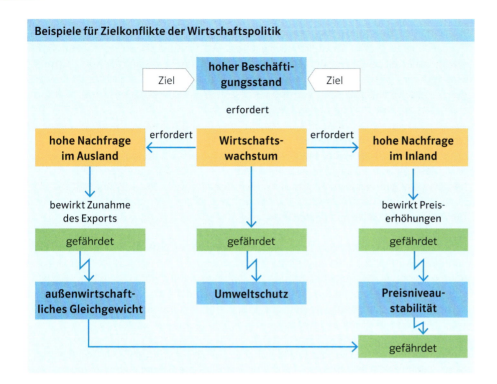

Beispiele für Zielkonflikte der Wirtschaftspolitik

## 6.2 Konjunkturzyklen

Die wirtschaftliche Lage eines Landes verändert sich laufend. Es gibt Zeiten, in denen Produktion, Nachfrage und Beschäftigung ansteigen, und Zeiten, in denen sie zurückgehen. Diese ständige Veränderung der Wirtschaftslage bezeichnet man als **Konjunktur**. Untersuchungen haben ergeben, dass sich bestimmte Phasen des Wirtschaftsablaufs andauernd wiederholen, d.h. es gibt einen typischen **Konjunkturverlauf**. Dieser erfolgt wellenförmig und wiederholt sich in der Regel alle 4 bis 11 Jahre. Vier Konjunkturphasen können unterschieden werden:
- Tiefstand (Depression)
- Hochkonjunktur (Boom)
- Aufschwung (Expansion)
- Abschwung (Rezession)

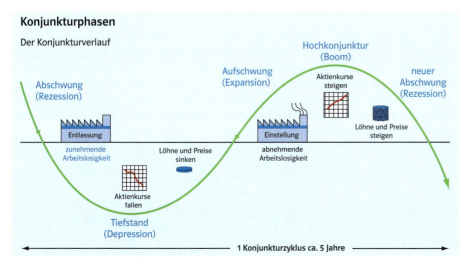

Konjunkturphasen
Der Konjunkturverlauf

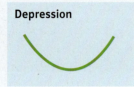
Depression

Während des **Tiefstands (Depression)** haben die Unternehmer aufgrund mangelnder Nachfrage große Absatzschwierigkeiten. Die Produktion erreicht ihren Tiefstand. Daher ist die Investitionsbereitschaft gering. Preise und Aktienkurse sinken. Dies hat zur Folge, dass statt Gewinne vorwiegend Verluste erwirtschaftet werden. Produktionskapazitäten werden verringert, die Arbeitslosigkeit erreicht ihren Höchststand, Einkommen und Löhne gehen zurück.

Expansion

Ein **Aufschwung (Expansion)** setzt ein, wenn die Nachfrage zunimmt. Denn dadurch erhöht sich die Produktion, wodurch wiederum mehr Arbeitskräfte benötigt werden. Dieser größere Bedarf an Arbeitnehmern lässt die Löhne steigen. Höhere Löhne bewirken eine größere Nachfrage, die ihrerseits die Preise ansteigen lässt. Da nun die Gewinne der Unternehmungen wachsen, lohnen sich Investitionen wieder. Die Aktienkurse steigen in dieser Phase.

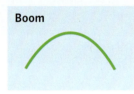
Boom

Diese Entwicklung setzt sich fort bis zur **Hochkonjunktur (Boom)**. Hier erreichen die Lohnsteigerungen und die Nachfrage ihren Höhepunkt. Die Kapazitäten der Unternehmen sind voll ausgelastet. An den Aktienbörsen erklimmen die Aktien Höchststände. Die Arbeitslosigkeit nimmt ab. Wegen fehlender Fachkräfte und um Kosten zu sparen, rationalisieren viele Betriebe, was wiederum über Kredite finanziert wird. Die Zinsen steigen. Gestiegene Kosten werden auf die Preise abgewälzt.

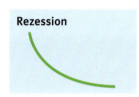
Rezession

Viele Unternehmen wollen das Risiko zu hoher Kosten für Produktionserweiterungen nicht eingehen, die Investitionen verringern sich. Andere Betriebe können die gestiegenen Kosten nicht mehr tragen und müssen ihre Tätigkeit einstellen. Arbeitskräfte werden entlassen. Die Nachfrage nimmt weiterhin ab. Der **Abschwung (Rezession)** setzt ein. Die Produktion wird weiterhin verringert. Betriebsschließungen mehren sich, große Arbeitslosigkeit entsteht. Die ersten Anzeichen einer erneuten Depression sind in Sicht, ein Konjunkturzyklus ist beendet, ein neuer beginnt.

## 6.3 Instrumente des Staates zur Beeinflussung der Wirtschaft (Fiskalpolitik)

Durch staatliche Konjunkturpolitik soll starken **Konjunkturschwankungen** entgegengewirkt werden. So kann der Staat bei einer beginnenden Rezession (Abschwungphase) konjunkturbelebende Maßnahmen ergreifen, um ein Abgleiten in die Depression (Tiefstand) zu verhindern. Während der Hochkonjunktur hingegen wird er versuchen, durch seine Eingriffe die Konjunktur zu dämpfen: Die staatlichen Maßnahmen wirken dem Konjunkturzyklus entgegen; daher spricht man auch von **antizyklischer Fiskalpolitik**. Die Konjunkturpolitik des Staates kann grundsätzlich auf zwei Arten erfolgen, nämlich über seine **Einnahmen** oder seine **Ausgaben**. Beide sollen nach dem Stabilitätsgesetz antizyklisch sein, d. h. in der Hochkonjunktur soll der Staat konjunkturdämpfend handeln, indem er seine Einnahmen durch Steueranhebungen erhöht und somit Kaufkraft abschöpft; während der Rezession hingegen wird er konjunkturbelebend einwirken und seine Ausgaben ausweiten. Im Einzelnen betrifft dies die Steuerpolitik, die Geldpolitik und die Sozialpolitik.

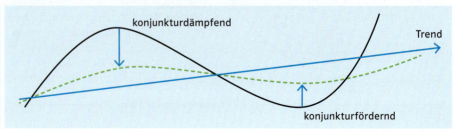

Konjunkturverlauf ohne staatliche Maßnahmen

Konjunkturverlauf, beeinflusst durch staatliche Maßnahmen

## Konjunkturbelebende Maßnahmen des Staates

Während einer **Rezession (Abschwungphase)** versucht der Staat, die Konjunktur durch geeignete Mittel zu fördern („anzukurbeln"). Im Einzelnen:

- Die Regierung erhöht die Staatsaufträge.
  Beispiel: Der Staat lässt Straßen und Brücken bauen. Damit sinkt die Arbeitslosigkeit in der Bauindustrie und bei den Zulieferern.
- Die Verringerung der Sparförderung (Sparprämien) soll die Verbraucher dazu bewegen, ihr Geld auszugeben und so die Wirtschaft zu beleben.
- Verbesserte Abschreibungsmöglichkeiten vermindern den steuerpflichtigen Gewinn der Unternehmen. Diese Steuerersparnisse sollen die Investitionsbereitschaft anregen.
- Steuersenkungen sollen das verfügbare Einkommen vergrößern, dadurch die private Nachfrage erhöhen und die Unternehmen zu Investitionen veranlassen.
- Gezielte Wirtschaftshilfen (Subventionen) für private Haushalte und bestimmte Wirtschaftszweige sollen die Wirtschaft beleben. Beispiele: Landwirtschaft, Wohnungsbau.

Staatsaufträge zur Konjunkturbelebung

## Konjunkturdämpfende Maßnahmen des Staates

In der **Hochkonjunktur** wird der Staat versuchen, die bereits bekannten Maßnahmen gegenteilig einzusetzen, um die Konjunktur zu dämpfen („bremsen"). Im Einzelnen:
- Bereits beschlossene Staatsaufträge werden vermindert.
- Die Sparförderung wird erhöht, um Geld abzuschöpfen.
- Abschreibungsmöglichkeiten werden gekürzt, um die Investitionsbereitschaft der Unternehmer zu verringern.
- Steuererhöhungen sollen die private Nachfrage und Investitionsneigung dämpfen.
- Subventionen werden gekürzt oder abgebaut.

## Probleme der staatlichen Konjunktursteuerung

Die staatliche Konjunkturbeeinflussung ist in der Praxis häufig sehr problematisch. So soll der Staat z. B. während des Konjunkturabschwungs zusätzliche Ausgaben vornehmen und Steuern senken; andererseits sind gerade in dieser Phase die Staatseinnahmen durch zurückgehende Steuereinnahmen ohnehin schon gering. Die gewünschten zusätzlichen Staatsausgaben können jetzt nur durch zusätzliche Verschuldung finanziert werden.

Auch die Verminderung von Staatsausgaben während einer Expansion ist nur in beschränktem Umfang möglich, denn ein erheblicher Teil dieser Ausgaben sind Personalkosten oder ist gesetzlich vorgeschrieben. Außerdem leidet die Bevölkerung unter einer Einschränkung der öffentlichen Leistungen.

## Instrumente der Geldpolitik

Seit dem 1. Januar 1999 wird die Geldpolitik nicht mehr von der Deutschen Bundesbank wahrgenommen, sondern von der **Europäischen Zentralbank (EZB)**. Während die staatliche Wirtschaftspolitik versucht, durch konjunkturdämpfende und konjunkturbelebende Maßnahmen die Konjunkturschwankungen möglichst gering zu halten, verfolgt die **EZB** vorrangig ein anderes Ziel: Sie will die Preisstabilität erhalten. Um die Preisstabilität zu sichern, versucht sie die **Geldmenge** im **Eurowährungsraum** zu steuern. So wird die EZB z. B. bei hohen Preissteigerungen die Geldmenge verringern, um den Geldwert zu stabilisieren. Zur Beeinflussung der Geldmenge wendet sie vorwiegend folgende Maßnahmen an:

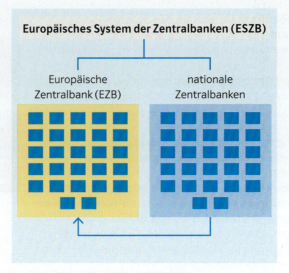

**Refinanzierungsgeschäfte (Offenmarktgeschäfte):** Durch Refinanzierungsgeschäfte (Offenmarktgeschäfte) versorgt die Europäische Zentralbank die Privatbanken mit zusätzlichem Geld. Gegen die Verpfändung von Sicherheiten wie festverzinsliche Wertpapiere oder Wechsel können sie sich im Europäischen Zentralbankensystem Geld besorgen. Durch die Veränderung des Zinssatzes für diese Kredite kann die EZB die Geldmenge beeinflussen. Je höher der Zins ist, desto uninteressanter ist es für die Banken, sich bei der EZB Geld zu besorgen. Verpfänden die Banken wegen einer Zinserhöhung weniger Wertpapiere und Wechsel, so ist die Geldmenge insgesamt geringer. Umgekehrt kann die EZB den Zinssatz auch senken, sodass die Geldmenge steigen wird. Mittlerweile gilt der **Refinanzierungssatz** – ähnlich wie früher der Diskontsatz der Bundesbank – als **Leitzinssatz** für andere Zinsen. Steigt er, so erhöhen sich in der Regel auch die Zinsen für Spargutbaben und für Kredite. Dadurch verändert sich das Sparverhalten und die Neigung, Kredite aufzunehmen. Damit wird wiederum auch die Geldmenge beeinflusst.

**Mindestreserven:** Die Europäische Zentralbank kann von den Privatbanken verlangen, dass diese einen bestimmten Prozentsatz ihrer Kundeneinlagen als verzinste Mindestreserven bei den nationalen Zentralbanken hinterlegen (in Deutschland bei der Bundesbank). Erhöht die EZB diesen Satz, dann können die Banken weniger Kredite vergeben, die Geldversorgung der Wirtschaft wird eingeschränkt und Kredite werden entsprechend verteuert, die Wirtschaft wird gedämpft. Das Umgekehrte passiert bei einer Verminderung des Mindestreservesatzes.

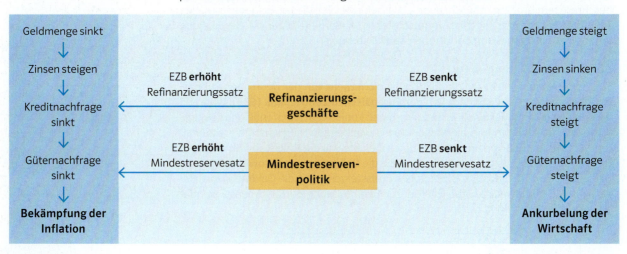

# Wirtschaftspolitik und Konjunktur

## Wissen kompakt

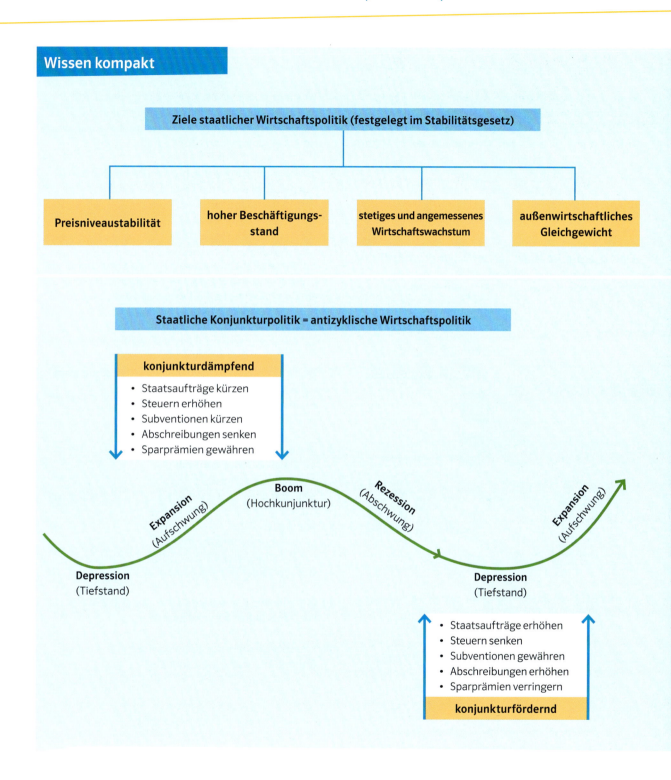

## Arbeitsteil

**1** 
a) Entnehmen Sie dem Schaubild, welche wirtschaftspolitischen Ziele der Staat nach dem Stabilitätsgesetz anstreben muss.
b) Welche Ziele wurden 2019 nach dieser Schätzung erreicht, welche nicht?
c) Welche weiteren Ziele versucht die Wirtschaftspolitik zu erreichen?
d) Weshalb spricht man bei der staatlichen Wirtschaftspolitik auch vom magischen Viereck?

**2** Geben Sie an, wie sich die folgenden Vorgänge auf die Leistungsbilanz auswirken:
a) Geldüberweisungen von ausländischen Arbeitnehmern in ihr Heimatland.
b) Ein Betrieb exportiert einen Großteil seiner Produktion nach Frankreich.
c) Deutschland bezieht Erdgas aus Russland.

**3** Beschreiben Sie das Verhalten folgender wirtschaftspolitischer Ziele zueinander:
a) Preisniveaustabilität und außenwirtschaftliches Gleichgewicht.
b) hoher Beschäftigungsstand und Preisniveaustabilität.
c) Wirtschaftswachstum und Umweltschutz.

**4** Weshalb muss ein hoher Beschäftigungsstand ein wichtiges Ziel staatlicher Wirtschaftspolitik sein? Denken Sie dabei an die Folgen der Arbeitslosigkeit für Arbeitnehmer und Gesellschaft.

**5** Inwieweit sind Umweltschutz und Wirtschaftswachstum miteinander vereinbar? Begründen Sie Ihre Meinung anhand eines Beispiels.

**6**
a) Aus welchen Phasen besteht ein Konjunkturzyklus?
b) Welche Konjunkturphase ist gekennzeichnet durch besonders große Arbeitslosigkeit?
c) Durch welche Verhaltensweisen wird eine Rezession verursacht?
d) Nennen Sie drei Merkmale der Hochkonjunktur.
e) Wie lange dauert ca. ein Konjunkturzyklus?

**7** Welche Maßnahmen kann der Staat anwenden, um die Wirtschaft in einer
a) Hochkonjunktur zu „bremsen",
b) Rezession „anzukurbeln"?

**8** Wie wirken sich
a) Steuererhöhungen und
b) Steuersenkungen
während einer Rezession aus?

**9** Wie wirken sich
a) Steuererhöhungen und
b) Steuersenkungen
während einer Hochkonjunktur aus?

**10** Wie kann die Europäische Zentralbank (EZB) die Wirtschaftspolitik beeinflussen?

**11** Wie können Unternehmen und Haushalte in einer Depression antizyklisch handeln?

# Prüfungsaufgaben

## Binnenwert des Geldes/Wirtschaftspolitik und Konjunktur

a) Analysieren Sie die Karikatur.

b) Um die Immobilie kaufen zu können, musste das Ehepaar einen Kredit aufnehmen. Erläutern Sie die Auswirkungen einer Inflation auf die Kreditnehmer.

c) Erklären Sie, wie die in dem Artikel erwähnte Inflationsrate ermittelt wird.

### 0,5% Inflationsrate für 2020

Die Verbraucherpreise steigen langsamer. Die abgesenkte Mehrwertsteuer hat 2020 die Preise gedrückt. Wie das statistische Bundesamt mitteilte, sind die Preise im Verlauf des Jahres 2020 um 0,5 % gestiegen. Allerdings verlangsamte sich der Preisanstieg. Im Dezember war die Inflationsrate mit –0,2 % sogar negativ.

In nebenstehender Grafik sind die „Eckwerte" der Konjunktur für die Jahre 2019 bis 2022 aufgeführt.

d) Stellen Sie mithilfe einer beschrifteten Skizze den Verlauf der Konjunktur dar. Kennzeichnen Sie die jeweiligen Konjunkturphasen.

e) Geben Sie an, in welcher Konjunkturphase sich Deutschland im Jahr 2019 befand. Begründen Sie Ihre Aussage.

f) Beschreiben Sie, wie sich in dieser Konjunkturphase Preise, Produktion und Arbeitsmarkt entwickeln.

g) Der Staat kann die Konjunktur mit Hilfe der Lohnsteuer beeinflussen. Stellen Sie mögliche Auswirkungen einer Lohnsteuersenkung für Sie persönlich und für die Wirtschaft dar.

### Die Prognose der Bundesbank

*Prognose: 2021, 2022*

**Wirtschaftswachstum in %**
- 2019: + 0,6
- 2020: – 5,1
- 2021: + 3,0
- 2022: + 4,4

**Arbeitslosenquote in %**
- 2019: 5,0
- 2020: 6,0
- 2021: 6,4
- 2022: 5,5

**Preisanstieg* in %**
- 2019: + 1,4
- 2020: + 0,4
- 2021: + 1,8
- 2022: + 1,3

*Verbraucherpreise
Quelle: Deutsche Bundesbank (Dez. 2020)
© Globus 14361

Üben interaktiv
Prüfungsaufgaben
iw7r3e

Prüfungsaufgaben

# Preisbildung/Bruttoinlandsprodukt/Ziele der Wirtschaftspolitik

a) In dem Schaubild ist die Leistung unserer Wirtschaft dargestellt.
Erklären Sie den Begriff „Bruttoinlandsprodukt".

b) Geben Sie die Zunahme des realen und nominalen Bruttoinlandsprodukts im Jahr 2020 an und erklären Sie den Unterschied zwischen dem nominalen und realen Bruttoinlandsprodukt.

c) „Nicht jede Zunahme des Bruttoinlandsprodukts führt zu steigendem Wohlstand und besserer Lebensqualität der Bürger."
Belegen Sie mit einem Beispiel, dass diese Aussage zutrifft.

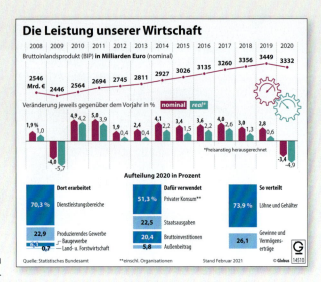

Das Stabilitätsgesetz von 1967 sieht die Beachtung von vier wirtschaftspolitischen Zielen vor, dem sogenannten magischen Viereck. Inzwischen ist aus diesem magischen Viereck eher ein „magisches Sechseck" geworden.

d) Um welche Ziele wurde das „magische Viereck" zum „magischen Sechseck" erweitert?

e) Manche Ziele passen zusammen, manche widersprechen sich. Zeigen Sie dies je an einem Beispiel (Zielharmonie, Zielkonflikt).

f) Begründen Sie, weshalb ein angemessenes Wirtschaftswachstum ein wichtiges Ziel der Wirtschaftspolitik ist.

g) Erklären Sie, weshalb wir in Zukunft möglicherweise immer mehr an die Grenzen des Wirtschaftswachstums stoßen werden.

Nach Zahlenbild Nr. 200515 (verändert)

h) Erläutern Sie anhand der Werbeanzeigen, wovon der Preis einer Ware beeinflusst wird.

**Sommerzeit – Kamelhaarmantelzeit**

Clevere Kundinnen kaufen Ihren Kamelhaarmantel jetzt. Im Winter könnte es teuer werden …

**Der nächste Winter kommt bestimmt!!!**

Nutzen Sie unsere Sommerpreise, ergänzen Sie ihren Heizölvorrat.

**Markisen zu Winterpreisen!!!**

Üben interaktiv
Prüfungsaufgaben
iw7r3e

228

# Kompetenzbereich IV
## Entscheidungen im Rahmen einer beruflichen Selbstständigkeit treffen

**Gründung eines Unternehmens**
**Wahl der Rechtsform eines Unternehmens**
**Finanzierung und Kapitalbedarf**
**Betriebliche Kosten**

Linktipps
Kapitel
pq635u

130 Kompetenzbereich IV

# 1 Gründung eines Unternehmens

## Einstieg

a) Welche Motive veranlassen Existenzgründer, den Schritt in die Selbstständigkeit zu wagen?

b) Welche persönlichen Voraussetzungen sollten Unternehmensgründer mitbringen?

c) Welche Risiken sehen Sie bei diesem Vorhaben?

d) Welche Überlegungen müssen angestellt werden, bevor jemand ein Unternehmen gründet?

Michael Berger hat vor 3 Jahren seine Ausbildung zum Koch erfolgreich abgeschlossen. Seitdem arbeitet er in einem großen Hotel. Da er beruflich weiterkommen will, hat er sich vor einem Jahr zum Küchenmeister fortgebildet. Während des Meisterkurses wurden ihm wichtige Kenntnisse und Fertigkeiten vermittelt, insbesondere wie man einen eigenen Betrieb gründet und wirtschaftlich führt. Deshalb glaubt er genügend Wissen zu besitzen, um ein eigenes Unternehmen zu gründen. Zusammen mit seiner Frau will er den Schritt in die Selbstständigkeit wagen und ein Spezialitätenrestaurant eröffnen.

## 1.1 Motive und Businessplan

### Motive für Unternehmensgründer

Die Motive, die jemanden veranlassen, ein Unternehmen zu gründen, sind unterschiedlich. Meist ist es eine **Idee** für ein neues Produkt oder eine Dienstleistung, von deren Erfolg man fest überzeugt ist. Eine große Rolle spielt auch der Wunsch nach mehr **Unabhängigkeit** und **Eigenverantwortung**. Häufig sind **Unzufriedenheit** und fehlende **Aufstiegschancen** bei Arbeitnehmern der Auslöser für den Schritt in die Selbstständigkeit. Man möchte nach Jahren der Abhängigkeit endlich unabhängig sein von Weisungen eines Vorgesetzten. Ebenso kann **drohende Arbeitslosigkeit** die Ursache für eine Existenzgründung sein. Andere erhoffen sich mehr **Ansehen** und ein **höheres Einkommen**. Auch **jahrelange Branchenerfahrung** und die Möglichkeit, die eigenen **Qualifikationen** auszunutzen, können der Grund für den Weg in die Selbstständigkeit sein. Manche möchten ihr **Hobby zum Beruf machen**. Oftmals sind es auch Tüftler oder Forscher, die nach jahrelanger Arbeit eine bahnbrechende **Erfindung** machen und diese nun selbst vermarkten wollen.

### Anforderungen an Unternehmensgründer

Die hohe Zahl von gescheiterten Existenzgründungen zeigt, dass der Schritt in die Selbstständigkeit gut überlegt und geplant sein muss. Der Weg zum eigenen Unternehmen ist geprägt von Problemen, Risiken und Anforderungen, die bewältigt werden müssen. Letztlich hängt der Unternehmenserfolg aber von der Person des Existenzgründers ab. Hierbei liegt das größte Risiko beim Gründer selbst, nämlich ob er seine Stärken und Schwächen wahrnimmt und seine **persönlichen Voraussetzungen** realistisch und selbstkritisch einschätzt.

**Persönliche Voraussetzungen:**
Ein Unternehmensgründer sollte folgende Voraussetzungen mitbringen:
- **Belastbarkeit**, da in den ersten Jahren die zeitliche, körperliche und psychische Belastung sehr hoch ist.
- **Verantwortungsbewusstsein**, da er für seine Entscheidungen einstehen muss, auch wenn sie manchmal gegen eigene Interessen verstoßen, aber im Sinne von Mitarbeitern und Kunden sind.

- **Eigeninitiative** und Motivation, da er niemanden hat, der ihn antreibt.
- **Führungseigenschaften**, da er Mitarbeiter führen und anspornen muss.
- **Risikobereitschaft**, da viele Entscheidungen auch mit Risiken verbunden sein werden.
- **Durchsetzungsvermögen**, da er sich nicht entmutigen lassen darf und gegenüber Mitarbeitern und Geschäftspartnern auch behaupten muss.
- **Entscheidungsfreudigkeit**, da Entscheidungen in der Gründungsphase schnell erfolgen müssen.
- **Familiärer Rückhalt**, da die Familie in der Anfangsphase auf viel verzichten und ihn unterstützen muss.
- **Organisationstalent**, da er Arbeiten verwalten, koordinieren und übertragen muss.

**Fachliche Voraussetzungen:** Unverzichtbar sind ausreichende **Fachkenntnisse**. Erfahrungen einer bisherigen Berufspraxis sind dabei sehr hilfreich. Häufig ersetzen Existenzgründer fehlende Erfahrung durch eine spezielle Weiterbildung oder bereiten sich durch ein Praktikum vor. Neben dem notwendigen Fachwissen sind **betriebswirtschaftliche Grundkenntnisse** unverzichtbar. Zu den notwendigen kaufmännischen Grundkenntnissen gehören z. B. Kenntnisse im Steuerrecht, im Vertragsrecht oder im Rechnungswesen. Ein gut funktionierendes Rechnungswesen mit Buchhaltung, Warenwirtschaft oder Preiskalkulation ist eine wichtige Voraussetzung für jeden Unternehmenserfolg.

Grundgesetz und Gewerbeordnung garantieren die Gewerbefreiheit. Dennoch besteht in verschiedenen Gewerbezweigen eine Genehmigungspflicht, die zwingend vorschreibt, dass der Existenzgründer berufsbezogene Voraussetzungen erfüllt (siehe S. 233).

**Chancen der Selbstständigkeit:** Die Chancen einer Selbstständigkeit sind hauptsächlich:
- höheres Ansehen in der Öffentlichkeit
- Unabhängigkeit
- höheres Einkommen
- Selbstverantwortung und Selbstverwirklichung

**Risiken der Selbstständigkeit:**
- **Hohe Arbeitsbelastung:** Durch Gründungsformalitäten, das Beschaffen von Aufträgen usw. ist die Arbeitszeit von Selbstständigen und Existenzgründern deutlich höher als die von Arbeitnehmern.
- **Einkommens- und Vermögensverluste:** Jede Unternehmensgründung ist ein Risiko. Misslingt sie, sind Einkommensverluste die Folge; schlimmstenfalls der Verlust des gesamten Vermögens durch Insolvenz.
- **Verantwortung:** Ein Unternehmensgründer trägt nicht nur für sich die Verantwortung, sondern auch für seine Familie, sowie für seine Mitarbeiter und deren Familien.
- **Verlust der sozialen Sicherung:** Selbstständige müssen selbst für ihre soziale Sicherung sorgen. Während bei Arbeitnehmern die Sozialversicherungsbeiträge vom Verdienst abgezogen werden, müssen Unternehmensgründer selbst für ihre **soziale Sicherung** sorgen, beispielsweise durch den Abschluss einer Berufsunfähigkeitsversicherung oder den freiwilligen Eintritt in die gesetzliche Rentenversicherung, da Unternehmer nicht automatisch rentenversicherungspflichtig sind.

**BUSINESSPLAN**
Hundesalon

**BUSINESSPLAN**
Eiscafé

**BUSINESSPLAN**
Gastronomie/Kneipe

### Businessplan

Die Auslöser für eine **Geschäftsidee** sind sehr vielfältig. Damit der Erfolg der Selbstständigkeit auch eintritt, bedarf es eines klaren und überzeugenden Konzepts, eines **Businessplans**.

Fertige Businesspläne, Vorlagen oder Muster für die Existenzgründung gibt es im Internet und bei den entsprechenden Verbänden in Hülle und Fülle. Das Angebot reicht von kostenlos bis kostenpflichtig, von einfach bis kompliziert. Man kann sich sogar fertige Businesspläne kaufen oder anfertigen lassen.

Mit dem Businessplan sollen vor allem Kreditgeber wie Banken angesprochen werden. Anhand der Angaben überprüfen sie, welches Risiko eine Kreditvergabe birgt. Mögliche Gesellschafter oder Kapitalgeber schätzen mit seiner Hilfe die Attraktivität einer Investition ein. Öffentliche Stellen nutzen den Businessplan als erste Grundlage für die Vergabe von Fördermitteln oder Steuererleichterungen. Neuen Mitarbeitern hilft er zu beurteilen, wie sicher ihr künftiger Arbeitsplatz sein wird. Auch für mögliche Kunden und Lieferanten ist er von Interesse. Selbst für den Existenzgründer ist ein Businessplan sinnvoll, da er hilft, seine Geschäftsidee in eine klar gegliederte Form zu überführen, was den Gründer zwingt, konkret zu planen, wie er seine Idee erfolgreich verwirklichen möchte. Man sieht: **Ein Businessplan ist eine unverzichtbare Voraussetzung für jede Existenzgründung.**

Der Businessplan ist sozusagen ein schriftlicher Fahrplan für die nächsten 3 bis 5 Jahre, wie die Geschäftsidee in die Tat umgesetzt werden soll. Er beschäftigt sich mit den Produkten oder den Dienstleistungen, die man anbieten will, mit den Kunden, der Konkurrenz, der Finanzierung, der Rechtsform des Unternehmens usw. Vereinfacht: Im Businessplan legt man fest, was man vorhat und was zu tun ist, damit das Gründungsvorhaben gelingt. Man plant aber nicht nur, sondern der **Plan** soll auch der **Kontrolle** der Zielsetzungen dienen.

Die nachfolgende Checkliste soll dem künftigen Unternehmer helfen, seine Geschäftsidee zu überdenken und zum Konzept reifen zu lassen.

**1. Die Geschäftsidee**
- Was ist Ihre Geschäftsidee?
- Welchen Nutzen hat Ihre Arbeit?
- Welchen zusätzlichen Nutzen, welche zusätzliche Leistung und Attraktivität bieten Sie im Unterschied zur Konkurrenz an?
- Wie bekannt ist Ihr Produkt/Ihre Dienstleistung?
- Was kostet Ihr Produkt/Ihre Dienstleistung?

**2. Markteinschätzung**
- Welche Kunden kommen infrage?
- Was sind die Wünsche dieser Kunden?
- Wie groß ist das Marktvolumen dieser Kunden?
- Mit welcher Werbung erreichen Sie Ihre Kunden?
- Sind Sie eventuell von wenigen Großkunden abhängig?

**3. Konkurrenzanalyse**
- Wer sind Ihre Konkurrenten?
- Was kostet Ihr Produkt/Ihre Dienstleistung bei der Konkurrenz?
- Können Sie preisgünstiger sein als die Konkurrenz?
- Wie könnten die Konkurrenten reagieren? Und wie reagieren Sie auf die Konkurrenz?
- Welchen Service bietet die Konkurrenz?

**4. Standort**
- Wo also haben Sie für Ihr Produkt/Ihre Dienstleistungen einen Erfolg versprechenden Markt und keine (übermächtige) Konkurrenz?

**5. Geschäftsverbindungen**
- Mit wem wollen Sie Ihr Unternehmen starten? Allein? Partner? Angestellte? Lieferanten, Hersteller, Großhändler?

**6. Zukunftsaussichten**
- Wie könnte die Entwicklung in Ihrer Branche aussehen?
- Wie wird sich die Nachfrage nach Ihrem Angebot entwickeln? Ist es jetzt in Mode, bald nicht mehr?
- Wie lange können Sie einen Vorsprung durch zusätzlichen Nutzen oder eine zusätzliche Leistung halten?
- Gibt es vergleichbare Branchen, an denen Sie sich orientieren können?

Bundesministerium für Wirtschaft, Broschüre „Starthilfe – der erfolgreiche Weg in die Selbstständigkeit"

Gründung eines Unternehmens  131–132

## 1.2 Wahl des Standorts

Der Standort ist von entscheidender Bedeutung für die Zukunft eines Betriebs. Er beeinflusst die Umsatzhöhe, die erzielbaren Preise, ebenso die Kosten und somit den Gewinn. Jedes Unternehmen wird versuchen, den „günstigsten Standort" zu ermitteln. Es wird ihn dort wählen, wo die Kosten am geringsten sind und der erwartete Nutzen am größten ist. Für die Wahl des richtigen Unternehmensstandorts sind eine ganze Reihe von Faktoren zu berücksichtigen wie:

- **Kundennähe**
  Gibt es genügend Kundschaft?
- **Konkurrenz**
  Wie stark sind Zahl, Größe und Anziehungskraft der Konkurrenten?
- **Kosten**
  Wie hoch sind Mieten, Energiekosten und Steuern?
- **Verkehrsanbindung**
  Können Kunden und Lieferanten problemlos den geplanten Standort erreichen?
- **Arbeitskräfte**
  Bietet der Arbeitsmarkt vor Ort geeignete Mitarbeiter? Wie ist das Lohnniveau?
- **Behördliche Auflagen**
  Gibt es Umwelt- und Bauvorschriften?

Für ein Unternehmen ist es sehr schwierig, alle diese Faktoren angemessen zu berücksichtigen. Es wird deshalb bei der Wahl seines Standorts Kompromisse schließen.

## 1.3 Berufsbezogene Voraussetzungen

Nach Artikel 12 Absatz 1 Grundgesetz haben alle Deutschen das Recht, sich selbstständig zu machen und einen Betrieb zu gründen **(Gewerbefreiheit)**. Auch für andere EU-Staatsbürger gelten in der Regel die gleichen Bedingungen.
Die Ausübung eines Gewerbes ist an bestimmte **persönliche Voraussetzungen** gebunden, z. B. volle Geschäftsfähigkeit des Gründers oder geordnete Lebensverhältnisse. Für einige Gewerbezweige ist eine besondere Genehmigung erforderlich (Vorlage bei der Gewerbeanmeldung). Viele andere sind nicht erlaubnispflichtig.

- **Einzelhandel:** Das Gewerbe ist grundsätzlich erlaubnisfrei. Beim Handel mit Arzneimitteln und Milch etc. ist ein Sachkenntnisnachweis erforderlich.

- **Hotel- und Gaststättengewerbe:** Eine Gaststättenerlaubnis wird erteilt, wenn der zukünftige Wirt persönlich zuverlässig ist und an einer Unterweisung der zuständigen Kammer teilgenommen hat. Die vorgesehenen Betriebsräume müssen der Gaststättenverordnung und den amtlichen Hygiene- und Feuerschutzvorschriften genügen.

- **Handwerk:** Handwerksbetriebe bedürfen nach der Handwerksordnung des Eintrags in die Handwerksrolle. In 53 von 93 Handwerksberufen ist die Meisterprüfung Voraussetzung für den Eintrag. Auch in 35 Berufen mit „Meisterzwang" werden Gesellen ohne Meisterprüfung eingetragen, wenn sie 6 Jahre Berufspraxis besitzen und 4 davon in leitender Funktion tätig waren. Diese Regelung gilt nicht für 6 besonders gefahrträchtige Handwerke wie z. B. Augenoptiker, Schornsteinfeger oder Zahntechniker (Stand 2021).

233

## 1.4 Gründungshilfen

Wer auch immer ein eigenes Unternehmen gründen möchte, sollte sich beraten lassen. Beratung ist keine Nachhilfe, sondern **Entscheidungshilfe**. Dies sollte übrigens auch in den ersten Jahren nach der Firmengründung gelten. Eine erste Beratung sollte folgende Fragen klären:

- Reichen meine persönlichen und fachlichen Kenntnisse aus?
- Stimmen meine Markteinschätzungen?
- Sind meine finanziellen Vorstellungen realistisch?
- Sind meine Pläne realisierbar?
- Lohnt es sich für mich, das Risiko der Selbstständigkeit einzugehen?

Erste Informationen für Existenzgründer bieten berufsständische Organisationen wie die **Industrie- und Handelskammern** (IHK) sowie die **Handwerkskammern (HWK)**. Weitere Beratungsstellen sind die **Fachverbände** der einzelnen Branchen sowie die **Institute der Wirtschaft**.
Neben Informations- und Schulungsveranstaltungen für Existenzgründer bieten Kammern und Verbände eine kostenlose, persönliche Existenzgründerberatung oder Existenzaufbauberatung an.
Bei staatlichen Stellen wie z. B. dem **Bundesministerium für Wirtschaft** oder den entsprechenden Stellen bei den Landeswirtschaftsministerien gibt es kostenloses Informationsmaterial.

Neben den genannten Einrichtungen erhält man Beratungen bei den folgenden Stellen. Dabei sollte beachtet werden, dass für bestimmte Beratungen staatliche Zuschüsse erhältlich sind:
- **Steuerberater** unterstützen bei den Gründungsvorbereitungen, bei der Einrichtung einer Buchhaltung und beraten bei allen Steuerfragen.
- **Kreditinstitute** beraten vorwiegend in Finanzierungsfragen, liefern jedoch auch bei Bedarf Informationen über Branchen und Märkte.
- **Freie Unternehmensberater** führen Marktanalysen durch, erarbeiten Unternehmensplanungen, erstellen Finanzierungskonzepte.
- **Rechtsanwälte und Notare** sollten vor allem beim Erstellen von Verträgen zu Rate gezogen werden, um unliebsamen Überraschungen vorzubeugen.

## 1.5 Finanzielle Förderung und Wirtschaftsförderung

**Info**
Bundesministerium für
Wirtschaft und Energie
→ Förderdatenbank
q483wq

Der Start in die unternehmerische Selbstständigkeit wird durch **finanzielle Hilfen** von EU, Bund, Ländern und Gemeinden unterstützt. Diese Förderprogramme bieten vor allem günstige Kredite an. Manche verlangen ermäßigte Zinssätze, andere bieten tilgungsfreie Jahre oder verzichten auf Sicherheiten. Aufgrund der großen Anzahl verschiedener Programme ist es sehr schwierig, die optimale Kombination zu finden. Ohne Rat kann man viel Geld verschenken. Deshalb sollte unbedingt die Betriebsberatungsstelle der zuständigen Kammer in Anspruch genommen werden. Wichtige Existenzgründungshilfen sind z. B.:
- **ERP-Gründerkredite** bei der KfW-Bankengruppe
- **Eigenkapitalhilfe-Darlehen** bei der KfW-Bankengruppe
- **Existenzgründungs-Darlehen** der Landesbanken
- **Ausfallbürgschaften** durch Kreditgemeinschaften, die in allen Bundesländern eingerichtet wurden. Sie übernehmen Bürgschaften für Handwerker, die für Bankkredite keine ausreichenden Sicherheiten besitzen. Solche Bürgschaften sichern bis zu 80 % des benötigten Kredits.

Gründung eines Unternehmens  132

- **Innovationsförderungsprogramme** beinhalten Zuschüsse, Kredite, Risikobeteiligungen und Bürgschaften für Gründer von technologieorientierten Unternehmen.

Ziel der Wirtschaftsförderung ist es, Unternehmen in einer bestimmten Region neu anzusiedeln oder ihr Fortbestehen zu sichern. Den Unternehmen werden durch reduzierte Steuersätze oder Bauland Anreize gesetzt, sich in diesem Gebiet niederzulassen. Staatliche Fördermaßnahmen sind z. B. Vorzugskredite, finanzielle Unterstützung für Unternehmensgründungen, die Schaffung von Technologieparks und deren Bestandspflege. Wirtschaftsförderung wird durch landeseigene Institutionen, durch Landkreise oder durch Gemeinden betrieben. Das Bundesministerium für Wirtschaft unterstützt den Aufbau Ost mit speziellen Absatzförderungs- und Vermarktungshilfeprogrammen.

**Info**
Baden-Württemberg
Wirtschaftsförderung
wr7e8y

## 1.6 Franchising

Ein Betriebsgründer kann sich viele Probleme und Risiken ersparen, wenn er sich ein fertiges Konzept kauft. Das System heißt **Franchising** und wird heute in vielen Branchen praktiziert.

**Info**
Franchising
di3y3d

### Franchise-Typen
**Vertriebsfranchising:** Der Franchisenehmer verkauft bestimmte Waren in seinem Geschäft. Das Geschäft trägt den Namen des Franchisegebers. Beispiel: Eismann, McDonald's

**Dienstleistungsfranchising:** Der Franchisenehmer bietet Dienstleistungen unter der Geschäftsbezeichnung des Franchisegebers an und verpflichtet sich, bestimmte Richtlinien und Vorgaben einzuhalten. Beispiele: Musikschule, Hotelkette

**Produktionsfranchising:** Nach Anweisungen des Franchisegebers stellt der Nehmer eine bestimmte Ware selbst her. Er verkauft die Produkte unter dem Warenzeichen des Franchisegebers. Beispiel: Getränkeabfüllbetrieb wie z. B. Cola

Beim **Franchiseverfahren** liefert ein Unternehmer – der **Franchisegeber** – Name, Marke, Know-how und Marketing. Gegen Gebühr räumt er dem **Franchisenehmer** das Recht ein, seine Waren und Dienstleistungen zu verkaufen. Er bietet dafür die Gewähr, dass kein anderer Franchisenehmer in seinem Gebiet einen Betrieb eröffnet.

Weitere Leistungen des Franchisegebers:
- Durchführung von Markttests
- Kalkulationshilfen
- laufende geschäftliche Betreuung und Beratung
- Werbung für alle Franchisenehmer
- Ausbildung und Fortbildung des Franchisenehmers und seiner Mitarbeiter

Der Entscheidungsspielraum des Franchisenehmers wird zwar eingeschränkt (z. B. bei der Auswahl der anzubietenden Produkte), dafür erhält er aber eine relative Sicherheit geboten, weil der Franchisegeber eine große Anzahl von überbetrieblichen Leistungen für ihn übernimmt. Allerdings sollte jeder Existenzgründer berücksichtigen, dass er sich in einer starken Abhängigkeit vom Franchisegeber befindet und wenig Spielraum für eigene Entscheidungen hat. Je nach Art des Unternehmens kann Franchising mit hohen Kosten verbunden sein, so wird z. B. bei McDonald's neben den laufenden Gebühren eine Mindestinvestition von 500 000 € verlangt. Des Weiteren müssen strenge Regeln beachtet werden; so ist bei manchen Franchisegebern die Teilnahme an mehrmonatigen Lehrgängen eine zwingende Grundvoraussetzung.

**So viele Tage dauert es, in diesen Ländern ein Unternehmen zu gründen:**

| Land | Tage |
|---|---|
| Neuseeland | 1 |
| Belgien | 4 |
| Kanada | 5 |
| USA | 6 |
| Großbritannien | 13 |
| Deutschland | 15 |
| Schweiz | 20 |
| Russland | 30 |
| Spanien | 47 |

## 1.7 Anmeldung der Unternehmensgründung

Die Gründung eines eigenen Betriebs macht eine Vielzahl von Anmeldeformalitäten sowie die Beachtung von zahlreichen gesetzlichen Vorschriften notwendig. So muss jeder Gewerbebetrieb beim zuständigen **Gewerbeamt** (der Gemeindeverwaltung) angemeldet werden. Notwendig hierzu sind ein Personalausweis (Pass) und evtl. besondere Genehmigungen und Nachweise (z. B. Handwerkskarte, Konzession usw.). Das Gewerbeamt leitet eine Kopie des Anmeldeformulars automatisch an die wichtigsten Stellen weiter.

**Checkliste zur Anmeldung eines Kleinbetriebs des Handwerks:**

1. Eintragung in die **Handwerksrolle** der **Handwerkskammer**
   → Ausstellung einer Handwerkskarte ☑

2. Je nach Rechtsform Eintragung des Unternehmens in das **Handelsregister** (Es wird beim zuständigen Amtsgericht geführt.) ☑

3. Meldung über Beginn des Gewerbes an das gemeindliche **Gewerberegister**
   → Ausstellung einer Gewerbeanmeldungsbestätigung ☑

4. Anmeldung beim **Finanzamt** nach der Steuergesetzgebung
   → Zuteilung einer **Steuernummer** ☑

5. Mitteilung an die zuständige **Berufsgenossenschaft**
   → Sicherung der Unfallversicherung ☑

6. Information an die Agentur für Arbeit
   → u. U. Fördermittel für Mitarbeiter, Zuteilung einer **Betriebsnummer** ☑

7. Anmeldung von Arbeitnehmern innerhalb von 14 Tagen bei den zuständigen **Krankenkassen** → Sozialversicherung ☑

8. Aushandeln der Bezugsbedingungen **bei Versorgungsunternehmen** für Strom, Gas, Wasser und Müllabfuhr ☑

9. Einholung der **Betriebsgenehmigung** bei überwachungspflichtigen Anlagen ☑

10. Besorgung von u. U. notwendigen **Sondergenehmigungen** (Information durch Behörden oder Kammern) ☑

# Gründung eines Unternehmens

## Wissen kompakt

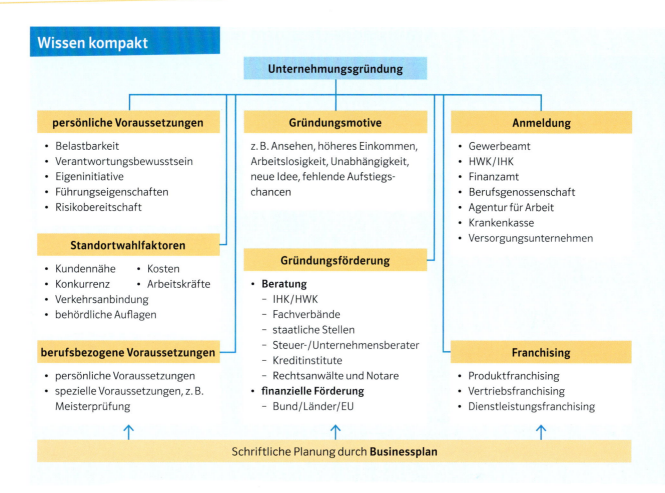

## Arbeitsteil

1. Eine Existenzgründung kann unterschiedliche Motive haben. Zählen Sie vier davon auf.

2. a) Nennen Sie sechs Voraussetzungen, die ein Existenzgründer mitbringen sollte.
   b) Welche Vorteile und welche Risiken sehen Sie in einer Existenzgründung?
   c) Würden Sie eine Existenzgründung wagen? Begründen Sie Ihre Entscheidung.

3. Nennen Sie fünf Standortfaktoren.

4. Welche berufsbezogenen Voraussetzungen für die Gründung eines Handwerksbetriebs gibt es?

5. Welche Einrichtungen bieten erste Informationen für Betriebsgründer?

6. a) Erklären Sie das Franchiseverfahren.
   b) Nennen Sie Vorteile und Nachteile des Franchising für den Franchisenehmer.

7. Wen müssen Sie bei der Betriebsgründung informieren? Nennen Sie drei Stellen und begründen Sie, warum Sie diese Stellen informieren müssen.

8. Jedes Jahr wird eine enorme Zahl von Unternehmen geschlossen; ein Teil davon wegen Insolvenz. Gut ein Fünftel der insolventen Unternehmen bestand 2018 weniger als 4 Jahre, was auf Fehler bei der Existenzgründung schließen lässt. Nennen Sie die häufigsten Fehler und beschreiben Sie, wie sich diese vermeiden lassen.

9. a) Entwickeln Sie im Team eine erfolgversprechende Geschäftsidee.
   b) Beschaffen Sie sich aus dem Internet die Vorlage eines Businessplans, die Sie auf Ihre Geschäftsidee anpassen. Der Plan sollte sich an der Checkliste auf S. 232 orientieren.
   c) Überzeugen Sie Ihre Klasse von der Geschäftsidee, indem Sie den Businessplan vorstellen.

## 2 Wahl der Rechtsform eines Unternehmens

### Einstieg

a) Muss diese Entscheidung wirklich so schwierig sein?
b) Worin liegen Ihrer Meinung nach die Probleme bei der Wahl der richtigen Rechtsform?

„Ganz schön schwierig, sich für die richtige Rechtsform zu entscheiden."

Bei der Gründung eines Unternehmens wird vieles überlegt, z. B. ob man die richtige Unternehmerpersönlichkeit ist, ob eine Marktlücke vorhanden ist, welche Geschäftsausstattung man braucht und wie diese finanziert werden kann. Über die Wahl der besten, der richtigen Unternehmensform macht man sich weniger Gedanken. Dies ist jedoch falsch! Ein Fehler in diesem Bereich kann früher oder später alles, was in mühsamer Arbeit aufgebaut wurde, zunichtemachen.

Ein wichtiges Merkmal einer Unternehmung ist ihre Rechtsform. Sie gibt unter anderem Auskunft über folgende Fragen:
- Wer bringt das erforderliche Kapital auf?
- Wer haftet für die Schulden?
- In welchem Umfang wird gehaftet?
- Wer ist berechtigt, die Unternehmung zu leiten und nach außen zu vertreten?
- Wer erhält den erwirtschafteten Gewinn?

### Übersicht über Rechtsformen der Unternehmung

**Unternehmungsformen (Rechtsformen der Unternehmung)**

**Einzelunternehmung**
Der Einzelunternehmer entscheidet und haftet allein, auch mit seinem Privatvermögen.

**Gesellschaftsunternehmungen**

**Personengesellschaften**
Im **Vordergrund stehen die Gesellschafter mit ihrer Arbeitskraft**. Sie haften je nach Gesellschaftsform beschränkt oder unbeschränkt.
Beispiel: Gesellschaft des bürgerlichen Rechts (GbR)

**Kapitalgesellschaften**
Im **Vordergrund steht die Kapitalbeteiligung**. Die Geschäftsführung übernehmen angestellte Geschäftsführer. Die Gesellschaft haftet als juristische Person, nicht die Gesellschafter.
Beispiel: Gesellschaft mit beschränkter Haftung (GmbH)

## 2.1 Einzelunternehmung

Die Einzelunternehmung ist die Rechtsform, die in der Bundesrepublik am weitesten verbreitet ist. Typische Einzelunternehmungen, die im Übrigen rund 80 % aller neu gegründeten Unternehmungen ausmachen, sind z. B. die kleineren Handwerksbetriebe, die landwirtschaftlichen Betriebe oder die Einzelhandelsbetriebe.
Im Mittelpunkt der Einzelunternehmung steht ein einzelner Unternehmer, der das Kapital aufbringt, die Unternehmung leitet und für die Schulden unbeschränkt haftet, also auch mit seinem Privatvermögen. Er allein hat die gesamte Entscheidungsgewalt und übernimmt auch allein die Verantwortung und das gesamte Risiko. Dafür hat er den vollen Anspruch auf den Unternehmensgewinn. Geeignet ist die Einzelunternehmung besonders für Existenzgründer und Kleingewerbetreibende. Die Geschäftsbezeichnung, unter der ein Einzelunternehmer seine Unternehmung betreibt, muss mindestens seinen Vornamen und Familiennamen enthalten. Kleingewerbetreibenden (Nichtkaufleuten) ist der Eintrag ins Handelsregister freigestellt. Sofern sie sich eintragen lassen, werden sie zum Kaufmann und unterliegen den Kaufmannsregeln des HGB (Handelsgesetzbuch). So können sie beispielsweise einen Firmennamen führen, höhere Verzugszinsen berechnen, formfrei Bürgschaften eingehen oder bei anderen Kaufleuten die Gewährleistung begrenzen. Dem stehen u. a. die Buchführungspflicht oder eine strengere Prüfungs- und Rügepflicht beim Handelskauf gegenüber. Erreicht das Unternehmen eine bestimmte Größe, dann **muss** der Einzelunternehmer sogar als **Kaufmann** (Istkaufmann) im **Handelsregister** eingetragen werden. In beiden Fällen schreibt das HGB vor, dass der Firmenname **(Firma)** einen **Rechtsformzusatz** erhält, nämlich „eingetragener Kaufmann" oder eine verständliche Abkürzung wie „e. K.", „e. Kfm." oder „e. Kfr.". So wird beispielsweise die Einzelunternehmung Max Bauer durch den Eintrag zu „Max Bauer e. K.".
Firma nennt man den Namen, unter dem ein eingetragener Kaufmann seine Unternehmung betreibt. Im Gegensatz zur Geschäftsführung von Nichtkaufleuten muss diese nicht mehr den Namen des Unternehmers enthalten. Max Bauer e. K. könnte seine Firma beispielsweise auch „Gigabyte Computerhandel e. K." nennen. Er kann seinen Firmennamen auch vererben und verkaufen.
Arbeitslose, die sich als Einzelunternehmer selbstständig machen, können staatlich gefördert werden. Für eine aussichtsreiche **Existenzgründung** können sie von der Agentur für Arbeit zusätzlich zum Arbeitslosengeld I sechs Monate lang einen steuerfreien **Gründungszuschuss** von 300 € monatlich erhalten. Trägt sich das Geschäftskonzept, dann kann es den Zuschuss neun weitere Monate erhalten (Stand 2021). Sofern der Jahresgewinn 60 000 € nicht übersteigt, sind die „Mini-Unternehmer" sogar von der Buchführungspflicht befreit. Die Umsatzsteuerbefreiung kann das Geschäft ankurbeln, denn der Gründer kann seine Leistungen steuerfrei und somit preiswerter anbieten. Existenzgründer dürfen auch Mitarbeiter einstellen.

HGB § 1

| Vorteile | Nachteile |
|---|---|
| • Der Unternehmer verfügt allein über den Gewinn.<br>• Der Unternehmer kann alleine und schnell entscheiden.<br>• Ein einzelner Unternehmer kann sich schnell an wirtschaftliche Veränderungen anpassen.<br>• Es besteht große Unabhängigkeit gegenüber anderen Meinungen. | • Der Unternehmer haftet unbeschränkt mit seinem Geschäfts- und Privatvermögen.<br>• Der Unternehmer trägt das Risiko alleine.<br>• Die Kapitalkraft und Geldbeschaffungsmöglichkeiten sind begrenzt.<br>• Die Nachfolge des Inhabers kann Probleme bereiten. |

## 2.2 Personengesellschaften am Beispiel der GbR

Schließen sich zwei oder mehr Personen zusammen, um gemeinsam eine Unternehmung zu betreiben, so bilden sie eine **Personengesellschaft**, wenn mindestens eine Person unbeschränkt mit ihrem gesamten Geschäfts- und Privatvermögen haftet. Vielfach entstehen Personengesellschaften aus umgewandelten Einzelunternehmungen, die so ihre Kreditwürdigkeit erhöhen wollen oder die wegen eines gestiegenen Kapitalbedarfs Gesellschafter aufnehmen müssen.

Ein anderer Grund kann zum Beispiel in der Absicht liegen, die Haftung, das Risiko oder die Arbeitsbelastung auf mehrere Personen zu verteilen. Oft wird auch versucht, auf diese Weise Fachkräfte für ein Unternehmen zu gewinnen. Selbst steuerliche Vorteile können eine solche Umwandlung ratsam erscheinen lassen. Häufig wollen Unternehmer Verwandte an der Unternehmung beteiligen. Auch machen persönliche Gründe (z. B. Alter, Erbfall) die Gründung einer Personengesellschaft erforderlich. Wichtige Personengesellschaften sind die **Gesellschaft bürgerlichen Rechts** (GbR), die **Offene Handelsgesellschaft** (OHG) und die **Kommanditgesellschaft** (KG).

### Gesellschaft bürgerlichen Rechts (GbR)

BGB §§ 705 ff.

Sie stellt die einfachste und unkomplizierteste Rechtsform dar. Rechtsgrundlage ist das BGB, deshalb wird die GbR auch BGB-Gesellschaft genannt. Durch eine vertragliche Vereinbarung, die sowohl zwischen natürlichen als auch juristischen Personen getroffen werden kann, wird ein gemeinsames Ziel bestimmt. Auch mündliche Abmachungen können als Vertrag gelten (z. B. Fahrgemeinschaft, Lottogemeinschaft). Bei der Gründung wird zwar die Schriftform empfohlen, sie ist aber nicht zwingend nötig. Durch die Rechtsprechung des Bundesgerichtshofs wird der GbR nach außen eine **Teilrechtsfähigkeit** zugebilligt. So kann sie eigene Rechte und Pflichten begründen, beispielsweise unter ihrem Namen klagen und verklagt werden. Lässt sie sich freiwillig ins Handelsregister eintragen, wird sie zur OHG. Gemessen am Einzelunternehmen entstehen keine steuerlichen Nachteile.

Werden keine besonderen Absprachen im Gesellschaftsvertrag getroffen, dann gelten folgende gesetzliche Regelungen:

- Für jedes abzuschließende Geschäft müssen **alle Gesellschafter** zustimmen, d. h. sie führen die Geschäfte gemeinschaftlich.
- Ebenso wie die Geschäftsführung steht die Vertretung der Gesellschaft nach außen allen Gesellschaftern gemeinsam zu. Allerdings gilt es hier als sinnvoll, die **Vertretungsbefugnis** und die **Geschäftsführung** einem Geschäftsführer zu übertragen.
- Jedem Gesellschafter steht der gleiche Gewinnanspruch zu.

## 2.3 Kapitalgesellschaften am Beispiel von GmbH und UG

Eine besondere Form der Gesellschaftsunternehmungen sind die Kapitalgesellschaften. Im Vordergrund steht die Aufbringung größerer Kapitalbeträge durch die Gesellschafter und nicht deren Mitarbeit in der Unternehmung. Die Gesellschafter haften nicht mit ihrem Privatvermögen, sondern nur mit ihrer Kapitaleinlage. Kapitalgesellschaften sind **juristische Personen**, d. h. sie haben eine eigene Rechtspersönlichkeit. Deshalb werden sie vom Gesetz wie Menschen behandelt und können beispielsweise Verträge schließen und vor Gericht verklagt werden. Kapitalgesellschaften entstehen durch die Eintragung ins **Handelsregister**. Werden die Geschäfte schon vor der Eintragung aufgenommen, dann haften die Gründer dafür unbeschränkt. Zu den wichtigsten Kapitalgesellschaften gehören:

- die **Gesellschaft mit beschränkter Haftung** (GmbH).
- die **Unternehmergesellschaft** (UG)
- die **Aktiengesellschaft** (AG)

## Gesellschaft mit beschränkter Haftung (GmbH)

Die Gesellschaft mit beschränkter Haftung (GmbH) ist eine juristische Person. Zur Gründung einer GmbH sind als Mindestkapital (Stammkapital) 25 000 € notwendig. Dabei ist es gleichgültig, ob dieses Stammkapital von einer Person (Ein-Mann-GmbH) oder von mehreren aufgebracht wird. Die Gesellschafter sind mit bestimmten Anteilen, sogenannten Geschäftsanteilen, am Stammkapital der Gesellschaft beteiligt. Die Mindeststammeinlage beträgt 1 €.

Die **Haftung** der Gesellschaft erstreckt sich auf das Gesellschaftsvermögen. Die Gesellschafter haften nur mit ihrem Geschäftsanteil, nicht jedoch mit ihrem Privatvermögen. Die **Gewinnverteilung** erfolgt entsprechend den Anteilen am Stammkapital. Der **Firmenname** muss die Bezeichnung „Gesellschaft mit beschränkter Haftung" enthalten.

GmbH-Gesetz

### Organe der GmbH

| | | |
|---|---|---|
| Die **Geschäftsführung** ist das leitende Organ. Sie besteht aus einer oder mehreren Personen, die von der Gesellschafterversammlung bestellt werden. | Die **Gesellschafterversammlung** kontrolliert die Geschäftsführung und entscheidet u. a. über die Verwendung des Jahresgewinns. | Ein **Aufsichtsrat** ist wie bei der AG das kontrollierende Organ. Er muss gebildet werden, wenn das Unternehmen mehr als 500 Beschäftigte hat. |

Da eine GmbH nur beschränkt haftet, ist bei der Kreditaufnahme natürlich zu erwarten, dass die Kreditgeber keinen sehr hohen Kreditrahmen einräumen. Andererseits wird gerade wegen der beschränkten Haftung diese Rechtsform sehr gerne gewählt. Der Trend zum geringen Risiko nimmt jedoch ab. Im Jahre 2019 hatten nur noch rund 13 % aller neu gegründeten Unternehmen die Unternehmensform der GmbH oder der UG.

## Unternehmergesellschaft (haftungsbeschränkt)/„Mini-GmbH"

Seit November 2008 kennt das GmbH-Recht eine zweite Variante der GmbH: die haftungsbeschränkte **Unternehmergesellschaft (UG)**. Abgesehen von der Gründung gelten für sie die Regelungen des GmbH-Rechts. Wird das im GmbH-Gesetz enthaltene Musterprotokoll verwendet, dann kann die Unternehmergesellschaft von heute auf morgen errichtet werden. Im Idealfall werden dafür nur 30 € Notarkosten fällig. Eine UG kann ohne bestimmtes Mindestkapital gegründet werden. Bereits 1 € Stammkapital genügt. Trotzdem ist die Haftung der Gründer beschränkt. Das Gründungskapital muss vor der Anmeldung ins Handelsregister aufgebracht werden, Sacheinlagen sind ausgeschlossen. Bei einem Euro Stammkapital stellt das sicherlich kein Problem dar. Allerdings muss ein Viertel des Jahresgewinns so lange angespart werden, bis das Mindestkapital einer normalen GmbH erreicht ist. Insofern kann man bei der UG auch von einer „Ansparungs-GmbH" sprechen. Sind 25 000 € angespart, dann kann die UG in eine reguläre GmbH umgewandelt werden. Der Firmenname muss die Bezeichnung „Unternehmergesellschaft (haftungsbeschränkt)" enthalten. Interessant ist diese „**Mini-GmbH**" vor allem für Existenzgründer, die anfangs über wenig Kapital verfügen oder für Branchen wie den Dienstleistungsbereich, die nicht so viel benötigen.

# Kompetenzbereich IV

## Wissen kompakt

| Merkmale / Rechtsform | Gründung | Haftung | Geschäftsführung und Vertretung | Wichtige Gesellschaftsorgane | Gewinnverteilung |
|---|---|---|---|---|---|
| **Einzel-unternehmung** | allein durch Einzel-unternehmer | allein und unbeschränkt | allein durch Einzel-unternehmer | — | allein an Einzel-unternehmer |
| **GbR** (Gesellschaft bürgerlichen Rechts) | mindestens zwei natürliche oder jurist. Personen mit gemeinsamem Ziel | Gesellschafter haften für alle Verpflichtungen als Gesamtschuldner mit dem Privatvermögen. | alle Gesellschafter gemeinschaftlich oder nach Vertrag | Gesellschafterversammlung, Geschäftsführer | Anteil gleich für jeden Gesellschafter |
| **GmbH** (Gesellschaft mit beschränkter Haftung) | mindestens 1 Person; mindestens 25 000 € Stammkapital | Gesellschaftsvermögen (Gesellschafter haften nur mit ihrem Geschäftsanteil.) | Geschäftsführer | Gesellschafterversammlung, Geschäftsführer (je nach Umfang der Gesellschaft: Aufsichtsrat) | nach Geschäftsanteilen |
| **UG** (Unternehmergesellschaft) | bei UG mindestens 1 € | | | | |

## Arbeitsteil

**1**  a) Nennen Sie drei wichtige Merkmale einer Einzelunternehmung.

b) Welche Vorteile bzw. Nachteile ergeben sich aus dieser Unternehmensform?

c) Welche Gründe können zur Umwandlung einer Einzelunternehmung in eine Personengesellschaft führen?

**2**  Was sind die wichtigsten Merkmale einer GmbH?

**3**  Erklären Sie, warum die GbR die einfachste Unternehmensform darstellt.

**4**  Im Jahre 2019 wurden in Deutschland ca. 550 565 neue Unternehmen gegründet, davon alleine rd. 13 % als GmbH. Begründen Sie die Beliebtheit dieser Rechtsform.

**5** Ingo Häcker (19 Jahre) und sein Freund Timo Netzer (17 Jahre) wollen ein Internet-Café gründen. Ein Freund hat ihnen empfohlen, die Rechtsform einer GmbH bzw. einer UG zu wählen. Die beiden setzen in ihrer Stammkneipe einen handschriftlichen Vertrag mit folgendem Inhalt auf:

**Vertrag**

Wir, Ingo Häcker und Timo Netzer, betreiben gemeinsam das Internet-Café „Globus". Wir wollen alles gemeinsam erledigen.

Ingo Häcker       Timo Netzer

a) Wäre der Vertrag so gültig? Begründen Sie Ihre Aussagen mit dem Gesetz.
b) Welche formellen Anforderungen werden an den Gesellschaftsvertrag einer GmbH bzw. UG gestellt?
c) Wie müsste dieser Vertrag inhaltlich aussehen? Machen Sie einen Vorschlag.
d) Wie könnte der Name der GmbH lauten?
e) Welche Probleme könnten sich für Ingo und Timo bei einer Bankkreditaufnahme ergeben?

**6** Welche Rechtsform halten Sie für Ihre Geschäftsidee (vgl. Kapitelteil 1) für die sinnvollste Lösung? Begründen Sie Ihre Entscheidung.

## Auszüge aus dem GmbH-Gesetz

**§ 1 Zweck; Gründerzahl**
Gesellschaften mit beschränkter Haftung können nach Maßgabe der Bestimmungen dieses Gesetzes zu jedem gesetzlich zulässigen Zweck durch eine oder mehrere Personen errichtet werden.

**§ 2 Form des Gesellschaftsvertrags**
(1) Der Gesellschaftsvertrag bedarf notarieller Form. Er ist von sämtlichen Gesellschaftern zu unterzeichnen.
(1a) Die Gesellschaft kann in einem vereinfachten Verfahren gegründet werden, wenn sie höchstens drei Gesellschafter und einen Geschäftsführer hat. Für die Gründung im vereinfachten Verfahren ist das in der Anlage bestimmte Musterprotokoll zu verwenden. […]

**§ 3 Inhalt des Gesellschaftsvertrags**
(1) Der Gesellschaftsvertrag muss enthalten:
1. die Firma und den Sitz der Gesellschaft,
2. den Gegenstand des Unternehmens,
3. den Betrag des Stammkapitals,
4. die Zahl und die Nennbeträge der Geschäftsanteile, die jeder Gesellschafter gegen Einlage auf das Stammkapital (Stammeinlage) übernimmt. […]

**§ 4 Firma**
(1) Die Firma der Gesellschaft muss, […] die Bezeichnung „Gesellschaft mit beschränkter Haftung" oder eine allgemein verständliche Abkürzung dieser Bezeichnung enthalten. […]

**§ 5 Stammkapital; Geschäftsanteil**
(1) Das Stammkapital der Gesellschaft muss mindestens fünfundzwanzigtausend Euro betragen.
(2) Der Nennbetrag jedes Geschäftsanteils muss auf volle Euro lauten. Ein Gesellschafter kann bei Errichtung der Gesellschaft mehrere Geschäftsanteile übernehmen. […]

**§ 5a Unternehmergesellschaft**
(1) Eine Gesellschaft, die mit einem Stammkapital gegründet wird, das den Betrag des Mindeststammkapitals nach § 5 Abs. 1 unterschreitet, muss in der Firma abweichend von § 4 die Bezeichnung „Unternehmergesellschaft (haftungsbeschränkt)" oder „UG (haftungsbeschränkt)" führen. […]

# 3 Finanzierung und Kapitalbedarf

## Einstieg

Michael Berger, der ein Spezialitätenrestaurant eröffnen möchte, spricht mit dem Kreditberater seiner Bank.

**Michael:** Letztes Jahr habe ich meine Küchenmeisterprüfung abgelegt. Jetzt möchte ich mich selbstständig machen. Wenn Sie meine Unterlagen durchsehen, werden Sie feststellen, dass ich alle Punkte des Businessplanes abgearbeitet habe. Jetzt fehlt nur noch das nötige Startkapital.

**Kreditberater:** Sie haben sich ja bestens vorbereitet und sogar eine Aufstellung mitgebracht. Allerdings vermisse ich die Ausgaben, die in der Gründungsphase anfallen. Ich setze die nötigen Gebühren mal mit 1500 € an. Das Warenlager, das ja auch teure Weine enthalten muss, wird bestimmt 10 000 € ausmachen. Dann sind noch Pacht mit Nebenkosten, Strom, Steuern, Versicherungen und Telefon zu bezahlen, das macht zusammen mindestens 15 000 € aus. Auch die Lohnkosten dürfen nicht vergessen werden. Da ihr neues Lokal nicht bekannt ist, müssen Sie für Werbung mindestens 7 000 € einplanen.

**Michael:** Die Lohnkosten sind kein Problem. Die sparen wir ein, weil meine Frau das Bedienen übernimmt.

**Kreditberater:** Das ändert aber nichts daran, dass Sie von etwas leben müssen. Deshalb muss auch Ihre Lebenshaltung finanziert werden.

**Michael:** Daran habe ich gar nicht gedacht. Dann wird es wohl nichts mit der Selbstständigkeit.

**Kreditberater:** Da machen Sie sich mal keine Sorgen. So wie ich das beurteile, liegt alles im üblichen Rahmen. Außerdem können Existenzgründer staatliche Unterstützung in Anspruch nehmen. Trotzdem benötigen wir von Ihnen einen Kapitalbedarfsplan, damit wir über die Finanzierung entscheiden können.

a) Weshalb sind Kapitalbedarfspläne eine wichtige Finanzierungsvoraussetzung?

b) Welche Finanzierungsfehler können zur Insolvenz führen?

## 3.1 Kapitalbedarf und Kapitalbedarfsplan

Bei jeder Unternehmensgründung ist eine entscheidende Frage zu klären:
Wie hoch ist der Kapitalbedarf des Unternehmens?
Daran knüpft eine weitere Frage an:
Wie ist der Kapitalbedarf zu finanzieren?

Finanzierung und Kapitalbedarf 136

Typische Fehler bei der Finanzierung eines Unternehmens sind.
- zu wenig Eigenkapital,
- keine rechtzeitigen Verhandlungen mit der Hausbank,
- Verwendung des Kontokorrentkredits (Überziehungskredit) zur Finanzierung von Investitionen,
- hohe Schulden bei Lieferanten,
- keine öffentlichen Finanzierungshilfen beantragt,
- finanzielle Überbelastung durch scheinbar günstige Kreditangebote,
- mangelhafte Planung des Kapitalbedarfs,
- mangelnde Zahlungseingänge von Kunden.

Von einer soliden Finanzierung hängt die Überlebenschance des Unternehmens ab. Deshalb sind die Vorarbeiten von entscheidender Bedeutung, insbesondere die Ermittlung des genauen **Kapitalbedarfs**. Dies erfolgt mit einem Kapitalbedarfsplan, der mindestens die ersten 3 bis 4 Monate erfasst. In diesem Plan muss auch die Sicherung der privaten Lebenshaltungskosten berücksichtigt werden. Außerdem sollte für Unvorhergesehenes eine Reserve eingeplant werden.

| BMWi-Existenzgründungsportal | Businessplan |
|---|---|
| **Kapitalbedarf: Finanzierung der Gründung und der betrieblichen Anlaufphase** | Euro |
| *Gründungskosten* | |
| Beratungen | |
| Anmeldungen/Genehmigungen | |
| Eintrag ins Handelsregister | |
| Notar | |
| + Sonstige | |
| Gesamt | |
| *Kosten für Anlaufphase* (Ausgaben bis zum ersten Geldeingang aus Umsatz für bestimmten Zeitraum, z.B. 3 Monate) | |
| Personalkosten, inkl. eigenes Geschäftsführergehalt bei Kapitalgesellschaften (alle Kosten inkl. Lohnnebenkosten) | |
| Beratung | |
| Leasing | |
| Miete/Pacht | |
| Werbung | |
| Vertrieb | |
| Betriebliche Steuern | |
| Versicherungen | |
| Reserve für Startphase, Folgeinvestitionen und Unvorhergesehenes | |
| + Sonstige | |
| Gesamt | |
| Unternehmerlohn (Bei Einzelunternehmen und Personengesellschaften zur Sicherstellung der privaten Lebenshaltungskosten) | |
| *Anlagevermögen* | |
| Patent-, Lizenz-, Franchisegebühren u.ä. | |
| Grundstücke/Immobilien einschl. Nebenkosten | |
| Produktionsanlagen, Maschinen, Werkzeuge | |
| Betriebs-, Geschäftsausstattung | |
| Fahrzeuge | |
| Gesamt | |
| *Umlaufvermögen* | |
| Material- u. Warenlager | |
| *Kapitaldienst* | |
| Zinsen für Existenzgründungsdarlehen/Bankkredite | |
| Tilgung | |
| = **Kapitalbedarf** | |

Bundesministerium für Wirtschaft und Technologie (BMWi), 2017

Die Unterschätzung des Kapitalbedarfs ist eine der Hauptursachen für das Scheitern von Existenzgründern. Häufig wird nicht berücksichtigt, dass junge Unternehmen in der Gründungsphase mit Anlaufverlusten rechnen müssen, z. B. weil sie zu wenig bekannt sind. Die Finanzmittel müssen deshalb so geplant werden, dass der Spielraum groß genug ist, um den geringen Umsatz in der Anlaufphase zu überbrücken. Nachdem der Kapitalbedarf ermittelt wurde, stellt man die Einnahmen den Ausgaben gegenüber. Da bei einer Unternehmensgründung die Ausgaben immer die Einnahmen übersteigen, müssen die nötigen finanziellen Mittel beschafft werden, damit das Unternehmen seine Zahlungsverpflichtungen erfüllen kann und nicht in die Insolvenz gerät. Es muss in der Startphase über eine ausreichende **Liquidität** verfügen.

## 3.2 Finanzierungsgrundsätze

Ist nun geklärt, wie viel Kapital gebraucht wird, gilt es, Geldquellen zur Finanzierung zu finden. Dabei sind grundsätzlich zwei Quellen zu unterscheiden:

| Eigenkapital | Fremdkapital |
| --- | --- |
| das eigene Geld des Gründers und/oder Beteiligungskapital von anderen Gesellschaftern | Darlehen oder Kredite von Banken und Sparkassen sowie Förderkredite/-darlehen |

Dabei gilt es, nachfolgende **Finanzierungsgrundsätze** zu beachten:

- Das **Anlagevermögen** (z. B. Grundstücke, Betriebsgebäude, Maschinen, Fahrzeuge) verlangt eine längerfristige Kapitalbindung und sollte möglichst durch Eigenkapital finanziert werden. Ist dies nicht ausreichend vorhanden, sollte der restliche Teil zumindest durch langfristiges Fremdkapital finanziert werden.

- Das **Umlaufvermögen** (z. B. Rohstoffe, unfertige Waren, Fertigwaren) kann durch kurzfristiges Fremdkapital finanziert werden (z. B. Lieferantenkredite, Kontokorrentkredit).

## 3.3 Finanzierung durch Eigenkapital

Es gilt der Grundsatz: **Je mehr Eigenkapital, desto sicherer.** Eigenkapital dient als:
- Sicherheits- und Risikopolster, um finanzielle Engpässe zu überbrücken,
- Zeichen der Kreditwürdigkeit gegenüber Geldgebern.

Als Faustregel gilt: Der Anteil des Eigenkapitals am Gesamtkapital sollte nicht unter 20 % liegen, eher höher. Deswegen sollte unter anderem geprüft werden:
- Wie hoch sind die Ersparnisse?
- Können bis zur geplanten Existenzgründung weitere Beträge angespart werden?
- Welche Sachmittel können in das Unternehmen eingebracht werden?
- Können Verwandte Geld zu günstigen Konditionen zur Verfügung stellen?
- Können Partner/Teilhaber, die Kapital haben, aufgenommen werden?

## Kreditarten im Überblick

Beim **Kontokorrentkredit** (Überziehungskredit, Kosten 12 – 15 % pro Jahr) wird das Geschäftskonto überzogen, um laufende Zahlungen abzuwickeln. Grundlage ist eine vertragliche Vereinbarung mit der Hausbank, die Überziehungen bis zu einer vereinbarten Höhe akzeptiert. Kontokorrentkredite sind relativ teuer.

Der **Lieferantenkredit** entsteht dadurch, dass der Unternehmer ein eingeräumtes Zahlungsziel des Lieferanten (zumeist 30 Tage) ausnutzt. Dabei wird meist auf Skontoabzug verzichtet. Vielfach ist es günstiger, Skonto auszunutzen, evtl. sogar unter Kreditaufnahme durch die Bank.

Das **Darlehen** ist ein Kreditvertrag mit vereinbarter Auszahlungssumme. Das Darlehen kann in Raten während der vereinbarten Laufzeit oder als Gesamtsumme am Ende der Laufzeit zurückgezahlt werden.

## 3.4 Finanzierung durch Fremdkapital

Für den Kreditnehmer stellt sich aufgrund der unterschiedlichen Zinsen und Kosten der einzelnen Kreditinstitute das Problem des Preisvergleichs. Hilfe bietet hier der **Effektivzinssatz**.
Die Effektivverzinsung gibt Auskunft über den tatsächlich zu zahlenden Zins einschließlich aller Gebühren und sonstigen Kosten. Der nach einer komplizierten Formel errechnete Effektivzinssatz wird in Tabellen oder Computerprogrammen gefasst. Anhand dieser Tabellen lässt sich bei verschiedenen Zinssätzen und Laufzeiten der jeweilige effektive Jahreszins ableiten (siehe auch S. 168 ff. Kredite).

## 3.5 Kreditsicherung

Kreditinstitute verleihen Spareinlagen von Kunden in Form von Krediten an andere Kunden. Dies erfordert ein Höchstmaß an Absicherung. Das Risiko einer Kreditgewährung im Rahmen von Existenzgründungen ist naturgemäß größer als bei „etablierten" Firmen. Außerdem liegen noch keine Vergangenheitsdaten vor. Neben der persönlichen Zuverlässigkeit des Kreditnehmers verlangen die Kreditinstitute deshalb meist zusätzliche **Sicherheiten**:

### Bürgschaften
Bei einer Bürgschaft verpflichtet sich eine dritte Person gegenüber dem Kreditgeber, das Darlehen zurückzuzahlen, wenn der Kreditnehmer nicht mehr dazu in der Lage ist. Üblich ist eine selbstschuldnerische Bürgschaft. Dies bedeutet, dass der Gläubiger (Bank) vom Bürgen sofort Zahlung verlangen kann, wenn der Schuldner seinen Verpflichtungen nicht vertragsgemäß nachkommt.

### Verpfändung von Wertpapieren, Waren und sonstigen Vermögenswerten
Bei einer Verpfändung von Gegenständen geht das Pfandobjekt (meist Schmuck oder Wertpapiere) in den Besitz des Gläubigers (Bank) über.

### Sicherungsübereignung von beweglichen Sachen
Bei einer Sicherungsübereignung wird das Eigentum an dem sicherungsübereigneten Gegenstand an den Kreditgeber übertragen. Der Schuldner kann jedoch diesen Gegenstand nutzen (er bleibt also Besitzer). **Beispiel:** Wird ein über Kredit finanziertes Auto sicherungsübereignet, kann der Fahrzeughalter das Auto zwar nutzen, muss aber den Kfz-Brief dem Kreditgeber aushändigen, damit eine unberechtigte Veräußerung (Verkauf) des Autos unmöglich gemacht wird.

### Grundschuld oder Hypothek
Eine Grundschuld oder Hypothek ist ein Pfandrecht an Grundstücken oder Gebäuden. Dieses Pfandrecht wird beim Grundbuchamt in das Grundbuch eingetragen. Kann der Schuldner sein Darlehen nicht vereinbarungsgemäß zurückzahlen, so hat die darlehensgebende Bank die Möglichkeit, diese Hypothek zu verwerten, d. h. die Bank kann das Gebäude im Wege der Zwangsversteigerung verwerten.

## 3.6 Leasing

Der **Leasingvertrag** hat eine große Ähnlichkeit mit dem Mietvertrag und dem Pachtvertrag. Ein Leasingnehmer zahlt an den Leasinggeber die Leasingrate. Dafür wird ihm der langfristige Gebrauch einer Sache gestattet. Am Ende der vereinbarten Laufzeit muss der Leasingnehmer die Sache zurückgeben, eventuell kann er sie auch kaufen.

Leasen kann man grundsätzlich alles, z. B. Lagergebäude, Maschinen, Autos, EDV-Anlagen, Krankenhäuser oder Theater. Auch ungewöhnliche Objekte können leasingfähig sein. So wurden schon einmal Löwen für einen Safaripark geleast. In den letzten Jahren hat diese Finanzierungsform immer mehr an Bedeutung gewonnen. Während Leasing ursprünglich nur im gewerblichen Bereich Anwendung fand, hat es inzwischen auch im privaten Bereich Einzug gehalten.

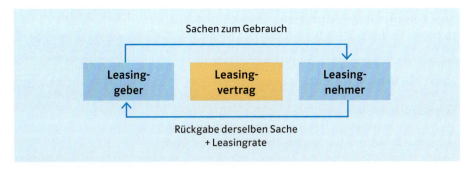

**Leasinggeber** können sein:
- die Hersteller der Gegenstände (häufig bei EDV-Anlagen),
- Leasing-Gesellschaften, die nach Vertragsabschluss aufgrund von speziellen Kundenwünschen beim Hersteller den entsprechenden Gegenstand erwerben und dann an den Kunden verleasen.

Die **Leasingzeit** beträgt für bewegliche Wirtschaftsgüter in der Regel mindestens drei Jahre, meist jedoch vier bis sechs Jahre. Für Gebäude wird normalerweise eine Leasingdauer von 20 bis 30 Jahren vereinbart.

Die **Leasingraten** richten sich nach der Vertragsdauer. Da sie unter anderem den Abschreibungsbetrag, die Zinsen des eingesetzten Kapitals, den anteiligen Verwaltungsaufwand sowie die Risikoprämie der Leasinggesellschaft decken müssen, betragen die monatlichen Leasingraten je nach Vertragsdauer zwischen 2 und 3 % des Anschaffungspreises.

Aufgrund der großen Vielfalt von Leasingmöglichkeiten ist ein genereller Vergleich zwischen Barkauf, Ratenkauf und Leasing schlecht möglich. Allgemein jedoch bietet es u. a. folgende Vorteile:
- Der Leasingnehmer kann seine Produktionsanlagen immer auf dem neuesten Stand der Technik halten.
- Durch die Leasinggesellschaft erhält er in der Regel eine andauernde Betreuung und Beratung.
- Je nach Art des Leasingvertrags können sich steuerliche Vorteile ergeben.
- Es besteht ein geringerer Kapitalbedarf für Investitionen, da die Anlagen nicht gekauft werden müssen.

## Wissen kompakt

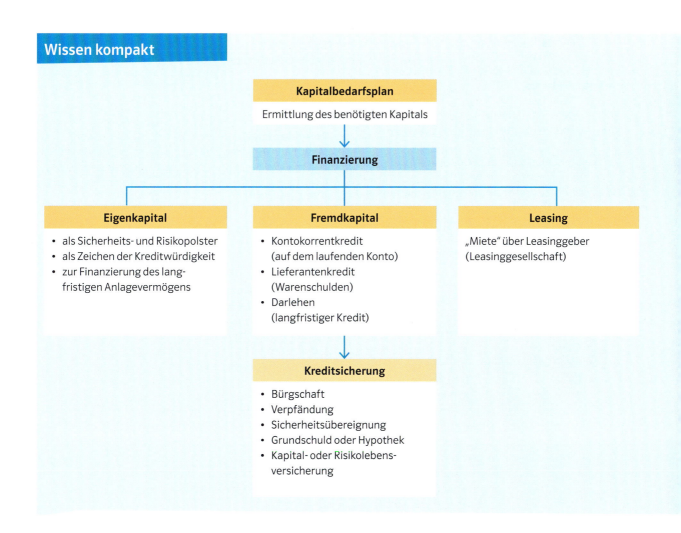

## Arbeitsteil

**1** Beschreiben Sie, welche Fehler bei der Finanzierung eines Unternehmens häufig gemacht werden.

**2** Nennen Sie die beiden möglichen Finanzierungsquellen.

**3** Welche Finanzierungsgrundsätze gilt es zu berücksichtigen bei der Finanzierung des
a) Anlagevermögens,
b) Umlaufvermögens?

**4** Warum sollte die Laufzeit der Fremdkapitalaufnahme die Nutzungsdauer der damit finanzierten Maschinen nicht übersteigen?

**5** Welche Bedeutung hat Eigenkapital bei einer Unternehmensgründung?

**6** Erklären Sie Funktionsweise und Bedeutung des Lieferantenkredits.

**7** Erklären Sie den Unterschied zwischen einem Kontokorrentkredit und einem Bankdarlehen.

**8** Was versteht man unter der Effektivverzinsung?

**9** Beschreiben Sie drei Arten von Kreditsicherheiten.

**10** a) Erklären Sie die Besonderheiten eines Leasingvertrags.
b) Nennen Sie drei Vorteile des Leasingvertrags.

**11** Auch rentabel arbeitende Betriebe können zahlungsunfähig (illiquide) werden, wenn z. B. die monatlichen Ausgaben die Einnahmen übersteigen.
a) Welche Gründe kann es für eine Zahlungsunfähigkeit geben?
b) Was kann dagegen getan werden?

**12** a) Für welchen Zeitraum sollten Existenzgründer mindestens einen Kapitalbedarfsplan aufstellen?
b) Weshalb ist ein Kapitalbedarfsplan bei Existenzgründern besonders wichtig?

**13** Nachfolgend ist ein vereinfachter Kapitalbedarfsplan abgebildet. Legen Sie diesen zugrunde und erstellen Sie anhand der Angaben auf S. 244 einen Kapitalbedarfsplan für das Spezialitätenrestaurant von Michael Berger. Die Geschäftsausstattung, wie Büromöbel und Einrichtung des Lokals, wird mit 40 000 € veranschlagt. Für Maschinen und Geräte werden 20 000 € angesetzt. Umbau und Renovierungsarbeiten fallen in Höhe von 15 000 € an. Ersetzen Sie fehlende Angaben sinnvoll und ermitteln Sie den Kapitalbedarf für die ersten 4 Monate.

**Kapitalbedarfsplan: Spezialitätenrestaurant**

in Euro

**Gründungskosten**
Anmeldung/Gebühren ......................

**Anlagevermögen**
Maschinen, Geräte,
Werkzeuge ........................
Geschäftsausstattung ......................
Fahrzeuge ......................

**Umlaufvermögen**
erstes Warenlager ....................

**Kosten für Anlaufphase**
Umbau/Renovierung ..............
Miete/Steuern/Müll/Strom
Versicherungen/ usw. .............
Werbung (Markteinführung) .............
Lohnkosten .........
Eigenbedarf des Gründers ........

**Gesamt** .....

# 4 Betriebliche Kosten

### Einstieg

Franz Müller hat sich als Schreinermeister selbstständig gemacht. Ein Kunde möchte ein Angebot über die Anfertigung und den Einbau eines neuen Einbauschranks haben. Da dies für Franz Müller der erste Auftrag ist, überlegt er.

Welche Überlegungen zur Erstellung des Angebots muss Franz Müller anstellen und welche Daten benötigt er, um dem Kunden einen Preis zu nennen?

Unternehmen erzeugen unterschiedliche **Leistungen**. Sie können Sachgüter produzieren wie Autos, Radiogeräte und Bücher, oder sie erbringen Dienstleistungen wie beispielsweise einen Haarschnitt oder eine Steuerberatung.

Damit eine Unternehmung diese Leistungen erstellen kann, muss sie andere Güter und Dienstleistungen einsetzen, die bezahlt werden müssen.
Beispiele: Maschinen, Rohstoffe, Werkzeuge, Arbeitskräfte.
Dieser in Geld ausgedrückte „Werteverzehr" wird als **Kosten** bezeichnet.

| Kosten | Betrieb | Leistungen |
|---|---|---|
| z. B.: | | z. B.: |
| • Rohstoffe | | • Möbel |
| • Löhne | | • Radiogeräte |
| • Maschinen | | • Versicherungen |
| • Abschreibungen | Produktion | • Kredite |

Da eine Unternehmung bestrebt ist, Gewinne zu erzielen, wird sie versuchen, ihre betrieblichen Leistungen mit möglichst geringen Kosten zu erstellen. Die genaue Erfassung der Kosten ist für die Unternehmer von großer Bedeutung, denn sie bildet unter anderem die Grundlage für die Preisermittlung (Kalkulation).

Auch die Planung, ob beispielsweise eine Produktion aufgenommen oder ein Betrieb gekauft wird, orientiert sich an der zu erwartenden Kostenhöhe. Häufig führen Unternehmer Betriebsvergleiche durch, d. h. sie vergleichen die Kosten des eigenen Betriebs mit den Kosten branchengleicher, aber fremder Betriebe. Auch hierzu ist eine exakte Kostenerfassung die Voraussetzung.

## 4.1 Fixe und variable Kosten

Erhöht oder senkt ein Betrieb seine Produktion, so steigen oder sinken in der Regel auch die Kosten. Dies gilt allerdings nur für einen Teil der Kosten. Man unterscheidet deshalb feste (fixe) und veränderliche (variable) Kosten.

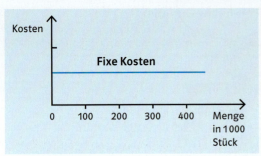

### Fixe Kosten
Sie fallen unabhängig von der Produktionsmenge immer in der gleichen Höhe an und werden daher als fix (fest) bezeichnet. Fixe Kosten entstehen selbst dann, wenn überhaupt nicht produziert wird.
Beispiele: Mieten, Versicherungsprämien, Steuern, Kreditkosten, Personalkosten der Verwaltung, Abschreibungen.

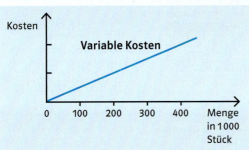

### Variable Kosten
Sie verändern sich gleichmäßig mit der hergestellten Menge. Nimmt die Produktion zu, so steigen entsprechend die variablen Kosten an, bei rückläufiger Produktion vermindern sie sich.
Beispiele: Rohstoffverbrauch, Fertigungslöhne, Energieverbrauch, Verpackungskosten.

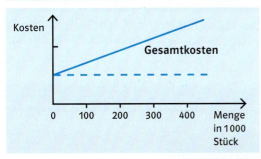

### Gesamtkosten
Zählt man die fixen und variablen Kosten zusammen, so erhält man die Gesamtkosten. Jeder Unternehmer ist nun bestrebt, den Anteil der fixen Kosten so gering wie möglich zu halten, um dadurch vom Produktionsumfang unabhängiger zu werden. Denn Betriebe, die einen hohen Fixkostenanteil aufweisen, müssen bei einem Produktionsrückgang mit ansteigenden Stückkosten rechnen.

Je mehr die Produktionsmenge zunimmt, umso mehr vermindert sich der Anteil der fixen Kosten an den Gesamtkosten, folglich sinken die Stückkosten. Man bezeichnet diesen Zusammenhang als das **Gesetz der industriellen Massenfertigung**. Beispielhaft ist dieser Zusammenhang in der nachfolgenden Tabelle ersichtlich.

| Produzierte Menge (Stück) | Fixe Kosten (€) | Variable Kosten (€) | Gesamtkosten (€) | Stückkosten (€) |
|---:|---:|---:|---:|---:|
| 0 | 200 000,00 | 0,00 | 200 000,00 | – |
| 50 000 | 200 000,00 | 50 000,00 | 250 000,00 | 5,00 |
| 100 000 | 200 000,00 | 100 000,00 | 300 000,00 | 3,00 |
| 200 000 | 200 000,00 | 200 000,00 | 400 000,00 | 2,00 |
| 400 000 | 200 000,00 | 400 000,00 | 600 000,00 | 1,50 |

Betriebliche Kosten  139–140

## 4.2 Einzel- und Gemeinkosten

Damit man den Verkaufspreis einer Ware exakt kalkulieren kann, muss man wissen, welche Kosten die Herstellung eines Produkts verursacht hat. Dabei zeigt sich, dass nicht alle Kosten einem Erzeugnis direkt zugerechnet werden können. Deshalb unterscheidet man Einzelkosten (= direkte Kosten) und Gemeinkosten (= indirekte Kosten).

**Einzelkosten** können einer betrieblichen Leistung (z. B. einem Produkt) direkt zugeordnet werden, weil sie für jedes einzelne Erzeugnis exakt feststellbar sind.
Beispiele: Fertigungslöhne, Fertigungsmaterial, Spezialwerkzeug für ein Produkt. Wegen der direkten Zurechnungsmöglichkeit spricht man auch von direkten Kosten.

**Gemeinkosten** können einer betrieblichen Leistung nicht direkt zugerechnet werden, da sie für alle oder für mehrere Produkte anfallen.
Beispiele: Gehälter der Verwaltung, Mietkosten, Hilfs- und Betriebsstoffe, Abschreibungen, Energiekosten, Kreditkosten, Steuern, Wartungs- und Instandhaltungskosten. Die Gemeinkosten werden dem einzelnen Produkt indirekt zugerechnet, und zwar prozentual mithilfe eines Verteilungsschlüssels.

## 4.3 Kostenarten-, Kostenstellen- und Kostenträgerrechnung

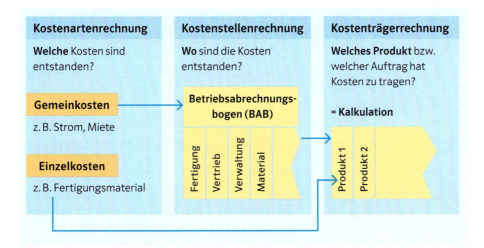

Die **Einzelkosten** (z. B. Materialeinzelkosten) gehen direkt in die **Kalkulation** (Kostenträgerrechnung) ein, da sie für das Produkt oder den Auftrag genau berechenbar sind. Die **Gemeinkosten** müssen mittels **Verteilerschlüssel** (Hilfsmittel Betriebsabrechnungsbogen BAB) auf die Kostenstellen verteilt werden. Die Kostenstellen werden durch Zuschlagssätze (z. B. Vertriebsgemeinkostenzuschlagssatz) in der Kalkulation berücksichtigt.

## 4.4 Kalkulation der Selbstkosten

**Fallbeispiel**
„Angebotsvergleich"
S. 257

Kalkulieren bedeutet, eine verlässliche Grundlage für die Preisgestaltung zu erstellen. Zu diesem Zweck muss der Unternehmer einen **Angebotsvergleich** durchführen, um mittels einer Bezugskalkulation den günstigsten Lieferanten zu finden. Danach kann er zunächst seine Selbstkosten ermitteln. Eine Kalkulation kann über verschiedene **Kalkulationsmethoden** erstellt werden.

### Divisionskalkulation

Sie wird dort angewandt, wo nur ein Erzeugnis hergestellt wird, d. h. bei einfacher Massenproduktion wie z. B. in Zementfabriken oder Elektrizitätswerken. Man erhält die Kosten eines einzelnen Erzeugnisses, wenn man die Gesamtkosten eines Zeitraumes durch die Anzahl der in dieser Zeit hergestellten Produkte dividiert.

> Beispiel: Ein Elektrizitätswerk hat in einem Monat 8 906 000 kWh Strom erzeugt. Dabei entstanden Gesamtkosten in Höhe von 1 603 080 €.
>
> $$\text{Selbstkosten je kWh} = \frac{\text{Gesamtkosten}}{\text{erzeugte Menge}} = \frac{1\,603\,080\,€}{8\,906\,000\,\text{kWh}} = 0{,}18\,€/\text{kWh}$$

### Einfache Zuschlagskalkulation

In vielen Handwerksbetrieben werden die Gemeinkosten in einer Summe erfasst und meist auf die Lohnkosten bezogen. Der Vorteil dieser vereinfachten Zuschlagskalkulation ist, dass Gemeinkosten nicht über BAB getrennt erfasst und berechnet werden müssen.

$$\text{Gemeinkostenzuschlagssatz in \%} = \frac{\text{Gemeinkosten pro Periode} \times 100\,\%}{\text{Lohnkosten pro Periode}}$$

> Beispiel: Ein Handwerksbetrieb hat im vergangenen Jahr folgende Kosten ermittelt:
> Fertigungskosten  255 000 €
> Gemeinkosten  446 250 €
>
> $$\text{Gemeinkostenzuschlagssatz in \%} = \frac{446\,250\,€ \times 100\,\%}{255\,000\,€} = 175\,\%$$

> Beispiel: Der Handwerksbetrieb hat einen Auftrag abgewickelt, für den Material im Wert von 160,00 € verbraucht wurde. Ein Mitarbeiter hat 20,5 Stunden daran gearbeitet. Er erhält einen Stundenlohn von 19,60 €.

| | | |
|---|---|---|
| Materialkosten lt. Entnahmeschein | | 160,00 € |
| Fertigungslohn lt. Stundenzettel | = 20,5 Std × 19,60 € | = 401,80 € |
| Gemeinkostenzuschlag | = 175 % von 401,80 € | = 703,15 € |
| **Selbstkosten des Auftrages** | | **1264,95 €** |

Der Nachteil dieser Kalkulationsmethode liegt darin, dass die Gemeinkosten auf den Fertigungslohn bezogen werden. Hier ist zu prüfen, ob die Gemeinkosten wirklich proportional (im gleichen Verhältnis) zu dem Fertigungslohn steigen.

**Betriebliche Kosten** 140

## Zuschlagskalkulation

Bei der Zuschlagskalkulation werden ebenfalls Einzel- und Gemeinkosten unterschieden, aber getrennt nach den sogenannten **Hauptkostenstellen** Material-, Fertigungs-, Verwaltungs- und Vertriebsstelle. Die Zurechnung erfolgt nach den im BAB ermittelten Gemeinkostenzuschlagssätzen.

Beispiel: Für einen Auftrag fallen folgende Einzelkosten an: 54,6 m² Material mit 24,50 €/m²; Stundenlohn 21,80 €; benötigte Zeit für den Auftrag 16,3 Std.; Gemeinkostenzuschlagssätze: Materialgemeinkostenzuschlag 10 %, Fertigungsgemeinkostenzuschlag 201 %, Verwaltungsgemeinkostenzuschlag 8 %, Vertriebsgemeinkostenzuschlag 6 %.

| Kalkulationsschema | Beispiel | | |
|---|---|---|---|
| Fertigungsmaterial (FM) | | 1337,70 | |
| + Materialgemeinkosten (in % des FM) | (10 %) | 133,77 | |
| = **Materialkosten (MK)** | | | 1471,47 € |
| + Fertigungslohn (FL) | | 355,34 | |
| + Fertigungsgemeinkosten (in % des FL) | (201 %) | 714,23 | |
| = **Fertigungskosten (FK)** | | | 1069,57 € |
| = **Herstellungskosten (HK)** (HK = MK + FK) | | | 2541,04 € |
| + Verwaltungsgemeinkosten (in % der HK) | | (8 %) | 203,28 € |
| + Vertriebsgemeinkosten (in % der HK) | | (6 %) | 152,46 € |
| = **Selbstkosten (SK)** | | | 2896,78 € |

*⊘* **Fallbeispiel**
„Angebotsvergleich"
S. 257

## 4.5 Kalkulation des Verkaufspreises

Kein Unternehmer kann sich damit zufriedengeben, seine erzeugten Leistungen zum Selbstkostenpreis zu verkaufen. Er wird einen angemessenen **Gewinnzuschlag**, abhängig von der Marktsituation (Welchen Preis gibt der Markt her?), kalkulieren. Außerdem müssen **Rabatt** (Preisnachlass z. B. bei großen Abnahmemengen) und **Skonto** (Abzug, wenn Zahlung innerhalb einer bestimmten Frist erfolgt) in der Kalkulation berücksichtigt werden.

Beispiel: Die Selbstkosten eines Auftrags betragen 2896,78 € (siehe oben). Im Betrieb wird mit folgenden Sätzen kalkuliert: Gewinn 12 %; Kundenrabatt 10 %; Skonto 3 %.

| | | | |
|---|---|---|---|
| Selbstkosten | 2896,78 € | | |
| + Gewinn, bezogen auf Selbstkosten (12 %) | 347,61 € | | |
| = Barverkaufspreis | 3244,39 € | 97 % | |
| + Kundenskonto 3 % i. H. | 100,34 € | 3 % | |
| = Zielverkaufspreis | 3344,73 € | 100 % | 90 % |
| + Kundenrabatt 10 % i. H. | 371,64 € | | 10 % |
| = **Listenverkaufspreis (netto)** | **3716,37 €** | | 100 % |

Beim Verkauf fällt noch die **Mehrwertsteuer** an (2021: 19 %).
Die Folge: Der Listenpreis wird um diesen Betrag erhöht.

255

## Wissen kompakt

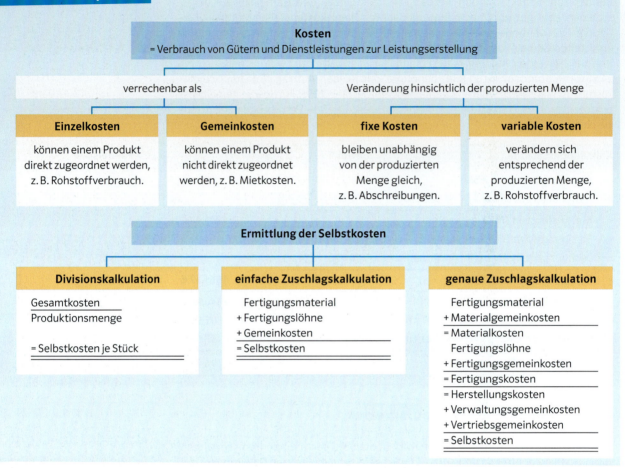

## Arbeitsteil

1. Unterscheiden Sie zwischen fixen und variablen Kosten.

2. Erklären Sie das Gesetz der industriellen Massenproduktion.

3. Welche Kosten eines betrieblich genutzten Lkw sind fixe, welche variable Kosten?

4. Prüfen Sie, ob Einzel- oder Gemeinkosten vorliegen.
   a) Bezahlung des monatlichen Gehalts von 1 400 € an den Pförtner,
   b) Rohstoffentnahme gemäß Materialentnahmeschein über 2 500 €,
   c) Frachtkosten für 500 kg des Produkts A in Höhe von 60 €.

5. Welche Aufgaben haben Kostenartenrechnung, Kostenstellenrechnung und Kostenträgerrechnung?

6. Ein Zementwerk stellt in einer Abrechnungsperiode 16 500 Tonnen Zement her. An Kosten hierfür werden 727 500 € festgestellt. Wie hoch sind die Selbstkosten für einen Sack Zement mit 25 kg?

7. Ein Schreiner kalkuliert für einen Auftrag: Materialkosten 160 €; Lohn Meister 6 Std. je 24 €; Lohn Geselle 14,5 Std. je 16,00 €; Lohn Auszubildender 5,3 Std. je 6,80 €; Gemeinkosten 145 % der Lohnkosten. Kalkulieren Sie die Selbstkosten.

8. In einem Friseursalon soll ein Herrenhaarschnitt kalkuliert werden. Folgende Daten liegen vor: Arbeitszeit 30 Minuten; Lohnkosten 12,60 €/Std.; Gemeinkosten 160 % (bezogen auf die Lohnkosten); Gewinnzuschlag 24 %; Mehrwertsteuer 19 %.
   a) Wie viel Euro kostet der Haarschnitt?
   b) Runden Sie das Ergebnis praxisgerecht.

# Fallbeispiel — Betriebliche Kosten

## Angebotsvergleich

### Problemsituation:

Max Neumann ist Auszubildender beim Möbelhersteller Modern Living. Für ein Möbelhaus sollen 200 Gartentische mit Tischplatten aus Granit hergestellt werden. Für diesen Auftrag soll Max bei 3 Lieferanten Angebote für Granittischplatten einholen. Danach soll er einen Angebotsvergleich durchführen, den besten Lieferanten ermitteln und das Ergebnis seinem Chef präsentieren. Seine Anfrage bei 3 Lieferanten hat mittlerweile folgende Angebote ergeben:

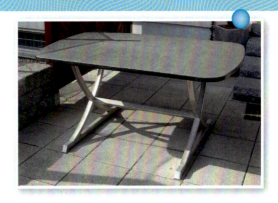

| Hubers Natursteinwerk, Zwiesel | Zang Chinese Stone, Frankfurt | P. Rigatoni, Carrara |
|---|---|---|
| - 215 € für eine Natursteinplatte<br>- ab 100 Stück 5 % Rabatt<br>- 3 % Skonto bei Zahlung innerhalb von 7 Tagen<br>- keine Versandkosten<br>- Lieferzeit 6 Wochen | - 380 € für 2 Natursteinplatten<br>- ab 200 Stück 10 % Rabatt<br>- zahlbar ohne Abzug bei Lieferung<br>- Versandkosten 500 € für 100 Platten<br>- Lieferzeit 12 Wochen | - 700 € für 4 Natursteinplatten<br>- ab 150 Stück 5 % Rabatt<br>- 2 % Skonto bei Zahlung innerhalb von 10 Tagen<br>- Versandkosten 150 € für 50 Platten<br>- Lieferzeit 2 Wochen |

Max will seinem Chef ein fundiertes Ergebnis präsentieren. Deshalb hat er die firmeneigenen Erfahrungen mit dem betreffenden Lieferanten ausgedruckt:

### Hubers Naturstein:

Hubers Natursteinwerk ist ein kleinerer Hersteller im Bayerischen Wald, hat aber einen guten Ruf in der Branche. Der Hersteller bietet aufwendig hergestellte Erzeugnisse mit einem hohen Qualitätsanspruch. Bisherige Lieferungen erfolgten stets zur vollsten Zufriedenheit. Für telefonische Beratung und Betreuung sind immer kompetente Ansprechpartner erreichbar. Berechtigte Reklamationen werden schnell und unbürokratisch abgewickelt.

### Zang Chinese Stone:

Der chinesische Hersteller hat seine deutsche Niederlassung mit deutschsprachigen und versierten Fachleuten besetzt. Diese beraten gut und sind problemlos zu erreichen. Bei Reklamationen zeigt man sich sehr großzügig und kulant, weil der chinesische Hersteller seinen Marktanteil in Deutschland noch mehr vergrößern will. Die Firma hat ein gutes Image, da ihre Produkte qualitativ hochwertig sind. Deshalb sind Reklamationen sehr selten. Bestellungen werden ausschließlich über die deutsche Niederlassung abgewickelt. Da die Lieferung direkt aus China erfolgt, sind die Lieferzeiten erheblich länger als bei deutschen Anbietern.

### P. Rigatoni:

Der Hersteller produziert ausschließlich in Italien. Dennoch kann er in der Regel schnell liefern, da er über große Produktionskapazitäten verfügt. Aufgrund seiner günstigen Preise ist er in Italien Marktführer. Bei der Abwicklungen von Bestellungen treten gelegentlich Verständigungsprobleme und Missverständnisse sowie daraus resultierende Falschlieferungen auf. Für Kundenberatung und Reklamationen gibt es jedoch einen deutschsprachigen Kundendienst. Die Abwicklung von Reklamationen läuft etwas umständlich und schwerfällig, häufig sind Rückfragen zu beantworten. Schon öfters wurden fest vereinbarte Liefertermine wegen stattfindender Streiks nicht eingehalten. Die Qualität der Erzeugnisse ist zufriedenstellend.

Der **Bezugspreis**, **Lieferkonditionen** und **Erfahrungsberichte** sollen die Grundlage der Entscheidung von Max sein. Diese will er anhand der in der Firma verwendeten **Scoring-Tabelle** treffen.

### Arbeitsauftrag:

Bilden Sie Arbeitsgruppen.
1. Verwenden Sie das unter dem oben genannten Online-Code abgebildete Schema und ermitteln Sie den Bezugspreis für jedes Angebot.
2. Füllen Sie die Scoring-Tabelle anhand der ermittelten Bezugspreise und der Erfahrungsberichte aus.
3. Entscheiden Sie, welches aus Ihrer Sicht das beste Angebot ist und präsentieren Sie Ihr Ergebnis.

# Preisbildung/Unternehmensgründung

Erwin Lindemann möchte sich in Heidelberg mit einem Fahrradgeschäft für preiswerte E-Bikes selbstständig machen. Zusätzlich zum Ladengeschäft plant er einen Internetversand.

In der örtlichen Tageszeitung teilt er die Eröffnung seines Unternehmens mit.

**Neueröffnung**

*E-Bike Shop*

Erwin Lindemann
Ringstr. 27 • 69115 Heidelberg

a) Welche persönlichen Eigenschaften muss Erwin Lindemann für den Schritt in die Selbstständigkeit mitbringen? Nennen Sie vier solcher Eigenschaften.

b) Für welche Unternehmensform hat sich Erwin Lindemann entschieden? Nennen Sie zwei Vorteile.

c) Im Zusammenhang mit der Neugründung ist es unerlässlich, einen geeigneten Standort zu finden. Geben Sie zwei Standortfaktoren an, die für Herrn Lindenmann bei der Auswahl wichtig sind.

d) Um das Ladengeschäft einrichten zu können, müssen die gesamte Inneneinrichtung und das Warenlager beschafft werden.
Erklären Sie die Finanzierungsmöglichkeiten durch Eigenkapital und Fremdkapital.

e) Da Erwin Lindemann für die Existenzgründung Geld von der Bank erhält, verlangt diese eine Sicherheit von ihm. Erläutern Sie zwei Möglichkeiten der Kreditsicherung.

f) Auf dem örtlichen Markt für E-Bikes ergibt sich folgende Angebots- und Nachfragesituation:

| Preis in € | Menge | |
|---|---|---|
| | nachgefragte Menge | angebotene Menge |
| 1200 | 30 | 10 |
| 1300 | 24 | 14 |
| 1400 | 18 | 18 |
| 1500 | 12 | 22 |
| 1600 | 6 | 26 |

Zeichnen Sie ein Koordinatensystem und stellen Sie die Preisbildung grafisch dar. Beschriften Sie die einzelnen Achsen.

g) Ermitteln Sie den Umsatz bei den verschiedenen Preisen und benennen Sie den Gleichgewichtspreis und die Gleichgewichtsmenge.

h) Mittlerweile hat sich sein Laden am Markt durchgesetzt. Um den Internetversand auszubauen, will er einen Freund in seine Firma aufnehmen und das Geschäft als GbR weiterführen. Erläutern Sie zwei Vorteile dieser Rechtsform gegenüber der GmbH.

**Üben**
weitere Prüfungsaufgabe
4e6n3v

**Üben interaktiv**
Prüfungsaufgaben
d85wh5

Prüfungsaufgaben

# Unternehmensgründung

Sportprofi Maier e. K. ist ein mittelständisches Unternehmen mit 10 Mitarbeitern. Das Unternehmen verkauft vor allem Sportartikel aus den USA. Zum Angebot gehören u. a. Sportschuhe, Sportbekleidung und Golfschläger.

a) Um welche Unternehmensform (Rechtsform) handelt es sich bei Sportprofi Maier e. K.?

b) Nennen Sie zwei Vorteile und Nachteile dieser Rechtsform für den Unternehmer Maier.

c) Welche Gründe könnten Herrn Maier veranlassen, sein Unternehmen in eine GmbH umzuwandeln?

Marina Maier, die Schwester von Herrn Maier, hat ihre Ausbildung als Kosmetikerin erfolgreich beendet. Nun will sie sich in der Region Stuttgart selbstständig machen. Bei ihrer Suche im Internet findet sie zwei Standorte, die sie für geeignet hält und deren Kosten nicht zu hoch sind.

### Standort 1
Ist 15 km von Stuttgart entfernt und hat ca. 10 000 Einwohner. Es gibt 8 weitere Kosmetikstudios, die sich vorwiegend im Ortskern befinden. Die Bevölkerungszahl nimmt in den letzten Jahren konstant zu. Die Räumlichkeiten wurden von der Vorgängerin modern und komplett ausgestattet. Sie liegen am Ortsrand. In unmittelbarer Umgebung befindet sich ein großer kostenfreier Parkplatz. Die monatliche Pacht beläuft sich auf 1400 €. Die Betriebsfläche umfasst mit 45 qm einen Verkaufsraum und zwei kleine Behandlungsräume sowie sanitäre Anlagen. Betriebserweiterungen sind nicht möglich.

### Standort 2
Ist nur 10 km von Stuttgart entfernt und hat 15 000 Einwohner. Über das ganze Stadtgebiet verteilt gibt es 10 weitere Kosmetikstudios. Die Bevölkerungszahl geht seit einigen Jahren zurück, da die Gemeinde in der Einflugschneise des Stuttgarter Flughafens liegt. Die Räumlichkeiten verfügen über keine Einrichtung, liegen aber direkt in der stark frequentierten Fußgängerzone. Ein kostenpflichtiges Parkhaus ist 100 m entfernt. Die Pacht beträgt 1550 € für 65 qm Die Räumlichkeiten verfügen über einen Verkaufsraum, zwei Behandlungsräume, sanitäre Anlagen, einen kleinen Abstellraum und einen Aufenthaltsraum. Betriebserweiterungen sind möglich. Die Gewerbesteuer ist niedriger als bei anderen Standorten.

d) Treffen Sie eine begründete Standortwahl und belegen Sie Ihre Entscheidung durch vier Argumente.

e) Marina Maier will den Kosmetiksalon zusammen mit einer Freundin in der Rechtsform einer Unternehmergesellschaft (UG) betreiben. Erläutern Sie mit drei Angaben, wie sich die UG von einer normalen GmbH unterscheidet.

f) Marina hat die Ladeneinrichtung geleast. Beschreiben Sie zwei Merkmale des Leasingvertrags.

**Üben**
weitere Prüfungsaufgabe
4e6n3v

**Üben interaktiv**
Prüfungsaufgaben
d85wh5

259

**Methoden** Arbeitsanhang

# Umgang mit Rechtsfällen

**Info**
Gesetzestexte im Internet
ki6w6a

Im privaten und beruflichen Leben kommt es häufig zu Streitigkeiten, die sehr oft gerichtlich geklärt werden müssen. Daher ist es von Vorteil, Einblicke in juristisches Denken und in die Arbeit mit Rechtstexten zu bekommen. Wichtige und wesentliche Gesetzesinhalte sollen erkannt und verstanden werden, damit man sich im „Paragrafendschungel" zurechtfindet.

Gesetze können nicht jeden Einzelfall lösen. Sie stellen nur allgemeine Richtlinien dar. Diese müssen dann auf den speziellen Fall übertragen werden.

Da es unterschiedliche Problemstellungen bzw. Streitfälle gibt, sind zur Lösung immer zuerst die „**4-W-Fragen**" zu stellen:

| **Wer** | **will was** | **von wem** | **woraus?** |
|---|---|---|---|
| (Anspruchsteller) | (Anspruch) | (Anspruchgegner) | (Anspruchs- oder Gesetzesgrundlage) |

Bei der Problemlösung wird immer nach dem gleichen Prinzip vorgegangen. Im Folgenden wird die **Methode der Fallbearbeitung** vorgestellt:

## 1. Schritt: Lesen und Verstehen

Der zu lösende Fall muss zu Beginn **mehrmals sorgfältig** durchgelesen werden. Dabei sollten wichtige sowie auch unbekannte Begriffe farbig markiert bzw. unterstrichen werden. (Dies ist in den nachfolgenden Fällen bereits erfolgt.) Klären Sie die unbekannten Begriffe.
Beim Lesen ist besonders auf **Zahlenangaben** zu achten. Zeit- oder Datumsangaben deuten oft auf Fristen oder Verjährung hin und Altersangaben auf fehlende Geschäfts- oder Deliktfähigkeit.
Werden im Fall keine konkreten Angaben gemacht, geht man vom normalen Verlauf der Dinge aus, z. B. dass es sich um volljährige Personen handelt – ohne Sonderregelung.

## 2. Schritt: Analyse des Problems
Formulieren der Fallfrage:
Wer will was von wem?

Beteiligte und Ansprüche der Beteiligten erkennen:
**Wer von wem?**
Beteiligte können u. a. folgende Parteien sein:
Schuldner und Gläubiger, Besitzer und Eigentümer, Käufer und Verkäufer, Arbeitnehmer und Arbeitgeber, Mieter und Vermieter, Dritte, …
**will was?**
Welche Willenserklärungen gaben die Beteiligten ab?
Welche Ansprüche werden gestellt?

**Es dürfen keine Dinge in den Sachverhalt hineininterpretiert werden. Nur feststehende Tatsachen sind zu berücksichtigen.**

**Methoden** Arbeitsanhang

## 3. Schritt: Anspüche/gesetzliche Regelungen finden
Woraus werden die Ansprüche abgeleitet?

Dieser Schritt ist die eigentliche Schwierigkeit bei der Arbeit mit Gesetzestexten.
Einige gesetzliche Regelungen beschäftigen sich mit **Ansprüchen.** Diese erkennt man an der Formulierung: jemand wird verpflichtet, etwas zu tun, zu unterlassen, zu verlangen oder herauszugeben.
Daneben enthalten die Gesetze aber auch **Einwendungen** gegen die Ansprüche.

Werden Sie mit einem Fall konfrontiert, zu denen Ihnen die Gesetzesgrundlagen nicht gegeben sind, hilft Ihnen das Sachwortverzeichnis am Ende des Gesetzbuches weiter. Bei der Suche sollte man sich ein Schlagwort überlegen, welches zum Sachverhalt passt.

## 4. Schritt: Vergleich

Die gefundenen Paragrafen sind in ihre einzelnen Bestandteile zu zerlegen und mit den Angaben im gegebenen Fall zu vergleichen.
Nur beim tatsächlichen Vorliegen **aller** gesetzlichen Voraussetzungen ist ein Anspruch entstanden.

## 5. Schritt: Formulieren der Lösung

Wie lautet die entsprechende Rechtsfolge? Das Ergebnis des 4. Schritts wird mit Verweis auf Gesetzesangaben zu Papier gebracht.

## Wie ist die Rechtslage in folgenden Anwendungsbeispielen?

Üben
weitere Rechtsfälle
kt5t5k

Lösen Sie die nachfolgenden Fälle unter Zuhilfenahme der jeweils abgedruckten Gesetzesauszüge.
Wenden Sie dabei die einzelnen **Schritte der Fallbearbeitung** an!

**Methoden** Arbeitsanhang

# „Mehrarbeit, die sich lohnt!"

### 1. Schritt: Lesen und Verstehen

Paulina (16 Jahre), Auszubildende zur Friseurin, zeigt in der Berufsschule stolz ihren Tablet-PC. Ihr Mitschüler Hans fragt sie neidvoll, wie sie sich eine Wohnung und derart teure Anschaffungen leisten kann. Paulina antwortet, dass sie neben ihrer vertraglich vereinbarten Ausbildungsvergütung von monatlich rund 500,00 Euro netto noch ca. 250 Euro mehr ausbezahlt bekommt. Sie begründet dies mit einer zwischen ihr und dem Ausbildungsbetrieb Haarsalon Mayer zusätzlich getroffenen Vereinbarung, wonach eine tägliche Mehrarbeit von 1,5 Stunden und die zweimalige monatliche Samstagsarbeit festgehalten worden sind. Außerdem verzichtet sie während ihrer Ausbildungszeit jährlich auf 8 Tage ihres Urlaubs gegen Auszahlung. Hans zweifelt die Rechtmäßigkeit dieser Vereinbarung an.

**Zu Recht?**

### 2. Schritt: Analyse des Problems
### Wer will was von wem?

Haarsalon Mayer (**Wer?**) vereinbart mit seiner Auszubildenden Paulina (von **wem?**) während der Dauer der Berufsausbildung Folgendes (will **was?**):
– eine tägliche Mehrarbeit von 1,5 Stunden
– Samstagsarbeit zweimal monatlich
– einen jährlichen Verzicht auf 8 Tage des Urlaubs gegen Auszahlung.

### 3. Schritt: Ansprüche/gesetzliche Regelungen finden
### Woraus werden die Ansprüche abgeleitet?

Zunächst handelt es sich um Parteien des Privatrechts. Da Paulina aber erst 16 Jahre alt ist und eine Berufsausbildung absolviert, ist speziell das Jugendarbeitsschutzgesetz (JArbSchG) bei der Falllösung heranzuziehen. Hinsichtlich der Auszahlung des anteiligen Jahresurlaubs muss das Bundesurlaubsgesetz (BUrlG) zur Hilfe genommen werden.

§ 1 JArSchG – Geltungsbereich
(1) Dieses Gesetz gilt [...] für die Beschäftigung von Personen, die noch nicht 18 Jahre alt sind,
1. in der Berufsausbildung, [...].

§ 8 JArbSchG – Dauer der Arbeitszeit
(1) Jugendliche dürfen nicht mehr als acht Stunden täglich und nicht mehr als 40 Stunden wöchentlich beschäftigt werden. [...]
(2a) Wenn an einzelnen Werktagen die Arbeitszeit auf weniger als acht Stunden verkürzt ist, können Jugendliche an den übrigen Werktagen derselben Woche achteinhalb Stunden beschäftigt werden. [...]

262

**Methoden** Arbeitsanhang

**§ 15 JArbSchG – Fünf-Tage-Woche**
Jugendliche dürfen nur an fünf Tagen in der Woche beschäftigt werden. Die beiden wöchentlichen Ruhetage sollen nach Möglichkeit aufeinanderfolgen.

**§ 16 JArbSchG – Samstagsruhe**
(1) An Samstagen dürfen Jugendliche nicht beschäftigt werden.
(2) Zulässig ist die Beschäftigung Jugendlicher an Samstagen nur [...]
2. in offenen Verkaufsstellen, in Betrieben mit offenen Verkaufsstellen, in Bäckereien und Konditoreien, im Friseurhandwerk und im Marktverkehr, [...] Mindestens zwei Samstage im Monat sollen beschäftigungsfrei bleiben.

(3) Werden Jugendliche am Samstag beschäftigt, ist ihnen die Fünf-Tage-Woche (§ 15) durch Freistellung an einem anderen berufsschulfreien Arbeitstag derselben Woche sicherzustellen. [...]

**§ 19 JArbSchG – Urlaub**
(1) Der Arbeitgeber hat Jugendlichen für jedes Kalenderjahr einen bezahlten Erholungsurlaub zu gewähren.
(2) Der Urlaub beträgt jährlich [...]
2. mindestens 27 Werktage, wenn der Jugendliche zu Beginn des Kalenderjahrs noch nicht 17 Jahre alt ist, [...]

**§ 7 BUrlG – Zeitpunkt, Übertragbarkeit und Abgeltung des Urlaubs**
[...]
(3) Der Urlaub muss im laufenden Kalenderjahr gewährt und genommen werden. Eine Übertragung des Urlaubs auf das nächste Kalenderjahr ist nur statthaft, wenn dringende betriebliche oder in der Person des Arbeitnehmers liegende Gründe dies rechtfertigen. [...]
(4) Kann der Urlaub wegen Beendigung des Arbeitsverhältnisses ganz oder teilweise nicht mehr gewährt werden, so ist er abzugelten.

## 4. Schritt: Vergleich

Paulina ist 16 Jahre alt und wird zur Berufsausbildung beschäftigt. Das Jugendarbeitsschutzgesetz ist anzuwenden (§1 JArbSchG).
Gemäß §8 JArbSchG dürfen Jugendliche nicht mehr als 8 Stunden täglich bzw. 40 Stunden wöchentlich beschäftigt werden. Demzufolge ist die tägliche Mehrarbeit Paulinas von 1,5 Stunden unzulässig, da die maximale Wochenarbeitszeit von 40 Stunden überschritten wird.
§15 JArbSchG regelt, dass Jugendliche nur an fünf Tagen in der Woche zu beschäftigen sind. Nach §16 JArbSchG ist eine Beschäftigung samstags grundsätzlich nicht erlaubt. Ausnahmen sind in bestimmten Berufszweigen möglich (§16 Absatz 2 Nr. 2 JArbSchG). Dazu zählt das Friseurhandwerk. Daher ist es vorerst zulässig, dass Paulina an zwei Samstagen beschäftigt wird.
§16 Absatz 3 JArbSchG besagt weiterhin, dass bei einer samstäglichen Beschäftigung trotzdem die Fünf-Tage-Woche einzuhalten ist.
Da Paulina zu Beginn des Kalenderjahres noch keine 17 Jahre alt ist, steht ihr gemäß §19 JArbSchG ein Jahresurlaub von 27 Werktagen zu. Des Weiteren ist geregelt, dass das Bundesurlaubsgesetz auch für Jugendliche in Beschäftigung anzuwenden ist. §7 Absatz 3 BUrlG legt fest, dass dem Beschäftigten sein Jahresurlaub gewährt werden muss. Der Arbeitnehmer hat diesen auch in Anspruch zu nehmen. Ausnahmen sind nur zulässig, wenn der Arbeitnehmer das Arbeitsverhältnis beendet (§7 Absatz 4 BUrlG).

## 5. Schritt: Formulieren der Lösung

Die zwischen der Auszubildenden Paulina und ihrem Ausbildungsbetrieb geschlossene Vereinbarung ist nach §§8, 15, 16 JArbSchG sowie 7 BUrlG unzulässig. Paulina ist eine tägliche Mehrarbeit von 1,5 Stunden nicht gestattet. Die jährliche Auszahlung von 8 Tagen ihres Urlaub ist ebenfalls rechtlich nicht zulässig.

# „Irren ohne Folgen?" (komplex)

### 1. Schritt: Lesen und Verstehen

Maler Klecks verkauft dem Elektromeister Schmidt für 1200 Euro ein Gemälde, welches in einer Woche übereignet und bezahlt werden soll.
Im Vertrauen auf diese Absprache erwirbt Herr Schmidt einen in sein Büro passenden Bilderrahmen. Da das Gemälde Sondermaße hat, musste er den gewünschten Rahmen vom Tischler anfertigen lassen (Preis 200 Euro).
Eine Woche später will Herr Schmidt wie verabredet das Gemälde abholen und bezahlen. Dabei stellt Herr Klecks fest, dass er sich beim Kaufpreis im Kaufvertrag verschrieben hat. Das Bild sollte eigentlich 2100 Euro kosten. Klecks erklärt, er fechte den Kaufvertrag an. Elektromeister Schmidt hält die Anfechtung für unwirksam und besteht auf Erfüllung des Kaufvertrags. Sollte die Anfechtung jedoch wirksam sein, fordert Herr Schmidt vom Maler Klecks den Betrag von 200 Euro für den schon gekauften Bilderrahmen, der dann überflüssig wäre.

**Hat Herr Schmidt einen Anspruch auf Übergabe des Gemäldes?**

### 2. Schritt: Analyse des Problems
#### Wer will was von wem?

Elektromeister Schmidt als Käufer (= **Wer?**) will die Übereignung des Gemäldes zum Kaufpreis von 1200 Euro (= will **was?**) von Maler Klecks (= von **wem?**).

### 3. Schritt: Ansprüche/gesetzliche Regelungen finden
#### Woraus werden die Ansprüche abgeleitet?

Es handelt sich um Parteien des Privatrechts, demnach ist das BGB heranzuziehen.

**§ 145 BGB – Bindung an den Antrag**
Wer einem anderen die Schließung eines Vertrags anträgt, ist an den Antrag gebunden, es sei denn, dass er die Gebundenheit ausgeschlossen hat.

**§ 433 BGB – Vertragstypische Pflichten beim Kaufvertrag**
(1) Durch den Kaufvertrag wird der Verkäufer einer Sache verpflichtet, dem Käufer die Sache zu übergeben und das Eigentum an der Sache zu verschaffen. Der Verkäufer hat dem Käufer die Sache frei von Sach- und Rechtsmängeln zu verschaffen.
(2) Der Käufer ist verpflichtet, dem Verkäufer den vereinbarten Kaufpreis zu zahlen und die gekaufte Sache abzunehmen.

**Methoden** Arbeitsanhang

Maler Klecks hält den Kaufvertrag aufgrund seiner Anfechtung für nichtig.

**§ 142 BGB – Wirkung der Anfechtung**
(1) Wird ein anfechtbares Rechtsgeschäft angefochten, so ist es als von Anfang an nichtig anzusehen.
(2) Wer die Anfechtbarkeit kannte oder kennen musste, wird, wenn die Anfechtung erfolgt, so behandelt, wie wenn er die Nichtigkeit des Rechtsgeschäfts gekannt hätte oder hätte kennen müssen.

**§ 143 BGB – Anfechtungserklärung**
(1) Die Anfechtung erfolgt durch Erklärung gegenüber dem Anfechtungsgegner.
(2) – (4) […]

**§ 119 BGB – Anfechtbarkeit wegen Irrtums**
(1) Wer bei der Abgabe einer Willenserklärung über deren Inhalt im Irrtum war oder eine Erklärung dieses Inhalts überhaupt nicht abgeben wollte, kann die Erklärung anfechten, wenn anzunehmen ist, dass er sie bei Kenntnis der Sachlage und bei verständiger Würdigung des Falles nicht abgegeben haben würde.
(2) Als Irrtum über den Inhalt der Erklärung gilt auch der Irrtum über solche Eigenschaften der Person oder der Sache, die im Verkehr als wesentlich angesehen werden.

**§ 121 BGB – Anfechtungsfrist**
(1) Die Anfechtung muss in den Fällen der §§ 119, 120 ohne schuldhaftes Zögern (unverzüglich) erfolgen, nachdem der Anfechtungsberechtigte von dem Anfechtungsgrund Kenntnis erlangt hat. Die einem Abwesenden gegenüber erfolgte Anfechtung gilt als rechtzeitig erfolgt, wenn die Anfechtungserklärung unverzüglich abgesendet worden ist.
(2) Die Anfechtung ist ausgeschlossen, wenn seit der Abgabe der Willenserklärung zehn Jahre verstrichen sind.

## 4. Schritt: Vergleich

Ein Kaufvertrag ist ein zweiseitiges Rechtsgeschäft und kommt nach § 145 BGB durch zwei übereinstimmende Willenserklärungen (Antrag und Annahme) zustande. Herr Schmidt ist der Meinung, dass der zwischen ihm und Maler Klecks geschlossene Kaufvertrag rechtsgültig ist. Mit Kaufvertrag haben sich Klecks und Schmidt über den Verkauf des Gemäldes zum Kaufpreis von 1 200 Euro geeinigt, so dass zunächst der Erfüllungsanspruch von Schmidt entstanden ist. Daraufhin verlangt er gemäß § 433 BGB die Übergabe des Gemäldes und verpflichtet sich zur Zahlung des vereinbarten Kaufpreises von 1 200 Euro.

Beim Abschluss des Kaufvertrags hat sich Maler Klecks jedoch bei der Höhe des Kaufpreises verschrieben und befand sich nach § 119 BGB im Erklärungsirrtum, welcher zur Anfechtung berechtigt. Gemäß § 143 Absatz 1 BGB i. V. m. § 121 BGB hat Klecks die Anfechtung gegenüber Schmidt unverzüglich und ausdrücklich erklärt, nachdem ihm sein Irrtum (Zahlendreher beim Kaufpreis) aufgefallen ist. Somit beruft sich Klecks auf die Nichtigkeit des Kaufvertrags. Die Voraussetzungen für eine wirksame Anfechtung nach § 142 BGB durch Klecks sind erfüllt.

## 5. Schritt: Formulieren der Lösung

Aufgrund der Anfechtung durch Klecks gem. § 119 BGB ist der geschlossene Kaufvertrag zwischen Maler Klecks und Elektromeister Schmidt rückwirkend nichtig. Die Wirkung der Anfechtung ist gem. § 142 BGB rechtsvernichtend. Herr Schmidt hat keinen Erfüllungsanspruch nach § 433 BGB. Er kann daher keine Übereignung des Gemäldes verlangen und muss keinen Kaufpreis zahlen.

**Methoden** Arbeitsanhang

Nachdem Herr Schmidt nun erkennen musste, dass der Kaufvertrag nicht wirksam geworden ist, möchte er seinen Anspruch auf Erstattung der ihm entstandenen Kosten in Höhe von 200 Euro durch Maler Klecks überprüfen.

## 2. Schritt: Analyse des Problems
### Wer will was von wem?

Elektromeister Schmidt als Beschädigter (= **Wer?**) will die Kostenübernahme in Höhe von 200 Euro für die Anfertigung des nun überflüssigen Bilderrahmens als entstandener Schaden (= will **was?**) vom Schadenverursacher Maler Klecks (= von **wem?**).

## 3. Schritt: Ansprüche/gesetzliche Regelungen finden
### Woraus werden die Ansprüche abgeleitet?

§ 122 BGB – Schadensersatzpflicht des Anfechtenden
(1) Ist eine Willenserklärung nach § 118 nichtig oder auf Grund der §§ 119, 120 angefochten, so hat der Erklärende, wenn die Erklärung einem anderen gegenüber abzugeben war, diesem, andernfalls jedem Dritten den Schaden zu ersetzen, den der andere oder der Dritte dadurch erleidet, dass er auf die Gültigkeit der Erklärung vertraut, jedoch nicht über den Betrag des Interesses hinaus, welches der andere oder der Dritte an der Gültigkeit der Erklärung hat.
(2) Die Schadensersatzpflicht tritt nicht ein, wenn der Beschädigte den Grund der Nichtigkeit oder der Anfechtbarkeit kannte oder infolge von Fahrlässigkeit nicht kannte (kennen musste).

Keine Einwendungen sind erkennbar. Hinsichtlich der Höhe der Kosten könnte es unter Umständen zu Streitigkeiten kommen.

## 4. Schritt: Vergleich

Herr Schmidt als Beschädigter kannte den Grund der Anfechtung bei Vertragsabschluss nicht und konnte auf die Gültigkeit des Vertrages vertrauen. Er hat daraufhin einen Bilderrahmen für 200 Euro anfertigen lassen. Durch die Anfechtung des Kaufvertrages wegen Erklärungsirrtums nach § 119 BGB durch Maler Klecks wurde der Kaufvertrag nichtig. Herrn Schmidt ist dadurch ein Schaden von 200 Euro entstanden. Die Kosten für den Bilderrahmen erscheinen wegen der notwendigen Sonderanfertigung angemessen.

## 5. Schritt: Formulieren der Lösung

Elekromeister Schmidt kann von Maler Klecks nach § 122 Absatz 1 BGB die Zahlung von 200 EUR als Schadensersatz verlangen.

**Methoden** Arbeitsanhang

# Analyse von Karikaturen

## Karikaturen „auf den Grund gehen"

**Karikaturen** (italienisch caricare = überladen, übertreiben) sind übertriebene Zeichnungen menschlicher Schwächen und/oder gesellschaftlicher Zustände und Probleme. Diese werden verkürzt, mit einfachen grafischen Mitteln und auf ironische Weise dargestellt.
Ziel ist es, den Betrachter nachdenklich zu machen und zu einer **eigenen Meinungsbildung** herauszufordern.
Es ist nicht immer leicht, Karikaturen zu entschlüsseln und einzuordnen. Bei der Analyse kann immer nach dem gleichen Prinzip vorgegangen werden. Dabei sind **5 Fragen** zu stellen:

### 1. Schritt: WAS ist zu sehen?   *Hier erfolgt noch KEINE Deutung!*

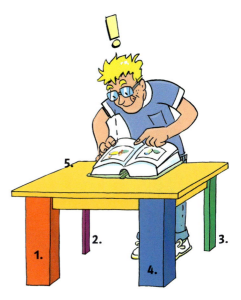

Beschreiben Sie die abgebildeten
- Figuren (Kleidung, Gestik/Mimik, Größenverhältnisse, …)
- Hintergründe
- Symbole
- Farben
- Texte, Überschriften, …
- Gibt es Auffälligkeiten?

### 2. Schritt: WER sind die handelnden Figuren?

Sofern die Karikatur mehrere Figuren zeigt, sind die Hauptdarsteller zu benennen.

### 3. Schritt: WEN stellen diese dar?

Hier findet die **erste Deutung** statt. Die Figuren können zum Beispiel sein: Arbeitnehmer, Arbeitgeber, Unternehmer, Käufer, Verkäufer, Politiker, …
Es erfolgt ein erster Situationsbezug.

### 4. Schritt: WIE lautet die Kernaussage der Karikatur?

Dieser Schritt ist die eigentliche Herausforderung bei der Analyse von Karikaturen. Durch das schrittweise Beantworten der Fragen 1 bis 3 gelangt man zur **Absicht des Zeichners**.
- Was kritisiert er?
- Wofür ergreift er Partei?
- …

### 5. Schritt: WELCHE Meinung vertreten Sie? Begründung!

Hier erfolgt die **abschließende Bewertung** der Karikatur und ihrer Kernaussage. Worin stimmen Sie zu, worin entgegen?
**Sie sollen selbst Stellung beziehen und Ihre Ansicht begründen!**

**Methoden** Arbeitsanhang

# Durchführung eines Rollenspiels

Im Betrieb gelten andere Regeln wie in der Schule oder zu Hause. Deshalb ist die Gefahr groß, in Konfliktsitua-tionen falsch zu reagieren. Man kann sich zu viel gefallen lassen, sich Feinde machen oder bei Vorgesetzten unangenehm auffallen. Richtiges Verhalten bei Konflikten kann man üben. Rollenspiele sollen Situationen aus dem Alltagsleben ins Klassenzimmer übertragen. Sie bieten die Möglichkeit, Problemsituationen spielerisch zu lösen und verschiedene Lösungswege auszuprobieren, ohne dabei etwas zu riskieren. Beispiele für Rollenspiele:

- Arbeitgeber und Gewerkschaft führen Tarifverhandlungen.
- Arbeitgeber und Arbeitnehmer vertreten ihre Position vor dem Richter beim Arbeitsgericht.
- Ein Bewerbungsgespräch zwischen Arbeitgeber und Bewerber wird geübt.
- Ein Meister kritisiert eine Auszubildende, sie sei unzuverlässig.

## 1. Schritt: Einführen in die Konfliktsituation

Lesen Sie die Situationsbeschreibung. Klären Sie, worin das Problem besteht. Besorgen Sie nötiges Material.

*Gesprächsregeln:*
- *Hören Sie Gesprächspartnern ohne Hektik zu.*
- *Versuchen Sie deren Argumente zu verstehen.*
- *Fassen Sie sich kurz.*
- *Unterlassen Sie persönliche Angriffe.*
- *Erkennen Sie bessere Argumente möglichst an.*
- *Akzeptieren Sie Ihre Gesprächspartner, gehen Sie auf deren Aussagen bewusst ein.*
- *Halten Sie Blickkontakt.*
- *Überzeugen Sie durch eine aufrechte Körperhaltung.*

## 2. Schritt: Vorbereiten

Bilden Sie Gruppen für die verschiedenen Rollen.
Bearbeiten Sie die Ihre Rollenkarte:
- Worin besteht der Konflikt aus der Sicht der Rolle?
- Wie sollte der Konflikt aus Ihrer Sicht gelöst werden?
- Überlegen Sie mögliche Argumente für Ihre Position.
- Überlegen Sie Gegenargumente und wie Sie darauf antworten.
- Besprechen Sie Ihre Vorgehensweise.
- Wählen Sie den Spieler für die Rolle aus.

## 3. Schritt: Durchführen des Rollenspiels

**Spieler**: Spielen Sie Ihre Rolle, wie in der Gruppe geplant. Beachten Sie die nebenstehenden Gesprächsregeln.
**Andere Gruppenmitglieder**: Beobachten Sie die Spieler, notieren Sie Auffälligkeiten im Verhalten und in der Argumentation. Den passenden Beurteilungsbogen finden Sie unter dem nebenstehenden Online-Code.

**Material**
Beurteilungsbogen
2cq4s8

## 4. Schritt: Auswerten

Fassen Sie die Argumente der Spieler zusammen und beurteilen Sie deren Gesprächsverhalten. Bewerten Sie das Spielergebnis.

**Methoden** Arbeitsanhang

# Auswertung von Statistiken/Schaubildern

Statistiken und Schaubilder stellen eine wichtige Grundlage für wirtschaftliche Entscheidungen dar. Wer sie richtig lesen kann, ist in der Lage, sich schnell über Sachverhalte zu informieren und sich eine **fundierte Meinung** zu bilden. Schaubilder können mehr aussagen als ein langer Text. Allerdings können sie auch in die Irre führen, wenn man voreilige Schlüsse zieht. Um Fehlinterpretationen zu vermeiden, müssen sie **sorgfältig und kritisch ausgewertet** werden. Dabei ist wie folgt vorzugehen:

## 1. Schritt: Erfassen   *Hier erfolgt noch KEINE Bewertung!*

Verschaffen Sie sich einen **ersten Überblick über die Inhalte**:
- Lesen Sie die Überschrift. Sehen Sie sich die Bildelemente genau an. Klären Sie unbekannte Begriffe.
- Um welche Darstellungsform handelt es sich (Tabelle, Diagrammart)?
- Handelt es sich um absolute Zahlen, um Prozentzahlen, um Mengenangaben oder Größenangaben?
- Woher stammen die Daten und wer hat sie ermittelt (Quelle, Erhebungszeitraum, Gebiet)?
- Wer hat das Schaubild erstellt/veröffentlicht und wie glaubwürdig ist die Herkunft der Daten?

> Eine Statistik informiert, indem sie Daten und Zahlen als Tabelle oder Diagramm verbildlicht. Hierbei gibt es keine einheitliche Leserichtung.
> Bei einem Schaubild werden die statistischen Angaben zusätzlich durch Bilder unterstützt.

## 2. Schritt: Beschreiben

Stellen Sie die **zentralen Aussagen** kurz zusammen:
- Wie verlaufen die Daten (gleichmäßig, sprunghaft, …)?
- Lassen sich Trends erkennen?
- Welche Vergleiche der Angaben sind möglich (Minimal-, Maximalwerte)?
- Fallen bestimmte Werte besonders auf?
- Sind Zusammenhänge sichtbar?
- In welchem Zusammenhang wurden die Daten veröffentlicht?

## 3. Schritt: Beurteilen

Hier erfolgt die **abschließende kritische Bewertung**:
- Ist die Überschrift eindeutig und passt sie zum Inhalt?
- Ist die Darstellungsform angemessen?
- Können die Daten überprüft werden? Ist die Quelle seriös?
- Sind die Daten aktuell, aussagekräftig und miteinander vergleichbar?
- Gibt es Widersprüche/Fehler oder bleiben Fragen unbeantwortet?
- Wirken die Bildelemente im Schaubild illustrierend oder manipulierend?
- Lässt sich aus der Darstellungsart eine bestimmte Absicht erkennen?
- Kann die Veröffentlichung der Daten jemandem nutzen oder schaden?

**Methoden** Arbeitsanhang

# Präsentation und Visualisierung von Arbeitsergebnissen

Eine Präsentation ist ein Vortrag unter Nutzung von Visualisierungen. Ob eine Präsentation gelingt, hängt auch davon ab, wie anschaulich, originell und überzeugend Inhalte vermittelt werden.
**Visualisieren** bedeutet „**sichtbar machen**". Bilder bleiben besser im Gedächtnis als Worte. Bei den Zuhörern steigen Aufmerksamkeit und Konzentration. Informationen werden besser behalten.
Eine gute Visualisierung soll keinen gesprochenen Vortrag ersetzen, sondern sinnvoll ergänzen. **Bildliche Informationen** werden durch das Ansprechen mehrerer Sinne besser und schneller aufgenommen und bringen Abwechslung in einen Vortrag.

## 1. Schritt: Vorüberlegen

Vor jeder Präsentation müssen folgende Fragen geklärt werden:
- Wie lautet das Thema der Präsentation?
- Was soll erreicht werden?
- Wer sind die Zuhörer und welche Vorkenntnisse sind vorhanden?
- Welche technischen Mittel und Räumlichkeit stehen zur Verfügung?
- Wie sind die Zeitvorgaben für die Präsentation?

## 2. Schritt: Beschaffen, Strukturieren und Reduzieren der Informationen

Wesentliche Inhalte zur Thematik sind zu sammeln und zu analysieren. Dabei sind Zusammenhänge herzustellen. Die Inhalte sind in eine logische Reihenfolge zu bringen, eine **Gliederung** muss erstellt werden. Wichtig ist, dass der Vortragende inhaltlich „sattelfest" und sicher ist. Nur so kann man Schwerpunkte setzen und entscheiden, was wichtig/unwichtig ist. Daher sollte man sich **vorher** intensiv Fachwissen zur Thematik aneignen.

## 3. Schritt: Material und Technik auswählen

Es sollte eine Abstimmung zwischen Vortragen und Zeigen bestehen. Was soll nur gesagt bzw. gezeigt werden? Ein Bild sagt oft mehr als tausend Worte.
Der Materialeinsatz einer Präsentation muss ausgewogen sein, das heißt: zu wenig Material wirkt langweilig und monoton; zu viele Materialien lenken zu sehr ab. Daher sind nur wichtige Inhalte der Präsentation zu visualisieren:
- Thema,
- Gliederung,
- Kernaussagen,
- wichtige Hintergrundinformationen und
- schwierige Zusammenhänge

**Methoden** Arbeitsanhang

Folgende Visualisierungsmöglichkeiten bieten sich an:
- Liste
- Tabelle
- Strukturskizze/Organigramm
- Grafik/Bild/Foto/Illustration
- Diagramme
- Symbol
- Mindmap
- Video

Beispiele für Visualisierungsmöglichkeiten

### Liste

**Standortfaktoren**
- Kundennähe
- Konkurrenz
- Kosten
- Verkehrsanbindung
- Arbeitskräfte
- Behördliche Auflagen

### Symbole

### Tabelle

| Ausgewählte Mehrwertsteuersätze in der EU | |
|---|---|
| Ungarn | 27 % |
| Schweden | 25 % |
| Finnland | 24 % |
| Griechenland | 24 % |
| Irland | 23 % |
| Italien | 22 % |
| Spanien | 21 % |
| Frankreich | 20 % |
| Deutschland | 19 % |
| Luxemburg | 17 % |

### Strukturskizze oder Organigramm

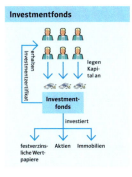

### Grafik

Arbeitslosenquote in %

Wertpapierdepot – Zusammensetzung

Außerdem muss klar sein, welche technischen Mittel zur Verfügung stehen. Diese sollten leicht zu bedienen sein. Wichtig: vor der Präsentation muss deren Funktionsfähigkeit unbedingt überprüft werden.

## 4. Schritt: Präsentation durchführen

Für eine gelungene Präsentation sollte Folgendes umgesetzt werden:
- selbstbewusstes Auftreten, offene Gestik, freundliche Mimik, ruhiger Blick,
- auf ein gepflegtes Äußeres achten,
- langsam, laut, deutlich und möglichst frei sprechen,
- kurze und verständliche Sätze bilden,
- Blickkontakt mit den Zuhörern aufnehmen und halten,
- wesentliche Inhalte am Ende des Vortrags zusammenfassen,
- auf komplizierte Begriffe und Fremdwörter verzichten.

Karteikärtchen mit Stichpunkten helfen, den „roten Faden" nicht zu verlieren und Wichtiges nicht zu vergessen.

## 5. Schritt: Präsentation auswerten

**Nach der Präsentation ist vor der nächsten Präsentation.** Unter diesem Motto ist zu prüfen:
- Was war gut/schlecht und warum?
- Sind die Teilnehmer mit der Präsentation zufrieden?
- Was kann beim nächsten Mal besser gemacht werden?

# Internetrecherche

## Im Netz suchen, aber bitte richtig!

Recherchen *(frz. recherche: (Nach-)Forschung, Suche)* gehören heute zu unserem Alltag. Eine gute Möglichkeit, gezielt (aktuelle) **Informationen zu beschaffen**, bietet das Internet. Um schnell und erfolgreich zum Ziel zu kommen, ist wie folgt vorzugehen:

### 1. Schritt: Suchbegriffe finden

Zunächst sollte die Fragestellung eingegrenzt werden. Es sind die **zentralen Suchbegriffe** zu sammeln. Auch schon bekannte Internet-Adressen werden notiert.

### 2. Schritt: Suche durchführen

Zuerst ruft man eine bekannte Suchmaschine (z. B. Google, Bing) oder ein **Online-Lexikon** auf und gibt geeignete **Suchbegriffe** (z. B. Wikipedia) ein. Dabei ist auf die richtige Schreibweise zu achten – vor allem die Punkte müssen an der richtigen Stelle sein! Es ist zu prüfen, ob die eingegebenen Suchbegriffe zu brauchbaren Seiten führen. Meist ist das Suchergebnis aufgrund der Informationsflut im world wide web (www) erneut einzugrenzen – die Suche muss verfeinert werden, damit sich die Anzahl der Einträge verringert.
Suchmaschinen können über die Option „erweiterte Suche" und „Sucheinstellung" nach unterschiedlichen Kriterien eingestellt werden.

Weiterhin ist es ratsam, mehrere Links zu sichten, denn **nicht immer sind die ersten angezeigten Ergebnisse auch die besten**. Die Treffer in der Suchmaschine geben keine inhaltliche Wertung hinsichtlich Vertrauenswürdigkeit und Qualität der gefundenen Informationen ab. Oft hilft eine neue Suche mit einem anderen passenden Such- oder Oberbegriff. Manchmal reicht es auch schon, Suchbegriffe in anderer Reihenfolge einzugeben.

**Methoden** Arbeitsanhang

## 3. Schritt: Suchergebnisse inhaltlich bewerten

Die Inhalte müssen grob erfasst werden, damit entschieden werden kann, ob sie zum Thema passen. Sie dürfen auf keinen Fall ungeprüft bleiben, denn nicht alles stimmt auch immer! Deshalb müssen **Quellen kritisch geprüft** werden:

- Wer betreibt die Internetseite? (siehe Impressum auf der Startseite der Homepage)
- Wann wurde die Seite zum letzten Mal aktualisiert?
- Welche Quellen und Autoren werden innerhalb der Seite angegeben?
- Gibt sich der Autor des Textes selbst zu erkennen?
- Ist der gefundene Text logisch und widerspruchsfrei oder bestehen Interessenkonflikte?
- In welchem Zusammenhang wird der gefundene Text veröffentlicht?

## 4. Schritt: Ergebnisse dokumentieren

Die **Suchergebnisse** sind **schriftlich festzuhalten**. Es ist empfehlenswert, eine Linksammlung zur Thematik zur späteren Rekonstruktion der Recherche anzulegen. Sofern Texte oder Textauszüge verwendet werden, muss der Link mit Datumsangabe zitiert werden (Urheberrecht beachten!!). Wichtige Seiten sollten ausgedruckt und/oder gespeichert werden.

Eine Linksammlung sollte folgende Informationen über die Internetseite enthalten:

- Namen, Vornamen der Autoren:
- Titel der Seite (Datum der Veröffentlichung),
- in: Titel des Internetauftritts, wenn sich dieser vom Titel der Seite unterscheidet,
- im Internet: Adresse der Internetseite
- (letzter Zugriff: Datum des letzten Aufrufs).

Beispiel: Nuding, Helmut; Haller, Josef: Üben – weitere Rechtfälle (2012), in: Wirtschaftskunde-Online, im Internet: http://www2.klett.de/sixcms/list.php?page=lehrwerk_extra&extra=Wirtschaftskunde-Online&titelfamilie=&inhalt=klett71prod_1.c.1682671.de&modul=inhaltsammlung&kapitel=168465 (letzter Zugriff: 02.05.2017)

## 5. Schritt: Ergebnisse auswerten

Hier sollen die festgehaltenen **Ergebnisse geordnet** und **ausgewertet** werden:

- Welche Suchergebnisse sind für die Beantwortung des Arbeitsauftrages hilfreich?
- Reichen die Ergebnisse aus oder muss eine speziellere Suche erfolgen?

Musterprüfung – Sommer 2020

# Schriftliche Abschlussprüfung Sommer 2020

## Berufsschulen in Baden-Württemberg (gewerblicher Bereich)

**Wirtschafts- und Sozialkunde**                                    Bearbeitungszeit: 60 Minuten

Verlangt:       **Alle Aufgaben**

Hilfsmittel:    Nicht programmierter Taschenrechner

Bewertung:      Bei den Aufgaben werden Umfang und Genauigkeit der gezeigten Kenntnisse und Einsichten,
                die Methodenkenntnisse bei der Auswertung von Arbeitsmitteln und die Fähigkeit zum kritischen
                Urteilen bewertet.

                Die Aufgaben WK1 und WK2 werden gleich gewichtet.

### WK 1   Die Rolle des Mitarbeiters in der Arbeitswelt aktiv ausüben/
###        Als Konsument rechtliche Bestimmungen in Alltagssituationen anwenden

**Ausgangssituation**                                                                    **Punkte**

Sie befinden sich kurz vor Ende Ihrer Berufsausbildung. Ihr Chef hat Sie darum gebeten, zu den Themen
„Duale Berufsausbildung" sowie „Formen des Zahlungsverkehrs" einen Vortrag für die neuen Auszubildenden zu halten.

**Aufgaben**                                                                                  **20**

1.1  Erstellen Sie eine Übersicht (z. B. Mindmap, Tabelle oder Ähnliches), mit deren Hilfe Sie die duale      **5**
     Berufsausbildung veranschaulichen.
     Gehen Sie dabei auf die vier Hauptpunkte „Lernorte", „Prüfungen", „Dauer" und „Vergütung" mit je-
     weils zwei Unterpunkten ein.

1.2  Nennen Sie zwei Rechte und zwei Pflichten eines Auszubildenden in der dualen Berufsausbildung.          **3**

1.3  Beim Vortrag stellt ein Jugendlicher die Frage: „Kann ich einen Berufsausbildungsvertrag vorzeitig      **3**
     beenden?"
     Stellen Sie alle Möglichkeiten in einer Übersicht dar (Anlage 1).

Einer der neuen Auszubildenden, Ignacio Perera, möchte sich für den Weg zum Betrieb einen Elektrorol-
ler in einem Onlineshop bestellen. Ignacio Perera stellt Ihnen hierzu nach dem Vortrag folgende Fragen.

1.4  Er möchte die Zahlungsart „Vorkasse" (vorab überweisen) wählen, damit er 3 % Rabatt auf den Ver-        **2**
     kaufspreis erhält.
     Beschreiben Sie Ignacio Perera das Risiko dieser Zahlungsart.

1.5  Der Onlineshop bietet weitere Zahlungsarten an: Lastschriftverfahren und Kreditkarte                    **5**
     Geben Sie jeweils einen Vorteil und einen Nachteil dieser beiden Zahlungsarten an.

1.6  Nach der Lieferung des Elektrorollers stellt Ignacio Perera fest, dass er ihm nicht gefällt.            **2**
     Erklären Sie Ignacio Perera, unter welchen beiden Voraussetzungen er den Elektroroller zurückgeben
     kann (Anlage 2).

274

**Anlage 1 zu WK 1**

### Auszug aus dem Berufsbildungsgesetz (SBiG)

#### § 22 Kündigung
(1) Während der Probezeit kann das Berufsausbildungsverhältnis jederzeit ohne Einhalten einer Kündigungsfrist gekündigt werden.
(2) Nach der Probezeit kann das Berufsausbildungsverhältnis nur gekündigt werden
    1. aus einem wichtigen Grund ohne Einhalten einer Kündigungsfrist,
    2. von Auszubildenden mit einer Kündigungsfrist von vier Wochen, wenn sie die Berufsausbildung aufgeben oder sich für eine andere Berufstätigkeit ausbilden lassen wollen.
(3) Die Kündigung muss schriftlich und in den Fällen des Absatzes 2 unter Angabe der Kündigungsgründe erfolgen.
(4) Eine Kündigung aus einem wichtigen Grund ist unwirksam, wenn die ihr zugrunde liegenden Tatsachen dem zur Kündigung Berechtigten länger als zwei Wochen bekannt sind. Ist ein vorgesehenes Güteverfahren vor einer außergerichtlichen Stelle eingeleitet, so wird bis zu dessen Beendigung der Lauf dieser Frist gehemmt.

**Anlage 2 zu WK 1**

### Auszug aus dem Bürgerlichen Gesetzbuch (BGB)

#### § 312g Widerrufsrecht
(1) Dem Verbraucher steht bei außerhalb von Geschäftsräumen geschlossenen Verträgen und bei Fernabsatzverträgen ein Widerrufsrecht gemäß § 355 zu.
    [...]

#### § 355 Widerrufsrecht bei Verbraucherverträgen
(1) Wird einem Verbraucher durch Gesetz ein Widerrufsrecht nach dieser Vorschrift eingeräumt, so sind der Verbraucher und der Unternehmer an ihre auf den Abschluss des Vertrags gerichteten Willenserklärungen nicht mehr gebunden, wenn der Verbraucher seine Willenserklärung fristgerecht widerrufen hat. Der Widerruf erfolgt durch Erklärung gegenüber dem Unternehmer. Aus der Erklärung muss der Entschluss des Verbrauchers zum Widerruf des Vertrags eindeutig hervorgehen. Der Widerruf muss keine Begründung enthalten. Zur Fristwahrung genügt die rechtzeitige Absendung des Widerrufs.
(2) Die Widerrufsfrist beträgt 14 Tage. Sie beginnt mit Vertragsschluss, soweit nichts anderes bestimmt ist.
(3) Im Falle des Widerrufs sind die empfangenen Leistungen unverzüglich zurückzugewähren. Bestimmt das Gesetz eine Höchstfrist für die Rückgewähr, so beginnt diese für den Unternehmer mit dem Zugang und für den Verbraucher mit der Abgabe der Widerrufserklärung. Ein Verbraucher wahrt diese Frist durch die rechtzeitige Absendung der Waren. Der Unternehmer trägt bei Widerruf die Gefahr der Rücksendung der Waren.

#### § 356 Widerrufsrecht bei außerhalb von Geschäftsräumen geschlossenen Verträgen und Fernabsatzverträgen
[…]
(2) Die Widerrufsfrist beginnt
    1. bei einem Verbrauchsgüterkauf,
        [...] sobald der Verbraucher oder ein von ihm benannter Dritter, der nicht Frachtführer ist, die Waren erhalten hat,
        […]

**Musterprüfung – Sommer 2020**

## WK 2 Als Konsument rechtliche Bestimmungen in Alltagssituationen anwenden/ Wirtschaftliches Handeln in der Sozialen Marktwirtschaft beurteilen

**Ausgangssituation**                                                                                              **Punkte**

Sie unterhalten sich im Pausenraum mit Dominik Schmitt (20 Jahre) über einen Zeitungsartikel (Anlage 5). Dominik ist irritiert, da der Artikel von einer fallenden Inflationsrate berichtet, er jedoch das Gefühl hat, dass die Preise in diesem Jahr weiter gestiegen sind. Nach Feierabend recherchieren Sie im Internet und stoßen auf verschiedene Beiträge.

**Aufgaben**                                                                                                       **20**

2.1 Der Verbraucherpreisindex (Preisindex für die Lebenshaltung) gibt die Entwicklung des allgemeinen    **3**
    Preisniveaus in der Bundesrepublik Deutschland an. Er dient somit als Grundlage für die Berechnung
    der Inflationsrate. In Anlage 3 ist dargestellt, wie das statistische Bundesamt den Verbraucherpreis-
    index ermittelt.
    Bringen Sie die in Anlage 3 vorgegebenen Schritte in die richtige Reihenfolge. Notieren Sie das Er-
    gebnis auf Ihrem Prüfungspapier.

2.2 Erklären Sie, warum die Zusammensetzung des Warenkorbes sowie die Gewichtung der Gütergrup-    **3**
    pen immer wieder angepasst werden muss. (Anlage 4)

2.3 Geben Sie unter Verwendung der Anlage 5 an, welche Faktoren die Inflationsrate beeinflusst haben.    **3**

2.4 Erklären Sie, warum zwischen steigenden Verbraucherpreisen und einer sinkenden Inflationsrate    **3**
    kein Widerspruch besteht. (Anlage 5)

2.5 Aufgrund der Inflation befürchtet Dominik Schmitt, dass Autos zukünftig teurer werden. Es fehlen    **3**
    ihm noch 10 000 Euro für sein Wunschauto. Stolz zeigt er Ihnen am nächsten Tag die ihm vorliegen-
    den Kreditangebote.
    Nennen Sie vier Inhalte, die in einem Verbraucherkreditvertrag enthalten sein müssen.

2.6 Die Bank fordert von Dominik für die Gewährung des Kredits Sicherheiten. Er soll sich zwischen einer    **5**
    Sicherungsübereignung des Fahrzeugs und einer Bürgschaft entscheiden.
    Stellen Sie die beiden Kreditsicherheiten in einer Tabelle gegenüber, berücksichtigen Sie dabei fol-
    gende Fragen:
    • Wie funktioniert die jeweilige Kreditsicherungsart?
    • Wer ist Besitzer und Eigentümer des Fahrzeugs?

**Anlage 3 zu WK2**

| | |
|---|---|
| **Indexberechnung: Vergleich des Wertes der Güter im Berichtsjahr mit dem Wert der Güter im Basisjahr (prozentuale Veränderungen → Inflationsrate)** | **Gewichtung der Güter anhand der verbrauchten Mengen (Wägungsschema)** |
| | **Bewertung der Güter des Warenkorbs mit Preisen des Berichtsjahres (aktuelles Jahr 2020)** |
| **Bestimmung der Güter des Warenkorbes (eines repräsentativen Durchschnittshaushaltes)** | |
| | **Bewertung der Güter des Warenkorbs mit Preisen des Basisjahres (derzeit: 2015)** |

276

Musterprüfung – Sommer 2020

Anlage 4 zu WK 2

Anlage 5 zu WK 2

Teuerung lässt nach

## Weiterhin rückläufige Inflationsrate in Deutschland

Wie das Statistische Bundesamt mitteilte, ging die Inflationsrate im Oktober 2019 abermals zurück. Hauptsächlich trugen gesunkene Energiekosten dazu bei, dass die Inflationsrate mit 1,1 Prozent den niedrigsten Stand seit Anfang 2018 erreichte. Dank der gesunkenen Energiekosten war dies der niedrigste Anstieg der Verbraucherpreise seit mehr als 1 1/2 Jahren. Ein Monat zuvor, im September 2019, lag die Preissteigerung noch bei 1,2 Prozent.

Gebremst wurde der Preisauftrieb hauptsächlich durch die günstigeren Energiepreise, die um durchschnittlich 2,1 Prozent gesunken sind. Lebensmittel kosteten dagegen 1,1 Prozent mehr als im Vorjahr. Die Preise für Dienstleistungen erhöhten sich um 1,7 Prozent, darin enthalten sind auch die um 1,4 Prozent gestiegenen Mieten.

Quelle: Nach DPA: Preisauftrieb lässt weiter nach - Inflation bei 1,1 Prozent

**Material**
Lösungen
z39g49

**Musterprüfung – Winter 2020/2021**

# Schriftliche Abschlussprüfung Winter 2020/2021

## Berufsschulen in Baden-Württemberg (gewerblicher Bereich)

**Wirtschafts- und Sozialkunde**                                          Bearbeitungszeit: 60 Minuten

Verlangt:     **Alle Aufgaben**

Hilfsmittel:   Nicht programmierter Taschenrechner

Bewertung:   Bei den Aufgaben werden Umfang und Genauigkeit der gezeigten Kenntnisse und Einsichten,
             die Methodenkenntnisse bei der Auswertung von Arbeitsmitteln und die Fähigkeit zum kritischen
             Urteilen bewertet. Die Aufgabe WK1 und WK2 sind gleich zu gewichten.

### WK 1   Die Rolle des Mitarbeiters in der Arbeitsweit aktiv ausüben/
### Als Konsument rechtliche Bestimmungen in Alltagssituationen anwenden

**Ausgangssituation**                                                                    **Punkte**

Nadine Schiller (20 Jahre) ist Auszubildende im dritten Ausbildungsjahr zur Gebäudereinigerin. Ihre Ausbildung
endet laut Berufsausbildungsvertrag am 31. August 2021. Die schriftliche Abschlussprüfung findet von 10. bis 12.
Mai 2021 statt. Ihre praktische Abschlussprüfung wird sie am 28. Juli 2021 ablegen. Sofort im Anschluss wird sie
die Prüfungsergebnisse erfahren. Der Gesellenbrief für die Auszubildenden, die die Prüfung bestanden haben,
soll am 20. September 2021 während einer Feier der Handwerkskammer überreicht werden. Frau Schillers Chef
erklärte ihr bereits, dass er sie nach erfolgreichem Abschluss der Ausbildung übernehmen wird. Allerdings soll sie
nur einen auf ein Jahr befristeten Arbeitsvertrag erhalten.

**Aufgaben**                                                                                  **20**

1.1  Erstellen Sie einen Zeitstrahl für Frau Schiller mit folgenden Terminen:                  **3,5**
     • Ausbildungsende laut Berufsausbildungsvertrag
     • schriftliche Prüfung
     • praktische Prüfung
     • Übergabe Gesellenbrief
     Markieren Sie auf dem Zeitstrahl, wann die Berufsausbildung für Frau Schiller endet, falls sie die
     schriftliche und die praktische Prüfung besteht (Anlage 1).

1.2  Beschreiben Sie einen Nachteil für Frau Schiller, der sich aus einem befristeten Arbeitsvertrag ergeben   **1,5**
     könnte.

1.3  Erstellen Sie aus den Angaben A bis J in Anlage 2 eine Übersicht (z. B. Strukturbild, Mindmap) zum Thema   **6**
     „Befristete Arbeitsverträge".
     Es genügt, wenn Sie die Buchstaben auf Ihr Lösungsblatt übertragen. Die Übersicht beginnt mit A.
     Anlage 3 enthält Informationen, die Ihnen bei der Lösung helfen können.

1.4  Von ihrer Ausbildungsvergütung kauft sich Frau Schiller ein Smartphone bei Elektro-Schmidt GmbH. Sie   **3**
     unterschreibt einen Kaufvertrag mit Allgemeinen Geschäftsbedingungen (AGB).
     • Begründen Sie, ob die Schriftform beim Kaufvertrag gesetzlich vorgeschrieben ist.
     • Erklären Sie zwei Vorteile der Schriftform.

1.5  Überprüfen Sie mit Hilfe des Gesetzestextes (Anlage 4) die einzelnen Bestimmungen (Klauseln) der AGB   **6**
     (Anlage 5) auf ihre Gültigkeit.

**Anlage 1 zu WK 1**

**Auszug aus dem Berufsbildungsgesetz (BBiG)**

**§ 21 Beendigung**
(1) Das Berufsausbildungsverhältnis endet mit dem Ablauf der Ausbildungsdauer […].
(2) Bestehen Auszubildende vor Ablauf der Ausbildungsdauer die Abschlussprüfung, so endet das Berufsausbildungsverhältnis mit Bekanntgabe des Ergebnisses durch den Prüfungsausschuss.
(3) Bestehen Auszubildende die Abschlussprüfung nicht, so verlängert sich das Berufsausbildungsverhältnis auf ihr Verlangen bis zur nächstmöglichen Wiederholungsprüfung, höchstens um ein Jahr.

**Anlage 2 zu WK1**

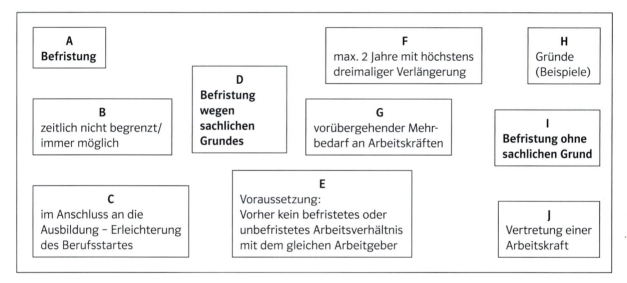

**Anlage 3 zu WK 1**

**Auszug aus dem Teilzeit- und Befristungsgesetz (TzBfG)**

**§14 Zulässigkeit der Befristung**
(1) Die Befristung eines Arbeitsvertrages ist zulässig, wenn sie durch einen sachlichen Grund gerechtfertigt ist. Ein sachlicher Grund liegt insbesondere vor, wenn
   1. der betriebliche Bedarf an der Arbeitsleistung nur vorübergehend besteht.
   2. die Befristung im Anschluss an eine Ausbildung oder ein Studium erfolgt, um den Übergang des Arbeitnehmers in eine Anschlussbeschäftigung zu erleichtern,
   3. der Arbeitnehmer zur Vertretung eines anderen Arbeitnehmers beschäftigt wird […]
(2) Die kalendermäßige Befristung eines Arbeitsvertrages ohne Vorliegen eines sachlichen Grundes ist bis zur Dauer von zwei Jahren zulässig; bis zu dieser Gesamtdauer von zwei Jahren ist auch die höchstens dreimalige Verlängerung eines kalendermäßig befristeten Arbeitsvertrages zulässig. Eine Befristung nach Satz 1 ist nicht zulässig, wenn mit demselben Arbeitgeber bereits zuvor ein befristetes oder unbefristetes Arbeitsverhältnis bestanden hat.

**Anlage 4 zu WK 1**

---

**Auszug aus dem Bürgerlichen Gesetzbuch (BGB)**

**§ 305b Vorrang der Individualabrede**
Individuelle Vertragsabreden haben Vorrang vor Allgemeinen Geschäftsbedingungen.

**§ 305c Überraschende und mehrdeutige Klauseln**
(1) Bestimmungen in Allgemeinen Geschäftsbedingungen, die nach den Umständen, insbesondere nach dem äußeren Erscheinungsbild des Vertrags, so ungewöhnlich sind, dass der Vertragspartner des Verwenders mit ihnen nicht zu rechnen braucht, werden nicht Vertragsbestandteil.
(2) ...

**§ 307 Inhaltskontrolle**
(1) Bestimmungen in Allgemeinen Geschäftsbedingungen sind unwirksam, wenn sie den Vertragspartner des Verwenders [...] unangemessen benachteiligen. [...]
(2) Eine unangemessene Benachteiligung ist im Zweifel anzunehmen, wenn eine Bestimmung
  1. mit wesentlichen Grundgedanken der gesetzlichen Regelung, von der abgewichen wird, nicht zu vereinbaren ist [...]
  2. wesentliche Rechte oder Pflichten [...] des Vertrags [...] so einschränkt, dass der Vertragszweck gefährdet ist.

**§ 439 Nacherfüllung**
[...]
(2) Der Verkäufer hat die zum Zwecke der Nacherfüllung erforderlichen Aufwendungen, insbesondere Transport-, Wege-, Arbeits- und Materialkosten zu tragen.

---

**Anlage 5 zu WK 1**

---

# Allgemeine Geschäftsbedingungen

### der Elektro-Schmidt GmbH

*Für unsere Leistungen und Lieferungen gelten ausschließlich nachfolgende Allgemeine Geschäftsbestimmungen*

**I    Individuelle Absprachen**
Von den AGB kann abgewichen werden. Individuelle Absprachen zwischen Verkäufer (Elektro-Schmidt GmbH) und dem Käufer sind gültig.
[...]
**III  Zusätzliche Leistungen**
Mit Abschluss eines Handykaufvertrags schließt der Kunde automatisch eine Garantieverlängerung ab. Die Kosten hierfür betragen einmalig 10 % vom Nettokaufpreis und sind vom Käufer zu zahlen.
[...]
**VI  Gewährleistung**
Die Kosten, die in Folge einer Nacherfüllung entstehen (z. B. Reparatur eines defekten Gerätes), werden zwischen Käufer und Verkäufer geteilt. Dies bedeutet, dass sowohl Käufer als auch Verkäufer jeweils 50 % der anfallenden Kosten tragen.
[...]

**Musterprüfung – Winter 2020/2021**

## WK 2 Die Rolle des Mitarbeiters in der Arbeitswelt aktiv ausüben/ Wirtschaftliches Handeln in der sozialen Marktwirtschaft beurteilen

**Ausgangssituation** Punkte

Paul Kaiser (21 Jahre) und Meike Schröder (20 Jahre) arbeiten in einem mittelständischen Industrieunternehmen. Es entwickelt sich folgendes Gespräch:

Paul Kaiser: Als ich gestern meine letzte Lohnabrechnung anschaute, habe ich mich mal wieder über den großen Unterschied zwischen meinem Bruttolohn von 2 700,00 Euro und meinem Nettolohn von 1 617,53 Euro geärgert.

Meike Schröder: Da stimme ich dir zu. Aber damit habe ich mich abgefunden. Mich ärgert, dass unser Arbeitgeber ab nächsten Monat die Pausenzeiten von 30 auf 50 Minuten täglich verlängern möchte.

Paul Kaiser: Das ist eine Frechheit. Darum muss sich unbedingt der Betriebsrat kümmern. Und dabei soll er sich gleich dafür einsetzen, dass mehr vom Bruttolohn in unserer Tasche ankommt. In der schlechten Konjunkturlage bekommen wir sowieso keine Lohnerhöhung.

Meike Schröder: Unser Kollege Ulrich Gruber hat mir erzählt, dass er vor kurzem 1 450,00 Euro vom Finanzamt zurückerhalten hat. Wie er das nur gemacht hat?

**Aufgaben** 20

2.1 Herr Kaiser formuliert im Gespräch zwei Forderungen an den Betriebsrat. 4
   • Geben Sie beide Forderungen stichwortartig an.
   • Begründen Sie, ob dem Betriebsrat Möglichkeiten zustehen, diese Forderungen umzusetzen.

2.2 Listen Sie für Herrn Kaiser die einzelnen Abzüge seiner Lohnabrechnung auf, die zum Unterschied 3
   zwischen Brutto- und Nettolohn führen.

2.3 Sie helfen Herrn Kaiser bei seiner Einkommensteuererklärung. Er hat Ihnen eine E-Mail mit seinen 3
   Ausgaben gesendet (Anlage 6).
   Ordnen Sie die Ausgaben von Herrn Kaiser in eine Tabelle mit folgender Struktur ein:

| Werbungskosten in Euro | Sonderausgaben in Euro | steuerlich nicht berücksichtigungsfähig in Euro |
|---|---|---|
| … | … | … |
| | | |

(Tabelle bitte auf das Lösungsblatt übernehmen.)

2.4 Werbungskosten und Sonderausgaben verändern das zu versteuernde Jahreseinkommen. 1
   Erklären Sie, warum Herr Kaiser eine Einkommensteuererklärung abgeben sollte.

2.5 Zur Beurteilung der wirtschaftlichen Lage dienen verschiedene Indikatoren, z. B. die Auftragseingänge 5
   der Unternehmen.
   • Nennen Sie zwei weitere Konjunkturindikatoren.
   • Beschreiben Sie für einen Indikator, wie er sich in den vier Konjunkturphasen jeweils verhält.

2.6 In der sozialen Marktwirtschaft hat der Staat die Möglichkeit, die Wirtschaft zu beeinflussen. 4
   Erläutern Sie zwei Einflussmöglichkeiten des Staates und deren Auswirkungen in der oben angesprochenen Wirtschaftslage.

**Anlage 6 zu WK 2**

Hallo,
mein Jahreseinkommen beträgt 32 400,00 EUR.
Anbei meine Belege. Kann man mit denen steuerlich etwas machen?

| | |
|---|---:|
| Anfahrt Arbeitsplatz (18 km × 220 Tage × 0,30 EUR) | 1 188,00 EUR |
| Kirchensteuer | 330,00 EUR |
| Gewerkschaftsbeitrag | 350,00 EUR |
| Quittung Mittagessen in Kantine (Jahr) | 700,00 EUR |
| Spenden an Hilfsorganisation | 300,00 EUR |
| Jahreskarte Fußballverein | 65,00 EUR |

Danke für Deinen Rat.

Viele Grüße
Paul

# Sachwortregister

## A

Abfindung   36, 38
Abgeltungssteuer   164
Abmahnung   39
Absatzmarkt   20 f., 183
Abschluss, Berufsausbildung   13
Abschlusszeugnis   11
Abschreibung   216, 251 ff.
Abschwung   221 ff.
Abtretungsverbot   170
Abzüge, sonstige   81 f.
Aktien   163 ff., 222
Aktiengesellschaft (AG)   103, 240
Allgemeinbildung   10 f.
Allgemeine Geschäftsbedingungen
   (AGB)   119, 145
Allgemeinverbindlichkeit   54, 60
Altersvorsorge   76 ff., 166, 204 f.
Amtsgericht   126 ff.
Anbieter   144, 182, 184 ff.
Anfechtbarkeit   109 f.
Angebot   112 f., 182 ff.
Angebotsvergleich   254, 257
Anlagebögen zur
   Einkommensteuererklärung   91
Anlagemix   166
Anlagevermögen   246
Anleihen   164
Annahme   112 f.
Annahmeverzug   121
Annuität   169
Anpreisung   113
Anschaffungsdarlehen   168
Antrag   112 f.
Anwartschaftszeiten,
   Rentenversicherung   68
Arbeitgeber   32 ff., 51, 86
Arbeitgeberanteile   85
Arbeitgeberverbände   53 f., 56 f., 63, 86
Arbeitnehmer   32 ff., 58
Arbeitnehmer-Pauschbetrag   92
Arbeitnehmersparzulage   94, 165
Arbeitsförderung   70
Arbeitsgericht   62 f.
Arbeitsgerichtsgesetz   45
Arbeitskampf   57 f.
Arbeitsleistung   32, 35
Arbeitslosengeld I, II   71
Arbeitslosenversicherung   70 f., 81 ff., 205
Arbeitsmarkt   183
Arbeitspapiere   33
Arbeitsrecht   32 ff.
Arbeitsschutz   25 ff.
Arbeitsschutzbestimmungen   203
Arbeitssicherheitsgesetz   26
Arbeitsstättenverordnung   26
Arbeitsunfälle   25, 70
Arbeitsverhältnis   32, 34 ff.
Arbeitsvertrag   32 ff.
Arbeitsvertrag, befristet   34 ff.
Arbeitszeit   27 ff.
Arbeitszeitgesetz   27, 34
Arbeitszeugnis   35, 40 f.
Aufhebungsvertrag   36

Aufschwung   221 f.
Aufsichtsrat   45, 241
Ausbildende   14 ff.
Ausbildungsberufe   12
Ausbildungsbetrieb   11 f.
Ausbildungsordnung   11 f.
Ausbildungsstätte   14
Ausbildungsvertrag   14 ff.
Ausfallbürgschaften   234
Ausgleichsabgabe   29
Außenbeitrag   215
Außenwirtschaftliches
   Gleichgewicht   218 ff.
Außergerichtliches
   Schuldenbereinigungsverfahren   175
Außergewöhnliche Belastung   92, 94
Aussperrung   58
Auszubildende   14 ff., 46 f., 71

## B

Bankleitzahl   154
Bargeld   149, 158
Bargeldlose Zahlung   149 f., 153, 156, 158
Barscheck   149
Barzahlung   149 f.
Basiskonto   151
Bausparen   163, 165
Beglaubigung, öffentliche   108
Beiträge   67 ff.
Beitragsbemessungsgrenze   69
Beitragszeiten, Rentenversicherung   68
Belastung, außergewöhnliche   92, 94
Berufsausbildung   10 ff.
Berufsausbildungsverhältnis   14
Berufsausbildungsvertrag   14 ff.
Berufsbildungsgesetz (BBiG)   11, 14
Berufsfelder   12
Berufsgenossenschaft   27, 30, 69 f., 236
Berufshaftpflichtversicherung   77
Berufskrankheiten   25, 70
Berufsrichter   62 f., 73
Berufsschule   11
Berufsunfähigkeitsversicherung   77
Berufung   62, 73, 129
Beschaffenheit, vereinbarte   118
Beschaffungsmarkt   20 f., 183
Beschäftigungsverbot   28
Besitz   115 f.
Bestellung   112
Beteiligungsrechte   47
Beteiligungssparen   165
Betriebsarten   21
Betriebsordnung   52
Betriebsrat   30, 38, 45 ff., 51 f.
Betriebsvereinbarungen   47, 51 f.
Betriebsverfassungsgesetz (BetrVG)
   45 ff.
Betriebsversammlung   47 f.
Betriebszugehörigkeit   37 f.
Beurkundung, notarielle   108
Bezahlen mit dem Handy   157
Beweislastumkehr   119
Bewerbung   32 f.
Binnenwert des Geldes   207

Bonitätsauskünfte   173
Boom   221 f.
Börse   183, 187
Bruttoinlandsprodukt   58, 213 ff.
Bruttolohn   81 ff.
Bruttonationaleinkommen   214
Bruttosozialprodukt   213 f.
Buchgeld   149
Bundesagentur für Arbeit (BA)   70 f.
Bundeselterngeld- und
   Elternzeitgesetz   28
Bundeskartellamt   142, 194 f., 197 f.
Bundesurlaubsgesetz   28, 34
Bundesvereinigung der Deutschen
   Arbeitgeberverbände (BDA)   54
Bürgerliches Gesetzbuch (BGB)
   34, 145 f., 169 f.
Bürgschaft   170, 234 f., 247
Businessplan   230 ff.

## C

Charta der Grundrechte der
   Europäischen Union   33
Culpa in Contrahendo   33

## D

Dauerauftrag   154
Deflation   209 ff.
Depression   221 f.
Deutscher Gewerkschaftsbund (DGB)
   54
Devisenmarkt   183
Dienstleistungen   20 ff., 213
Dienstleistungsbetriebe   22 f.
Direktbanken   158
Direktzahlungen   189
Disagio   169 f.
Dispositionskredit   168
Dividende   164
Divisionskalkulation   254
Drohung, widerrechtliche   109
Duales System   11

## E

Echtzeitüberweisung   154
Ecklohn   55
E-Commerce   143 f.
Effektivzins   169 f., 247
Eidesstattliche Versicherung   128
Eigenkapital   245 ff.
Eigenkapitalhilfe-Darlehen   234
Eigentum   115 f.
Eigentumsübertragung   115 f.
Eigentumsvorbehalt   116, 146
Eigenverantwortung,
   soziale Sicherung   205
Eignung, persönlich, fachlich   14
Einkommenspolitik   203
Einkommens- und
   Vermögensverteilung   220
Einkommensteuer   81, 89 ff.
Einkommensteuererklärung   91 ff.
Einkommensteuertarif   101
Einschreibebrief   150

283

# Sachwortregister

Einspruch **127**
Einzelkosten **253**
Einzelunternehmung **239**
Einzugsermächtigung **155 ff.**
Electronic Cash **157 ff.**
Elektronische Lohnsteuerkarte **90 f.**
Elektronisches Lastschriftverfahren (ELV) **157 f.**
Elterngeld **28**
Elternzeit **28, 35**
Entgeltfortzahlung **85**
Entgeltfortzahlungsgesetz **34**
Entlohnung **84 ff.**
Entstehungsrechnung, Bruttoinlandsprodukt **215**
Erfüllungsgeschäft **113**
Erfüllungsort **114**
Erklärung, ausdrückliche **107**
ERP-Gründerkredite **234**
Ersatzlieferung **119**
EU-Agrarmarkt **188 f.**
Europäische Krankenversicherungskarte **67**
Europäische Sozialcharta **33**
Europäische Zentralbank (EZB) **223**
Euroüberweisungsformular **154**
Eurowährungsraum **223**
Existenzgründung **230 ff.**
Existenzgründungsdarlehen **234**
Existenzgründungshilfen **234 f.**
Existenzminimum **91, 128**
Expansion **221 ff.**

## F

Fachstufe **12**
Fachkenntnisse **231**
Faktorverfahren, Steuerklasse **90**
Familienhilfe **66**
Fernabsatzverträge **143 f.**
Fernkommunikationsmittel **143**
Festverzinsliche Wertpapiere **164**
Finanzierung **244 ff.**
Finanzierungsgrundsätze **246**
Firma **239**
Fiskalpolitik **222 f.**
Fonds **163**
Fondsgebundene Anlagen **77**
Förderung, finanzielle **234 f.**
Formfreiheit **108, 34**
Formvorschriften, besondere **108**
Franchising **235 f.**
Freibeträge **92, 94**
Freie Marktwirtschaft **200 ff.**
Freistellungsauftrag **165**
Freizeichnungsklauseln **113**
Fremdkapital **246 f.**
Friedenspflicht **55**
Fusion **197**
Fusionskontrolle **198**

## G

Gebäudehaftpflichtversicherung **77**
Gehaltsgruppen **55**
Geheimzahl (PIN) **151, 156 f.**
Gehorsamspflicht **16, 35**
Geldanlage **161 f.**

Geldbußen **27, 69, 142**
Geldkarte **156, 158**
Geldmarkt **183**
Geldmenge **209 ff., 223 f.**
Geldschulden **114**
Geldversand **149 f.**
Geldwert **207 ff., 223**
Geldwertstabilität **209 f.**
Gemeinkosten **253 ff.**
Generationenvertrag **68**
Gerechte Einkommens- und Vermögensverteilung **220**
Gerichtsgebühren **126**
Gerichtsstand **114**
Geringfügig Beschäftigte **69**
Gesamtkosten **252, 254**
Geschäftsfähigkeit **103 f.**
Geschäftsführung **238 ff.**
Geschäftsunfähigkeit **104**
Gesellen- oder Gehilfenbrief **11**
Gesellschaft bürgerlichen Rechts (GbR) **240**
Gesellschaft mit beschränkter Haftung (GmbH) **103, 240 f.**
Gesellschafterversammlung **241**
Gesetz gegen den unlauteren Wettbewerb (UWG) **141 f.**
Gesetz gegen Wettbewerbsbeschränkungen **142, 194, 197**
Gesetz zum Schutz der arbeitenden Jugend (JArbSchG) **29**
Gesundheitsfonds **67**
Gesundheitskarte **66 f.**
Gewerbeamt **236**
Gewerbeaufsichtsämter **27, 30**
Gewerbefreiheit **202, 233**
Gewerbeordnung **26, 34, 203**
Gewerkschaften **46 f., 53 ff., 86**
Gewinnquote **216**
Gewinnverteilung **241**
Gewinnzuschlag **255**
Girocard **149, 151, 156 ff.**
Girokonto **150 ff.**
giropay **159**
Gläubiger **125 ff., 133 f., 175**
Gleichgewichtspreis **186 ff.**
Grundschuld **171, 248**
Grundstufe **12**
Gründungshilfen **234**
Gründungszuschuss **239**
Güter **22**
Güterproduktion **214, 219**
Güteverhandlung **63, 129**
Gutgläubigkeit **116**

## H

Haftpflichtversicherung **77**
Haftung **119 ff.**
Haftungsbeschränkte Unternehmergesellschaft **241**
Handel, freier **202**
Handelsbetriebe **17, 22 f.**
Handelsgesetzbuch **34, 239**
Handelsregister **103 f., 119, 236, 239 ff.**
Handlung, schlüssige **34, 107**
Handwerksbetrieb **22 f.**
Handwerkskammern **17, 234, 236**

Handwerksordnung (HwO) **11, 14, 233**
Handwerksrolle **233, 236**
Haushaltsplan **166, 175**
Hausratversicherung **78**
Haustürgeschäfte **145**
HBCI (Homebanking Computer Interface) **157**
HBCI-Verfahren **157**
Heilbehandlung **69**
Hemmung der Verjährung **133**
Herstellergarantien **120**
Hochkonjunktur **221 ff.**
Höchstpreise **188**
Holdinggesellschaft **196**
Holschulden **114**
Homebanking **149, 157 f.**
Hypothek **171, 248**
Hypothekendarlehen **168**

## I

IBAN **154 f.**
Identifikationsnummer **156 f.**
Immobilienfonds **163**
Immobilienmarkt **183**
Individualversicherung **75 ff.**
Industrie- und Handelskammer **234**
Industrieunternehmen **21**
Inflation **209 f., 219, 224**
Inkassogesellschaft **126**
Inlandsüberweisung **154**
Innovationsförderprogramme **235**
Insolvenzordnung (InsO) **128**
Insolvenzrecht **175**
Insolvenzverfahren **175**
Interessenvertretung **45 ff.**
Internationaler Bank-Code (BIC) **154 f.**
Internationale Bankkontonummer (IBAN) **154**
Investmentsparen **163**

## J

Jahreszins, effektiver **146, 169, 174, 247**
Jugend- und Auszubildendenvertretung **48**
Jugendarbeitsschutzgesetz (JArbSchG) **16, 29, 34**
Jugendkonten **151**
Juristische Personen **103 f., 240**

## K

Kalkulation **253 ff.**
Kammer **14, 17**
Kammerprüfung **11**
Kapitalbedarf **244 ff.**
Kapitalgesellschaften **240 f.**
Kapital-Lebensversicherung **77**
Kapitalmarkt **183**
Kartelle **194 f.**
Kartellgesetz **142, 194, 197**
Käufer **112 ff.**
Kaufkraft **207 ff.**
Kaufmann **119, 239**
Kaufvertrag **112 ff.**
Kfz-Haftpflichtversicherung **77**
Kirchensteuer **81 ff.**
Klageverfahren **129**
Konjunktur **58, 221**

284

Konjunkturpolitik **222 f.**
Konjunkturschwankungen **222 f.**
Konjunkturzyklen **221 f.**
konkludentes Handeln **107**
Konkurrenz **184, 186, 189**
Konsumverhalten **208**
Kontoauszug **151**
Kontoführungsgebühren **151**
Kontokorrentkredit **247**
Kontonummer **154 ff.**
Konzerne **196 f.**
Kosten **251 ff.**
Kostenartenrechnung **253**
Kostenstellenrechnung **253**
Kostenträgerrechnung **253**
Krankenhilfe **66**
Krankenkassen **66 f., 236**
Krankenversicherung **66 f., 76, 82 f., 205**
Krankheitskosten **76**
Kreditarten **168 ff., 247**
Kreditgewährung **247**
Kredithaie **169, 174**
Kreditinstitute **151 ff., 169 ff., 173, 234**
Kreditkarten **149, 155 ff.**
Kreditsicherung **247 f.**
Kreditwürdigkeit **173, 175, 240, 246**
Kulanzleistung **120**
Kündigung **16, 36 ff., 108**
Kündigungsschutz **28 f., 36 ff., 38 ff.**
Kündigungsschutzgesetz **34, 38 f.**
Kursverluste **162**
Kurzarbeitergeld **70**

**L**

Lastschrift **157 f.**
Lastschrifteinzugsverfahren **154**
Leasing **248 f.**
Lebenslauf **32**
Lebensversicherung **76, 163**
Lehrlingsrolle **14, 17**
Leistungen, Sozialversicherung **66 ff.**
Leistungsbilanz **219**
Leistungserstellung **20 ff.**
Leitungswasserversicherung **78**
Leitzinssatz **224**
Lieferantenkredit **247**
Lieferung, mangelhafte **118, 145**
Lieferungsverzug **120 f.**
Lieferzeit **114**
Liquidität **161, 246**
Lohn- und Gehaltsabtretung **170**
Lohn- und Gehaltsrahmentarif-
  vertrag **55 f.**
Lohnabrechnung **80 ff.**
Lohnabzüge **81 f.**
Lohnnebenkosten **85 f.**
Lohnpfändung **33**
Lohn-Preis-Spirale **86**
Lohnquote **216**
Lohnsteuer **81 ff., 89**
Lohnsteuerabzugsmerkmale,
  elektronische (ElStAM) **90**
Lohnsteuerbescheinigung **91**
Lohnsteuerklassen **89 f.**
Lohnsteuertabelle **81 f., 90**
Lohnzusatzkosten **84 f.**

**M**

Maestro-Zeichen **156**
Magisches Sechseck **220 f.**
Magisches Viereck **218 f.**
Mahn- und Klageverfahren,
  gerichtliches **126 f.**
Mahnbescheid **126 f., 153, 175**
Mahnstufen **126 f.**
Mandatsreferenz **155**
Mangel, versteckter **119**
Mangelhafte Lieferung **118 ff.**
Mängelrüge **119**
Mantel- oder Rahmentarifvertrag **55**
Mantelbogen **91 f.**
Markt **182 ff.**
Marktarten **183 f.**
Marktformen **184 f.**
Marktpreis **182, 188 f.**
Marktteilnehmer **184**
Marktwirtschaft, freie **200 f.**
Marktwirtschaft, soziale **202 ff.**
Massenmedien **140**
Mehrwertsteuer **216, 255**
Mieterschutzvereine **137**
Minderjährige **104, 151, 156**
Minderung **119 f.**
Mindestpreise **188**
Mindestreserven **224**
Mindesturlaub **28**
Minijobs **69, 82**
Missbrauchsaufsicht **195, 197**
Mitbestimmungsgesetz **45**
Mitbestimmungsrechte **47 f., 51**
Mitwirkungsrechte **48**
Monopol **185, 197 f.**
Montagemangel **118**
Montanmitbestimmungsgesetz **45**
Multinationale Konzerne (Multis) **196**
Mutterschaftsgeld **28**
Mutterschaftshilfe **66**
Mutterschutzgesetz **28, 34**

**N**

Nacherfüllung **119**
Nachfrage **182 ff., 209 ff.**
Nachfrist **116 ff.**
Nachnahme **149, 152**
Nachweisgesetz **34**
Natürliche Personen **103**
Nettolohn **81 ff.**
Nichtigkeit **109**
Niedriglohn **56**
Niedriglohnjobs **71, 83**
Nominallohn **86**
Notgroschen **166**
Notverkauf **121**
Nullzone **91**

**O**

Offenmarktgeschäft **224**
Öffnungsklauseln **52**
Oligopol **184 f., 189**
Onlinebanking **157 ff.**
Organe **103**

**P**

paydirekt **159**
PayPal **159**
Personalvertretungsgesetz **45**
Personalzusatzkosten **85**
Personengesellschaften **240 f.**
Personenversicherung **76 ff.**
Persönliche Identifikationsnummer
  → Geheimzahl (PIN) **157**
Pfandbriefe **164**
Pfändung **128, 151**
Pfändungsschutzkonto **151, 174**
Pflege **72**
Pflegekassen **72**
Pflegeversicherung **71 f., 81 f., 205**
Pflichtleistungskatalog,
  Krankenkassen **67**
Pflichtverletzungen **118**
Pflichtversicherungen **66**
Planwirtschaft **201**
Point-of-Sale-Banking (POS) **156 f.**
Polypol **184**
Preisabsprache **189, 195, 201 f.**
Preisangabenverordnung **169**
Preisbildung **186 ff.**
Preisentwicklung **207 f.**
Preisführung **189**
Preisindex für die Lebenshaltung **208 f.**
Preis-Lohn-Spirale **86**
Preisnachlässe **114, 120**
Preisniveau **208 f.**
Preisniveaustabilität **218 ff.**
Preissteigerungsrate **86**
Preisuntergrenze **187**
Prepaid-Kreditkarte **156**
Private Vorsorge **75 ff., 204**
Privateigentum **201 f.**
Privathaftpflichtversicherung **77**
Privatinsolvenz **175**
Privatrecht **103**
Privatversicherungen **75 ff., 162 f.**
Probezeit **16, 34, 38**
Produkthaftung **145**
Produkthaftungsgesetz **145, 203**
Produktionsbetrieb **22 f.**
Produktionsmittel **201 f.**
Produktsicherheitsgesetz **27**
Progressionszone, Steuertarif **91**

**Q**

Qualifikation **230**
Qualität **189**

**R**

Rabatt **114, 255**
Ratenkauf **146**
Ratenkredit **168 ff.**
Reallohn **86**
Rechtsfähigkeit **102 f.**
Rechtsformen, Unternehmen **238 ff.**
Rechtsgeschäfte **107 ff.**
Rechtsmangel **118**
Rechtsschutzversicherung **78**
Refinanzierungsgeschäft **224**
Rehabilitation **66 ff.**
Renten **68 f., 204**
Rentenfonds **163**

285

Sachwortregister

Rentenhöhen **69**
Rentenleistungen **68**
Rentenniveau **204**
Rentenreform **204**
Rentenversicherung **67 ff., 77, 81 f., 204**
Restschuldbefreiung **175**
Restschuldversicherungen **169 f.**
Revision **62, 129**
Revisionsinstanz **62, 73**
Rezession **221 ff.**
Riester-Rente **77**
Risiko-Lebensversicherung **76**
Rücktritt **119 ff.**
Ruhepausen **29**
Ruinöse Konkurrenz **189, 201**
Rürup-Rente **77**

**S**

Sachen bewegliche, unbewegliche **115 f.**
Sachgüter **21, 213 f.**
Sachmangelhaftung **119 f., 145**
Sachversicherung **78**
Saison-Kurzarbeitergeld **70**
Schadenersatz **119 ff.**
Schadenersatzforderungen **142**
Schickschulden **114**
Schlichtung **56 f.**
Schriftform **108**
Schufa **151, 173, 175**
Schulabschlussprüfung **11**
Schuldner **114, 126 ff., 132 f.**
Schuldnerberatungsstelle **174 f.**
Schutzpflichten, Arbeitsrecht **33**
Schutzvorschriften **25 ff.**
Schwarzarbeit **215**
Schweigepflicht **16, 35**
Schwerbehindertenschutz **29, 34, 203**
Schwestergesellschaften **196**
Selbsthilfeverkauf **121**
Selbstkosten **187, 254 f.**
Selbstverwaltungsgrundsatz **66**
SEPA-Lastschriftverfahren **155, 157**
SEPA-Überweisung **153 f.**
Sicherheiten **170 f.**
Sicherheitsbeauftragte **30**
Sicherungshypothek **128**
Sicherungsübereignung **171, 248**
Single Euro Payments Area (SEPA) **154**
Skonto **114, 146, 255**
Solidaritätsprinzip **66**
Sonderausgaben **93 f.**
Sonderzahlungen **85**
Sorgfaltspflicht **16, 35**
Sozialauswahl **38**
Soziale Rechte, am Arbeitsplatz **33**
Sozialgeld/-hilfe **71 f., 203, 205**
Sozialgericht **72 f.**
Sozialgerichtsbarkeit **72**
Sozialgesetzbuch (SGB) **29, 34, 175**
Sozialisierung **201**
Sozialpartner **53, 57**
Sozialpolitik **203**
Sozialprodukt **213 ff.**
Sozialversicherung **65 ff., 58, 85, 203 ff.**
Sozialversicherungsbeiträge **81 ff.**
Sozialversicherungssystem **65 ff.**
Sparbriefe **162**

Sparbuch **162**
Sparer-Pauschbetrag **164 f.**
Sparförderung **165, 203, 223**
Sparform **161 ff.**
Sparkonto **162**
Sperrfrist **71**
Sperrzeit **36, 40**
Staatliche Leistungen **205**
Stabilitätsgesetz **218, 222**
Standort **233**
Statistiken **269**
Steuer-Identifikationsnummer **90**
Steuerklassen **89 f.**
Steuernummer **236**
Steuerprogression **203**
Steuertarif **90 f.**
Stiftung Warentest **136, 138 f.**
Streik **57 f.**
Strukturpolitik **204**
Stufenausbildung **12**
Subventionen **188, 204, 210, 223**

**T**

Tagegeld **76**
TAN **157**
TAN-Generator **157**
Tarifautonomie **54**
Tarifkommission **57**
Tarifpartner **53 f.**
Tarifverhandlungen **54 f., 56 f.**
Tarifverträge **53 ff.**
Tarifvertragsarten **54 ff.**
Tarifvertragsparteien **47, 53**
Tatsächliche Gewalt **115**
Täuschung, arglistige **109**
Technischer Überwachungs-Verein
  (TÜV) **27**
Teilmärkte **183**
Teilrechtsfähigkeit **240**
Teilrente **68**
Teilzahlungsgeschäfte **146**
Teilzeit- und Befristungsgesetz **35**
Teilzeitbeschäftigung **36**
Telefonbanking **158**
Termingeldeinlagen **162**
Testament **108**
Tiefstand **221 f.**
Tilgung **168 ff.**
Tochtergesellschaft **196**
Transaktionsnummer (TAN) **157**
Treuepflicht **35**
Trust **197 f.**

**U**

Übermittlung, falsche **109**
Überschuldung **173 ff.**
Überweisung **149, 153 f.**
Überversicherung **78**
Überziehungszinsen **151**
Umlaufvermögen **246**
Umweltpolitik **203**
Umweltschutz **220**
Unabdingbarkeit **55**
Unfallanzeige **70**
Unfallverhütungsvorschriften **27**
Unfallversicherung **65, 69 f.**
Unterlassung **142**

Unternehmen, öffentliche **204**
Unternehmensgründung **230 ff.**
Unternehmenskonzentration **189, 196 ff.**
Unternehmergesellschaft (UG) **241**
Unternehmung **23**
Unternehmungsformen **238**
Unterversicherung **78**
Urabstimmung **57**
Urlaub **28 f.**

**V**

Verarbeitungsbetrieb **22, 58**
Verbraucherberatung **135 ff.**
Verbraucherinformationsgesetz **147**
Verbraucherinsolvenzverfahren **175**
Verbraucherkredite **146**
Verbraucherpreisindex **208 f.**
Verbraucherschutzgesetze **136, 141 ff.**
Verbraucherzentralen **135 f., 139**
Verbrauchsgüterkauf **119**
Vergleich **129, 175**
Vergleichende Werbung **142**
Vergütung **32**
Verjährung **132 ff.**
Verjährungsfristen **119, 132 ff.**
Verkäufer **112 ff.**
Verkaufspreis **255**
Vermögensbildungsgesetz **165**
Vermögenspolitik **203**
Vermögensstreuung **162**
Vermögensversicherung **77 f.**
Vermögenswirksame Leistungen
  **80 f., 85, 165**
Verpackungskosten **114**
Verpfändung **171, 247**
Verpflichtungsgeschäft **113**
Verrechnungsscheck **149**
Versäumnisurteil **129**
Versicherungspflicht **67, 69, 71 f.**
Versicherungspflichtgrenze **67**
Versicherungssparen **162 f.**
Versicherungsträger **66 ff.**
Versicherungsvertrage **145**
Versicherungsvertragsgesetz **76, 145**
Versteigerung, öffentliche **121, 128**
Versteigerungserlös **128**
Verteilerschlüssel **253**
Verteilungsrechnung,
  Bruttoinlandsprodukt **215 f.**
Verträge **108 f.**
Vertragsfreiheit **14, 34, 201 f.**
Vertragspartner **16, 113**
Vertretungsbefugnis **240**
Vertretungsorgane Arbeitnehmer **45 ff.**
Verwendungsrechnung,
  Bruttoinlandsprodukt **215**
Verzug **120 f., 126**
Volkseinkommen **216**
Volkswirtschaft **58, 200 f., 219**
Vollbeschäftigung **219**
Vollrente **68**
Vollstreckungsbescheid **127, 129**
Vollstreckungshandlung **134**
Vollversicherung **78**
Vormund **104**
Vorschusszinsen **162**
Vorsorgeaufwendungen **93 f.**

# Sachwortregister

Vorstellungsgespräch **32 f.**
V-Pay-Zeichen **156**

## W

Warenkorb **208**
Warenschulden **114**
Wegeunfälle **25, 70**
Werbeanrufe, unerlaubte **142 f.**
Werbeaussage **118**
Werbungskosten **92 f.**
Wertbrief **150**
Wertpapiere, festverzinsliche **164, 224**
Wettbewerb **141 f., 186, 194**
Wettbewerbsfähigkeit **84, 195, 219**
Wettbewerbspolitik **203**
Wettbewerbsverbot **16, 35**
Widerruf **76, 143 ff.**

Widerspruch **72 f., 127**
Willenserklärung **107 f.**
Wirtschaftsausschuss **45, 47**
Wirtschaftsförderung **234 f.**
Wirtschaftsordnung **200 ff.**
Wirtschaftspolitik **218 ff.**
Wirtschaftswachstum **218 ff.**
Wohlverhaltensphase **175**
Wohnungsbauprämie **165**

## Z

Zahler **149 ff.**
Zahlschein **152**
Zahlungsarten **149**
Zahlungsbedingungen **114**
Zahlungsbereitschaft **155**
Zahlungsempfänger **152 ff.**

Zahlungserinnerung **126**
Zusatzleistungen, Krankenkassen **67**
Zahlungsmöglichkeiten **149 ff.**
Zahlungsunfähigkeit **125**
Zahlungsunwilligkeit **125**
Zahlungsverzug **121, 125 ff.**
Zeitablauf **36**
Zeitverträge **35 f.**
Zentralverwaltungswirtschaft **201 f.**
Zielkonflikte **218, 220 f.**
Zivilprozessordnung (ZPO) **129**
Zusatzbeitrag, Krankenkassen **67, 81**
Zusatzleistungen, Krankenkassen **67**
Zusatzversicherungen **75 ff.**
Zuschlagskalkulation **254 f.**
Zwangsvollstreckung **127 f.**

# Quellennachweis

**Cover** stock.adobe.com, Dublin (goodluz); **10.2** Picture-Alliance, Frankfurt/M. (dpa-infografik); **10.3** Picture-Alliance, Frankfurt/M. (Infografik); **11.1** ullstein bild, Berlin (Becker & Bredel); **11.2** Picture-Alliance, Frankfurt/M. (Nestor Bachmann); **12.1** Picture-Alliance, Frankfurt/M. (Thomas Kienzle); **14.1** Action Press GmbH, Hamburg (Foto Pollex); **14.2** § 11 Berufsbildungsgesetz (BBiG). Unter: https://www.gesetze-im-internet.de/bbig_2005/___11.html (Zugriff 12.03.2019, bearb.); **15.1** Handwerkskammer Region Stuttgart; **15.2** Berufsausbildungsvertrag. Unter: www.hwk-stuttgart.de; **19.2** § 21, 24 Berufsbildungsgesetz (BBiG). Unter: https://www.gesetze-im-internet. de/bbig_2005/ (Zugriff 12.03.2019, bearb.); **19.3** § 622 Bürgerliches Gesetzbuch (BGB). Unter: https://www.gesetze-im-internet.de/bgb/___622.html (Zugriff 12.03.2019, gek.); **20.1** ShutterStock.com RF, New York (runzelkorn); **21.5** https://fortune.com/global500/2020/; **22.1** stock.adobe.com, Dublin (Markus Langer); **22.2** Getty Images, München; **22.3** JupiterImages photos.com, Tucson, AZ (photos.com); **22.4** Fotosearch Stock Photography, Waukesha, WI; **22.5** ShutterStock.com RF, New York (bibiphoto); **23.1** JupiterImages photos.com, Tucson, AZ (RF/Photos.com); **25.1** bungarten.kuhl.schellenberger/ BG ETEM, Köln; **25.2** Berufsgenossenschaft Energie Textil Elektro Medienerzeugnisse, Augsburg; **26.1** Keystone, Hamburg (Volkmar Schulz); **27.1** DGUV - Dt. Gesetzliche Unfallversicherung / Spitzenverband der gewerblichen Berufsgenossenschaften und der Unfallversicherungsträger der öffentlichen Hand, St. Augustin; **27.2** www.ce-zeichen.de; **27.3** VDE VERBAND DER ELEKTROTECHNIK ELEKTRONIK INFORMATIONSTECHNIK e.V., Frankfurt am Main; **27.5** Mauritius Images, Mittenwald (Markus Mitterer); **28.1** Thinkstock, München (Jupiterimages); **29.1** stock.adobe.com, Dublin (Picture-Factory); **29.2** VISUM Foto GmbH, München (Ekkehart Reinsch); **31.1** stock.adobe.com, Dublin (LaCatrina); **31.2** stock.adobe.com, Dublin (T. Michel); **31.3** stock.adobe.com, Dublin (T. Michel); **31.4** stock.adobe.com, Dublin (T. Michel); **31.5** stock.adobe.com, Dublin (LaCatrina); **31.6** stock.adobe.com, Dublin (LaCatrina); **31.7** stock.adobe.com, Dublin (blende11.photo); **31.8** stock.adobe.com, Dublin (R.classen); **31.9** stock.adobe.com, Dublin (LaCatrina); **31.10** stock.adobe.com, Dublin (LaCatrina); **31.11** Dreamstime LLC, Brentwood, TN (Julesunlimited); **31.12** Dreamstime LLC, Brentwood, TN (Julesunlimited); **31.13** Dreamstime LLC, Brentwood, TN (Julesunlimited); **31.14** § 3, 15 Gesetz zum Schutz von Müttern bei der Arbeit, in der Ausbildung und im Studium (Mutterschutzgesetz - MuSchG). Unter: https://www.gesetze-im-internet.de/muschg_2018/BJNR122810017.html (Zugriff 12.03.2019, gek.); **31.15** Kleine, Jürgen, Ammerbuch; **32.2** § 611a Bürgerliches Gesetzbuch (BGB). Unter: Unter: https://www.gesetze-im-internet.de/bgb/___611a.html (Zugriff 20.03.2019); **33.1** Bundesinstitut für Berufsbildung (BBIB); **33.2** MEV Verlag GmbH, Augsburg; **34.1** iStockphoto, Calgary, Alberta (Melhi); **40.1** ShutterStock.com RF, New York (Erwin Wodicka); **40.2** iStockphoto, Calgary, Alberta (Clerkenwell Images); **40.3** Bildagentur-online, Burgkunstadt (Begsteiger); **40.4** ullstein bild, Berlin (JOKER/Petra Steuer); **44.1** § 1, 3, 4, 23 Kündigungsschutzgesetz (KSchG). Unter: https://www.gesetze-im-internet.de/kschg/index. html#BJNR004990951BJNE002805360 (Zugriff 20.03.2019, gek.); **45.1** AP 1997; **47.1** ShutterStock.com RF, New York (Ivanko80); **49.1** Bergmoser + Höller Verlag, Aachen; **50.1** § 1, 7, 8, 87, 95, 102 Betriebsverfassungsgesetz (BetrVG). Unter: https://www.gesetze-im-internet.de/betrvg/index.html#BJNR000130972BJNE013603308 (Zugriff 25.03.2019); **52.1** § 77 Betriebsverfassungsgesetz (BetrVG). Unter: https://www.gesetze-im-internet.de/betrvg/___77.html (Zugriff 25.03.2019, gek.); **53.1** Picture-Alliance, Frankfurt/M. (dpa/Bernd Weißbrod); **53.2** Picture-Alliance, Frankfurt/M. (dpa/Waltraud Grubitzsch); **53.3** Picture-Alliance, Frankfurt/M.; **54.1** Bergmoser + Höller Verlag, Aachen; **55.1** Tabelle nach: IG Metall, unter: https://www. igmetall.de/tarif/tariftabellen/wie-viel-gibt-es3 (Stand: 09.05.2019); **57.1** Werner Bachmeier Fotojournalist / Bildarchiv, Ebersberg; **57.2** Picture-Alliance, Frankfurt/M. (dpa/Rainer Jensen); **58.1** Picture-Alliance, Frankfurt/M. (dpa-infografik); **58.2** Picture-Alliance, Frankfurt/M. (dpa-infografik GmbH); **60.1** § 2,5 Tarifvertragsgesetz (TVG). Unter: https://www.gesetze-im-internet.de/tvg/index.html#BJNR700550949BJNE001601126 (Zugriff 20.03.2019, gek.); **61.1** Picture-Alliance, Frankfurt/M. (dpa-infografik); **66.1** Getty Images, München; **66.2** Techniker Krankenkasse, Hamburg; **66.3** Techniker Krankenkasse, Hamburg; **67.1** Mauritius Images, Mittenwald (imagebroker); **68.1** Picture-Alliance, Frankfurt/M. (dpa-infografik); **70.1** stock.adobe.com, Dublin (Gennadiy Poznyakov); **70.2** Deutsche Gesetzliche Unfallversicherung (DGUV), St. Augustin; **70.3** Getty Images, München (Jochen Eckel/Bloomberg); **71.1** Bundesagentur für Arbeit Regionaldirektion Baden-Württemberg, Stuttgart; **71.2** Bergmoser + Höller Verlag, Aachen; **72.2** Argus, Hamburg (Hartmut Schwarzbach); **75.1** Picture-Alliance, Frankfurt/M. (Zentralbild); **76.1** ShutterStock.com RF, New York (Albina Tiplyashina); **76.2** stock.adobe.com, Dublin (Halfpoint); **77.1** stock.adobe.com, Dublin (Daniel Bujack); **78.1** ShutterStock.com RF, New York (Gina Sanders); **78.2** ShutterStock.com RF, New York (Stocksnapp); **82.1** Auszug aus der Lohnsteuertabelle, Quelle: Haufe Lexware GmbH & Co. KG. Lohnsteuer Super-Tabelle 2021. Nach amtlichem Material. Freiburg; **85.1** Picture-Alliance, Frankfurt/M. (dpa-infografik); **86.1** Picture-Alliance, Frankfurt/M.; **88.1** Auszug aus der Lohnsteuertabelle, Quelle: Haufe Lexware GmbH & Co. KG. Lohnsteuer Super-Tabelle 2021. Nach amtlichem Material. Freiburg; **89.1** stock.adobe.com, Dublin (diego cervo); **90.1** stock.adobe.com, Dublin (Doc Rabe Media); **90.2** Auszug aus der Lohnsteuertabelle, Quelle: Haufe Lexware GmbH & Co. KG. Lohnsteuer Super-Tabelle 2021. Nach amtlichem Material. Freiburg; **92.1** Bundesministerium der Finanzen; **92.2** Bundesministerium der Finanzen; **93.1** stock.adobe.com, Dublin (Kadmy); **93.4** Bundesministerium der Finanzen; **94.1** Bundesministerium der Finanzen; **96.1** Bulls Press, Frankfurt (Jim Unger); **98.1** Auszug aus dem Betriebsverfassungsgesetz (BetrVG) § 102; **99.1** ShutterStock.com RF, New York (Augustino); **99.2** Auszug aus der Lohnsteuertabelle, Quelle: Haufe Lexware GmbH & Co. KG. Lohnsteuer Super-Tabelle 2021. Nach amtlichem Material. Freiburg; **100.1** Bergmoser + Höller Verlag, Aachen; **102.2** Auszug aus dem Bürgerlichen Gesetzbuch (BGB) § 1; **102.3** stock.adobe.com, Dublin (Vivid Pixels); **103.1** Deutsche Bahn AG - Markenmanagement und Projekte (GNM12), Berlin; **103.2** VfB Stuttgart 1893 e.V. - Marke, Marketing- und Kampagnenplanung, Stuttgart; **103.3** Thunig, Hans-Werner, Winterbach; **103.4** IHK Region Stuttgart, Stuttgart; **103.5** Handwerkskammer Konstanz Kommunikation und Marketing, Konstanz; **104.1** www. bilderbox.com, Thening; **104.2** Picture-Alliance, Frankfurt/M. (Kai Remmers); **104.3** Picture-Alliance, Frankfurt/M. (Markus Scholz); **106.1** § 104, 105, 106, 107, 108, 110 Bürgerliches Gesetzbuch (BGB). Unter: https://www.gesetze-im-internet.de/bgb/index.html#BJNR001950896BJNE063807360 (Zugriff 12.03.2019, gek.); **111.1** § 104, 105, 106, 107, 108, 110 Bürgerliches Gesetzbuch (BGB). Unter: https://www.gesetze-im-internet.de/bgb/index.html#BJNR001950896BJNE063807360 (Zugriff 12.03.2019, gek.); **113.2** Nusko, Ulrich, Bern; **115.1** http://www.welt.de/motor/news/article109966235/Ersatz-Navigationssysteme.html (letzter Zugriff am 29.10.2012) © Axel Springer AG 2012. Alle Rechte vorbehalten.; **115.3** iStockphoto, Calgary, Alberta (RF/Duncan Walker); **116.1** MEV Verlag GmbH, Augsburg; **117.1** § 147 Bürgerliches Gesetzbuch (BGB). Unter: https://www.gesetze-im-internet.de/bgb/___147.html (Zugriff 12.03.2019, gek.); **120.1** ullstein bild, Berlin (Sylent Press); **120.2** Picture-Alliance, Frankfurt/M. (kai Remmers); **123.1** § 434, 437, 438, 439, 440, 441, 323 Bürgerliches Gesetzbuch (BGB). Unter: https://www.gesetze-im-internet.de/bgb/index. html#BJNR001950896BJNE063807360 (Zugriff 12.03.2019, gek.); **124.2** § 145, 433, 323 Bürgerliches Gesetzbuch (BGB). Unter: https://www.gesetze-im-internet.de/bgb/

index.html#BJNR001950896BJNE063807360 (Zugriff 12.03.2019, gek.); **127.1** Justizministerium Baden-Württemberg, Stuttgart; **128.1** MEV Verlag GmbH, Augsburg; **128.2** Thinkstock, München (istock/AndreyPopov); **131.1** § 286, 288 Bürgerliches Gesetzbuch (BGB). Unter: https://www.gesetze-im-internet.de/bgb/index. html#BJNR001950896BJNE063807360 (Zugriff 14.03.2019, gek.); **135.1** iStockphoto, Calgary, Alberta (Faysal Ahamed); **135.2** EINFACH GUT INFORMIERT. Vortragsangebot der Verbraucherzentrale Baden-Württemberg e. V. Unter: http://www.verbraucherzentrale-bawue.de/media240942A.pdf (letzter Zugriff 26.04.2017); **135.4** Verbraucherzentrale Baden-Württemberg e. V., Stuttgart ; **138.1** Stiftung Warentest, test 8/2020, www.test.de; **138.2** Stiftung Warentest, test 4/2020, www.test.de.; **138.3** Stiftung Warentest, test 8/2020, www.test.de; **139.2** Deutscher Mieterbund; Das Mieterlexikon; Ausgabe 2020/2021, DMB Verlags- und Verwaltungsgesellschaft des Mieterbundes mbH, Berlin, ISBN 978-3-944608-11-2; **139.3** Verbraucherzentrale NRW e.V. Publikationen + Marketing, Düsseldorf; **139.4** Gesunde Ernährung von Anfang an. 19. Auflage © Verbraucherzentrale Hamburg e.V. - www.vzhh.de; **139.5** Verbraucherzentrale NRW e.V, Düsseldorf; **139.6** Bundesministeriums der Justiz und für Verbraucherschutz; **140.1** SWR Media Services GmbH, Stuttgart; **140.2** Plusminus Redaktion - WDR, Köln; **140.3** Verbraucherzentrale Bundesverband e.V. - Team Kommunikation, Berlin; **140.4** Stiftung Warentest Frau Dingler, Berlin; **141.1** § 43 Abs. 2 Mess- und Eichgesetz; **141.2** Stiftung Warentest, Berlin; **142.1** Stiftung Warentest, Finanztest 10/2009 (aktualisiert); **142.2** Unter: https://www.bundeskartellamt.de/SharedDocs/Publikation/DE/Jahresbericht/Jahresbericht_2019. pdf?__blob=publicationFile&v=5 (Zugriff 15.04.2021); **143.1** ullstein bild, Berlin (CARO/Teschner); **144.1** stock.adobe.com, Dublin (georgejmclittle); **145.1** Picture-Alliance, Frankfurt/M. (Arco-Images); **147.1** Mauritius Images, Mittenwald (J.W. Alker/Imagebroker); **148.1** http://www.kostenlose-urteile.de/OLG-Muenchen_5-U-315810_ Sektflasche-explodiert-Hersteller-zu-Schadensersatz-und-Schmerzensgeld-verurteilt.news11628.htm (letzter Zugriff 15.10.2012); **150.1** gemeinfrei; **150.3** Deutsche Postbank AG, Bonn; **151.1** iStockphoto, Calgary, Alberta (Ericsphotography); **152.1** Copyright: Deutsche Bundesbank, Frankfurt am Main, Deutschland; **153.1** LBBW, Stuttgart; **153.2** LBBW, Stuttgart; **155.4** Volksbank Stuttgart eG, Stuttgart; **156.1** Volksbank Stuttgart eG, Stuttgart; **156.2** EURO Kartensysteme GmbH Presse, Frankfurt am Main; **156.3** MasterCard Worldwide Representative Office Germany, Frankfurt/Main; **156.4** © Copyright Visa 2017; **156.5** EURO Kartensysteme GmbH Presse, Frankfurt am Main; **156.6** EURO Kartensysteme GmbH Presse, Frankfurt am Main; **156.7** stock.adobe.com, Dublin (DedMityay); **157.1** ShutterStock.com RF, New York (SP-Photo); **157.3** InterCard AG, Taufkirchen; **157.4** imago images, Berlin (Rüdiger Wölk); **157.5** iStockphoto, Calgary, Alberta (ersinkisacik); **158.1** EURO Kartensysteme GmbH Presse, Frankfurt am Main; **158.2** Handelsverband Deutschland - HDE e.V., Berlin; **158.3** MasterCard Worldwide Representative Office Germany, Frankfurt/Main; **158.4** © Copyright Visa 2017; **158.5** MasterCard Worldwide Representative Office Germany, Frankfurt/Main; **158.6** EURO Kartensysteme GmbH Presse, Frankfurt am Main; **158.7** EURO Kartensysteme GmbH Presse, Frankfurt am Main; **158.8** © Copyright Visa 2017; **159.1** PayPal (Europe) S.a.r.l. et Cie, S.C.A., Luxembourg; **159.2** Giropay GmbH, Frankfurt am Main; **159.3** paydirekt GmbH, Frankfurt am Main; **160.1** MasterCard Worldwide Representative Office Germany, Frankfurt/Main; **160.2** EURO Kartensysteme GmbH Presse, Frankfurt am Main; **160.3** EURO Kartensysteme GmbH Presse, Frankfurt am Main; **160.4** © Copyright Visa 2017; **161.2** Picture-Alliance, Frankfurt/M. (dpa/dpa-infografik); **162.1** imago images, Berlin (imagebroker); **162.2** www.panthermedia.net, München (paulfleet); **163.1** Eigene Grafikdarstellung basierend auf Zahlen des Bundesfinanzministeriums. Entnommen aus: https://www.cecu.de/lebensversicherung-garantiezins.html; **163.2** Action Press GmbH, Hamburg (Foto Langbehn); **164.1** ACTION PRESS GmbH & Co. KG, Hamburg (Ralf Jürgens); **164.2** Zahlen aus: Deutsche Börse AG, Frankfurt am Main, unter: http:// www.boerse-frankfurt.de/aktie/Daimler-Aktie; **164.3** Picture-Alliance, Frankfurt/M. (GLOBUS Infografik); **165.1** ShutterStock.com RF, New York (Ivsanmas); **165.2** stock. adobe.com, Dublin (Anne Katrin Figge); **173.1** iStockphoto, Calgary, Alberta (kadmy); **173.2** SCHUFA Holding AG, Wiesbaden; **173.3** Destatis: Statistik zur Überschuldung privater Personen 2020. Unter: https://www.destatis.de/DE/Themen/Gesellschaft-Umwelt/Einkommen-Konsum-Lebensbedingungen/Vermoegen-Schulden/_inhalt. html#sprg229124f (Zugriff 15.04.2021); **177.1** Mauritius Images, Mittenwald (Car Collection / Alamy); **178.1** Auszüge aus dem Bürgerlichen Gesetzbuch (BGB) § 434, 437, 438, 439, 440, 441, 323; **179.1** iStockphoto, Calgary, Alberta (Kostiantyn Postumitenko); **179.2** Auszüge aus dem Bürgerlichen Gesetzbuch (BGB) § 305, 308, 309; **182.1** ullstein bild, Berlin (CARO / Frank Sorge); **182.2** Action Press GmbH, Hamburg (OED, Hans-Günther); **188.1** BPK, Berlin (Gert Koshofer); **188.2** Alamy stock photo, Abingdon; **189.1** Thunig, Hans-Werner, Winterbach; **189.2** Thunig, Hans-Werner, Winterbach; **189.3** Thunig, Hans-Werner, Winterbach; **191.1** BMW Group Konzernkommunikation, München; **191.2** AUDI AG, Ingolstadt; **191.3** Volkswagen AG - Historische Kommunikation Konzernkommunikation - RV, Wolfsburg; **191.4** Daimler AG Medienarchiv, Mercedes-Benz Classic Archive & Sammlung -RV, Stuttgart; **193.2** Alamy stock photo, Abingdon (imageBROKER/Cornelius Paa); **193.3** imago images, Berlin (imagebroker/theissen); **196.1** Volkswagen AG - Historische Kommunikation Konzernkommunikation - RV, Wolfsburg; **196.2** Volkswagen AG - Historische Kommunikation Konzernkommunikation - RV, Wolfsburg; **196.3** Volkswagen AG - Historische Kommunikation Konzernkommunikation - RV, Wolfsburg (ŠKODA AUTO); **196.4** Volkswagen AG - Historische Kommunikation Konzernkommunikation - RV, Wolfsburg; **196.5** Volkswagen AG - Historische Kommunikation Konzernkommunikation - RV, Wolfsburg; **196.6** Volkswagen AG - Historische Kommunikation Konzernkommunikation - RV, Wolfsburg; **196.7** Volkswagen AG - Historische Kommunikation Konzernkommunikation - RV, Wolfsburg; **196.8** Volkswagen AG - Historische Kommunikation Konzernkommunikation - RV, Wolfsburg; **196.9** Volkswagen AG - Historische Kommunikation Konzernkommunikation - RV, Wolfsburg; **196.10** Volkswagen AG - Historische Kommunikation Konzernkommunikation - RV, Wolfsburg; **196.11** Volkswagen AG - Historische Kommunikation Konzernkommunikation - RV, Wolfsburg; **197.1** Jahresbericht des Bundeskartellamts. Unter: https://www.bundeskartellamt.de/SharedDocs/Publikation/DE/Jahresbericht/Jahresbericht_2019.pdf?__blob=publicationFile&v=5 S. 34; **198.1** Bundeskartellamt Referat PK (Pressekontakt), Bonn; **199.1** Stuttgarter Zeitung (Auszug): Kaffeestaaten halten an Ausfuhrbeschränkung fest. Thomson Reuters (Markets) Deutschland GmbH; **199.3** Imago images, Berlin (sepp spiegl); **199.4** Imago images, Berlin (sepp spiegl); **200.2** ullstein bild, Berlin (The Granger Collection); **201.1** akg-images, Berlin; **202.1** Picture-Alliance, Frankfurt/M. (Sven Simon); **203.1** Auszug aus dem Grundgesetz (GG): § 14, 20; **203.2** Picture-Alliance, Frankfurt/M. (dpa/dpa-infografik GmbH); **204.1** MEV Verlag GmbH, Augsburg; **204.2** Thunig, Hans-Werner, Winterbach; **204.3** Picture-Alliance, Frankfurt/M. (dpa/dpa-infografik GmbH); **206.1** Klett-Archiv; **206.2** ddp media GmbH, Hamburg (Thomas Lohnes); **206.3** Klett-Archiv; **206.4** Picture-Alliance, Frankfurt/M. (zb - Paul Glaser); **206.5** Mauritius Images, Mittenwald (Ley); **207.2** Picture-Alliance, Frankfurt/M. (GLOBUS Infografik); **208.1** Picture-Alliance, Frankfurt/M. (dpa-infografik); **210.1** ShutterStock. com RF, New York (Edward Westmacott); **212.1** Grupp, Claus D.: Geld zu jeder Zeit, Verlag Deutsche Jugendbücherei, 1975; **213.1** Wenn früh am Morgen die Werkssirene dröhnt T: Reinhard Baierle, Friedel Geratsch © SMPG Publishing (Germany) GmbH; **214.1** Picture-Alliance/dpa-infografik GmbH, Globus Grafik Nr. 14510. Quelle: Statistisches Bundesamt; **214.2** iStockphoto, Calgary, Alberta (Fatihhoca); **215.1** iStockphoto, Calgary, Alberta (SteveAllenPhoto); **217.1** Picture-Alliance, Frankfurt/M. (dpa/Lehtikuva/Mikko Stig); **218.1** Eckart Munz; **223.1** Picture-Alliance, Frankfurt/M. (dpa); **226.1** Picture-Alliance, Frankfurt/M. (dpa/ dpa-infografik GmbH); **227.1** Plaßmann, Thomas, Essen; **227.2** Picture-Alliance, Frankfurt/M. (dpa-infografik GmbH); **228.1** Picture-Alliance, Frankfurt/M. (dpa-infografik GmbH); **228.2** Bergmoser + Höller Verlag, Aachen; **230.1** ShutterStock.com RF, New York (baranq); **230.2** dreamstime.com, Brentwood, TN (Michael Biehler); **231.1** Picture-Alliance, Frankfurt/M. (dpa-infografik); **232.1** stock.adobe.com, Dublin (fotowebbox); **232.2** iStockphoto, Calgary, Alberta (dulezidar); **232.3** Thinkstock, München (istockphoto); **232.4** Starthilfe – der erfolgreiche Weg in die Selbstständigkeit. © Bundesministerium für Wirtschaft und Energie (BMWi); **235.1** BabyOne GmbH, Münster; **235.2** Ariston-Nord-West-Ring Schuh GmbH / Quick-Schuh, Mainhausen; **235.3** OBI, Wermelskirchen; **235.4** NORDSEE GmbH, Bremerhaven; **235.5** Apollo-Optik Holding GmbH & Co.KG; **235.6** Yves Rocher GmbH, Stuttgart; **235.7** Tchibo GmbH; **235.8** Blume 2000 New Media ag, Norderstedt; **236.1** Deutscher Franchise-Verband e.V. (DFV), Berlin; **240.1** stock.adobe.com, Dublin (by-studio); **243.2** Auszüge aus dem GmbH-Gesetz: § 1-5; **244.1** ShutterStock.com RF, New York (baranq); **245.2** Kapitalbedarfsplan © Bundesministerium für Wirtschaft und Technologie (BMWi), 2016; **247.1** Bulls Press, Frankfurt (Jim Unger); **257.1** Schneeweiß, Pia, Taucha; **259.1** stock.adobe.com, Dublin (pongmoji); **262.1** Auszüge aus dem JArSchG: § 1, 8; **263.1** Auszüge aus dem JArSchG: § 15, 16, 19; Auszug aus dem BUrlG: § 7; **264.1** Auszüge aus dem BGB: § 145, 433; **265.1** Auszüge aus dem BGB: § 142, 119, 121; **266.1** Auszüge aus dem BGB: § 122; **271.1** Getty Images Plus/Microstock, München (iStock / Iuliia Kanivets); **271.2** Getty Images Plus/Microstock, München (iStock / Tanya St); **271.3** Getty Images Plus/Microstock, München (iStock / Tanya St); **271.4** Getty Images Plus/Microstock, München (iStock / Tanya St); **275.1** § 22 Berufsbildungsgesetz (BBiG). Unter: https://www.gesetze-im-internet.de/ bbig_2005/__22.html (Zugriff 14.04.2021, gek.); **275.2** § 312, 355, 356 Bürgerliches Gesetzbuch (BGB). Unter: https://www.gesetze-im-internet.de/bgb/ (Zugriff 14.04.2021, gek.); **277.1** Picture-Alliance, Frankfurt/M. (dpa-infografik GmbH); **279.1** § 21 Berufsbildungsgesetz (BBiG). Unter: https://www.gesetze-im-internet.de/ bbig_2005/__21.html (Zugriff 14.04.2021, gek.); **279.2** § 14 Teilzeit- und Befristungsgesetz (TzBfG). Unter: https://www.gesetze-im-internet.de/tzbfg/__14.html (Zugriff 14.04.2021, gek.); **280.1** § 305, 307, 439 Bürgerliches Gesetzbuch (BGB). Unter: https://www.gesetze-im-internet.de/bgb/ (Zugriff 14.04.2021, gek.)

Die Reihenfolge und Nummerierung der Bild- und Textquellen im Quellennachweis erfolgt automatisch und entspricht u. U. nicht der Nummerierung der Bild- und Textquellen im Werk. Die automatische Vergabe der Positionsnummern erfolgt in der Regel von links oben nach rechts unten, ausgehend von der linken oberen Ecke der Abbildung.

Alle registrierten Warenzeichen, Marken, Firmennamen usw. und die damit zusammenhängenden Rechte gehören dem jeweiligen Inhaber.